Methoden
helfen dir, naturwissenschaftlich zu arbeiten oder besser zu lernen. Auch das Finden und Aufbereiten von Informationen steht immer wieder im Blickpunkt.

Grundlagen
führen neue Begriffe ein und erklären Zusammenhänge.

Merksätze
heben wichtige Aussagen blau hervor.

Erweiterungen
ergänzen und vertiefen. Sie können von einzelnen Schülerinnen und Schülern oder von der ganzen Klasse genutzt werden.
Angebot zur Differenzierung

Onlineangebot
Im Internet stehen Simulationen, Animationen, interaktive Experimente und vieles mehr passend zum Buch für dich bereit.
Angebot zur Differenzierung

Aus Umwelt und Technik
Wenn du in diesen Texten schmökerst, erkennst du „die Physik" im Alltag wieder. Aber auch Wissenswertes aus der Geschichte, Natur …
Angebot zur Differenzierung

Aufgaben
helfen dir, deine Kenntnisse zu festigen und zu erweitern.
Manche Aufgaben gehen über das Normale hinaus. Sie sind mit einem * gekennzeichnet.
Angebot zur Differenzierung

Überblick
heißt die Zusammenfassung am Ende eines Kapitels. Abschließende Aufgaben zum Kapitel gibt es bei „Alles klar?".

Teste dich!
Hast du den Inhalt eines größeren Abschnitts verstanden? Kannst du dein Wissen anwenden? Die Aufgaben auf dieser Seite helfen dir, dich selbst einzuschätzen. Die Lösungen kannst du im Anhang nachlesen.

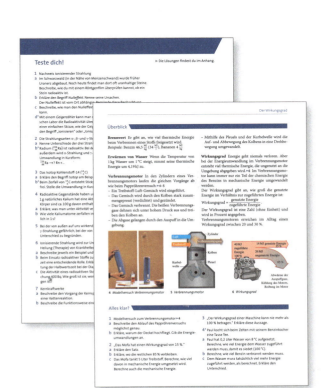

www.cornelsen.de

Dieses Werk enthält Vorschläge und Anleitungen für Untersuchungen und Experimente. Vor jedem Experiment sind mögliche Gefahrenquellen zu besprechen. Beim Experimentieren sind die Richtlinien zur Sicherheit im naturwissenschaftlichen Unterricht einzuhalten.

1. Auflage, 2. Druck 2014

Alle Drucke dieser Auflage sind inhaltlich unverändert und können im Unterricht nebeneinander verwendet werden.

© 2013 Cornelsen Schulverlage GmbH, Berlin

Das Werk und seine Teile sind urheberrechtlich geschützt.
Jede Nutzung in anderen als den gesetzlich zugelassenen Fällen bedarf der vorherigen schriftlichen Einwilligung des Verlages.
Hinweis zu den §§ 46, 52 a UrhG: Weder das Werk noch seine Teile dürfen ohne eine solche Einwilligung eingescannt und in ein Netzwerk eingestellt oder sonst öffentlich zugänglich gemacht werden.
Dies gilt auch für Intranets von Schulen und sonstigen Bildungseinrichtungen.

Druck: Mohn Media Mohndruck, Gütersloh

ISBN 978-3-06-010285-3

PEFC zertifiziert
Dieses Produkt stammt aus nachhaltig bewirtschafteten Wäldern und kontrollierten Quellen.
www.pefc.de

Natur und Technik

Physik

Differenzierende Ausgabe
Nordrhein-Westfalen R

9|10

Natur und Technik
Physik

Herausgegeben von: Heinz Muckenfuß, Ravensburg; Volkhard Nordmeier, Berlin

Autoren: Siegfried Bresler, Bielefeld; Bernd Heepmann, Herford; Holger Hellendrung, Blaustein/Kairo; Christian Hörter, Weilheim; Carsten Kuck, Rheinfelden; Jochim Lichtenberger, Fahren; Matthias Pollmann, Marl; Wilhelm Schröder, Herford

Unter beratender Mitarbeit von: Jürgen Kirstein, Berlin; Ronald Sturm, Kamen; Sven Theis, Steinhagen; Sandra Willms, Castrop-Rauxel

Redaktion: Thomas Gattermann, Simone Lambert, Stephan Möhrle, Heike Schuster

Grafik: Ulrike Braun, Rainer Götze, Gabriele Heinisch, Yvonne Koglin, Matthias Pflügner

Designberatung: Ellen Meister

Umschlaggestaltung: SOFAROBOTNIK GbR, Augsburg & München

Layoutkonzept und technische Umsetzung: Miriam Bussmann, Berlin

Inhalt

ELEKTRISCHE ENERGIEVERSORGUNG 230

Magnete und Magnetfelder 232
Spulen werden zu Magneten 232

Wechselspannung durch Induktion 234
Spulen werden zu Energiequellen 234
Die Wechselspannung 236
Erweiterung: Generatoren – gestern und heute 240
Elektrische Energie durch Induktion 241
Erweiterung: Spulen „drosseln" den Wechselstrom 246
Überblick 247

Energietransport mit Transformatoren 248
Wie können Spannungen verändert werden? 248
Erweiterung: Der Transformator wird belastet 250
Energie transportieren mit Hochspannung 252
Magnetisches Feld – Elektrisches Feld –
   Schwerefeld 256
Überblick 257

Elektrische Energieerzeugung im großen Stil 258
Elektrische Energie aus Kohle 258

Erweiterung: Der Treibhauseffekt 266
Die Lufthülle – ein „Wintergarten" für die Erde 266

Erneuerbare Energiequellen 270
Elektrische Energie von der Sonne 270
Erweiterung: Solarmodule – genauer untersucht 272
Elektrische Energie aus Kohle und
   erneuerbaren Energiequellen 274
Methode Grafiken auswerten 278
Beruf mit Zukunft: Mechatroniker/-in 282
Überblick 283
Teste dich! 285

RADIOAKTIVITÄT UND KERNENERGIE 286

Radioaktivität 288
Unsichtbare Strahlung 288
Radioaktivität nachweisen 290
Strahlungsarten 292
Ionisierende Strahlung – überall! 294
Wie entsteht die Strahlung radioaktiver Stoffe? 300
Die Halbwertszeit 302
Überblick 304

Energie aus Atomkernen 308
Das Kernkraftwerk – ein erster Überblick 308
Die Kernspaltung 310
Kettenreaktionen 312
Wohin mit dem radioaktiven Abfall? 316
Fukushima und Tschernobyl 318
Hiroshima – Zerstörung durch Kernenergie 323
Kernkraftwerke – pro und kontra 327
Erweiterung: Kernenergie aus der Sonne 328
Überblick 329
Teste dich! 331

INFORMATIONEN ÜBERTRAGEN 332

Information und Kommunikation 334
Sensoren nehmen Signale auf 334
Die kleinste Rockband 340
Signale ausgeben mit Leuchtdioden 342
Signale lenken mit Dioden 343
Signale verstärken mit Transistoren 346
Erweiterung: „Zaubern" mit dem Magic-T-Board ... 350
Erweiterung: Speichern mit Kondensatoren 352
Überblick 354

Informationen transportieren – mit Wellen 356
Elektromagnetische Wellen 356
Von Radiowellen bis zur Röntgenstrahlung 362
Digitale Welt 370
Farben auf dem Bildschirm 376
Farben auf dem Papier 378
Überblick 382
Teste dich! 384

BEWEGUNGEN UND IHRE URSACHEN … **386**

Druck und Tauchen … **388**
Schwimmen und Sinken … 388
Der Druck in Wasser … 390
Wasser „trägt" … 394
Überblick … 401

Bewegungen im Sport und auf der Straße … **402**
Die Geschwindigkeit … 402
Ungleichförmige und gleichförmige Bewegungen … 406
Gas geben und bremsen … 410
Der freie Fall … 413
Überblick … 416

Bewegungen im Weltraum … **418**
Voyager – ohne Antrieb immer weiter … 418
Die seltsame Bewegung des Kometen Halley … 420
Raketen und ihr Antrieb … 422
Menschen im Weltraum … 425
Überblick … 429

Menschen und Motoren sorgen für Bewegung … **430**
Wie viel Energie „steckt" in …? … 430
Wie viel Energie wird genutzt? … 433
Verbrennungsmotoren sorgen für Bewegung … 436
Motoren und Autos – heute und morgen … 440
Überblick … 443

Energie für die Bewegung – Sicherheit im Straßenverkehr … **444**
Energie und Kraft bei der Fortbewegung … 444
Gut geplant – die Abschlussfahrt (Projekt) … 450
Energieaufwand beim Beschleunigen … 452
Haftung und Reibung – wichtig im Straßenverkehr … 456
Bremsen … 458
Überblick … 465
Teste dich! … 466

ANHANG … **468**
Basiskonzepte … 468
Methode
    Diagramme mit dem Computer zeichnen … 470
Bauanleitung: Das Magic-T-Board … 472
Lösungen der Teste-dich-Aufgaben … 473
Tabellen und Schaltzeichen … 478
Physikalische Größen und ihre Einheiten … 479
Periodensystem der Elemente … 480
Quellenverzeichnis … 482
Sach- und Namenverzeichnis … 483

Wie erzeugt man elektrische Energie für Millionen?

Wozu braucht man Umspannwerke?

Energieversorgung der Zukunft?

Elektrisch schweißen – wie geht das?

Wie bremst die Achterbahn?

Wie funktioniert ein Fahrraddynamo?

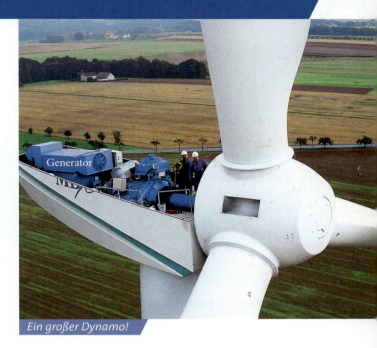
Ein großer Dynamo!

Elektrische Energieversorgung

▷ Ohne elektrische Energie ist das Leben heute kaum denkbar. In diesem Kapitel erfährst du, wie elektrische Energie erzeugt wird und bis zu euch nach Hause gelangt. Du wirst verstehen, wie elektrische Geräte in Betrieb gesetzt werden und wie der Energiestrom auf die verschiedenen Anwendungen angepasst wird.

▷ Du erfährst, dass ein Fahrraddynamo, eine Windenergieanlage und ein „richtiges" Kraftwerk viele Gemeinsamkeiten haben.

▷ Bei der Achterbahn müssen die Wagen auch wieder gebremst werden. Die Trainingsgeräte im Fitnessstudio können leistungsgerecht gesteuert werden. Auch in diesen Beispielen werden die physikalischen Gesetze genutzt, die du bei der elektrischen Energieerzeugung kennengelernt hast.

▷ Alle Kenntnisse kannst du in vielen Experimenten erwerben und vertiefen.

Magnete und Magnetfelder

Spulen werden zu Magneten

▷ Auf diesem Schrottplatz gibt es viele kleine Teile aus Eisen. Sie werden mit einem Elektromagneten angehoben und dann verladen.

▷ Die Eisenteile bilden einen merkwürdig geformten „Bart". Wie kommt das?

1 *Elektromagnet auf dem Schrottplatz*

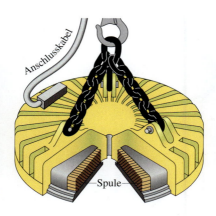

Untersuchen Experimentieren

1 Unsichtbares wird sichtbar Die Wirkung eines Magneten in seiner Umgebung macht ihr mit feinen Eisenspänen sichtbar.
a Legt den Magneten unter die Pappe. Streut dann Eisenspäne dünn und gleichmäßig auf das Papier. Klebt das fertige Bild mit Haarspray fest. ▶2
b Legt eine Spule (ohne Eisenkern) unter die Pappe. Schließt sie an ein Netzgerät an. Erstellt wieder ein Bild mit Eisenspänen.

2 Magnetfeld einer Spule „abtasten"
a Legt eine Spule (ohne Eisenkern) auf ein Blatt Zeichenpapier und zeichnet ihre Umrisse ein. Schließt sie an ein Netzgerät an. Stellt eine Kompassnadel an verschiedene Stellen um die Spule herum. ▶3 Zeichnet jeweils die Ausrichtung der Nadel durch einen Pfeil ein.
b Untersucht die offenen Enden der Spule genauer.
c Schiebt einen Eisenkern in die Spule. Vergleicht bei geschlossenem Stromkreis die magnetische Wirkung der Spule mit und ohne Eisenkern.

3* Magnetfeld eines Leiters Stellt einen Kompass in Nord-Süd-Richtung auf. Legt ein langes Experimentierkabel genau über die Kompassnadel. Verbindet nun Kabel, Netzteil und Glühlampe zu einem Stromkreis. ▶4
a Schaltet das Netzteil ein. Beobachtet die Kompassnadel.
b Schaltet das Netzteil aus und vertauscht die Pole. Was beobachtet ihr nun nach dem Einschalten?
c Legt das Kabel diesmal unter den Kompass. Wiederholt die Versuche.
d Erklärt die Beobachtungen mit euren Kenntnissen von Magneten.

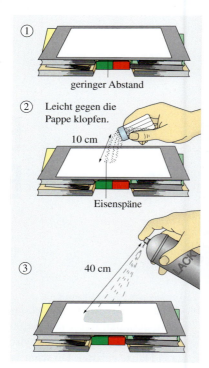

2 *Magnetische Wirkung auf Eisenspäne*

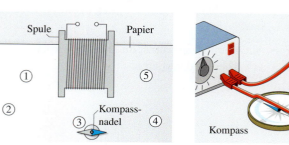

Spulen werden zu Magneten — Magnete und Magnetfelder

Grundlagen: Felder von Dauer- und Elektromagneten

In der Umgebung eines Magneten werden Gegenstände aus Eisen angezogen. Eine Magnetnadel wird aus der Nord-Süd-Richtung gedreht. Eisenspäne werden in Linien angeordnet. ▶5 Der Magnet ist von einem *Magnetfeld* umgeben.
Mit einer Magnetnadel kann man das Magnetfeld „abtasten". Wenn man die Ausrichtung an vielen Stellen aufzeichnet, erhält man ein Feldlinienbild. ▶6 Es beschreibt die Wirkung des Magneten. Außerhalb des Magneten verlaufen die Feldlinien vom Nord- zum Südpol. Die Pfeile zeigen in die Richtung, in die sich der Nordpol einer Magnetnadel einstellt.

> Magnete sind von einem Magnetfeld umgeben. Dort kann man eine magnetische Wirkung nachweisen. ▶6
> Wenn ein Strom durch eine Spule fließt, erzeugt er ein Magnetfeld. Ein Eisenkern im Spuleninnern verstärkt es. ▶7

Beim Umpolen des Stroms kehrt sich die Richtung des Magnetfelds um.

5 *Eisenspäne im Feld eines Magneten*

⟳ 233-1 Simulation Magnetfelder

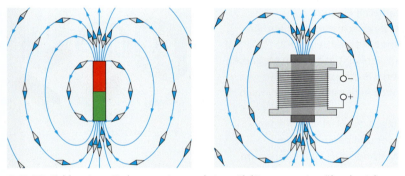

6-7 *Die Felder eines Stabmagneten und eines Elektromagneten ähneln sich.*

Erweiterung: Magnetfelder von Strömen

Magnetnadeln werden in der Umgebung eines Leiters abgelenkt, solange der Strom eingeschaltet ist. Ohne Strom ist kein Magnetfeld vorhanden.

> Wenn ein Strom durch einen Leiter fließt, ist der Leiter von einem Magnetfeld umgeben. Die Feldlinien verlaufen kreisförmig um den gestreckten Leiter herum. ▶8

Wenn man den Leiter zu einem Ring biegt, wirkt er auf Magnetnadeln ähnlich wie ein Scheibenmagnet. ▶9 Eine Spule wirkt wie ein Magnet, der aus vielen Scheibenmagneten zusammengesetzt ist.

8 *Feld bei einem gestreckten Leiter*

9 *Feld bei einem ringförmigen Leiter*

Aufgaben

1 Nenne Gemeinsamkeiten und Unterschiede von Dauermagnet und Elektromagnet.

2 Beschreibe zwei Verfahren, wie das Magnetfeld einer Spule bestimmt werden kann.

3 Ein Eisenkern verstärkt das Magnetfeld einer Spule, ein Aluminiumkern dagegen nicht. Erkläre den Unterschied.

4* Bei einem Stabmagneten gehen die Feldlinien vom Nord- zum Südpol. Vergleiche mit den Feldlinien bei einem gestreckten Leiter.

5* Das Magnetfeld ist bei einer Spule stärker als bei einem einzelnen ringförmigen Leiter (bei gleicher Stromstärke). Erkläre den Unterschied. Fertige dazu eine Zeichnung an.

Wechselspannung durch Induktion

Spulen werden zu Energiequellen

▷ Diese Lampe leuchtet immer hell, wenn Sie es brauchen. Sie ist stets einsatzbereit. Schütteln genügt. – So lautet der Werbetext für die Taschenlampe. ▶1

▷ Wie wird hier elektrische Energie erzeugt?

beweglicher Dauermagnet

Spule aus Kupferdraht

1

Untersuchen Experimentieren

1 Elektrische Spannung – mit einem Magneten erzeugt
Ihr braucht: verschiedene Dauermagnete, verschiedene Spulen, ein empfindliches Spannungsmessgerät (mit Mittelanzeige). ▶2
a Schließt das Messgerät an die Spule an. Versucht mit einem Magneten eine Spannung zu erzeugen. Beschreibt, wie ihr vorgeht.
b Achtet auf den Zeiger am Messgerät. Wovon hängt es ab, ob er nach rechts oder nach links ausschlägt?
c Der Zeiger soll möglichst weit ausschlagen. Probiert verschiedene Möglichkeiten aus. Führt eure Lösung vor und beschreibt sie.
d Gelingt es euch, mit der gefundenen Methode eine Glühlampe zum Leuchten zu bringen?

2 Wovon hängt die Spannung an der Spule ab? Untersucht systematisch, geht schrittweise vor und führt Protokoll:
a Bewegt den Magneten verschieden schnell in der Spule. ▶3
b Untersucht Spulen mit verschiedenen Windungszahlen. ▶4
c Formuliert ein Ergebnis eurer Untersuchung. Berichtet darüber.

3* Einfache Generatoren
a Beschreibt, wie diese Generatoren funktionieren. ▶5
b Beschreibt den Unterschied der beiden Bauweisen.
c Baut den Generator a nach. Wie könnt ihr seine Wirkung mit einer zweiten Spule verbessern? Probiert es aus.

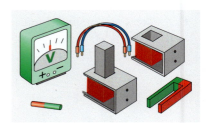

2 *Versuchsmaterialien*

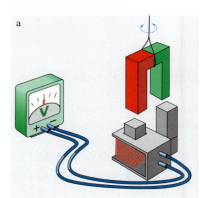

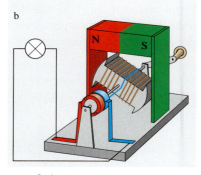

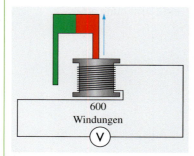

3 *Unterschiedlich schnell bewegen*

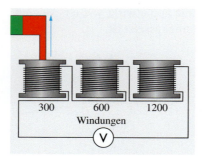

4 *Unterschiedliche Windungszahlen*

5 *Einfache Generatoren*

4 Spannungen mit einem Elektromagneten erzeugen Führt den Versuch 1 mit einem Elektromagneten durch.
a Versucht den Elektromagneten rasch der Spule zu nähern.
b Setzt den Elektromagneten und die Spule auf einen gemeinsamen U-Kern. Versucht damit eine kleine Glühlampe zum Leuchten zu bringen.
c Findet ihr eine Möglichkeit, das Lämpchen dauernd zum Leuchten zu bringen? Beschreibt sie.

Grundlagen — Elektrische Spannung durch Induktion

An einer Spule wird eine elektrische Spannung erzeugt, wenn ein Magnet in ihrer Nähe bewegt wird. Oder man bewegt die Spule und lässt den Magneten ruhen. ▶6 Der Magnet kann jeweils ein Dauer- oder ein Elektromagnet sein.
Auch wenn man den Elektromagneten ein- und ausschaltet, ist an einer Spule in seiner Nähe eine Spannung messbar. ▶7

> An einer Spule wird eine Spannung hervorgerufen, wenn sich ein Magnetfeld in der Spule ändert. Dieser Vorgang heißt Induktion.

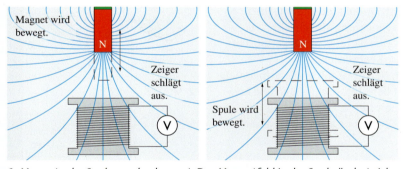

6 Magnet oder Spule werden bewegt: Das Magnetfeld in der Spule ändert sich.

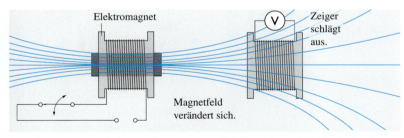

7 Elektromagnet wird ein- oder ausgeschaltet: Das Magnetfeld ändert sich.

Genau genommen wird in jeder Windung der Spule eine Spannung induziert. Daher ist die Induktionsspannung zwischen den Enden der Spule umso größer, je mehr Windungen die Spule hat.
Die Induktionsspannung ist auch umso größer, je schneller sich das Magnetfeld ändert und je stärker das Magnetfeld ist.

> Wenn man die Enden der Spule leitend verbindet, treibt die Induktionsspannung einen elektrischen Strom an. Die Spule ist dann eine elektrische Energiequelle.

Aufgaben

1 Zur „Schüttellampe" ▶1
a Benenne ihre wichtigen Teile.
b Beschreibe die Energieumwandlung.
c Die Lampe braucht einen Energiespeicher. Begründe dies.

2 Wie kannst du eine möglichst hohe Induktionsspannung erzeugen? Gib die Versuchsgeräte an und beschreibe dein Vorgehen.

3 Durch Induktion kann man eine Spannung erzeugen, ohne dass eine Spule oder ein Magnet bewegt wird. Beschreibe das Vorgehen.

4 Schließe ein Spannungsmessgerät mit Zeiger am Fahrraddynamo an. Drehe langsam das Antriebsrad einmal herum.
a Beobachte, wie oft der Zeiger des Messgeräts hin- und hergeht.
b Bei einer Umdrehung sind viele Ausschläge zu sehen. Erkläre diese Beobachtung. *Tipp:* ▶8

8 Fahrraddynamo: Eisenspäne im Feld des drehbaren Magneten

Die Wechselspannung

▷ Im Fahrraddynamo wird ein Magnet gedreht und so eine Spannung erzeugt. Die Polung des Dynamos ändert sich dabei ständig. Es entsteht eine Wechselspannung. ▶1

▷ Auch Netzgeräte können Wechselspannungen liefern. Der Zeiger eines Messgeräts für Gleichspannung kommt da meist nicht mit und bleibt auf null stehen.

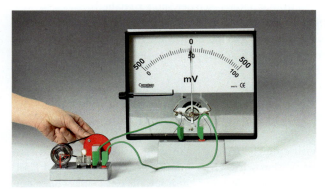

1

Beobachten Untersuchen

1 Wechselnde Polung – sichtbar gemacht Ob eine Leuchtdiode (LED) leuchtet oder nicht, hängt von der Stromrichtung ab: Schließt zwei entgegengesetzt geschaltete LEDs an eine Batterie an. ▶2 Vertauscht die Polung der Batterie. Beschreibt eure Beobachtung.

a Schließt die Leuchtdioden dann an ein Netzgerät mit Wechselspannung an. Bewegt sie – an den Leitungen gut befestigt – schnell hin und her. Beschreibt eure Beobachtung und erklärt sie.

b Tauscht eine Leuchtdiode gegen eine Glühlampe aus und wiederholt den Versuch. Begründet das Ergebnis.

2 Wechselspannung aufzeichnen Ein Modellversuch zeigt, wie die Zeigerbewegung des Messgeräts ▶1 als Kurve dargestellt werden kann. Fahrt am linken Rand eines Blatts Papier mit dem Bleistift auf und ab. ▶3 Währenddessen zieht der Tischnachbar das Blatt zur Seite.

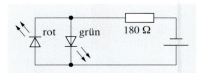

2

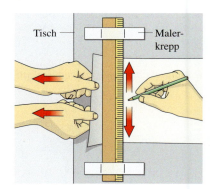

3 *Modellversuch zum Aufzeichnen einer Wechselspannung*

Grundlagen — Wechselspannung und Wechselstrom

Wechselspannung Eine Batterie treibt die Elektronen immer in dieselbe Richtung. Sie hat eine *Gleichspannung*. Bei Fahrraddynamos und vielen anderen Generatoren wechseln Plus- und Minuspol ständig. Die Elektronen werden mal in die eine, mal in die andere Richtung getrieben.

> Die Polung eines Dynamos ändert sich ständig. Man spricht von Wechselspannung. Auch das Stromnetz im Haushalt hat eine Wechselspannung. Netzgeräte können ebenfalls Wechselspannung liefern.

Die Wechselspannung • Wechselspannung durch Induktion

Wechselstrom und sein Nachweis Die Wechselspannung eines Netzgeräts ruft im Stromkreis einen Wechselstrom hervor.
Mit Leuchtdioden kann man den Wechselstrom nachweisen: Sie sind „Einbahnstraßen" für den Strom. Eine Leuchtdiode leuchtet nur, wenn der richtige Anschluss mit dem Pluspol der elektrischen Energiequelle verbunden ist und der andere mit dem Minuspol. Schließt man zwei Leuchtdioden mit unterschiedlicher Polung an ein Netzgerät an, leuchten sie abwechselnd. Man sieht es, wenn man sie schnell bewegt. ▶4
Einen Wechselstrom kannst du dir in einem Modell so vorstellen: Wenn der Kolben hin- und herbewegt wird, wird das Wasser mal in die eine Richtung und mal in die andere Richtung angetrieben. ▶5
Für Glühlampen, Toaster oder Bügeleisen ist es unwichtig, ob sie an Gleich- oder Wechselspannung angeschlossen werden. Wärme und Licht entstehen unabhängig von der Richtung, in der sich die Elektronen durch den Draht bewegen.

4 *LEDs werden schnell nach rechts bewegt (Belichtungszeit: ca. 0,2 s).*

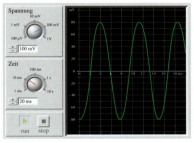

5 *Modell für einen Wechselstrom*

Wechselspannungen mit dem Computer anzeigen Die Strömungsrichtung der Elektronen ändert sich beim Anschluss an das Stromnetz so schnell, dass der Zeiger des Messgeräts nicht folgen kann. Mit speziellen Computerprogrammen lässt sich eine Spannung bis zu 2 V über den Mikrofoneingang mehrere 1000-mal pro Sekunde „abtasten" und im Diagramm darstellen. ▶6
In unserem Stromnetz ist der Spannungsverlauf wellenförmig. Der höchste und der tiefste Spannungswert wird 50-mal in einer Sekunde erreicht. Man sagt: Die Wechselspannung hat 50 Hertz (50 Hz).

Messgeräte Vielfachmessgeräte für Wechselspannungen und -ströme sind mit elektronischen Bauteilen versehen. Diese lassen die Elektronen nur in einer Richtung durch das Messwerk fließen. Zur Messung der Stromstärke musst du den Wechselstrombereich „A~" wählen. Obwohl sich die Stromstärke ständig ändert, wird ein konstanter Wert angezeigt. Er ist genauso groß wie bei einem Gleichstrom, der z. B. eine Glühlampe genauso hell leuchten lässt wie der Wechselstrom.
Um Wechselspannungen zu messen, stellst du den Bereich „V~" ein.

6 *Wechselspannung, mit dem Computer aufgezeichnet*

Aus der Geschichte — Die Induktion wird entdeckt

Der Engländer *Michael Faraday* (1791–1867) brachte sich nach einer Buchbinderlehre selbst Chemie und Physik bei. Um 1821 hörte er von den Experimenten des dänischen Forschers *Hans Christian Oersted*. Oersted hatte herausgefunden, dass ein Ladungsstrom ein Magnetfeld hervorruft. Faraday war von der Idee überzeugt, dass sich dieser Effekt umkehren lässt. In seinem Notizbuch findet sich schon 1822 die Eintragung: "Convert magnetism into electricity."
In den folgenden 8 Jahren führte er immer wieder Versuche durch, um diese „Umwandlung" zu erreichen. Sein Labortagebuch zeigt, dass ihm bereits 1825 ein Versuchsaufbau dazu gelang. Die Messgeräte waren aber nicht empfindlich genug, um elektrische Effekte nachzuweisen. Erst 1831 entdeckte er die Induktion. Er fügte zwei Stabmagnete zu einem Bügelmagneten zusammen und näherte sie einer Spule aus Kupferdraht. ▶7
Tatsächlich schlug sein Strommessgerät – ein einfacher Kompass – aus.

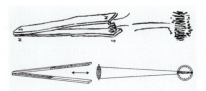

7 *Faradays Skizze*

Grundlagen — Wechselspannung – genauer betrachtet

Wie eine Wechselspannung entsteht Wenn man den Rotor eines Generators ganz langsam dreht, kann man mit einem Zeigermessgerät die Spannungsänderungen verfolgen. ▶1–2

Wie schnell die Elektronen im Haushaltsnetz ihre Richtung wechseln, hängt davon ab, wie schnell die Generatoren im Kraftwerk gedreht werden. Ein Generator, der im Prinzip dem von Bild ▶1 entspricht, läuft mit exakt 3000 Umdrehungen pro Minute oder 50 Umdrehungen pro Sekunde. An der Induktionsspule kommt also jeder Magnetpol des Rotors 50-mal in einer Sekunde vorbei. Nach jeweils $\frac{1}{100}$ s ändert sich die Strömungsrichtung der Elektronen. Nach $\frac{1}{50}$ s beginnt alles wieder von vorn. Man sagt: Die Frequenz des Wechselstroms beträgt 50 Hertz (50 Hz).

① Der magnetische Nordpol bewegt sich auf die Spule zu. Die Elektronen werden in die eine Richtung durch den Draht getrieben. Die Spannung ist positiv. Sie erreicht ihren höchsten Wert (Scheitelwert), wenn der Magnet senkrecht zur Spulenachse steht.

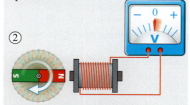

② Der Nordpol ist vor der Spule angekommen. Die Spannung beträgt 0 V. Kurzzeitig sind die Elektronen ohne Antrieb.

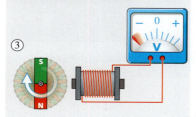

③

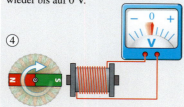

④ Der Nordpol bewegt sich von der Spule fort. Die Elektronen werden nun in die Gegenrichtung getrieben. Die Spannung steigt bis zum negativen Scheitelwert an und fällt anschließend wieder bis auf 0 V.

1 Entstehung einer Wechselspannung

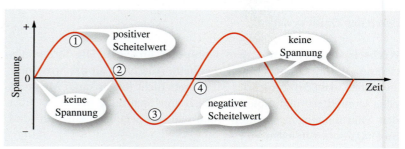

2 Spannungsverlauf: Die Ziffern entsprechen den Zeigerausschlägen in Bild 1.

Effektivwert Eine Anzeige von 230 V Wechselspannung bedeutet, dass eine Gleichspannung von 230 V an einem Heiz- oder Glühdraht die gleiche Wirkung hat wie die Wechselspannung.

> Das Messgerät zeigt den Wert an, bei dem dieselbe Wirkung wie bei Gleichspannung bzw. Gleichstrom erreicht wird. Diesen Wert nennt man Effektivwert.

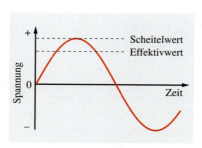

3 Effektiv- und Scheitelwert

Der Scheitelwert der Spannung ist größer als der Effektivwert: ▶3

$$U_{\text{Scheitel}} = \sqrt{2}\, U_{\text{effektiv}} = 1{,}41 \cdot U_{\text{effektiv}}$$

Das Gleiche gilt für die Stromstärke.

↻ 238-1 Simulation Leiterschleife im Magnetfeld

↻ 238-2 Experiment Effektiv- und Scheitelwert

Aufgaben

1. Die Frequenz des Wechselstroms beträgt 50 Hz. Was bedeutet das?
2. Bei leuchtenden Glühlampen merkt man normalerweise nichts vom Wechsel der Stromrichtung. Erkläre diese Beobachtung.
3. Ein Messgerät zeigt eine Wechselspannung von 12 V an. Berechne den Scheitelwert der Spannung.

Aus der Technik — Generatoren in Kraftwerken

4 *Generator in einem Kraftwerk*

5 *Generator und Turbine während der Montage*

In Elektrizitätswerken stehen riesige Generatoren. ▶4 Solch ein Generator erzeugt z. B. eine Wechselspannung von 27 kV und kann über eine Million Menschen mit elektrischer Energie versorgen.

Im Innern des Generators dreht sich kein Dauermagnet, sondern ein gewaltiger Elektromagnet. Die Induktionsspulen sind außen angeordnet und fest montiert. Sie werden vom Magnetfeld des rotierenden Elektromagneten durchsetzt.

Angetrieben wird der Generator von einer Dampfturbine: Zunächst wird heißer Wasserdampf erzeugt. Dieser wird dann unter hohem Druck gegen die Schaufeln der Turbinenräder geleitet. ▶5 Die Turbinenräder werden dadurch in Drehung versetzt und drehen den Elektromagneten mit. ▶6

6 *Die gesamte Anlage aus Turbine und Generator ist 65 m lang.*

Erweiterung: Generatoren – gestern und heute

▷ Generatoren erzeugen in unserem Alltag an vielen Stellen elektrische Energie.

1 *Notstromaggregat*

2 *Nabendynamo*

Untersuchen

1 **Wie funktioniert ein Fahrraddynamo?** Zerlegt einen alten Fahrraddynamo und bestimmt seine Funktionseinheiten. ▶3 Beschreibt dem Tischnachbarn, wie der Dynamo elektrische Energie erzeugt.
a Erklärt die Funktion des Dynamos mit Zeichnungen und Texten. Erstellt ein Lernplakat.
b Bereitet einen Vortrag über den Fahrraddynamo vor: Wie ist er aufgebaut? Wie erzeugt er elektrische Energie? Haltet den Vortrag.

2 **Fahrraddynamos testen** Seitenläufer-, Rollen- und Nabendynamos unterscheiden sich in der Bauform und sind für verschiedene Einsatzbereiche vorgesehen.
a Informiert euch über verschiedene Fahrraddynamos. Wie sind sie aufgebaut? Wo kommen sie zum Einsatz? Stellt Vorteile und Nachteile gegenüber. Fasst eure Ergebnisse auf einem Plakat zusammen.
b Untersucht die Dynamos verschiedener Fahrräder. Schließt jeweils eine Lampe (4 V; 1 A) an und vergleicht die Laufeigenschaften. Tragt die Ergebnisse in einer Tabelle zusammen.

3 *Fahrraddynamo (Seitenläufer)*

3 **Wer baute den ersten Generator?** Schon ein Jahr nach der Entdeckung der Induktion durch *Michael Faraday* baute der französische Mechaniker *Hippolyte Pixii* den ersten Generator. Mit einer Kurbel ließ man einen starken Bügelmagneten vor zwei Spulen rotieren. ▶4 Es folgten weitere, verbesserte Generatoren. 1866 entwickelte *Werner von Siemens* einen neuen Generatortyp mit Elektromagneten.
a Informiert euch über die Entwicklung der ersten Generatoren. Dokumentiert eure Recherche auf einem Plakat oder erstellt eine digitale Präsentation. ↻ 240-1
b Schreibt eine Forscherbiografie über Hippolyte Pixii oder Werner von Siemens. Informiert euch dazu in verschiedenen Medien.

4 *Generator von Pixii*

Elektrische Energie durch Induktion

▷ Bei zwei Lampen geht das Drehen viel schwerer als bei einer. Warum ist ein stärkerer Antrieb erforderlich?

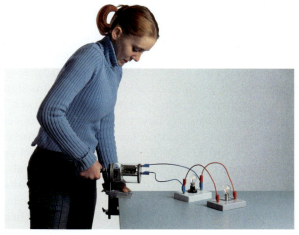

5

Untersuchen Experimentieren

1 Beleuchtung – wer liefert die Energie? Stellt ein Fahrrad auf Lenker und Sattel.
a Löst die Anschlüsse am Dynamo. Dreht das Rad mit dem Dynamo mit einem kräftigen Schwung. Beobachtet die Drehung bis zum Stillstand.
b Schließt die Beleuchtung an. Dreht das Rad erneut. Was fällt euch auf?
c Versucht den Unterschied zu erklären.

2 Eine merkwürdige Bremse Ein kräftiger Bügelmagnet soll in eine Spule hineinschwingen, ohne sie zu berühren. ▶6
a Der Magnet wird um 5 cm aus seiner Ruhelage ausgelenkt und losgelassen. Messt, wie oft er hin- und herschwingt.
b Verbindet die Spulenanschlüsse mit einem Experimentierkabel. Lasst den Magneten wieder schwingen. Was fällt euch auf? Messt wieder, wie oft der Magnet schwingt.
c Verbindet die Spulenanschlüsse über einen 500-Ω-Widerstand. Prüft, wie oft der Magnet pendelt.

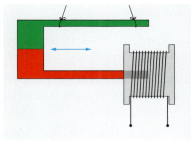

6

3 Große Ströme werden spürbar Bringt verschiedene Lampen (unterschiedliche Stromstärke) mit dem Handgenerator zum Leuchten. Vergleicht, wie groß die Kraft zum Kurbeln ist.
a Versucht es zunächst mit einer Lampe mit den Daten „6 V; 5 A". Ihr könnt auch eine Lampe eines Autoscheinwerfers verwenden.
b Schließt als Nächstes eine Lampe „4 V; 1 A" an den Generator an. Beschreibt eure Beobachtung. Messt die Stromstärke.
c Schaltet dann eine zweite, gleiche Lampe parallel. ▶5 Was ändert sich?
d Schließt den Generator kurz. Dann fließt der größtmögliche Strom, den der Generator antreiben kann.

4*Ein Elektromotor wird belastet Schließt einen Motor an eine Batterie an.
a Messt die elektrische Stromstärke im Leerlauf.
b Belastet den Motor, indem ihr die Motorwelle vorsichtig bremst. Messt dabei wieder die elektrische Stromstärke.
c Was könnt ihr über den Energiestrom von der Batterie zum Motor für beide Versuche aussagen? Schreibt es auf.

Grundlagen — Induktion und Energie

Ein Magnet schwingt mit einem Pol in eine kurzgeschlossene Spule hinein. ▶1 Er wird deutlich abgebremst. Das lässt sich so erklären: Das Magnetfeld in der Spule ändert sich. An der Spule wird eine Spannung induziert. Im geschlossenen Stromkreis wird dadurch ein elektrischer Strom angetrieben. Die Spule wirkt als elektrische Energiequelle. Die Energie stammt aus der Bewegung des Magneten – er wird langsamer. Die Kurbel eines Generators lässt sich umso schwerer drehen, je stärker er belastet wird. Die Erklärung ist ähnlich wie bei der Magnetschaukel: Der belastete Generator gibt elektrische Energie ab. Die Energie dafür kommt aus der Bewegung der Spule. Je mehr elektrische Energie der Generator abgibt, desto mehr Energie muss der Spule zugeführt werden. Das spürt man: Die Kurbel lässt sich schwerer drehen.

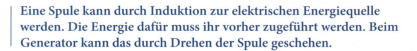
Bewegung wird langsamer.
1

> Eine Spule kann durch Induktion zur elektrischen Energiequelle werden. Die Energie dafür muss ihr vorher zugeführt werden. Beim Generator kann das durch Drehen der Spule geschehen.

Aufgaben

1 Wenn der Spulenstromkreis offen ist, wird der Magnet beim Eindringen in die Spule nicht abgebremst. ▶1 Erkläre die Beobachtung.

2 Julian erklärt das Abbremsen des Magneten so: „Wenn in der Spule ein Induktionsstrom fließt, wird sie zum Elektromagneten ..." Setze seine Erklärung fort.

Aus der Technik — Bremsen durch Induktion

Eisenbahn Beim ICE-3 kann zum Bremsen ein Träger mit vielen Elektromagneten nahe über die Schienen gesenkt werden. ▶2–3 Die Magnetfelder dringen in die Schienen aus Stahl ein. Die Schienen sind zwar keine Spulen, aber die veränderlichen Magnetfelder bewirken auch in ihnen elektrische Ströme durch Induktion. Die Energie dafür stammt aus der Bewegung der Elektromagnete und damit des ICE.
Diese Bremse funktioniert besonders gut und zuverlässig bei hohen Geschwindigkeiten, unabhängig von der Griffigkeit der Schienen. Außerdem ist sie wartungsarm, weil keine Reibung auftritt. Daneben gibt es beim ICE noch andere Bremssysteme.

2 ICE-3

3 *Aufbau der Induktionsbremse*

Elektrische Energie durch Induktion Wechselspannung durch Induktion **243**

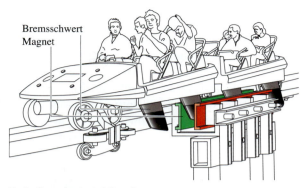

4 *Achterbahnwagen mit Bremsschwertern* **5** *Aufbau der Induktionsbremse*

Achterbahn Moderne Achterbahnen werden durch Induktion gebremst. Am Wagen ist ein „Bremsschwert" aus Metall festgeschraubt. ▶4 An der Schiene sind starke Magnete angebracht. ▶5 Sobald der Wagen mit dem Bremsschwert durch das Magnetfeld fährt, werden im Bremsschwert elektrische Ströme durch Induktion erzeugt. Die Energie dafür stammt aus der Bewegung des Zugs. Der Zug wird schnell und sanft abgebremst.

Heimtrainer Wenn du strampelst, dreht sich in vielen Heimtrainern eine gusseiserne Schwungscheibe mit einem Kupferring. ▶6 Der Kupferring bewegt sich an einer Stelle durch das Feld eines Elektromagneten hindurch. Dabei wird im Kupfer ein elektrischer Strom durch Induktion erzeugt. Die Energie dafür stammt aus der Drehung der Scheibe – die Scheibe wird abgebremst. Über die Stärke des Elektromagneten wird die Trainingsleistung eingestellt: Wenn man den Strom vergrößert, wird das Magnetfeld und damit auch die Bremswirkung stärker. Dann fällt das Treten schwerer und der Körper muss mehr leisten.

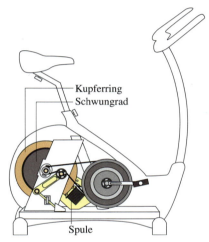

6 *Induktionsbremse beim Heimtrainer*

Aufgabe

3 Bei einem Spielzeugauto wurde ein Teil der Innenausstattung herausgeschnitten, damit ein Supermagnet hineinpasst. ▶7
a Lass das Auto aus kleiner Starthöhe auf einer Kunststofffahrbahn ausrollen. Markiere die Rollweite.
b Lege unter die Fahrbahn eine Aluminiumschiene (Eisenschiene). Überprüfe, wie sich die Rollweite des Autos ändert.
c Lass nur den Supermagneten auf einer 45° schrägen Fahrbahn bergab rutschen – mit und ohne Aluminiumschiene darunter. Ziehen sich Magnet und Aluminium gegenseitig an? Prüfe die Anziehung auch bei schnellem Verschieben des Magneten auf dem Metall.
d Erkläre deine Beobachtungen.

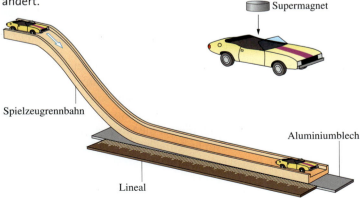

7

Erweiterung Die lenzsche Regel

Wenn der Magnet in die Spule hineinschwingt, kommt es zur Induktion. ▶1 Die Induktionsspannung treibt einen elektrischen Strom an. Er erzeugt in der Spule ein eigenes Magnetfeld: Die Spule wird zum Elektromagneten. Ihr Nordpol zeigt zum Nordpol des Magneten. Der bewegte Magnet wird abgestoßen und dadurch gebremst. Wenn der Magnet aus der Spule herausschwingt, kehrt sich ihr Magnetfeld um. Der bewegte Magnet wird jetzt angezogen und dadurch weiter gebremst. ▶2

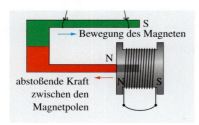

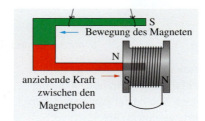

1

2

Stell dir vor, die Polung der Spule wäre jeweils genau andersherum: Beim Hineinschwingen würde der Nordpol des Magneten vom Südpol der Spule angezogen und beschleunigt. Beim Zurückschwingen würde der Nordpol vom Nordpol der Spule abgestoßen und weiter beschleunigt. Der Magnet würde ohne Energiezufuhr von außen immer schneller. Das würde dem Satz von der Erhaltung der Energie widersprechen.
Tatsächlich wirkt das Magnetfeld des erzeugten Stroms stets der Bewegung des Magneten entgegen – also der Ursache dieses Stroms. Der Physiker *Heinrich Friedrich Emil Lenz* (1804–1865) erkannte, dass dieser Zusammenhang bei allen Induktionsvorgängen gilt:

> Eine Induktionsspannung ist stets so gerichtet, dass das Magnetfeld des erzeugten Stroms der Ursache der Induktion entgegenwirkt (lenzsche Regel).

Generator Ein belasteter Generator lässt sich schwerer drehen als ein unbelasteter. Mit der lenzschen Regel erklären wir das so: Die Generatorspule dreht sich im Feld eines Dauermagneten. An ihr wird eine Spannung induziert. Bei geschlossenem Stromkreis treibt die Spannung einen Strom an. Die Spule wird zum Elektromagneten. Sein Magnetfeld wirkt stets der Ursache der Induktion entgegen: der Drehung der Spule. Deshalb muss man eine größere Kraft an der Kurbel aufwenden.

Elektromotor Auch im Innern des Motors wird eine Spule im Magnetfeld gedreht. ▶3 An ihr wird eine Spannung induziert. Ursache der Induktion ist der von der Batterie angetriebene Strom, ohne den sich die Spule nicht drehen würde. Die Induktionsspannung wirkt der Batteriespannung entgegen. Dadurch nimmt die Stromstärke ab:
– Ein unbelasteter Motor dreht schnell. Die Induktionsspannung ist fast so groß wie die Batteriespannung. Die Stromstärke ist daher gering.
– Ein belasteter Motor dreht etwas langsamer. Die Induktionsspannung ist kleiner als die Batteriespannung: Die Stromstärke ist größer als zuvor. Der Energiestrom zum Motor wächst mit der Stromstärke.

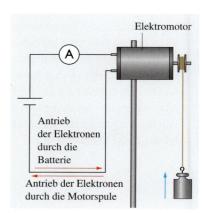

3

Aufgaben

1.* Der Stabmagnet wird in den Ring eingeführt. ▶4 Wie durch Zauberei bewegt sich der Ring daraufhin in die gleiche Richtung wie der Magnet. Erkläre die Beobachtung mit der lenzschen Regel.

2.* Ein Magnet wird über einer Aluminiumscheibe im Kreis herumgeführt – und die Scheibe folgt ihm! ▶5 Erkläre die Beobachtung.

3.* Ein Elektromotor wandelt bei Belastung mehr Energie um als im Leerlauf. Erkläre den Unterschied einmal durch Überlegungen zur Energie und einmal mit der lenzschen Regel.

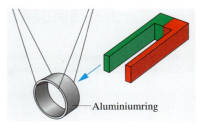

4

5

Aus der Technik — Hochleistungsmotoren

Dieser Schwerlastkran hat einen leistungsstarken Elektromotor. ▶6 Anders als ein einfacher Elektromotor benötigt er keine Schleifringe oder Bürsten und läuft praktisch wartungsfrei. Der Motor besitzt drei Elektromagnete, die fest mit dem Motorgehäuse verbunden sind. ▶7 Sie sind durch je eine eigene Leitung und eine gemeinsame „Rückleitung" an die elektrische Energiequelle angeschlossen. Die Wechselströme in den Spulen laufen zeitlich versetzt ab:

1. Wenn der Strom in der oberen Spule seinen positiven Scheitelwert gerade überschritten hat, ist er in der linken Spule kurz vor dem negativen Scheitelwert. In der rechten Spule fließt gerade kein Strom.
2. Kurz danach hat der Strom in der rechten Spule seinen positiven Scheitelwert gerade überschritten. In der oberen Spule ist er kurz vor dem negativen Scheitelwert. In der linken Spule fließt gerade kein Strom.
3. Kurz danach ...

Die Wechselströme bewirken, dass sich die Magnetfelder der Spulen rasch ändern. Die Pole der Elektromagneten scheinen um den Rotor aus Metall „herumzuwandern". Im Rotor werden dadurch Induktionsströme erzeugt. Nach der lenzschen Regel wirken sie der Induktionsursache entgegen: der Bewegung zwischen den Magnetpolen und dem Rotor. Der Rotor folgt daher den „wandernden" Polen und dreht sich mit.

6 *Schwerlastkran*

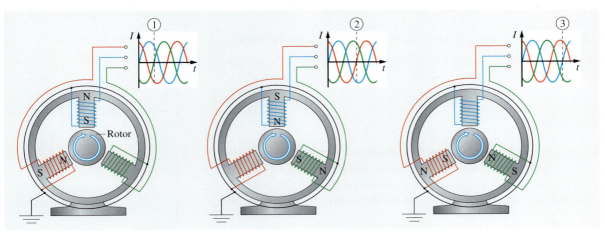

7 *Aufbau und Prinzip des Motors*

Erweiterung: Spulen „drosseln" den Wechselstrom

Untersuchen Experimentieren

1 **Wie beeinflussen Spulen die Stromstärke?** An eine Spule wird erst eine Gleichspannung und dann eine Wechselspannung gelegt. ▶1
a Baut eine Reihenschaltung aus einer Spule (250 Windungen; Widerstand: 1 Ω) und einer Glühlampe (6V; 5A) auf. Schließt sie an ein Netzgerät mit Gleichspannung an. Regelt die Spannung hoch, bis die Stromstärke 5 A beträgt. Stellt dann einen Eisenkern in die Spule. Beobachtet die Lampe und die Stromstärke.
b Nehmt den Eisenkern wieder aus der Spule heraus. Schließt die Schaltung an Wechselspannung an. Beobachtet und vergleicht mit Teil a.
c Führt nun den Eisenkern langsam in die Spule ein …
d Erklärt das unterschiedliche Verhalten der Spule bei Gleich- und bei Wechselspannung. Induktion und lenzsche Regel helfen euch dabei.

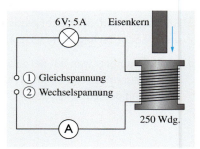

1

Grundlagen — Spulen im Wechselstromkreis

Bei einer Spule im Gleichstromkreis wirkt sich nur der Widerstand ihres Drahts auf die Stromstärke aus. In Schaltung ▶2 beträgt die Stromstärke:
$I = \frac{U}{R}$; $I = \frac{4\,V}{1\,\Omega} = 4\,A$.

Legt man eine gleich große Wechselspannung an die gleiche Spule mit Eisenkern, wird die Stromstärke viel geringer. ▶3 Das kann man so erklären:
Der Wechselstrom erzeugt in der Spule ein Magnetfeld, das sich ständig ändert. Sich ändernde Magnetfelder in einer Spule rufen eine Induktionsspannung hervor. Sie wirkt der Spannung der elektrischen Energiequelle in jedem Augenblick entgegen (lenzsche Regel). Die Elektronen werden also von der elektrischen Energiequelle in die eine Richtung und von der Spule in die andere Richtung getrieben. Der Eisenkern verstärkt das Magnetfeld der Spule mehrtausendfach. Dadurch erhöht sich die Induktionsspannung. Im Extremfall ist sie fast so groß wie die Spannung der elektrischen Energiequelle. Die Stromstärke ist dann sehr klein.

| Spulen im Wechselstromkreis „drosseln" den Elektronenstrom.

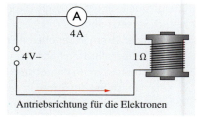

2 *Spule im Gleichstromkreis*

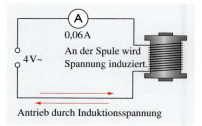

3 *Spule im Wechselstromkreis*

Aufgaben

1 Der Flüssigkeitsvorrat in einem Öltank wird mit einer einfachen Vorrichtung kontrolliert. ▶4 Wenn der Vorrat im Tank zur Neige geht, wird dies am Messgerät angezeigt. Erkläre, wie diese Füllstandsanzeige funktioniert. Vergleiche die Stromstärke bei vollem und bei leerem Tank.

2 Eine Spule im Wechselstromkreis „drosselt" den Elektronenstrom. Erkläre diese Beobachtung.

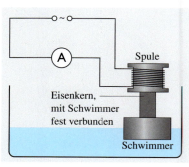

4 *Füllstandsanzeige*

Überblick

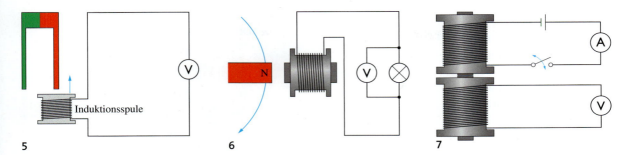

5   6   7

Elektrische Energie durch Induktion An einer Spule wird eine Spannung erzeugt, solange sich das Magnetfeld in ihr ändert (Induktion). ▶5–7
Die Induktionsspannung an der Spule ist umso größer:
– je schneller sich das Magnetfeld ändert
– je größer die Windungszahl der Induktionsspule ist
– je stärker der bewegte Magnet bzw. das Magnetfeld ist
Wenn man die Enden der Spule leitend verbindet, treibt die Induktionsspannung einen elektrischen Strom an. Die Spule wird zur elektrischen Energiequelle. Die Energie dafür muss ihr vorher zugeführt werden. Beim Generator kann das durch Drehen der Spule geschehen.

Generatoren und Wechselspannung Generatoren sind die wichtigsten elektrischen Energiequellen. Meist erzeugen sie eine Wechselspannung. Sie treiben die Elektronen also abwechselnd in die eine und in die andere Richtung an. Bei der Netzspannung wechselt die Richtung 100-mal in der Sekunde. Eine Hin- und Herbewegung dauert $\frac{1}{50}$ s.
Messgeräte für Wechselspannungen zeigen den Wert an, den eine Gleichspannung mit derselben Wirkung hat (Effektivwert). ▶8

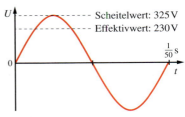

8 *Wechselspannung des Stromnetzes*

Alles klar?

1 Beschreibe, wie man in einer Spule eine Spannung erzeugen kann. Benenne den Vorgang.

2 Erkläre mit einer Skizze und einem erläuternden Text, wie ein *Generator* funktioniert.

3 Ein belasteter Generator lässt sich schwerer drehen als ein unbelasteter. Erkläre den Unterschied.

4 Erkläre den Begriff *Wechselspannung*.

5 Berechne den *Scheitelwert* einer Wechselspannung von 4V (Netzgerät).

6 Das Messgerät zeigt „0V" an, obwohl die Lampe leuchtet. ▶9
a Erkläre diese Anzeige.
b Was müsste geändert werden, damit der *Effektivwert* der Spannung angezeigt wird?

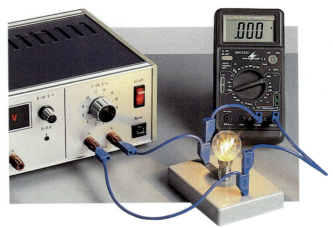

9

Energietransport mit Transformatoren

Wie können Spannungen verändert werden?

▷ Die Bohrmaschine benötigt eine Spannung von 14,4 V. Das Haushaltsnetz liefert aber 230 V. Das Ladegerät passt die Spannung an. Dabei kommt ein Transformator zum Einsatz.

1 *Bohrmaschine und Ladegerät*

Experimentieren

1 Transformator zum Verringern von Spannungen Ein Transformator besteht aus zwei Spulen, die auf einem geschlossenen Eisenkern montiert sind. Baut einen Transformator auf. ▶2 Die Feldspule wird an ein Netzgerät mit 6 V Wechselspannung angeschlossen.
a Messt die Spannung an der Induktionsspule.
b Was passiert, wenn ihr den Eisenkern oben öffnet?
c Tauscht die Induktionsspule gegen Spulen mit kleineren Windungszahlen aus (300, 150, 75 Windungen). Messt jeweils die Spannung. Notiert die Ergebnisse in einer Tabelle.

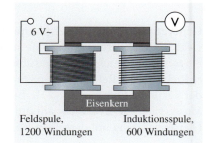

2

2 Wie hängen beim Transformator Spannungen und Windungszahlen zusammen? Als Feldspule verwendet ihr eine Spule mit 300 Windungen. Als Induktionsspule dient ein langes Experimentierkabel. ▶3
a Schlingt das Experimentierkabel zunächst nur einmal um den Eisenkern. Messt die hervorgerufene Spannung. *Tipp:* Achtet auf den richtigen Messbereich.
b Nacheinander werden zwei, drei, vier … Windungen auf den Eisenkern gewickelt. Messt jeweils die Spannung. Protokolliert eure Ergebnisse.
c Vergleicht die Messergebnisse mit denen aus Versuch 1. Welche Regel erkennt ihr? Formuliert sie in einem Satz.

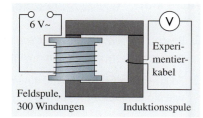

3

3 Transformator zum Vergrößern von Spannungen Baut den Transformator auf. ▶4
a Messt die Spannung an einer Induktionsspule mit 600 Windungen und an einer mit 1200 Windungen.
b Erklärt die Ergebnisse mit den Regeln aus Versuch 2.
c Überlegt, welche Spannung an einer Induktionsspule mit 3000 Windungen zu erwarten wäre.

❗ Nie mit Spannungen über 25 V experimentieren!

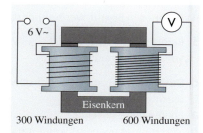

4

Grundlagen: Transformatoren verändern Wechselspannungen

Viele Geräte im Haushalt werden nicht mit 230 V betrieben, sondern z. B. mit 16 V oder mit 1,2 V. Ein Transformator erhöht oder verringert Wechselspannungen. Er besteht aus zwei Spulen. Sie werden *Feldspule* und *Induktionsspule* oder auch *Primärspule* und *Sekundärspule* genannt. Beide Spulen sitzen auf einem gemeinsamen Eisenkern. Er verbessert die Übertragung des Magnetfelds von der Feld- auf die Induktionsspule. Elektrisch gibt es zwischen den beiden Spulen keine Verbindung.

> Der Wechselstrom in der Feldspule des Transformators ruft ein Magnetfeld im Eisenkern hervor. Da sich dieses Magnetfeld ständig ändert, erzeugt es in der Induktionsspule eine Wechselspannung.

Die Windungszahlen der Spulen bestimmen die Induktionsspannung:
- Feld- und Induktionsspule haben gleich viele Windungen: Die Ausgangsspannung U_2 an der Induktionsspule ist genauso groß wie die Eingangsspannung U_1 an der Feldspule. ▶5
- Die Induktionsspule hat mehr Windungen als die Feldspule: Der Transformator erhöht die Spannung. Hat die Induktionsspule doppelt so viele Windungen wie die Feldspule, so ist die Ausgangsspannung U_2 doppelt so groß wie die Eingangsspannung U_1. ▶6 Hat die Induktionsspule dreimal so viele Windungen, ist die Ausgangsspannung dreimal so groß.
- Die Induktionsspule hat weniger Windungen als die Feldspule: Der Transformator verringert die Spannung. ▶7

> Beim unbelasteten Transformator hängt die Ausgangsspannung U_2 nur von der Eingangsspannung U_1 und vom Verhältnis der Windungszahlen N_2 und N_1 der Spulen ab:
> $U_2 = U_1 \cdot \dfrac{N_2}{N_1}$.

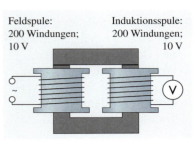

5 *Gleiche Spannung*

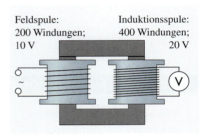

6 *Transformator erhöht Spannung.*

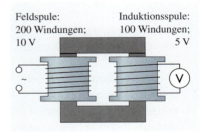

7 *Transformator verringert Spannung.*

Aufgaben

1 „Ein Transformator erhöht die Spannung, wenn die Induktionsspule …"
a Setze den Merksatz fort.
b Formuliere den Merksatz für einen Trafo, der die Spannung verringert.

2 Der Transformator einer Modelleisenbahn wird mit 230 V betrieben. Die Ausgangsspannung beträgt 12 V. Die Feldspule hat 690 Windungen. Berechne, wie viele Windungen die Induktionsspule hat.

3 Ein einfaches Akkuladegerät hat eine Ausgangsspannung von 2,4 V.
a Als Induktionsspule wird eine Spule mit 200 Windungen benutzt. Berechne, wie viele Windungen die Feldspule hat.
b Gib zwei andere geeignete Kombinationen von Feld- und Induktionsspulen an.

4 Bei diesem Transformator hat die Induktionsspule 20-mal so viele Windungen wie die Feldspule. ▶8 Die Feldspule ist an 230 V angeschlossen. Berechne die Spannung an der Induktionsspule.

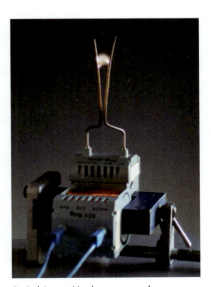

8 *Achtung: Hochspannung!*

Erweiterung: Der Transformator wird belastet

▷ Was für eine tolle Idee! Der Hamster treibt einen kleinen Generator an, der eine Wechselspannung von 2,3 V erzeugt. Diese Spannung vergrößern wir dann mit einem Transformator auf 230 V.

▷ Können wir auf diese Weise unsere Haushaltsgeräte betreiben?

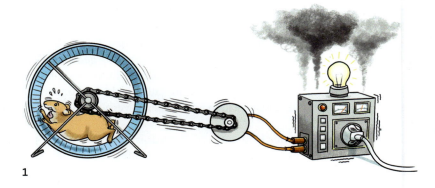

1

Untersuchen Experimentieren

1 Wie verändert sich die Stromstärke am Transformator? An der Induktionsspule ist ein Verbraucher angeschlossen. ▶2 Welchen Einfluss hat es auf die Stromstärke in der Feldspule, wenn der Schalter geschlossen wird?

a Notiert die Stromstärke I_1 bei geöffnetem Schalter.
b Schließt den Schalter. Notiert die Stromstärke I_1, wenn die Lampe leuchtet. Berechnet die Veränderung der Stromstärke.
c Vergleicht die Veränderung der Stromstärke I_1 in der Feldspule mit der Veränderung der Stromstärke I_2 in der Induktionsspule.

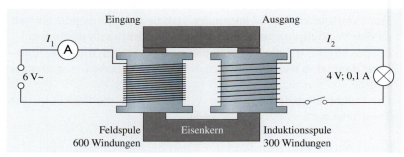

2 *Belasteter Transformator*

2 Elektrisch schweißen (Lehrerversuch) Ein Elektroschweißgerät ist ein Transformator. Seine Feldspule besitzt mehrere Hundert Windungen. Die Induktionsspule hat nur wenige Windungen aus dickem Kupferdraht.

a Der Transformator wird einige Sekunden lang eingeschaltet. Beschreibt, was dabei passiert.
b Erklärt die Beobachtung.
c Die Windungen der Induktionsspule müssen sehr dick sein. ▶3 Erklärt, was sonst geschehen würde.

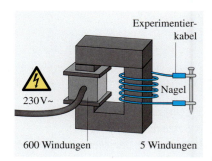

3 *Schweißtransformator (Prinzip)*

3 Modell des Induktionsherds (Lehrerversuch) Ein Induktionsherd erwärmt sofort nach Einschalten das Kochgut. Auch beim Ausschalten gibt es keine Verzögerung. Induktionsöfen in der Industrie bringen selbst Metalle zum Schmelzen.
Unser Modell besteht aus einer Feldspule mit mehreren Hundert Windungen und einer Induktionsspule mit einer einzigen Windung. ▶4

a Erklärt, wie die große Hitze auf der Induktionsseite entsteht.
b Wer mit Induktionsherden kocht, benötigt spezielle Töpfe. Wie sind sie aufgebaut? Erklärt den Aufbau.

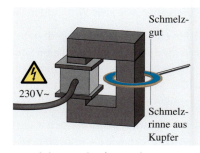

4 *Induktionsofen (Prinzip)*

Erweiterung: Der Transformator wird belastet

Grundlagen: Stromstärken beim Transformator

Ohne Verbraucher gibt ein Transformator keine elektrische Energie ab. Ihm muss praktisch keine Energie zugeführt werden. Der Elektronenstrom in der Feldspule ist sehr klein.

Mit Verbraucher gibt ein Transformator elektrische Energie ab. Dazu muss ihm elektrische Energie zugeführt werden. In der Feldspule fließt ein Elektronenstrom. Im Idealfall strömt aus der Induktionsspule genauso viel Energie pro Sekunde heraus wie in die Feldspule hinein:
$$\frac{E_2}{t} = \frac{E_1}{t}.$$

Für die Energie gilt: $E = U \cdot I \cdot t$. Wir setzen in die Gleichung ein:
$$\frac{U_2 \cdot I_2 \cdot t}{t} = \frac{U_1 \cdot I_1 \cdot t}{t} \quad \text{und erhalten} \quad U_2 \cdot I_2 = U_1 \cdot I_1.$$

Das Produkt aus Spannung und Stromstärke ist im Idealfall für beide Seiten des belasteten Transformators gleich groß.

Aus der letzten Gleichung kannst du ablesen:
– Wenn der Trafo die Spannung verringert, ist die Eingangsstromstärke kleiner als die Ausgangsstromstärke (Windungszahlen: $N_2 < N_1$).
– Wenn der Trafo die Spannung vergrößert, ist die Eingangsstromstärke größer als die Ausgangsstromstärke (Windungszahlen: $N_2 > N_1$).

> Beim belasteten Transformator hängt die Stromstärke I_1 in der Feldspule nur von der Stromstärke I_2 in der Induktionsspule und vom Verhältnis der Windungszahlen N_2 und N_1 der Spulen ab. Im Idealfall gilt:
> $$I_1 = I_2 \cdot \frac{N_2}{N_1}.$$

Aufgaben

1 „Beim belasteten Transformator ist die Stromstärke auf der Eingangsseite kleiner als auf der Ausgangsseite, wenn die Feldspule ..."
Setze den Merksatz fort.

2 Das Elektroschweißgerät wird an 230 V angeschlossen. ▶5 Die Spannung an der Induktionsspule beträgt 23 V, die Stromstärke beim Schweißen 100 A. Berechne die Stromstärke in der Feldspule.

3 Ein Hochstromtransformator hat eine Feldspule mit 600 Windungen. Die Induktionsspule hat nur 6 Windungen.

a Berechne die Spannung an der Induktionsspule, wenn der Trafo unbelastet ist.

b Die Stromstärke in der Feldspule beträgt 200 mA. Berechne die Stromstärke im glühenden Nagel. ▶6

Aus der Technik: Hochstromtransformatoren

Elektrisch schweißen Ein Elektroschweißgerät ist nichts anderes als ein Transformator. ▶5 Seine Induktionsspule hat nur wenige Windungen. ▶6 In ihrem Stromkreis fließen große Ströme. Der eine Anschluss der Induktionsspule ist mit dem Werkstück verbunden, der andere mit einem Schweißdraht. Tippt man mit dem Draht auf die Schweißstelle, fließt ein Ladungsstrom von mehr als 100 A. Das Metall glüht an dieser Stelle auf und schmilzt. Jetzt wird der Schweißdraht etwas angehoben. Ein großer Ladungsstrom fließt nun durch die glühend heiße Luft zum Werkstück.

Mit Induktion kochen Das Prinzip eines Induktionsofens zeigt Bild ▶4. Die Induktionsspule besteht nur aus einer Windung. In der ringförmigen Rinne kann Wasser zum Sieden gebracht oder Lötzinn geschmolzen werden. Solche Anlagen dienen z. B. dazu, Legierungen herzustellen.

5 *Elektrisch schweißen*

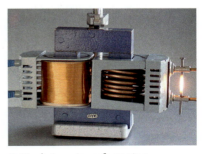

6 *Hochstromtransformator*

Energie transportieren mit Hochspannung

▷ Auf Hochspannungsleitungen können wir nicht verzichten. Erst sie ermöglichen die Energieversorgung unserer Städte.

1

↻ 252-1 Bilderserie Energieversorgungssyteme

↻ 252-2 Experiment Energieübertragung mit Hochspannung

Untersuchen Experimentieren

1 Modell einer Überlandleitung
Der Energietransport vom Kraftwerk zur Wohnung wird im Versuch nachgebildet. ▶2 Das Netzteil ersetzt den Generator im Kraftwerk. Statt der Überlandleitungen werden zwei lange Konstantandrähte (0,2 mm Ø) verwendet. Damit wird der elektrische Widerstand von Leitungen simuliert, die Hunderte von Kilometern lang sind. Die Glühlampe stellt die Elektrogeräte in der Wohnung dar.

a Baut das Modell auf. Beobachtet den Draht und die Lampe. Stellt Vermutungen an, was hier passiert.
b Messt die Spannung an der Lampe und die Stromstärke im Stromkreis. Erklärt das Verhalten der Modellschaltung.
c Vergleicht die Leistungen von Energiequelle und Lampe. Erklärt den Unterschied.

2 Übertragung mit „Hochspannung" (Lehrerversuch) Die Modellschaltung wird nun so verändert, dass sie der Energieübertragung mit Hochspannung entspricht. ▶3

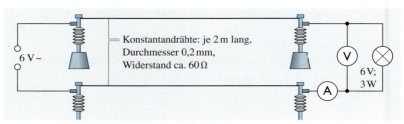

2 Überlandleitung ohne Hochspannung (Modell)

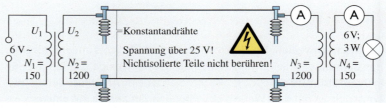

3 Überlandleitung mit Hochspannung (Modell)

Dazu wird die Spannung des Netzgeräts (also des Generators im Kraftwerk) im Verhältnis 1 : 8 hochtransformiert. Die „Überlandleitung" wird an der Induktionsspule des ersten Trafos angeschlossen. Am Ende der „Überlandleitung" wird die Hochspannung mit einem zweiten Trafo wieder heruntertransformiert, damit die Glühlampe mit der richtigen Spannung versorgt wird.

a Die Stromstärke wird in der „Überlandleitung" und im Lampenstromkreis gemessen. Vergleicht sie jeweils mit dem Versuch 1. Versucht, den Unterschied zu erklären.
b Welche Spannung wird hier zur Energieübertragung benutzt?
c* Wie groß kann die Stromstärke in der „Überlandleitung" höchstens sein, wenn die Stromstärke in der Lampe 0,5 A beträgt? Berechnet sie.

Energie transportieren mit Hochspannung

Grundlagen — Hohe Spannungen für geringe Energieverluste

Elektrische Energie wird meist über Hunderte Kilometer von den Kraftwerken bis zum Verbraucher transportiert. Die Überlandleitungen werden durch den Ladungsstrom erwärmt. Ein Teil der elektrischen Energie geht also auf dem Transportweg als thermische Energie verloren.

> Der Verlust an elektrischer Energie in den Leitern nimmt mit der Stromstärke stark zu.

Bei einer Stromstärke von 100 A geht in den Leitungen 10 000-mal mehr elektrische Energie verloren als bei 1 A.
Die Stromstärke in den Überlandleitungen hängt davon ab, wie groß der Energiestrom ist:

> In den Städten Deutschlands beträgt der elektrische Energiestrom für jeden Einwohner im Durchschnitt rund 1,0 kW.

Bei einer Spannung von 230 V braucht man für diesen Energiestrom einen Ladungsstrom von 4,4 A; Berechnung: 1,0 kW = 230 V · 4,4 A.
Für eine Stadt mit 100 000 Einwohnern müsste die Stromstärke 440 000 A betragen. Auch die dicksten Leitungen würden dabei schmelzen. Um die Stromstärke zu verringern, setzt man Trafos ein.

Transformatoren verringern Energieverluste Die Schaltskizze zeigt drei Stromkreise. ▶4 Trafo A überträgt Energie auf den Stromkreis mit den Überlandleitungen. Im Idealfall strömt genauso viel elektrische Energie pro Sekunde aus dem Transformator heraus wie herein: $U_2 \cdot I_2 = U_1 \cdot I_1$.
Die Spannung U_2 ist viel höher als U_1. Also ist die Stromstärke I_2 in den Überlandleitungen viel kleiner als I_1.
Auf der Verbraucherseite wird durch Trafo B eine niedrigere Spannung U_3 hergestellt (z. B. 230 V).

> Der Ladungsstrom ist in den Überlandleitungen so gering, dass sie nur wenig erwärmt werden. Dadurch geht viel weniger Energie verloren als bei größerer Stromstärke.

An Hochspannungsleitungen beträgt die Spannung bis zu 380 kV. Die Leiter halten Stromstärken von 1000 A aus. Damit können also bis zu 380 000 Menschen in Städten mit Energie versorgt werden. Bei geringerem Energiebedarf wählt man geringere Spannungen (220 kV, 110 kV oder 20 kV).

Aufgabe

1 Ingenieure planen die elektrische Versorgung einer Stadt mit 50 000 Einwohnern.
a Berechne, wie viel elektrische Energie die Stadt pro Sekunde benötigt.
b Berechne die Stromstärke in der Überlandleitung bei einer Spannung von 230 V und bei 110 kV.
c Für welche Spannung an den Überlandleitungen sollen sich die Ingenieure entscheiden? Begründe deine Antwort.

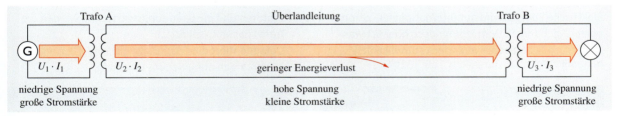

4 Energieübertragung mit Wechselstrom über weite Strecken (Prinzip)

Erweiterung — Stromstärke und Energieverlust in Leitern

Um einen Ladungsstrom I durch die Leiter zu treiben, muss eine Spannung an den Leitungen liegen. Diese Spannung kann man so berechnen: $U_{\text{Leiter}} = I \cdot R_{\text{Leiter}}$.
Die Leiter werden durch die Ladungsströme erwärmt. Sie wandeln elektrische in thermische Energie um.

Die „Verlustleistung" beträgt: $P_{\text{therm}} = U_{\text{Leiter}} \cdot I$.
Einsetzen der Spannung ergibt: $P_{\text{therm}} = I \cdot R_{\text{Leiter}} \cdot I$.

> Der Energieverlust in Leitern nimmt mit dem Quadrat der Stromstärke zu: $P_{\text{therm}} = I^2 \cdot R_{\text{Leiter}}$.

ELEKTRISCHE ENERGIEVERSORGUNG

Aus der Technik: Elektrische Energie als Handelsware

Höchstspannung Wenn dein Fernseher gerade läuft, kann die elektrische Energie dafür irgendwo in Europa erzeugt worden sein – z. B. in einem Kernkraftwerk in Frankreich oder in einem Wasserkraftwerk in Österreich. Die Länder Europas sind nämlich durch ein weitverzweigtes Höchstspannungsnetz (Spannungen von 220 kV bis 380 kV) elektrisch miteinander verbunden. Aus diesem Netz gelangt die elektrische Energie über mehrere Trafostationen zu den Verbrauchern. ▶1

1 *Elektrische Energieversorgung mit verschiedenen Spannungen*

Europäischer Energieverbund
Die elektrischen Energieversorgungsnetze sind von Schweden bis nach Portugal und Griechenland miteinander verbunden. Die Länder kaufen und verkaufen elektrische Energie untereinander wie eine Ware. Wenn z. B. nach der Schneeschmelze in der Schweiz überschüssige elektrische Energie zur Verfügung steht, wird die Energie zum Export in andere Länder angeboten. Fallen in Spanien Kraftwerke aus, dann importiert das Land zusätzlich elektrische Energie. Dadurch werden die Generatoren anderer Kraftwerke im Netz stärker belastet. Sie lassen sich schwerer drehen und die Frequenz der Wechselspannung sinkt unter 50 Hz. Computer in einer Schaltzentrale bemerken dies und fahren zusätzliche Kraftwerksleistung hoch. Damit wird die Netzfrequenz stabilisiert.
Elektrische Energie wird auf internationalen „Strombörsen" gehandelt. Wetterprognosen oder Schwankungen im Tagesbedarf verändern stündlich den Preis. ▶2

Aufgaben

1 Beim Übertragen elektrischer Energie spielen Transformatoren eine wichtige Rolle. ▶1
a Gib an, wie viele Trafostationen (mindestens) benötigt werden, um die Energie vom Kraftwerk in die Wohnhäuser zu transportieren.
b Beschreibe die Spannungsänderungen an den einzelnen Stationen.

2* Riesige Transformatoren gibt es auch in eurer Nachbarschaft. ▶3
a Informiert euch, wo in eurer Nähe ein Umspannwerk steht. Vielleicht könnt ihr einen Erkundungstermin vereinbaren.
b Informiert euch über den Aufbau der Großtransformatoren und die Spannungswerte. Wie werden die Trafos gekühlt, isoliert …?
c Dokumentiert die Erkundung mit Fotos, Texten und Zeichnungen auf einer Wandzeitung.

2 *In der Leipziger Energiebörse*

3 *Trafostation*

Aus der Technik — Neue Netze für elektrische Energie

Unser Versorgungsnetz für elektrische Energie wird erneuert. Anlagen für Windenergie und Fotovoltaik werden ausgebaut und erfordern neue Leitungen und Verteilstationen. ▶4 Die Herausforderungen sind groß:

– In der Nordsee entstehen riesige Windparks. Ihre elektrische Energie muss bis nach Süddeutschland transportiert werden. Sie wird bis zum Land mit Gleichstrom übertragen. Bei Wechselstrom würden die Kabel im Meer zu viel Energie abgeben. An Land wird der Gleichstrom in Wechselstrom umgewandelt.

– Windparks im Norden werden bei starkem Wind abgeschaltet. Sonst steigt die Netzfrequenz in den wenigen Höchstspannungsleitungen in Norddeutschland so stark an, dass das gesamte Netz überlastet wäre. Damit die Windparks nicht mehr abgeschaltet werden müssen, sollen viele Hundert Kilometer zusätzliche Höchstspannungsleitungen gebaut werden – vor allem von Norden nach Süden.

– Neben Hochspannungsleitungen für Wechselstrom sind auch solche für Gleichspannung geplant. Bei der HGÜ (Hochspannungs-Gleichstrom-Übertragung) sind die Energieverluste noch geringer als bei Wechselspannung. Trotzdem lohnt sie sich nur für Entfernungen ab etwa 700 km. Das liegt an den hohen Kosten für das zusätzliche Umwandeln von Wechselspannung in Gleichspannung und zurück.

– Windenergie- und Fotovoltaikanlagen liefern Energie je nach Wind und Sonnenschein. Dadurch ist es schwierig, das Versorgungsnetz stabil zu halten. Hier hilft moderne Computertechnik: In den Verteilstationen werden Hunderte Anlagen zu „virtuellen" Kraftwerken zusammengefasst. Dazu gehören auch Kleinkraftwerke, Biogasanlagen und Speicherkraftwerke. Sie werden hochgefahren, wenn eine lange Windstille abzusehen ist. Bei einem Überangebot an elektrischer Energie wird dagegen Wasser in die oberen Becken der Speicherkraftwerke gepumpt.

Damit elektrische Energie passend zur Verfügung steht, müssen Angebot und Nachfrage überwacht und gesteuert werden. Dazu sollen alle Teilnehmer am Versorgungsnetz ständig Informationen mit den Schaltstellen austauschen. „Intelligente" Energiezähler und Elektrogeräte in den Haushalten sollen dabei helfen. Das elektrische Versorgungsnetz wird zu einem „intelligenten Netz" (engl.: *smart grid*).

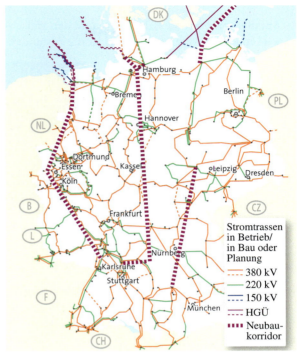

4 *Höchstspannungsnetz und geplante Änderungen*

Aufgaben

3 Nenne Gründe für den geplanten Netzausbau in Deutschland.

4 Erkläre, was „virtuelle" Kraftwerke sind. Begründe ihren Einsatz.

5* Informiere dich bei einem Energieversorger über das „intelligente Netz". Stelle den Nutzen für den Verbraucher auf einem Plakat zusammen.

Magnetisches Feld – Elektrisches Feld – Schwerefeld

▷ Auf die Kompassnadel, die Haare und den Fallschirmspringer wirken Kräfte. Wie kommen die Kräfte zustande?

1

2

3

Grundlagen — Kräfte und Felder

Magnetfeld Magnete ziehen sich gegenseitig an oder stoßen einander ab. ▶1 Berühren müssen sie sich dazu nicht. Jeder Magnet hat um sich herum ein Magnetfeld. Feldlinien zeigen in Zeichnungen an, welche Richtung die Kräfte im Magnetfeld haben. Je größer die Kräfte sind, desto dichter liegen die Feldlinien beieinander. ▶4

Elektrisches Feld Elektrisch geladene Gegenstände ziehen sich gegenseitig an oder stoßen einander ab. ▶2 Berühren müssen sie sich dazu nicht. Jeder elektrisch geladene Gegenstand hat um sich herum ein elektrisches Feld. Feldlinien zeigen wie beim Magnetfeld die Stärke und Richtung der Kräfte im elektrischen Feld an. ▶5

Schwerefeld Die Erde zieht den Fallschirmspringer an – und dieser die Erde. ▶3 Jeder Gegenstand ist von einem Schwerefeld (Gravitationsfeld) umgeben. Je größer die Massen sind, desto stärker ist die Anziehung.
Feldlinien zeigen die Stärke und Richtung der Kräfte im Schwerefeld an. ▶6

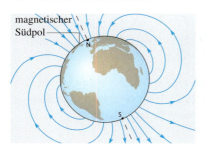

4 *Magnetfeld der Erde*

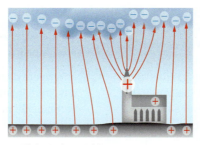

5 *Elektrisches Feld*

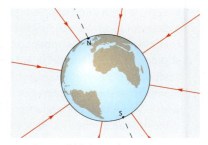

6 *Schwerefeld der Erde*

Erweiterung — Felder beim Transformator

Wenn das Magnetfeld in der Induktionsspule eines Trafos stärker wird, beobachtet man eine Spannung zwischen ihren Anschlüssen. Die Elektronen im Spulendraht werden zu einem Anschluss hin angetrieben. Wir können das so erklären: Das stärker werdende Magnetfeld ist von einem kreisförmigen elektrischen Feld umgeben. ▶7 Im elektrischen Feld wirkt eine Kraft auf die Elektronen.
Wird das Magnetfeld schwächer, strömen die Elektronen in die andere Richtung. Die Richtung der Kräfte im elektrischen Feld ist umgekehrt.

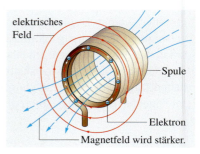

7

Überblick

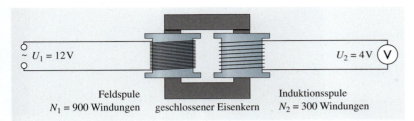

8 Unbelasteter Transformator

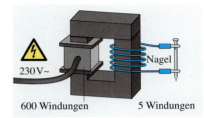

9 Belasteter Transformator

Transformatoren ändern Wechselspannungen
Ein Transformator besteht aus der Feld- und der Induktionsspule. ▶8 Sie sind durch einen gemeinsamen Eisenkern (magnetisch) verbunden.
Die Spannung U_2 an der Induktionsspule hängt ab von der Spannung U_1 an der Feldspule und dem Verhältnis der Windungszahlen N_2 und N_1:

$$U_2 = U_1 \cdot \frac{N_2}{N_1} \quad \text{oder} \quad \frac{U_2}{U_1} = \frac{N_2}{N_1}.$$

Erweiterung: Der belastete Transformator
Wenn man einen Verbraucher an die Induktionsspule anschließt, fließt ein Ladungsstrom I_2. Die Stromstärke I_1 in der Feldspule steigt an. ▶9
Die Stromstärke I_1 hängt von der Stromstärke I_2 und dem Verhältnis der Windungszahlen ab:

$$I_1 = I_2 \cdot \frac{N_2}{N_1} \quad \text{oder} \quad \frac{I_1}{I_2} = \frac{N_2}{N_1}.$$

Energie übertragen mit Transformatoren
Mit Transformatoren kann man elektrische Energie von einem Stromkreis auf einen anderen übertragen. Im Idealfall gibt der Transformator genauso viel elektrische Energie pro Sekunde ab, wie ihm zugeführt wird. Dann gilt:
$U_2 \cdot I_2 = U_1 \cdot I_1$.
Transformatoren sorgen dafür, dass die elektrische Energie in unserem Versorgungsnetz bei sehr hoher Spannung (bis zu 380 kV) transportiert wird. ▶10 Dadurch ist die Stromstärke in den Überlandleitungen so gering, dass sie sich kaum erwärmen. Es wird nur wenig elektrische Energie in thermische Energie umgewandelt und an die Umgebung abgegeben.
In den Städten Deutschlands beträgt der elektrische Energiestrom für jeden Einwohner im Durchschnitt rund 1,0 kW.

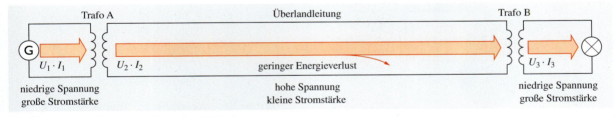

10 Übertragung elektrischer Energie mit Hochspannung

Alles klar?

1 Zeichne einen Transformator (vereinfacht), der die Spannung:
a erhöht
b verringert

2 Bei der Übertragung von elektrischer Energie spielen Transformatoren eine wichtige Rolle. Beschreibe mehrere Beispiele. Nenne jeweils die Aufgabe der Transformatoren.

3 Die Feldspule eines Transformators hat 100 Windungen und ist an ein Netzgerät mit 12 V Wechselspannung angeschlossen. Die Induktionsspule soll eine Spannung von 6 V (18 V, 21 V, 9 V) liefern. Berechne ihre Windungszahl.

4* Ein Schweißtransformator wird mit 230 V und 10 A betrieben. Die Stromstärke beim Schweißen soll 120 A (80 A) betragen. Berechne mögliche Windungszahlen für Feld- und Induktionsspule.

Elektrische Energieerzeugung im großen Stil

Elektrische Energie aus Kohle

▷ Ein Kraftwerk mit einer Leistung von 600 MW kann eine Großstadt mit 750 000 Einwohnern versorgen. In einer Stunde liefert es bis zu 600 000 kWh elektrische Energie. Die Nutzer müssen dafür rund 180 000 € bezahlen.

1 *Kraftwerk Werdohl-Elverlingsen (Sauerland)*

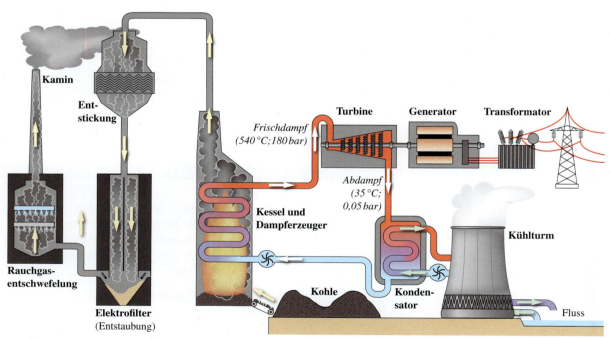

2 *Aufbau eines Kohlekraftwerks*

Grundlagen — Das Wärmekraftwerk

Energieumwandlungen Im Dampferzeuger wird Kohle verbrannt, sodass Wasser erhitzt wird und verdampft. Es wird also chemische Energie in thermische umgewandelt. Der Dampf treibt die Turbine und den angekoppelten Generator an. Lediglich ein Teil der Energie, die aus der Verbrennung von Kohle stammt, wird in elektrische Energie umgewandelt. ▶3 Ein Großteil der zugeführten Energie geht verloren, wenn der Dampf hinter der Turbine kondensiert wird. Diese Energie heizt das Kühlwasser im Kondensator auf. Über Kühltürme gelangt sie als thermische Energie in die Umgebung. Man spricht von *entwerteter Energie*.

| Wärmekraftwerke wandeln im Durchschnitt nur etwas mehr als ein Drittel der zugeführten Energie in elektrische Energie um.

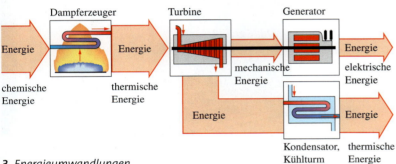

3 *Energieumwandlungen*

Wirkungsgrad Die Gesamtenergie bleibt bei jeder Energieumwandlung erhalten. Allerdings wird die Energie in der Regel nicht vollständig in die gewünschte Energieform umgewandelt. Der *Wirkungsgrad* gibt an, welcher Anteil der zugeführten Energie das Kraftwerk als nutzbare elektrische Energie verlässt:

$$\text{Wirkungsgrad} = \frac{\text{nutzbare Energie}}{\text{zugeführte Energie}}.$$

Unserem Wärmekraftwerk wird durch das Verbrennen der Kohle eine Energie von 1500 MWh in einer Stunde zugeführt. ▶4 Es gibt in der gleichen Zeit rund 550 MWh an elektrischer Energie ab. Damit ergibt sich:

Wirkungsgrad: $\frac{550\,\text{MWh}}{1500\,\text{MWh}} = 0{,}37 = 37\,\%$. ▶5

| Der Wirkungsgrad von Kohlekraftwerken liegt bei rund 35 %.

5 *Wirkungsgrad*

Energie berechnen

Ein 600-MW-Kraftwerk benötigt bei Volllast 180 t Steinkohle in einer Stunde. Bei der Verbrennung wird so viel Energie umgewandelt:

1 kg Steinkohle:	30 MJ =	8,3 kWh
1 t Steinkohle:	30 000 MJ =	8 300 kWh
180 t Steinkohle:	5 400 000 MJ =	1 500 000 kWh

Dem Kraftwerk wird also in einer Stunde eine Energie von 1500 MWh zugeführt.

Der Generator erzeugt in dieser Stunde eine elektrische Energie von 600 MWh. Das Kraftwerk benötigt davon 50 MWh zum Betreiben von Pumpen, Maschinen und Anlagen zur Abgasreinigung. Es gibt daher nur eine elektrische Energie von 550 MWh ins Netz ab.
Eine Energie von 900 MWh entweicht in einer Stunde als Abwärme, vor allem über den Kondensator und die Kühltürme. Ein kleiner Teil dieser Energie geht mit den heißen Abgasen durch den Schornstein verloren.

4

Aus der Technik — Das Wärmekraftwerk von innen

Der Dampferzeuger
In Brennern wird pulverisierte Kohle verbrannt. Heiße Luft wird zusätzlich eingeblasen, damit genug Sauerstoff für die Verbrennung zur Verfügung steht.
Der 100 m hohe Kessel ist mit Rohrleitungen von insgesamt 500 km Länge ausgekleidet; darin wird Wasser erhitzt und verdampft. Im Dampferzeuger erreicht man Temperaturen von 1300 °C.

Die Turbine
Der zur Turbine strömende Dampf ist 540 °C heiß und steht unter hohem Druck. Er prallt auf die schräg gestellten Turbinenschaufeln und dreht dadurch das Turbinenrad. Dabei gibt er Energie ab und verliert an Druck.
Der Dampf verlässt die Turbine mit einer Temperatur von nur 35 °C und einem ganz geringen Druck.

1 *Dampferzeuger (Dampfkessel)*

2 *Dampfturbine*

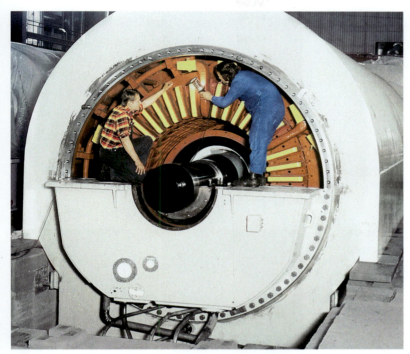

3 *Generator*

Der Generator
Der Generator ist mit der Turbine durch eine gemeinsame Welle verbunden. Wie schnell sie sich dreht, hängt von der Bauart des Generators ab. Üblich sind 25 oder 12,5 Umdrehungen pro Sekunde. Bei einem 600-MW-Kraftwerk wird z. B. eine Spannung von 21 000 V erzeugt.
Die elektrische Energie wird durch dicke Schienen zu einem Transformator weitergeleitet. Die Reise der Energie zum Verbraucher beginnt.

4 *Kondensator*

Kondensator und Kühlturm
Durch Tausende von Rohren fließt Kühlwasser. An ihnen kondensiert der Dampf aus der Turbine. Beim Kondensieren gibt er Energie an das Kühlwasser ab.
Durch das Kondensieren wird der Druck am Ausgang der Turbine weit unter den normalen Luftdruck gesenkt. Das kondensierte Wasser wird zum Dampferzeuger zurückgepumpt. Das Kühlwasser gibt im Kühlturm Energie an die Umgebungsluft ab.

Untersuchen Experimentieren

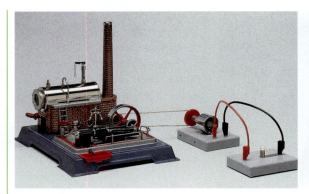

1 *Dampfmaschine*

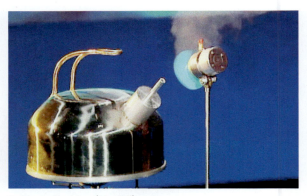

2 *Dampfturbine (Modell)*

1 Dampfmaschine und Dampfturbine im Modell ▶1–2
a Beschreibt jeweils die Energieumwandlungen.
b Wie unterscheiden sich diese beiden „Kraftwerke"?

2 Stirlingmotor ▶3
a Heizt den Glaszylinder erst mit einer kleinen und dann mit einer großen Flamme auf. Vergleicht.
b Heizt zusätzlich die Kühlrippen. Was fällt euch auf?
c* „Umgekehrter" Stirlingmotor: Man kann auch mechanische Energie in den Motor „stecken" und thermische „herausbekommen". Überlegt euch, wie ihr dazu vorgehen müsst. Probiert es dann aus.

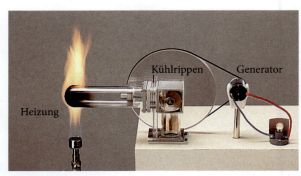

3 *Stirlingmotor im Einsatz*

Grundlagen — Temperaturunterschiede erzeugen Energieströme

Stirlingmotoren laufen mit jeder Heizung. ▶3, 5 Die Heiztemperatur darf weit unter 100 °C liegen. Wenn man die Kühlrippen ebenfalls erwärmt, läuft der Motor langsamer. Ohne Temperaturunterschied zwischen Heizung und Kühlrippen bleibt er stehen.
Ein *Thermogenerator* erzeugt elektrische Energie, wenn die Temperaturen an seinen beiden Flächen verschieden sind. ▶4 Je mehr sich die Temperaturen unterscheiden, desto größer ist hier der Energiestrom vom heißen Wasser zum Elektromotor.
Ohne Temperaturunterschied läuft auch kein *Wärmekraftwerk*:

> Der Wirkungsgrad eines Wärmekraftwerks ist umso größer, je mehr sich die Temperaturen des Dampfs vor und nach der Turbine unterscheiden.

Im Kondensator des Kraftwerks wird deshalb der Dampf gekühlt, der aus der Turbine kommt.

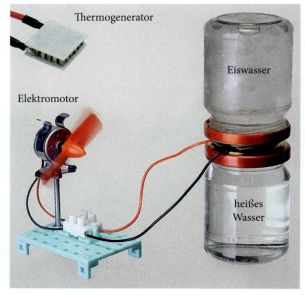

4 *Thermogenerator im Einsatz*

Aufgaben

1 Zeichne die Energieumwandlungen für den Versuch mit dem Thermogenerator. ▶4 Gehe dabei vom Gefäß mit dem heißen Wasser aus.

2 Im Sommer ist der Wirkungsgrad eines Wärmekraftwerks etwas geringer als im Winter. Überlege dir, woran das liegen könnte.
Tipp: Wie wird der Dampf nach der Turbine gekühlt?

Aus der Geschichte — Der Motor von Pfarrer Stirling

Schottland vor 200 Jahren: In der Gemeinde des Pfarrers *Robert Stirling* müssen selbst sechsjährige Kinder in den Kohlenbergwerken arbeiten. Auf allen vieren schieben sie die Kohlenkübel durch die engen Stollen. Oft steht der Boden unter Wasser. Die Pumpen werden von Dampfmaschinen angetrieben. Doch deren Kessel und Leitungen stehen unter Druck und reißen manchmal. Stirling überlegt schon lange, ob eine Maschine nicht auch ohne den gefährlichen Wasserdampf arbeiten kann. 1816 ist er dann mit seinen Entwicklungen so weit. Er erhält als 26-Jähriger ein Patent auf ein „Neues Verfahren zum Antrieb von Maschinen". Der Stirlingmotor ist erfunden. Bis 1869 werden Tausende davon verkauft.
Nach der Erfindung des Elektromotors geriet Stirlings Motor in Vergessenheit. Er findet aber heute wieder das Interesse der Techniker. Mit ihm lassen sich Wirkungsgrade bis zu 40 % erzielen. Außerdem kann man Stirlingmotoren antreiben, ohne zusätzliches Kohlenstoffdioxid zu erzeugen. ▶5

5 *Stirlingmotor für die Versorgung mit elektrischer Energie*

Aufgabe

3 Stirlingmotor – genauer betrachtet: Erklärungen und eine Simulation findest du im Internet. ▶6 Bereite ein Referat vor.

↻ 263-1 Simulation Stirlingmotor

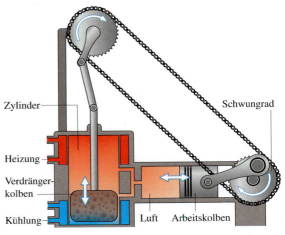

6

Aus der Technik — Heizkraftwerke

Heizkraftwerke Bei Wärmekraftwerken geht ein großer Teil der eingesetzten Energie als Abwärme verloren. Die Abwärme fällt aber bei so geringen Temperaturen an, dass man mit ihr keine Fernheizung betreiben kann.

In *Heizkraftwerken* leitet man einen Teil des nicht mehr ganz heißen Dampfs aus der Turbine in einen Wärmetauscher. ▶1 Er erhitzt dort Wasser für den Heizkreislauf auf ca. 130 °C. Der Dampf wird beim Abkühlen im Wärmetauscher flüssig. Das Wasser strömt zum Dampfkessel zurück.

Blockheizkraftwerke Elektrische Energie lässt sich leicht transportieren, bei thermischer Energie ist das aufwendiger. Man baut deshalb kleine Kraftwerke dort, wo ihre Abwärme zum Heizen genutzt werden kann. Ein solches *Blockheizkraftwerk* kann viele Wohnungen mit Energie zum Heizen versorgen. ▶2 Im Vergleich zur herkömmlichen Energieversorgung wird so Energie gespart und weniger CO_2 produziert. Miniblockheizkraftwerke werden sogar statt einer Heizungsanlage in Einfamilienhäuser oder in einzelne Wohnungen eingebaut. So funktioniert ein Blockheizkraftwerk: Ein Diesel- oder Stirlingmotor treibt einen Generator an, der elektrische Energie erzeugt. Das Kühlwasser und die Abgase erwärmen im Wärmetauscher Wasser. Das erwärmte Wasser wird zum Heizen und zur Warmwasserbereitung in Wohnungen genutzt. Man erreicht so einen Wirkungsgrad von ca. 90 % – aber nur wenn auch im Sommer Energie zum Heizen genutzt wird (Schwimmbadbeheizung, Duschwasser).

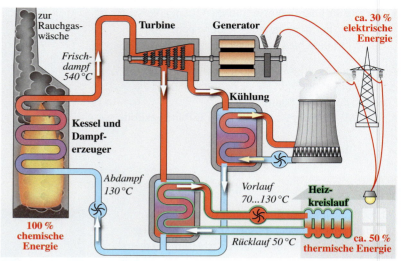

1 *Aufbau eines Heizkraftwerks*

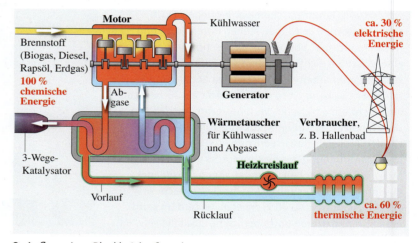

2 *Aufbau eines Blockheizkraftwerks*

Aufgaben

1 Zeichne Energieumwandlungsketten:
a für ein Heizkraftwerk
b für ein Blockheizkraftwerk

2 Kühlwasser von normalen Wärmekraftwerken kann man nicht zum Heizen nutzen. Erkläre.

3 „Der Bau von Heizkraftwerken ist nur in der Nähe größerer Siedlungen sinnvoll." Erkläre diese Aussage.

Aus Umwelt und Technik — Verändern Wärmekraftwerke unser Klima?

In Elektrizitätswerken werden riesige Mengen an Kohle, Gas und Öl verbrannt. Dabei entsteht viel Kohlenstoffdioxid (CO_2). ▶3 Dieses Gas verstärkt den natürlichen *Treibhauseffekt* der Atmosphäre. Es hat dazu beigetragen, dass die Durchschnittstemperatur auf der Erde in den letzten Jahrzehnten angestiegen ist. Die Erwärmung der Erde kann das Klima mit katastrophalen Folgen verändern: Eisschmelze an den Polen, Anstieg der Meere mit Überschwemmungen, extreme Stürme und Niederschläge ...

Forscher versuchen die Klimaveränderungen vorherzusagen. Sie „füttern" die leistungsstärksten Computer der Welt mit unterschiedlichen Klimamodellen. ▶4
Alle aktuellen Berechnungen sagen voraus: Die Durchschnittstemperatur auf der Erde wird bis zum Jahr 2100 um 1,5 bis 4,5 °C steigen.

Für 1 kWh elektrische Energie werden verbrannt:	Ausstoß an CO_2
400 g Braunkohle	ca. 1000 g
300 g Steinkohle	ca. 900 g
200 g Erdgas	ca. 550 g

3 Brennstoffbedarf und CO_2-Ausstoß im Wärmekraftwerk

Zuverlässige Vorhersagen sind wichtig für politische Entscheidungen. Ein Beispiel:
Es ist sehr teuer, den CO_2-Ausstoß aller Kraftwerke und Autos deutlich zu senken. Deshalb will man die Kosten für die technischen Entwicklungen über viele Jahrzehnte verteilen. Nach einigen Voraussagen haben wir aber nicht mehr so viel Zeit: Große Küstengebiete werden vorher von steigenden Meeren überflutet, Millionen Menschen müssen fliehen. Wenn diese Vorhersagen richtig sind, sollte der CO_2-Ausstoß schon in wenigen Jahren deutlich sinken.
Die Klimamodelle werden ständig verbessert. Immer weitere Einflüsse werden berücksichtigt: die schwankende Aktivität der Sonne, natürliche Temperaturschwankungen in großen Zeiträumen auf der Erde ...

Wie können wir das Klima schützen? Der beste Klimaschutz ist, weniger Energie zu verbrauchen: Die Heizung muss weniger Öl verbrennen, wenn das Haus wärmegedämmt ist. Ein Kühlschrank benötigt weniger elektrische Energie, wenn er besser isoliert ist. Moderne Automotoren verbrauchen bei gleicher Leistung weniger Benzin als alte „Spritschlucker". Für kurze Strecken ist das Fahrrad unschlagbar günstig. Im Winter sollte man auf Erdbeeren aus Südamerika verzichten ...
Wind-, Wasser- und Sonnenkraftwerke erzeugen elektrische Energie, ohne CO_2 abzugeben.

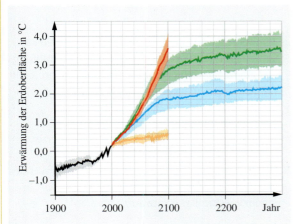

Modellannahmen
— Die wirtschaftlichen Bedingungen auf der Welt sind sehr unterschiedlich. Die Bevölkerung nimmt stark zu. Die Wirtschaft wächst langsam. Die technische Entwicklung ist langsam.
— Die Weltwirtschaft wächst sehr rasch. Das Maximum der Bevölkerung wird gegen 2050 erreicht. Rascher Fortschritt sparsamer Technologien auf Basis von Erdöl, Kohle, Erdgas und von erneuerbaren Energien
— Die wirtschaftlichen Bedingungen auf der Welt gleichen sich an. Das Maximum der Bevölkerung wird gegen 2050 erreicht. Schnellere Veränderungen hin zur Dienstleistungs- und Informationsgesellschaft.
— Die Zusammensetzung der Atmosphäre bleibt wie im Jahr 2000.

4 Vorhergesagte Zunahme der weltweiten Durchschnittstemperatur im Vergleich zum Jahr 2000

Aufgaben

4 Die Voraussagen für den Temperaturanstieg bis zum Jahr 2100 unterscheiden sich. ▶4
a Lies den geringsten und den größten Wert ab.
b Unter welchen Annahmen treten diese Werte ein?

5 Erkläre, wie es zu den verschiedenen Voraussagen zur Erderwärmung kommt. ▶4

6 „Ich als Einzelner kann gegen die Erwärmung nichts machen!" Nimm Stellung zu der Aussage.

Erweiterung: Der Treibhauseffekt

Die Lufthülle – ein „Wintergarten" für die Erde

▷ Der Mondboden ist an seiner sonnenbeschienenen Seite über 100 °C heiß. Schon eine Stunde nach Sonnenuntergang kühlt er auf weniger als −40 °C ab.

▷ Warum haben wir auf der Erde wesentlich angenehmere Verhältnisse?

+140 °C   −40 °C

1

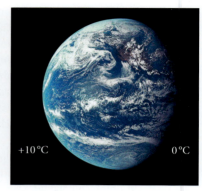
+10 °C   0 °C

2

Untersuchen Experimentieren

1 Energie von der Sonne Mit einer wassergefüllten Dose könnt ihr ermitteln, wie viel Energie die Sonne pro Quadratmeter und Sekunde einstrahlt. ▶3

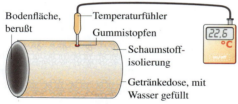

3

a Füllt die Dose randvoll mit Wasser. Die Wassertemperatur soll knapp unter der Lufttemperatur im Freien (im Schatten) liegen.
b Haltet die Dose so ins Sonnenlicht, dass die schwarze Bodenfläche senkrecht zum Lichteinfall ausgerichtet ist. Messt die Wassertemperatur 10 min lang 1-mal pro Minute.
Tipp: Schüttelt und dreht die Dose nach jeder Messung, um das Wasser durchzumischen.
c Bestimmt die Masse m des Wassers und den gesamten Temperaturunterschied ΔT. Berechnet, wie viel Energie E das Wasser aufgenommen hat. Es gilt: $E = 4{,}19 \, \frac{kJ}{kg \cdot °C} \cdot m \cdot \Delta T$.
(Wie man zu dieser Gleichung kommt, erfahrt ihr später im Kapitel „Menschen und Motoren sorgen für Bewegung".)
d Teilt die aufgenommene Energie durch die Messdauer (in s) und die Bodenfläche (in m^2) der Dose. Damit erhaltet ihr den solaren Energiestrom pro m^2.

2 Temperatur und Energiestrom Der Glühfaden einer Lampe gibt die zugeführte Energie durch Strahlung ab. Der abgegebene Energiestrom ist genauso groß wie die Leistung $P = U \cdot I$ der Lampe.
a Ermittelt den elektrischen Energiestrom:
– bei hell glühender Wendel (ca. 2800 K)
– bei orangerot glühender Wendel (verringerte Spannung; ca. 1400 K)
b Wie hängt der Energiestrom mit der Temperatur des Glühfadens zusammen? Schreibt eure Antwort in einem vollständigen Satz auf.

3 Sonnenspektrum – genauer untersucht ▶4
a Erzeugt mit einem Prisma aus Flintglas ein Spektrum des Sonnenlichts oder des Lichts einer Glühlampe (gestreckte Wendel, bei 1,25-facher Nennspannung).
b Bewegt die Thermosäule langsam durch das Spektrum. Was fällt euch auf?
c Welcher Teil des Spektrums transportiert am meisten Energie? Schreibt die Antwort auf.

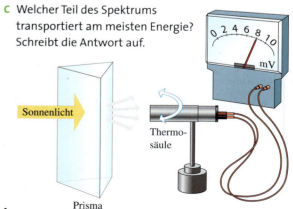

4

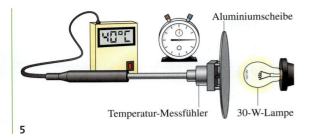

5

4 Was geschieht mit der eingestrahlten Energie?
a Eine Aluscheibe wird mit einer Lampe bestrahlt. ▶5 Messt die Temperatur der Scheibe alle 5 min.
b Tragt den Temperaturverlauf in ein Diagramm ein.
c Versucht den Temperaturverlauf zu erklären.

5 Durchdringt Infrarotstrahlung Luft und Glas? Haltet eine Hand 20 cm neben eine 100-W-Glühlampe. Schiebt dann eine Glasplatte zwischen Lampe und Hand. Verwendet auch ein Bügeleisen (Kochplatte) als Strahlungsquelle. Was fällt euch auf?

6 Glasplatten durch Strahlung erwärmen Bestrahlt zwei gleiche Glasplatten 5 min lang:
– einmal mit einer 200-W-Glühlampe
– einmal mit einer 200-W-Kochplatte (mit Leistungsmessgerät überprüfen)

Messt dann die Temperatur der Glasplatten mit einem Oberflächenfühler. Erklärt das Versuchsergebnis.

7 Treibhaus (Modell) Beheizt eine Kochplatte in einem Karton auf Stufe 2. ▶6
a Wenn die Temperatur nicht mehr ansteigt, stellt ihr einige Zentimeter vor die Öffnung eine Acrylglasplatte. Wie ändert sich die Temperatur im Karton?
b Prüft nach 1 bis 2 min mit der Wange die Strahlung der Glasplatte auf beiden Seiten.
c Stellt den Bezug zwischen diesem Aufbau und der Erde her.

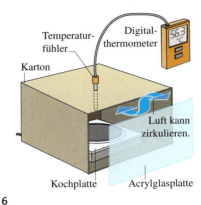

6

Grundlagen: Strahlung und Temperatur

7

8

Am Lagerfeuer „glüht" das Gesicht, aber der Rücken ist kalt. ▶7 Das Feuer strahlt Energie ins Gesicht, der Rücken strahlt Energie in den Nachthimmel.
Mit einem Strahlungsmessgerät kann man zeigen: Alle Dinge senden Strahlung aus. ▶8 Deine Hand strahlt und sogar Eiswürfel strahlen. Je höher die Temperatur des Gegenstands ist, desto mehr Energie strahlt er ab. Sehr heiße Gegenstände (z. B. die Sonne) senden vor allem sichtbare Strahlung aus. Mit abnehmender Temperatur verschiebt sich die Farbe zum roten Bereich des Spektrums. Unter 600 °C senden Gegenstände praktisch nur unsichtbare Infrarotstrahlung aus. ▶9–11

9 *Sonnenoberfläche: vor allem Licht*

10 *Glühfaden: Licht und Infrarotstrahlung*

11 *Wolkenoberseite: Infrarotstrahlung*

Grundlagen: Die Erde im Strahlungsgleichgewicht

Das Spektrum der Sonnenstrahlung Ein Teil der Sonnenstrahlung besteht aus sichtbarem Licht. Er umfasst die Farben Rot bis Violett. ▶1 Doch damit ist das Spektrum der Sonne noch nicht zu Ende:
– Jenseits des roten Lichts schließt sich die Infrarotstrahlung an. Sie wird von unseren Augen nicht wahrgenommen.
– Auf der violetten Seite schließt sich die unsichtbare Ultraviolettstrahlung an. Sie ruft Sonnenbrand und Hauterkrankungen hervor.

1 *Spektrum des Sonnenlichts*

↻ 268-1 Simulation Strahlungsgleichgewicht

Die Erde in der Strahlung der Sonne Die Durchschnittstemperatur der Erdoberfläche beträgt 15 °C. Sie ändert sich im Lauf eines Menschenlebens praktisch nicht, obwohl im Mittel jeder Quadratmeter einen Energiestrom von 175 W absorbiert. Dass die Erde sich trotz dieser Energiezufuhr nicht immer weiter erwärmt, hat folgenden Grund:

> Die Erde als Ganzes strahlt genauso viel Energie ins Weltall hinaus, wie sie von dort empfängt. Sie ist im Strahlungsgleichgewicht.
> Bei der Durchschnittstemperatur von 15 °C wird die Energie nur im Infrarotbereich abgestrahlt.

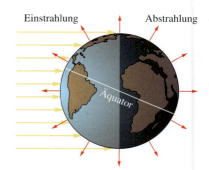

2 *Einstrahlung und Abstrahlung*

Es empfängt immer nur eine Hälfte der Erdoberfläche Energie von der Sonne. Die Erde strahlt aber ständig rundherum Energie ins Weltall ab. ▶2 Die Erde wird dort erwärmt, wo die Einstrahlung größer ist als die Abstrahlung. Wo sie mehr Energie abstrahlt als empfängt, kühlt die Erde ab. Deshalb wird es nachts (in der Regel) kühler.
Eigentlich müsste es bei uns ständig kälter werden. Deutschland liegt in einem Bereich, der im Jahresdurchschnitt mehr Energie ins Weltall abstrahlt als empfängt. Nur zwischen dem Äquator und den 40. Breitengraden Nord und Süd empfängt die Erdoberfläche mehr Energie durch Strahlung, als sie verliert. ▶3 Zum Glück gibt es das Wetter:

> Temperaturunterschiede treiben Luft- und Meeresströmungen an. Durch die Wettervorgänge wird so viel Energie von den niedrigen in die höheren Breiten transportiert, dass sich die jährlichen Durchschnittstemperaturen aller Orte auf der Erde nicht verändern.

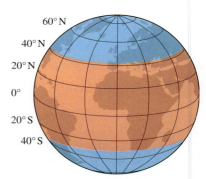

Im roten Teil der Erdoberfläche wird mehr Energie eingestrahlt als abgestrahlt. Im blauen Bereich ist es umgekehrt.

3 *Energiebilanz*

Grundlagen: Der Treibhauseffekt

Absorption von IR-Strahlung Die Strahlung einer Glühlampe geht fast ungehindert durch eine Glasplatte hindurch. Die Infrarotstrahlung einer Kochplatte wird dagegen fast vollständig von der Glasplatte absorbiert. ▶4 Die Glasscheibe ist also „undurchsichtig" für die Strahlung, die bei der niedrigeren Temperatur der Kochplatte ausgesandt wird.
Wird die Glasplatte einige Zeit von der Kochplatte bestrahlt, empfängt der Sensor zunehmend mehr Strahlung. Die Glasscheibe erwärmt sich durch die absorbierte Energie und strahlt sie nach beiden Seiten ab.

> Ähnlich wie eine Glasplatte absorbieren manche Gase (z. B. Kohlenstoffdioxid, Wasserdampf) die Strahlung mäßig warmer Gegenstände und lassen die Strahlung heißer Gegenstände durch.

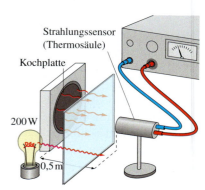

4

Die Lufthülle – ein „Wintergarten" für die Erde | Erweiterung: Der Treibhauseffekt

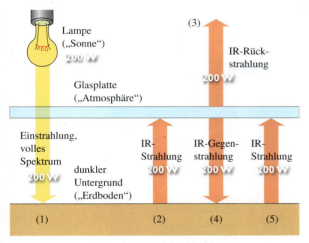

5 Wirkung einer Glasplatte auf die Strahlung

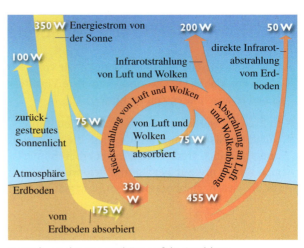

6 Wirkung der Atmosphäre auf die Strahlung

Das Treibhausmodell der Atmosphäre Ohne die Lufthülle läge die Durchschnittstemperatur an der Erdoberfläche bei −19 °C.
Die Atmosphäre wirkt auf Strahlung ähnlich wie eine Glasplatte: ▶5 Die Strahlung der Lampe durchdringt die Glasplatte und wird vom Boden absorbiert (1). Der Boden erwärmt sich und strahlt (2). Seine Strahlung wird von der Glasplatte absorbiert. Nach einiger Zeit ändern sich die Temperaturen von Glasplatte und Boden nicht mehr. Im *Strahlungsgleichgewicht* geht von der Glasplatte genauso viel Strahlung in den Raum zurück, wie von der Lampe zugestrahlt wird (3). Wenn die Glasplatte 200 W in den Raum strahlt, strahlt sie auch 200 W zum Boden zurück (4). Der Boden wird also von der Lampe und von der Glasplatte aufgeheizt – und strahlt beide Energieströme auch wieder ab (2 und 5). Dieses „Treibhausmodell" können wir auf die Erde übertragen: ▶6

> Die Atmosphäre absorbiert einen großen Teil der Infrarotstrahlung der Erdoberfläche. Die aufgeheizte Atmosphäre strahlt Energie nicht nur ins Weltall hinaus, sondern auch zum Boden zurück. Die Temperatur der Erdoberfläche steigt dadurch so lange an, bis sie auch diese zusätzliche Energie vollständig abstrahlt.
> Den Treibhauseffekt der Atmosphäre verursachen vor allem Wasserdampf, Kohlenstoffdioxid (CO_2), Methan und Spurengase.

Der Mensch verstärkt den Treibhauseffekt Im 20. Jahrhundert ist die Durchschnittstemperatur an der Erdoberfläche um 0,7 °C gestiegen. ▶7 Klimaforscher vermuten, dass diese Erwärmung vom Menschen verursacht ist. So steigt durch die Verbrennung von Erdöl, Kohle und Erdgas der Kohlenstoffdioxidgehalt der Atmosphäre von Jahr zu Jahr. ▶8
Die Landpflanzen und die Meeresalgen bauen zwar durch die Fotosynthese CO_2 ab und produzieren Sauerstoff, aber jährlich verschwinden Millionen Hektar an Urwäldern durch Brandrodung. Die Algen werden durch erhöhte UV-Strahlung geschädigt („Ozonloch"). Daher ist damit zu rechnen, dass in diesem Jahrhundert die Temperatur um 1,5 bis 6 °C steigt. Die Folgen können dramatisch werden: Die Klimazonen der Erde verschieben sich, der Meeresspiegel steigt an …

⟳ 269-1 Animation Treibhauseffekt, Simulation zum Treibhausmodell

Aufgaben

1 Eine Aluscheibe erwärmt sich im Licht einer Glühlampe erst schnell, dann langsamer; schließlich steigt ihre Temperatur nicht mehr.
a Erkläre dieses Verhalten.
b Erläutere den Begriff *Strahlungsgleichgewicht* am Beispiel Aluscheibe und am Beispiel Erde.

2 Nach Süden gerichtete Isolierglasfenster sorgen bei uns für höhere Temperaturen im Raum. Erkläre.

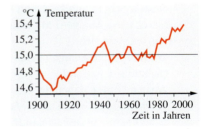

7 Mittlere Temperatur auf der Erde

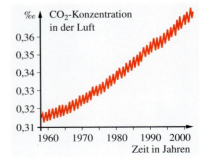

8 CO_2-Konzentration (Hawaii)

Erneuerbare Energiequellen

Elektrische Energie von der Sonne

▷ Unsere elektrische Energie gewinnen wir vor allem aus Kohle, Öl, Gas und Uran. Ihre Vorräte gehen in absehbarer Zeit zu Ende.

▷ In Zukunft werden erneuerbare Energien immer wichtiger. Sie kommen aus Quellen, die praktisch unerschöpflich sind. Welche erneuerbaren Energien stehen uns zur Verfügung? Wie werden sie für die elektrische Energieversorgung genutzt?

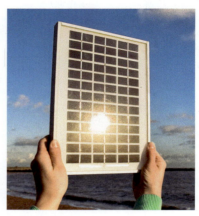

1 *Solarmodul*

Untersuchen Experimentieren

1 Elektrische Energie aus erneuerbaren Energiequellen Wählt eine Anlage aus, die aus erneuerbaren Energien elektrische Energie gewinnt. Sammelt Informationen (s. Fragen unten). Sucht nicht nur im Internet, sondern nutzt auch Bücher und fragt bei Energieunternehmen, Gemeindeverwaltungen und Firmen nach. Präsentiert eure Ergebnisse vor der Klasse.
– In welchen Anlagen werden erneuerbare Energien genutzt, um elektrische Energie zu gewinnen?
– Nach welchen physikalischen Prinzipien funktionieren diese Anlagen? Mit welchen Wirkungsgraden arbeiten sie?
– Wo sind solche Anlagen in Betrieb? Welche Nachteile haben sie?
– Welchen Anteil haben die verschiedenen erneuerbaren Energien heute an der Erzeugung elektrischer Energie in Deutschland?

2 Leistung einer Solarzelle Bestimmt die elektrische Leistung des solarbetriebenen „Aufzugs". ▶2
a Messt die Spannung U und die Stromstärke I.
b Berechnet die elektrische Leistung P.
c Informiert euch, welche Leistung Solaranlagen auf Häusern haben. Unterscheidet zwischen der Spitzenleistung und der Leistung im Jahresdurchschnitt.

3 Leistung eines Miniwindkraftwerks Das „Windkraftwerk" ist ein Solarmotor mit Propeller. ▶3 Der Motor wird dabei als Generator genutzt.
a Schließt statt der Lampe einen 100-Ω-Widerstand an. Ermittelt die elektrische Leistung des Miniwindkraftwerks.
b Informiert euch, welche Leistung ein modernes Windkraftwerk hat.

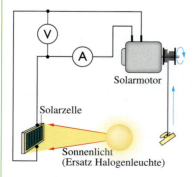

2 *Solarbetriebener Aufzug*

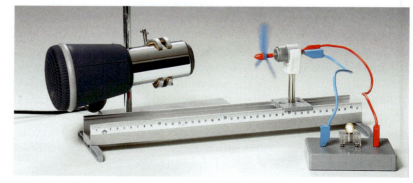

3 *Miniwindkraftwerk*

Grundlagen: Elektrische Energie aus unerschöpflichen Energiequellen

4 *Windenergieanlagen*

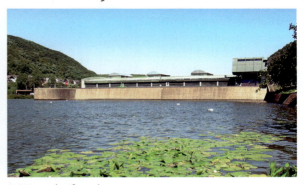

5 *Wasserkraftwerk*

Windenergieanlagen Windräder treiben Generatoren an. Sie wandeln Bewegungsenergie des Winds in elektrische Energie um. ▶4 Erst wenn der Wind im Mittel mit 5 $\frac{m}{s}$ bläst (Windstärke 3), ist die Windenergie wirtschaftlich nutzbar. Das ist bei uns oft nur in Meeresnähe oder im Mittelgebirge der Fall.

Wasserkraftwerke Wo die Landschaft es ermöglicht, baut man Talsperren oder Staustufen in Flusstäler. ▶5 Das gestaute Wasser wird auf Turbinen geleitet, die Generatoren antreiben. Wasserkraftwerke wandeln die Bewegungsenergie des Wassers fast vollständig in elektrische Energie um.

Biogasanlagen ▶6 Biogas entsteht, wenn pflanzliche oder tierische Reste unter Sauerstoffabschluss zersetzt werden. Es enthält brennbares Methan. In der Landwirtschaft und in Kläranlagen steht viel Biogas zur Verfügung. Eine Kuh kann durch ihren Dung täglich 1 bis 2 m^3 Biogas liefern. Damit lassen sich jeden Tag 1 bis 2 Liter Heizöl einsparen.

Sonnenergieanlagen Ein Solarkraftwerk erzeugt Wasserdampf von 500 °C. ▶7 Die Strahlung wird über Spiegel zusammengeführt. Der Dampf treibt über Turbinen Generatoren an. *Beispiel:* In Kalifornien (USA) liefern solche Anlagen elektrische Energie für eine Stadt von 200 000 Einwohnern.

Solarzellen wandeln Strahlungsenergie direkt in elektrische Energie um. ▶8 Man spricht von *Fotovoltaik* („Foto-" kommt vom griechischen Wort für Licht).

Erdwärme Im Innern der Erde steigt die Temperatur alle 100 m um etwa 3 °C an. In manchen Gebieten befindet sich heißes Wasser unter hohem Druck in wenigen Kilometern Tiefe. Mit diesem Wasser können Turbinen und angekoppelte Generatoren angetrieben werden. *Beispiel:* In Unterhaching bei München liefert ein Erdwärmekraftwerk elektrische Energie und Fernwärme. Die elektrische Leistung beträgt 3,36 MW, die thermische 70 MW.

Mit Wärmepumpen kann man Erdwärme auch schon bei Temperaturen unter 20 °C zum Heizen nutzen.

6 *Biogasanlage*

7 *Solarkraftwerk*

8 *Fotovoltaikanlage*

Erweiterung: Solarmodule – genauer untersucht

▷ Hier wird eine Fotovoltaikanlage montiert. Die einzelnen Solarzellen und Platten werden zusammengeschaltet. Welchen Grund hat das? Wie sieht die Schaltung aus?

1 *Viele Solarzellen in einer Fotovoltaikanlage*

Untersuchen Experimentieren

1 Eine Solarzelle allein genügt nicht Ein Solarmodul besteht aus mehreren Solarzellen.
a Messt die Spannung an einem Solarmodul, wenn kein Verbraucher angeschlossen ist (Leerlaufspannung). Vergleicht diese Spannung mit der an einer einzelnen Solarzelle.
b Wie sind die Solarzellen zum Modul zusammengeschaltet? Aus wie vielen Solarzellen besteht das Modul? *Tipp:* Denkt daran, wie ihr Batterien kombiniert, um eine höhere Spannung zu erhalten.
c Schaltet zwei Solarmodule so zusammen, dass sich die Leerlaufspannung erhöht.

2 Das Solarmodul wird belastet Ihr habt schon die Spannung an einem Solarmodul unter speziellen Bedingungen ermittelt. Nun soll die Leistung genauer untersucht werden. Dazu wird das Solarmodul mit einem veränderbaren Widerstand (als „Verbraucher") in einen Stromkreis geschaltet. ▶2 Führt alle Messungen bei gleicher Beleuchtung durch, möglichst draußen bei Sonnenschein.
a Ermittelt zunächst die Leerlaufspannung U_0.
b Überbrückt dann die Kontakte des Moduls und messt den Kurzschlussstrom. So ermittelt ihr die größtmögliche Stromstärke im Stromkreis.
c Setzt nun einen regelbaren Widerstand (100 Ω) in den Stromkreis ein. ▶2 Stellt unterschiedlich große Widerstände ein und messt sie mit dem Vielfachmessgerät. Messt jeweils die Stromstärke und die Spannung. Notiert alle Messwerte in einer Tabelle. ▶3
d Fertigt aus den Messwerten ein Strom-Spannung-Diagramm an. Zeichnet die Messkurve.

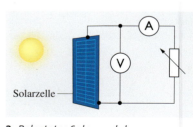

2 *Belastetes Solarmodul*

I in mA	U in V	R in Ω
?	?	?

3

Erweiterung: Solarmodule – genauer untersucht

Grundlagen — Die Kennlinie eines Solarmoduls

Die Eigenschaften eines Solarmoduls können wir aus dem Strom-Spannung-Diagramm ablesen. ▶4 In der Messkurve stecken alle Wertepaare für Stromstärke und Spannung. Sie ist die *Kennlinie* des Solarmoduls. Aus Stromstärke und Spannung kann man die Leistung des Solarmoduls bestimmen:
$P = U \cdot I$.

Die Leistung lässt sich im Strom-Spannung-Diagramm als Fläche ermitteln.

Du erkennst, dass die Leistung nicht für alle Messpunkte gleich groß ist. Das Solarmodul hat an einem Punkt die größte Leistung. Dort erhält der Verbraucher den größtmöglichen Energiestrom. Diesen Punkt nennt man *Maximum-Power-Point (MPP)*. So kannst du ihn bestimmen: Ermittle zu einigen Spannungswerten die Leistung und trage sie über der Spannung in einem Diagramm ein. ▶5

Um die Leistung einer Fotovoltaikanlage zu steigern, werden in Solarmodulen viele Solarzellen in Reihe geschaltet. So erhöht man die Leerlaufspannung. Man schaltet dann diese Reihensolarzellen parallel, um den Kurzschlussstrom zu vergrößern. So entstehen Anlagen mit einer (maximalen) Leistung von einigen Kilowatt oder mehr.

Aufgaben

1. Ermittelt den Maximum-Power-Point (MPP) des Solarmoduls, mit dem ihr die Versuche duchgeführt habt.

2. Bestrahlt ein Solarmodul einmal mit einer Schreibtischlampe (75 W) und einmal mit einem Halogenstrahler (300 W). Ermittelt jeweils den MPP. Vergleicht die Werte mit dem MPP bei Sonnenschein.

3* Vereinbart ein Treffen mit dem Betreiber einer Solaranlage in eurer Nähe. Informiert euch über den MPP der Anlage bei Sonnenschein und Bewölkung.

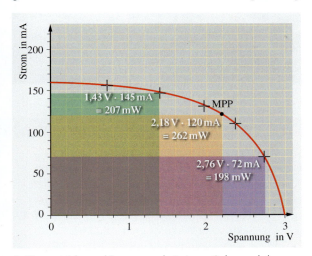

4 Stromstärke und Spannung bei einem Solarmodul

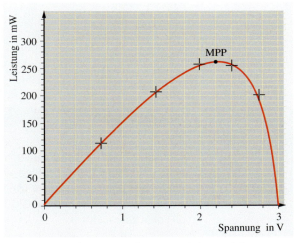

5 Leistung und Spannung bei einem Solarmodul

Aus der Technik — Die „intelligente" Solaranlage

Ein Solarmodul liefert Gleichstrom. Im Haushalt benötigen wir jedoch Wechselstrom. Will man die Energie von großen Solarmodulen in das Stromnetz einspeisen, so muss man aus dem Gleichstrom Wechselstrom erzeugen. Dies geschieht mit einem elektronischen *Wechselrichter*. Er ist Bestandteil der Solaranlage. Dabei ist man daran interessiert, immer einen möglichst großen Energiestrom elektrisch zu nutzen. Moderne Wechselrichter ermitteln daher ständig den MPP. Er liegt je nach Bestrahlung der Solaranlage bei verschiedenen Spannungs- und Stromwerten. Dies bezeichnet man als *MPP-Tracking* (engl. *to track*: eine Spur verfolgen). Solch ein Wechselrichter heißt daher *MPP-Tracker*.

Elektrische Energie aus Kohle und erneuerbaren Energiequellen

1

2

	Kohlekraftwerke	Heizkraftwerke (Abfall und Biomasse)
Wirkungsgrad	ca. 40 %	20–35 % (elektrisch)
Brennstoff	Braunkohle und Steinkohle stehen bei uns zur Verfügung (Arbeitsplätze!); Abbau wird zunehmend schwieriger; begrenzte Vorräte (pro Tag wird je Kohlekraftwerk 1 Güterzug voll Kohle gebraucht)	Müll, Biogas, Deponiegas, Holzabfälle, Stroh usw.; die Verbrennung kann genutzt werden, um Heizwärme und elektrische Energie zu erzeugen (thermischer Wirkungsgrad: ca. 50 %, elektrischer Wirkungsgrad: ca. 25 %)
Standort	günstige Verkehrsverbindungen (Schienennetz, Binnenschifffahrt ...), Lagerflächen und Kühlmöglichkeiten (Gewässer) nötig	in der Nähe von Müllverbrennungsanlagen, Mülldeponien sowie Holzwerken
Umweltbeeinflussung	Abwärme (60 % der eingesetzten Energie heizen die Umwelt auf); Abgasbelastung gering durch teure Filter; Verstärkung des Treibhauseffekts durch CO_2-Ausstoß	Abwärme; Abgasbelastung gering durch teure Filter; beim Verbrennen von Biomasse wird so viel CO_2 ausgestoßen, wie beim Wachsen der Pflanzen gebunden wurde
Aussichten für die Zukunft	noch unverzichtbar; technische Verbesserungen zur Erhöhung des Wirkungsgrads und zur Verringerung der Umweltbelastung zu erwarten	in Deutschland noch ausbaubar; sinnvolle Nutzung von Abfällen und Biomasse
In Deutschland 2011 erzeugte elektr. Energie	262,5 Milliarden kWh (Anteil: 43,2 %)	37,6 Milliarden kWh (Anteil: 6,2 %)

3

5

4

Wasserkraftwerke	Windenergieanlagen	Fotovoltaikanlagen
bis 95 %	20–40 %	13–17 % (steigend)
kein Bedarf an Brennstoffen	kein Bedarf an Brennstoffen	kein Bedarf an Brennstoffen
nur an Staustufen von Flüssen oder an Stauseen im Bergland möglich	Bau vor allem an Küsten, im flachen Meer vor den Küsten und in den Bergen	Montage auf allen Hausdächern mit Südlage
beim Bau der Kraftwerke erhebliche Eingriffe in die Natur und ins Landschaftsbild	Lärm durch Rotorblätter; Beeinträchtigung des Landschaftsbilds; flimmernder Schattenwurf durch bewegte Rotorblätter	geringe Störung (nur bei der Herstellung, Montage und Entsorgung der Anlagen)
gut; in Deutschland aber kaum noch ausbaubar; nur noch der Bau von kleineren Kraftwerken möglich	gut durch technische Weiterentwicklung; noch ausbaubar; volle Nutzbarkeit nur durch Ausbau des Verbundnetzes möglich	nur bei höherem Wirkungsgrad und viel geringeren Herstellungskosten gut; volle Nutzbarkeit nur durch Ausbau des Verbundnetzes möglich
23,5 Milliarden kWh (Anteil: 3,9 %)	48,9 Milliarden kWh (Anteil: 8,0 %)	19,3 Milliarden kWh (Anteil: 3,2 %)

Aus der Technik — Woher bekommen wir unsere elektrische Energie in Zukunft?

Im Jahr 2011 erzeugten Kernkraftwerke rund ein Fünftel unserer elektrischen Energie. ▶1 Im Juni 2011 wurden 8 von 17 Kernkraftwerken abgeschaltet. Die Betriebsgenehmigung der anderen läuft bis 2022 aus. Wie soll die „Energielücke" geschlossen werden? Nur auf die Energie von der Sonne ist dauerhaft Verlass. Sie bewirkt Erwärmung sowie Wind- und Wasserkreisläufe. Durch Fotosynthese lässt sie neue Biomasse wachsen. So ist die Sonne – neben der thermischen Energie aus dem Erdinnern – die einzige Quelle für alle erneuerbaren Energien. Sie sollen helfen, die Energielücke zu schließen.
Außerdem soll weniger Energie verbraucht werden, sodass die Lücke kleiner wird.

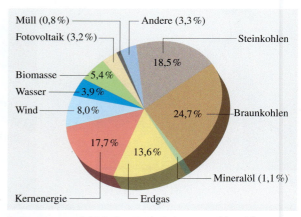

1 *Erzeugung elektrischer Energie in Deutschland (2011)*

2 *Fotovoltaikanlage Göttelborn (Saarland), Leistung: 8 MW*

Fotovoltaikanlagen Jährlich fallen auf jeden Quadratmeter in Deutschland rund 1100 kWh an Sonnenenergie. Auf vielen Dächern und Feldern wird ein Teil der Energie mit Solarmodulen in elektrische Energie umgewandelt. ▶2

Windenergieanlagen In Deutschland ist der Anteil der Windenergie an der elektrischen Energieversorgung in den letzten Jahrzehnten deutlich gestiegen. Große Windparks haben eine Leistung von rund 100 MW. ▶3 Der Wind weht an Land nur etwa 2000 Stunden im Jahr stark genug. Deshalb kann man bei der elektrischen Energieversorgung nicht komplett auf Windenergie setzen. Bei Windparks auf See (Offshore-Windparks) sind die Windvoraussetzungen besser als an Land. Allein in Deutschland sind daher 40 Offshore-Windparks geplant. ▶4

Aufgaben

1 Vergleiche die Leistungen in einem Säulendiagramm:
– Fotovoltaikanlage in Göttelborn
– Windpark bei Emden
– typisches Kohlekraftwerk

2 Stelle in einem Diagramm dar, wie sich der Anteil der erneuerbaren Energien an unserer elektrischen Energieversorgung in den letzten 10 Jahren entwickelt hat. Informiere dich dazu im Internet.

3 Bürgerinitiativen protestieren gegen neue Windparks an Land. Informiere dich über ihre Argumente. Stelle sie den Argumenten der Befürworter gegenüber.

3 *Windpark bei Emden, Leistung: 104 MW*

4 *Transport eines Windrads zum Offshore-Park*

Aus Umwelt und Technik — Sonne und Wind – eine Herausforderung für Ingenieure

Mit dem Ausstieg aus der Kernenergie soll eine „Energiewende" vollzogen werden. Die erneuerbaren Energien sollen im Jahr 2050 mehr als die Hälfte unserer elektrischen Energie erzeugen. Ganz verschiedene Anlagen müssen im Versorgungsnetz zusammengeführt werden. Es muss zu jeder Zeit und an jedem Ort genügend elektrische Energie zur Verfügung stehen.
Ein Beispiel soll die Probleme bei der Energiewende verdeutlichen:
Die Deutsche Bahn braucht Tag und Nacht elektrische Energie. In Norddeutschland besteht eine Versorgungslücke. Die fehlende Energie kann nicht aus Süddeutschland geliefert werden. Dort sind viele Kernkraftwerke abgestellt worden.
Damit im Winter keine Züge in Norddeutschland wegen Energiemangel anhalten müssen, kann man alte Kohlekraftwerke hochfahren. Umweltschützer lehnen das ab, weil diese Kraftwerke sehr viel CO_2 erzeugen.
Rein rechnerisch können Fotovoltaikanlagen alle Kernkraftwerke ersetzen. Dazu müssten aber in Deutschland mehr als 1000 Anlagen wie in Göttelborn neu gebaut werden. ▶2 In vielen Fällen scheitert der Ausbau am Widerstand von Bürgerinitiativen.
Offshore-Windparks finden eher Zustimmung, weil sie weit vor der Küste liegen und kaum gesehen werden. Die Windräder im Meer benötigen riesige Betonfundamente und Unterwasserkabel, die die elektrische Energie an Land bringen. Sie stellen einen großen Eingriff in das Ökosystem Wattenmeer dar. Die Auswirkungen sind noch nicht überschaubar.
An windigen Tagen können Windparks mehr elektrische Energie erzeugen, als benötigt wird. Weil man die überschüssige Energie nicht ins Netz einspeisen oder speichern kann, werden die Windräder vorher gestoppt. Dagegen haben Ingenieure eine Lösung entwickelt: Wasserstoff als Energiespeicher. Mit der überschüssigen elektrischen Energie wird Wasser in Wasserstoff und Sauerstoff zersetzt (Elektrolyse). Der Wasserstoff wird gespeichert. Mit ihm können Brennstoffzellen wieder elektrische Energie erzeugen. Oder der Wasserstoff dient als Treibstoff für Motoren oder ... ▶5
Für die gleichmäßige Versorgung mit elektrischer Energie können verschiedene erneuerbare Energien gleichzeitig eingesetzt werden. So betreiben Landwirte Windräder auf den Feldern und Fotovoltaikanlagen auf den Dächern von Biogasanlagen. Die elektrische Energie aus den Biogasanlagen gleicht die Schwankungen bei den anderen Anlagen aus. Computergestützte Regelsysteme sichern eine gleichbleibende Energieversorgung.

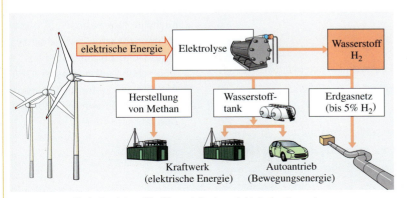

5 *Wasserstoff als Speicher für überschüssige elektrische Energie*

Aufgaben

4 Nenne einige Probleme der Energiewende. Beschreibe, wie man sie lösen will.

5 Die Ingenieure haben verschiedene Vorschläge, um die ständige Versorgung mit elektrischer Energie zu sichern. Beschreibe und bewerte die Vorschläge.

6 Erstelle ein Plakat zum Thema „Energieversorgung der Zukunft".

Methode — Grafiken auswerten

Eine Grafik sagt oft mehr aus als viele Worte. Nehmen wir z. B. die „Globalstrahlung". So nennt man die durchschnittliche Sonnenenergie (in kWh), die in einem Jahr auf einen Quadratmeter (m^2) Erdboden fällt. Die Globalstrahlung hängt vom Ort ab.

Für Deutschland beträgt sie 1000 $\frac{kWh}{m^2}$. Zum Vergleich: Jeder Haushalt braucht im Jahr 13 000 kWh zum Heizen. Einen genaueren Durchschnittswert für die Globalstrahlung an deinem Wohnort verrät die Grafik – wenn du sie lesen und auswerten kannst. ▶1

Das verrät die Grafik auf den ersten Blick Gebiete mit gleicher Globalstrahlung sind in gleichen Farben markiert. Die dunkelgrün gezeichneten Gebiete bekommen weniger Sonnenenergie als die dunkelbraunen. Im Norden (an den Küsten) ist die Sonneneinstrahlung geringer als im Süden. An den Alpen strahlt die Sonne im Lauf eines Jahres bis zu 1250 $\frac{kWh}{m^2}$ ein. Die Erklärung ist einfach: Deutschland erstreckt sich über mehrere Breitengrade. Im Süden scheint die Sonne unter einem steileren Winkel auf die Erde als im Norden.

Fragen auf den zweiten Blick Wieso nimmt die Sonnenstrahlung von der Küste her ins Binnenland immer weiter ab? Wie kommt es zu den dunkelgrünen Farbflecken östlich von Düsseldorf oder zu den braunen im Alpenvorland?

Suche nach Erklärungen Liegen zwei Orte auf dem gleichen Breitengrad (z. B. Hamburg und die Insel Borkum), scheint die Sonne theoretisch auf beide gleich viel. Aber von ihrer Strahlung kommt am Boden nicht gleich viel an. Die Luft ist über beiden Orten nicht gleich „durchsichtig". Die Luftverschmutzung durch Abgase vermindert den Betrag der Globalstrahlung.
Auch die Bewölkung spielt eine Rolle: Wolken kommen vom (Nord-)Westen her übers Meer und stauen sich vor Bergen. Wolken entstehen auch über Kühltürmen von Kraftwerken und durch Abgase von Flugzeugen.

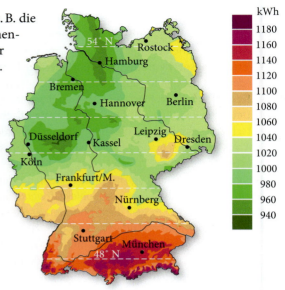

1 *Energie, die von der Sonne im Jahr pro Quadratmeter eingestrahlt wird (Durchschnitt aus 20 Jahren)*

Musteraufgabe

Betrachte die Karte östlich der Linie Hannover-Kassel genauer. ▶1 Was verrät der dunkelgrüne Fleck? Finde eine Erklärung.

Lösung:

Der dunkelgrüne Fleck bedeutet geringe Sonneneinstrahlung. In diesem Gebiet liegt das höchste Gebirge Norddeutschlands, der Harz. Hier stauen sich die Regenwolken. Sie hindern die Sonnenstrahlung daran, den Boden zu erreichen.

Aufgaben

1 Ermittle auf der Karte deinen Wohnort. ▶1
a Lies die Globalstrahlung ab.
b Vergleiche sie mit der Globalstrahlung in Rostock und in Stuttgart.
c* Teile die Globalstrahlung an deinem Ort durch die Anzahl der Stunden in einem Jahr. Damit erhältst du den durchschnittlichen Energiestrom (in Watt) pro Quadratmeter an deinem Wohnort.

2 Suche im Internet nach „Globalstrahlungskarten". Werte sie aus. *Tipps:* Gehe z. B. auf Seiten des Deutschen Wetterdienstes (DWD). Beachte den Zeitraum, für den die Karten erstellt wurden (Monats- und Jahressummen).

Erneuerbare Energiequellen

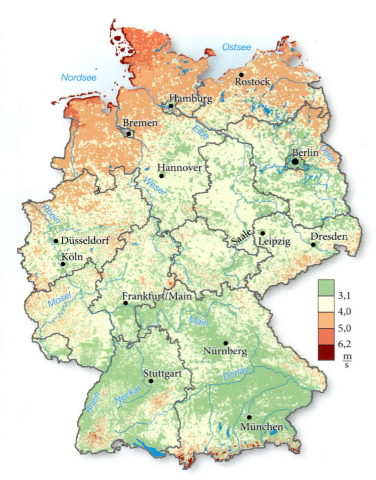

2 Windgeschwindigkeiten in Deutschland (10 m über Grund, Durchschnitt aus vielen Jahren)

Aufgaben

3 Werte die Karte zur Windenergie ähnlich aus, wie es in der Methode gezeigt wird. ▶2
- Beschreibe möglichst genau, was die Karte aussagt. Suche nach Erklärungen für deine Aussagen.
- Informiere dich über den Zusammenhang zwischen Windgeschwindigkeit und Windstärke.
- Suche nach weiteren Karten zur Windenergie (z. B. zur Windgeschwindigkeit in 80 m Höhe über dem Boden).

4* Lest den Text „Standorte für Windräder". Benutzt die Grafik ▶2 zu Diskussionen z. B. über:
- Windstärke und Erzeugung elektrischer Energie
- gute/ungeeignete Standorte für Windenergieanlagen (WEAs)
- Vorteile/Nachteile von Offshore-WEAs
- Windparks, in denen WEAs neben- und hintereinanderstehen
- Sinn/Unsinn von Fördergeldern für WEAs
- Versorgungssicherheit und Risiko
- WEAs kontra Naturschutz und Tourismus
- WEAs in eurer Heimat

Aus Umwelt und Technik — Standorte für Windräder

In Deutschland standen 2011 mehr als 22 000 Windenergieanlagen (WEAs). An guten Standorten werden kleine, ältere Anlagen durch immer größere und leistungsstärkere ersetzt.
Vor den Küsten entstehen große Windparks (Offshore-Windparks) mit vielen Hundert WEAs. Sie können so viel elektrische Energie liefern wie ein Kohle- oder Kernkraftwerk.
Die Gondeln mit dem Generator befinden sich oft in über 100 m Höhe. ▶3
Jede WEA erzeugt nur dann elektrische Energie, wenn der Wind genügend stark weht. Die Windgeschwindigkeit muss zwischen 4 und 25 $\frac{m}{s}$ liegen. Die volle Leistung erreichen sie bei „steifem Wind" (Windstärke 7). Ab einer Windgeschwindigkeit von 9 bis 12 $\frac{m}{s}$ wird die Leistung einer WEA in der Regel begrenzt, um die Nennleistung nicht zu überschreiten. Dadurch sollen Überlastungen und Materialschäden vermieden werden. Bei mehr als 25 $\frac{m}{s}$ werden viele WEAs abgestellt.

3 Windenergieanlage in Brunsbüttel (5 MW; 126 m Ø)

Aus Umwelt und Technik — Brennstoffzellen

1 *Brennstoffzelle für Schulversuche*

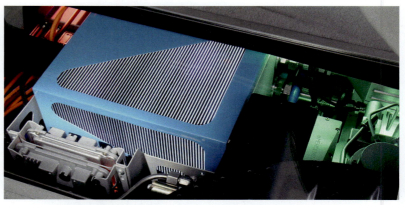

2 *Brennstoffzellen für den Elektromotor in einem Auto (Schnittmodell)*

In Brennstoffzellen wird chemische Energie direkt in elektrische Energie umgewandelt. Wenn man reinen Wasserstoff und Sauerstoff nutzt, entsteht als „Abfallprodukt" nur Wasser:

Wasserstoff + Sauerstoff → Wasser
   chemische Energie → elektrische Energie + thermische Energie

Den umgekehrten Prozess kennst du schon von der Elektrolyse. Dabei wird Wasser unter Einsatz von elektrischer Energie in Wasserstoff und Sauerstoff zersetzt.

Eine Brennstoffzelle erzeugt eine Spannung von etwas mehr als 1 V. ▶1 Durch die Reihenschaltung vieler Zellen in großen Stapeln („Stacks") erhält man mehrere 100 V. ▶2

Der elektrische Wirkungsgrad von Brennstoffzellen beträgt rund 70 %. Statt Wasserstoff kann man auch Methanol oder Erdgas verwenden. Darin ist sehr viel Wasserstoff gebunden. Er wird in einem „Reformer" mithilfe einer chemischen Reaktion freigesetzt. Dabei entsteht auch Kohlenstoffdioxid als „Abfallprodukt", genauso wie bei der Verbrennung von Kohle und Öl. Trotzdem ist Methanol als Energiequelle umweltfreundlicher als Kohle oder Öl. Es wird nämlich aus Pflanzen hergestellt. Diese nehmen beim Wachsen genauso viel Kohlenstoffdioxid auf, wie sie bei der Energieumwandlung freisetzen. Die Luft wird also nicht zusätzlich mit Kohlenstoffdioxid belastet.

Brennstoffzellen können auch in Blockheizkraftwerken zum Einsatz kommen. ▶3 Die Anlage wird an das Erdgasnetz angeschlossen. Die Brennstoffzellen erzeugen elektrische Energie. Ihre Abwärme wird für Heizung und Warmwasser genutzt. Die Anlage arbeitet dadurch mit einem Wirkungsgrad von rund 85 %. Gegenüber einem herkömmlichen Blockheizkraftwerk mit der gleichen Leistung kann der CO_2-Ausstoß um etwa 50 % und der Energieverbrauch um 25 % gesenkt werden.

3 *Blockheizkraftwerk mit Brennstoffzellen*

Aufgabe

1 Informiert euch über den Einsatz von Wasserstoff und Brennstoffzellen bei Autofirmen, Heizungsherstellern und Energieunternehmen. Erstellt eine Präsentation.

Aus Umwelt und Technik — Energiesparen – die günstigste Energiequelle

Heizung Rund die Hälfte des gesamten Energiebedarfs im Haushalt entfällt auf die Heizung. Hier liegen die größten Einsparmöglichkeiten. Viele lassen sich ohne Einbußen im Komfort ausschöpfen:
- Bei Neubauten sollte der Architekt darauf achten, dass das Haus möglichst viel Sonnenenergie einfangen kann, z. B. durch große Fenster auf der Südseite.
- Wände und Fenster müssen eine gute Wärmedämmung haben.
- Moderne Heizungstechniken sollen zum Einsatz kommen (Brennwertkessel, computergesteuerte Regelung ...).

Bei der Wahl der Heizung spricht viel für eine Fußbodenheizung. Sie besitzt eine sehr große Oberfläche. Daher kann sie die thermische Energie bei viel niedrigerer Temperatur (35 °C) abgeben als ein Wandheizkörper (80 °C). Die Fußbodenheizung kann auch mit einer Wärmepumpe oder mit Sonnenkollektoren betrieben werden.

Elektrische Energie Auch bei der elektrischen Energie lässt sich sparen. Neue Elektrogeräte – vor allem Kühl- und Gefriergeräte, Wasch- und Geschirrspülmaschinen – brauchen nur noch einen Bruchteil der Energie im Vergleich zu ihren Vorgängern. ▶4 Beim Gerätekauf sollte man auf die *Energieeffizienzklasse* achten. In der Klasse A wird für den gleichen Zweck viel weniger Energie verbraucht als in der Klasse G. Bei der Beleuchtung kann man Energie sparen, wenn man Glühlampen durch Energiesparlampen ersetzt. Auch die umweltbewusste Nutzung von Geräten spart Energie: Fernseher, Stereoanlagen oder Computer verbrauchen im andauernden Stand-by-Betrieb unnötig Energie. Schalte sie lieber ganz aus! Beim Sparen sollen moderne Energiezähler helfen. ▶5–6 Sie zeigen nicht nur die gelieferte elektrische Energie an, sondern senden auch Verbrauchswerte an die Energieversorger. „Energiefresser" können anhand der Daten aufgespürt werden. Allein damit können 4 % elektrische Energie eingespart werden. In Kombination mit „intelligenten" Elektrogeräten, die ihren Energiebedarf anmelden, kann der Energieversorger die Netzauslastung steuern. So werden die Waschmaschine und der Geschirrspüler automatisch nachts angestellt, wenn der übrige Energiebedarf gering ist. Das ist auch für den Kunden günstig, wenn es einen billigen Nachtstromtarif gibt. Die Gefriertruhe bekommt dagegen in der Mittagszeit keine elektrische Energie, weil dann der sonstige Bedarf besonders hoch ist. Und der Elektroherd meldet, dass es billiger wäre, den Kuchen zwei Stunden später zu backen.

Autofahren 2010 gab es in Deutschland mehr als 41 Millionen Pkws für 82 Millionen Einwohner. Im Durchschnitt verbraucht jeder Pkw 7,5 l Treibstoff pro 100 km. Wir empfinden die Luftverschmutzung und Treibhausgase als Probleme, die gelöst werden müssen.
Technisch ist das 3-Liter-Auto möglich – gekauft werden aber Autos mit hoher Leistung und hohem Verbrauch. Wer die Umwelt schonen will, sollte beim Kauf des Autos anfangen. Auch beim Fahren lässt sich sparen: Hohe Geschwindigkeiten und kurze Strecken führen zu hohem Treibstoffverbrauch. Durch kluge Fahrweise und Verzicht auf unnötige Fahrten lässt sich viel Energie sparen.

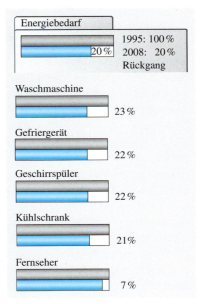

4 Entwicklung des Energiebedarfs

5 „Intelligenter" und herkömmlicher Stromzähler

6 Auf der Suche nach „Stromfressern": Die Messwerte des „intelligenten" Stromzählers werden vom Smartphone angezeigt.

Aus der Technik — Beruf mit Zukunft: Mechatroniker/Mechatronikerin

In den nächsten Jahren werden Windenergieanlagen, Wasserkraftwerke und Fotovoltaikanlagen erweitert. Viele neue Anlagen müssen gebaut, elektronische Schaltungen eingerichtet und Programme geschrieben werden. Für diese Aufgaben werden junge Menschen mit Begeisterung an Technik und handwerklichem Geschick gesucht. Wenn dich das reizt, ist der vielseitige und zukunftsorientierte Beruf des Mechatronikers oder der Mechatronikerin das Richtige für dich!

Zu deinen Aufgaben gehört es dann, aus mechanischen, elektrischen und elektronischen Bestandteilen komplexe Anlagen zu bauen. Dazu stellst du die einzelnen Komponenten her und montierst sie. Fertige Anlagen müssen getestet werden, bevor sie in Betrieb gehen. Als Mechatroniker kannst du die Software für die Steuerung von Anlagen programmieren und installieren. Du arbeitest nach Schaltplänen oder Konstruktionszeichnungen und prüfst die neuen Anlagen sorgfältig. Außerdem musst du mechatronische Systeme instand halten, reparieren oder umrüsten. Ob der Beruf der Mechatronikerin oder des Mechatronikers für dich passend ist, kannst du gut in einem Praktikum herausfinden. So hast du auch bessere Chancen, einen Ausbildungsplatz zu bekommen!

1 Reparieren einer Maschine

Aus- und Weiterbildung Mechatroniker/Mechatronikerin ist ein anerkannter Ausbildungsberuf. Betriebe stellen überwiegend Auszubildende mit mittlerem Schulabschluss ein. Die 3,5-jährige Ausbildung kannst du in Industrie- und Handwerksbetrieben absolvieren. Auch eine schulische Ausbildung in einem Berufskolleg ist möglich.

Als Azubi musst du logisch denken und gute mathematische Kenntnisse sowie räumliches Vorstellungsvermögen besitzen. Merkfähigkeit, technisches Verständnis und handwerkliches Geschick sind für den Beruf wichtig. Gutes Ausdrucksvermögen und Textverständnis (auch in Englisch) sind zum Lesen und Verstehen technischer Unterlagen gefragt.

Die beruflichen Möglichkeiten nach der Ausbildung sind sehr vielfältig. Der Arbeitsmarkt und die Verdienstmöglichkeiten sind gut. Der Beruf bietet auch eine gute Grundlage, um sich weiterzubilden und vielleicht später Ingenieur zu werden.

2 Planen und Testen von elektrischen Schaltungen

3 Montieren einer Turbine

4 Verkabeln der Elektromotoren in einer Windenergieanlage

Erneuerbare Energiequellen

Überblick

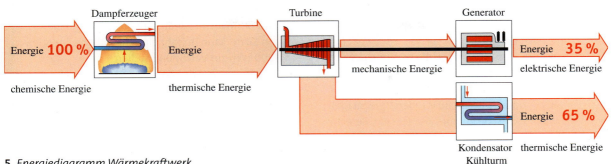

5 *Energiediagramm Wärmekraftwerk*

Elektrische Energie aus thermischer Energie In Wärmekraftwerken wird Wasserdampf erzeugt. Der Dampf strömt unter hohem Druck auf eine Turbine, die einen Generator antreibt und so elektrische Energie erzeugt. ▶5

Elektrische Energie aus Wind, Wasser, Sonne und Erdwärme Erneuerbare Energiequellen stehen uns immer wieder zur Verfügung. Wie in Kohlekraftwerken kann die elektrische Energie mit Generatoren erzeugt werden, die durch Wind, Wasser oder Wasserdampf angetrieben werden. Der Wasserdampf wird dabei mit Erdwärme oder Energie von der Sonne erzeugt.

Fotovoltaikanlagen In Solarzellen wird Strahlungsenergie von der Sonne ohne Generator in elektrische Energie umgewandelt. ▶6 Eine einzelne Solarzelle erzeugt eine Spannung von etwa 0,6 V. Man schaltet mehrere Solarzellen zu Modulen zusammen, um höhere Spannungen und Stromstärken zu erreichen.

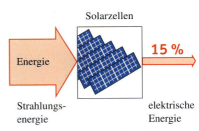

6 *Energiediagramm Solarzellen*

Alles klar?

1. Solarzellen (und Brennstoffzellen) unterscheiden sich in einem wichtigen Punkt von Windenergieanlagen, Wasserkraftwerken oder Solarkraftwerken. Nenne den Unterschied.

2. „Kohle und Öl gehören nicht zu den erneuerbaren Energiequellen." Begründe diese Aussage.

3. Die Leistung einer Solarzelle soll ermittelt werden. Zeichne eine Schaltskizze für eine Messschaltung. Beschreibe, wie du die Leistung bestimmst.

4. Die Solarmodule in der Physiksammlung liefern maximal 3 V.
a Zeichne einen Versuchsaufbau mit mehreren Modulen, sodass eine Spannung von 9 V erreicht wird.
b* Jana hat eine Schaltung mit sechs Solarmodulen aufgebaut. Tim sagt: „Ich brauche nur drei Module." Zeichne den Schaltplan von Janas Schaltung. Welchen Vorteil hat ihre Schaltung gegenüber der von Tim?

Alles klar?

5 Die Windenergieanlage von Norderhövel hat eine maximale Leistung von 3,0 MW und einen Rotordurchmesser von 100 m.
a Im Diagramm ist zu sehen, wie die Leistung der Anlage von der Windgeschwindigkeit abhängt. ▶1 Werte das Diagramm aus.
b In einem Windpark speisen 80 Windenergieanlagen dieses Typs elektrische Energie ins Netz ein. Berechne, wie viele Personen der Windpark mit elektrischer Energie versorgen kann. Gehe davon aus, dass die Windgeschwindigkeit im Durchschnitt 10 $\frac{m}{s}$ beträgt und jede Person einen elektrischen Energiestrom von 700 W benötigt.
c Berechne den Wert der jährlich vom Windpark eingespeisten elektrischen Energie. Gehe davon aus, dass eine Kilowattstunde 0,30 Euro kostet.

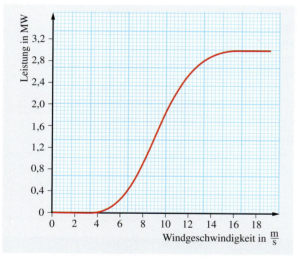

1

6 Im Jahr 2011 waren in Deutschland Windenergieanlagen mit einer maximalen Gesamtleistung von 29 000 MW in Betrieb. Sie erzeugten rund 49 000 GWh elektrische Energie.
a Berechne die durchschnittliche Leistung aller Windenergieanlagen.
b Welcher Anteil der Höchstleistung wurde genutzt? Begründe, warum der Anteil so gering ist.

7 Mit Sonnenkollektoren nutzt man die Sonnenenergie zur Warmwasserbereitung und Heizung. Eine Anlage von 10 m² kann im Jahr eine thermische Energie von 4000 kWh zur Verfügung stellen.
a Berechne, wie viele Liter Öl sich im Jahr mit der Anlage einsparen lassen.
Hinweise: Beim Verbrennen von 1 kg Heizöl werden 42 MJ Energie freigesetzt. Sie lassen sich zu 80 % nutzen. Dichte von Heizöl: $\varrho = 0{,}85 \frac{kg}{l}$.
b Schätze den Wirkungsgrad der Anlage ab. Gehe von folgenden Werten aus: 2,5 h Sonnenschein je Tag; bei Sonnenschein trifft ein Energiestrom von 1 kW auf eine Fläche von 1 m².
c Beschreibe einige Verluste, die einen höheren Wirkungsgrad verhindern.

8 Bei Sonnenschein trifft ein Energiestrom von 1 kW auf eine Fläche von 1 m² (bei senkrechtem Einfall).
a Berechne, wie viel Strahlungsenergie während eines sonnigen Tages (7 h Sonnenschein) auf eine Fläche von 2 m² fällt, wenn diese stets auf die Sonne ausgerichtet wird.
b Wie viel Geld würde ein Elektrizitätswerk für gleich viel elektrische Energie verlangen? Gehe davon aus, dass 1 kWh elektrische Energie 0,30 Euro kostet.
c Die Strahlungsenergie wird durch Solarzellen mit 10 % Wirkungsgrad in elektrische Energie umgewandelt. Die Sonnenscheindauer beträgt 2,5 h pro Tag (über das ganze Jahr gemittelt). Berechne:
– die von einem 2 m² großen Solarmodul an einem Tag erzeugte elektrische Energie
– die elektrische Leistung dieses Solarmoduls, bezogen auf den ganzen Tag (24 h)
– die Fläche einer Fotovoltaikanlage für eine „Tagesleistung" von 1300 MW (bei senkrechtem Strahlungseinfall)
d Ein Vier-Personen-Haushalt in Deutschland benötigt im Durchschnitt 4000 kWh elektrische Energie im Jahr. Der gesamte elektrische Energiebedarf pro Kopf der Bevölkerung beträgt 6000 kWh im Jahr. Welche Flächen müsste man mit Solarzellen belegen, um so viel Energie zu liefern? Berechne sie.
e Berechne die Fläche, um den elektrischen Energiebedarf Deutschlands (80 Millionen Einwohner) über Solarzellen zu decken.
Vergleiche mit der Gesamtfläche von Deutschland (350 000 km²).

Teste dich!

▷ Die Lösungen findest du im Anhang.

1 Mit einer Spule soll elektrische Energie erzeugt werden.
a Beschreibe, welche Dinge du benötigst und wie du vorgehst.
b Wie kannst du ein möglichst gutes Ergebnis erreichen?
c Diese Versuche haben etwas mit der Energieerzeugung in einem Kraftwerk gemeinsam. Beschreibe es.

2 Ein Magnet schwingt mit einem Pol in eine Spule hinein und heraus.
a Die beiden Anschlüsse der Spule werden mit einem Kabel verbunden. Beschreibe, was nun mit dem Magneten passiert.
b Erkläre die Beobachtung.
c* Beschreibe einen weiteren Versuch, in dem etwas Ähnliches passiert.
d* Stelle eine technische Anwendung vor, die diese Gesetzmäßigkeit nutzt.

3 Mit einem Transformator können Spannungen verändert werden.
a Beschreibe den Aufbau eines Transformators.
b Die Ausgangsspannung eines Transformators ist viermal so hoch wie die Eingangsspannung. Was kannst du über die Windungszahlen der Spulen aussagen? Begründe deine Antwort.
c Ein Netzgerät soll die Spannung von 230 V auf eine Betriebsspannung von 12 V transformieren. Es steht eine Spule mit 4600 Windungen zur Verfügung. Wie ist der Transformator des Netzgeräts aufzubauen? Beschreibe und begründe.

4* Zum Elektroschweißen wird ein Transformator genutzt.
a Beschreibe den Aufbau eines Schweißtransformators.
b Im Haushalt sind die Steckdosen für 10 A abgesichert. Der Schweißtransformator erzeugt einen Schweißstrom von 200 A, ohne dass die Sicherung „herausfliegt". Was kannst du über die Windungszahlen des Schweißtransformators aussagen? Begründe deine Antwort.
c Mit dem Prinzip des Transformators lässt sich Metall schmelzen. Beschreibe, wie das geht.

5 Die Stadt Bielefeld mit 350 000 Einwohnern erhält 80 % ihrer elektrischen Energie aus einem Kohlekraftwerk. Die Energie wird in Leitungen mit 220 kV übertragen.
a Berechne die Stromstärke in den Leitungen.
b Es wird überlegt, die Energie in Leitungen mit 380 kV zu übertragen. Was würde sich dadurch ändern?
c* Beurteile, welche Übertragungsform gewählt werden soll. Begründe deine Entscheidung.

6 Es gibt verschiedene Techniken, um elektrische Energie aus erneuerbaren Energien zu gewinnen.
a Nenne drei verschiedene erneuerbare Energiequellen. Erkläre jeweils, wie die Umwandlung in elektrische Energie erfolgt.
b Eine Fotovoltaikanlage hat einen Wirkungsgrad von 15 %, eine Windenergieanlage einen von 30 %. Erkläre, was diese Angaben bedeuten.

Wie funktioniert ein Kernkraftwerk?

Wohin mit dem radioaktiven Abfall?

Wie schütze ich mich vor Strahlung?

Was ist ein Geigerzähler?

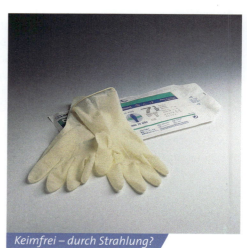
Keimfrei – durch Strahlung?

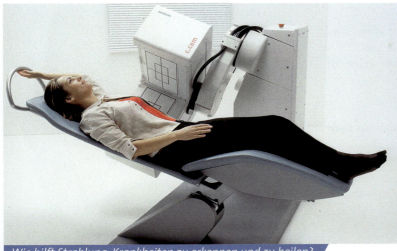
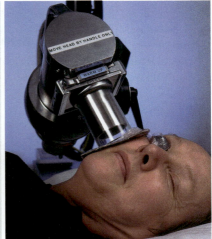

Wie hilft Strahlung, Krankheiten zu erkennen und zu heilen?

Radioaktivität und Kernenergie

▷ Radioaktivität und Kernenergie werden als Segen und als Fluch wahrgenommen:
  – Heilung durch Strahlung – gesundheitliche Gefahren durch Radioaktivität
  – Preiswerte Kernenergie – ungeklärte Entsorgung und teurer Abbau alter Kernkraftwerke
  – Kernkraftwerke als „Klimaretter"
  – Sicherheitsrisiken durch Kernkraftwerke
  – Atomwaffen sichern den Weltfrieden – Atomwaffen als Bedrohung der Menschheit
Zum Thema Kernenergie gehört auch Hiroshima. Hier stellt sich die Frage nach der Verantwortung der Wissenschaftler.

▷ Zu folgenden Themen könnt ihr selbst Material zusammenstellen und versuchen, auf wichtige Fragen eigene Antworten zu finden:
  – Wie funktioniert ein Kernkraftwerk?
  – Verschiedene Reaktortypen
  – Wie sicher sind Kernkraftwerke?
  – Reaktorkatastrophen und die Folgen
  – Abfallbeseitigung, Wiederaufarbeitung, Stilllegung
  – Bau der ersten Atombombe
  – Hiroshima und Nagasaki
  – Folgen eines Atomkriegs
  – Weiterverbreitung von Atomwaffen
  – Verantwortung des Forschers
  – Kernkraftwerke – ja oder nein?

Radioaktivität

Unsichtbare Strahlung

▷ Von Radioaktivität hast du bestimmt schon einmal gehört. Welche Rolle spielt sie für uns? Die folgenden Bilder und Nachrichten sollen dir Eindrücke davon vermitteln.

Das Rätsel der Mumien aus Detmold

Erst jetzt kam bei einer Untersuchung heraus, dass eine von ihnen 6400 Jahre alt ist. Die Radiokarbonmethode half bei der Altersbestimmung der Kleinkindmumie. Sie ist 1000 Jahre älter als Ötzi – das ist eine kleine Sensation!

1

2 Radioaktiver Abfall wird in besonderen Behältern transportiert.

Angst vor Radioaktivität in Lebensmitteln

Nach der Reaktorkatastrophe in Fukushima (Japan) ist Radioaktivität ausgetreten und gefährdet die Umwelt. Die EU hat das Importverbot von Lebensmitteln aus Japan verlängert, wenn diese den Grenzwert überschreiten.

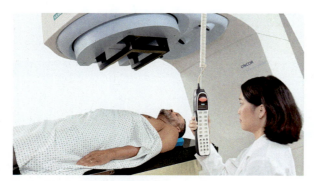

3 Strahlenbehandlung hilft gegen Krebs.

Radon gegen Asthma?

In manchen Quellen und Stollen kommt besonders viel Radon vor. Die Strahlung dieses radioaktiven Gases wird dort eingesetzt, um rheumatische Erkrankungen, Arthritis und Asthma zu lindern.

Bundesweit Lungenkrebstote wegen Radon

Fast 1900 Menschen sterben pro Jahr in Deutschland, weil sie in Gebäuden über längere Zeit das radioaktive Edelgas Radon eingeatmet haben. Zu diesem Ergebnis kommen Erlanger Umweltmediziner. Radon ist damit nach dem Zigarettenrauchen die zweitwichtigste Ursache für Lungenkrebserkrankungen.

4 Stollen in Bad Kreuznach

Aufgaben

1 Die Bilder und Texte auf der linken Seite zeigen einige Beispiele, wie Radioaktivität genutzt werden kann. Sie deuten aber auch an, welche Probleme damit verbunden sind.
a Beschreibe, was in den einzelnen Bildern und Zeitungsausschnitten dargestellt ist.
b Welche positiven und welche negativen Aspekte erkennst du?

2 Noch vor einigen Jahrzehnten wurde für radioaktive Produkte geworben: radioaktives Haarwuchsmittel, Zündkerzen (für Autos) mit radioaktivem Polonium ... Heute wird vor Polonium eher gewarnt: Was findest du im Internet unter „Polonium + Gefahr"?

3 Vielleicht kennst du das gelbe Warnschild für Radioaktivität. ▶5 Die internationale Atomenergiebehörde hat ein neues, rotes Warnzeichen entworfen. Was drückt es aus?

4 Schreibe einige Fragen zur Radioaktivität auf, die dich interessieren.

↻ 289-1

5 Warnschilder „Radioaktivität"

Aus der Geschichte — Forscher auf der Jagd nach geheimnisvollen Strahlen

Ende des 19. Jahrhunderts experimentierte *Wilhelm Conrad Röntgen* mit Elektronen. Er schoss sie in einer luftleeren Röhre aus Glas auf ein Metallstück. Im Jahr 1895 entdeckte Röntgen, dass das Metall nach dem Beschuss eine unsichtbare Strahlung aussendete. Sie konnte Pappe durchdringen, „durchleuchtete" Hände bis auf die Knochen und schwärzte Fotoplatten. ▶6 (Fotoplatten setzte man früher in Kameras ein. Auf einer Glasplatte befand sich eine lichtempfindliche Schicht.)

Der französische Forscher *Henri Becquerel* (sprich: Bekerell) untersuchte 1896 uranhaltiges Gestein. Wenn er es in die Sonne legte, leuchtete es hinterher im Dunkeln. Er wollte wissen, ob diese Strahlung auch Röntgenstrahlung enthielt. Dazu wickelte er eine Fotoplatte lichtdicht in schwarze Pappe. Dann legte er einen leuchtenden uranhaltigen Stein darauf. Tatsächlich wurde die Fotoplatte durch die Pappe hindurch geschwärzt.

Am 26. Februar 1896 wollte Becquerel sein Experiment wiederholen. An diesem Tag war es aber bewölkt, sodass er alles wieder in eine Schublade packte. Erst am 1. März schien die Sonne hell genug für den Versuch. Becquerel holte die Fotoplatte und den uranhaltigen Stein heraus. Eigentlich sollte die Platte nicht geschwärzt sein. Doch welche Überraschung! Auf der Fotoplatte war der Umriss des Steins sehr gut zu erkennen. ▶7 Er musste also von selbst Strahlung abgegeben haben. Ohne sein genaues und sorgfältiges Arbeiten hätte Becquerel diese Entdeckung nie gemacht. Die Forscherin *Marie Curie* suchte bald darauf zusammen mit ihrem Mann *Pierre Curie* nach weiteren Stoffen, die von selbst strahlten. 1898 entdeckten sie zwei bisher unbekannte strahlende Stoffe. Sie nannten sie Polonium und Radium. Marie Curie führte den Begriff „Radioaktivität" ein. Der Name kommt vom lateinischen Wort *radius*: der Strahl.

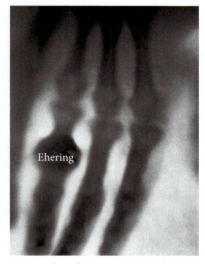

6 Fingerknochen von Frau Röntgen

7 Umriss des uranhaltigen Steins auf Becquerels Fotoplatte

Aufgabe

5 Wer hat die *Radioaktivität* entdeckt? Was bedeutet die Bezeichnung?

Radioaktivität nachweisen

▷ Radioaktive Stoffe können sich auf Fotos verraten. Sie lassen sich aber auch anders nachweisen.

1 Sandstein: einmal im Hellen fotografiert, einmal im Dunkeln (ohne Blitz)

2 Der Dünger ist radioaktiv!

Untersuchen

1 Leuchtplatte ▶3 Für diese Beobachtung braucht ihr völlige Dunkelheit. Schaut nach 5 min Eingewöhnungszeit durch die Lupe auf die Leuchtplatte. Der Strahler ist radioaktiv. Er sendet Strahlung zur Platte hin aus. Ihr werdet staunen, wie viele kleine Lichtblitze ihr erkennt!

2 Elektroskop ▶4 Ein Plattenkondensator wird mit einem geriebenen Kunststoffstab aufgeladen. Das Elektroskop zeigt die elektrische Ladung auf den Platten an, sein Zeiger schlägt aus.
a Lasst feuchte Luft zwischen den Platten vorbeiströmen. Beschreibt und erklärt, was ihr beobachtet. *Tipp:* Feuchte Luft ist ein elektrischer Leiter.
b Der trockene Plattenkondensator wird wieder geladen. Nun hält der Lehrer einen Strahler (Radium) in seine Nähe. Beobachtet und vergleicht mit Teil a.

3 Funken ▶5 Der Lehrer stellt die Hochspannung so ein, dass gerade kein Funken überspringt. Dann wird ein radioaktiver Stoff herangeführt. Beschreibt und erklärt, was ihr beobachtet.

4 Geigerzähler Mit diesem Gerät lässt sich die Strahlung radioaktiver Stoffe nachweisen und messen. Je größer die angezeigte Zahl der „Impulse" pro Minute ist, desto stärker ist die Strahlung.
a Stellt den Geigerzähler fern von allen radioaktiven Stoffen auf. Lasst das Gerät 5 min zählen. Was fällt euch auf? Versucht eine Erklärung.
b Haltet nun den Geigerzähler dicht über ein Kaliumsalz (z.B. Kaliumchlorid). Lasst das Gerät wieder 5 min zählen.
c Wiederholt Teil b mit Kochsalz (Natriumchlorid). Vergleicht und erklärt die Beobachtungen.

5 Nebelkammer Vereinfacht gesagt ist die Nebelkammer ein Gefäß mit sehr feuchter, aber klarer Luft. Wenn die Strahlung eines radioaktiven Stoffs eindringt, bilden sich feine Nebelstreifen. Die Strahlung lässt den Wasserdampf in der feuchten Luft kondensieren. Die kleinen Tröpfchen nehmen wir als Nebelstreifen war. Vielleicht kann euer Lehrer eine Nebelkammer vorführen …

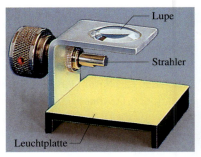

3

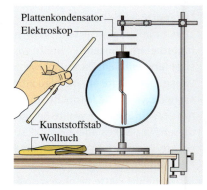

4

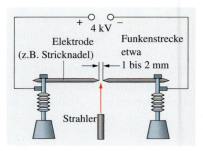

5

Grundlagen — Ionisierende Strahlung

Radioaktive Stoffe senden Strahlung aus, die Elektronen aus Atomen herausschlägt. ▶6 Die Atome haben dann weniger Elektronen als Protonen. Sie sind also insgesamt positiv geladen. Man bezeichnet sie als positiv geladene *Ionen*.

> Die Strahlung radioaktiver Stoffe ionisiert Atome. Dabei geben die Atome Elektronen ab.
> Radioaktive Stoffe geben mal etwas mehr, mal etwas weniger ionisierende Strahlung ab. Das geschieht rein zufällig.

Daher misst ein Geigerzähler mal etwas mehr ionisierende Strahlung und mal etwas weniger. Auch die ultraviolette Strahlung und die Röntgenstrahlung ionisieren Atome.
Wichtige Auswirkungen ionisierender Strahlung sind:
– Atome in unseren Zellen werden verändert. Dadurch können Dauerschäden entstehen.
– Gase werden durch die Ionen und Elektronen zu elektrischen Leitern.
– Die Ionisierung kann chemische Reaktionen auslösen. *Beispiel:* Ein fotografischer Film wird durch ionisierende Strahlung geschwärzt.

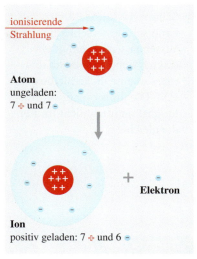

6 *Vom Atom zum Ion durch Strahlung*

„Nulleffekt" Einer schwachen ionisierenden Strahlung bist du immer ausgesetzt – ob du spazieren gehst oder daheim bist. Seit Entstehung der Erde gibt es natürliche ionisierende Strahlung. Sie ist nicht vom Menschen verursacht. Sie kommt aus dem Weltall und von radioaktiven Stoffen (z. B. in Gestein und Nahrung) deiner Umgebung. Messgeräte zeigen sie als „Nulleffekt" an.

Aus der Technik — Messen mit dem Geigerzähler

Zwischen Zähldraht und Gehäuse des Messgeräts liegt eine hohe elektrische Spannung. ▶7 Von alleine fließt aber kein Strom, weil das Gas nicht leitet. Das ändert sich, wenn ionisierende Strahlung durch das Fenster eindringt. Sie erzeugt Ionen und freie Elektronen im Gas. Das Gas wird für einen Moment leitfähig. Dies zeigt der Zähler als „Impuls" an. Je intensiver die Strahlung ist, desto mehr Impulse werden pro Minute gemessen.

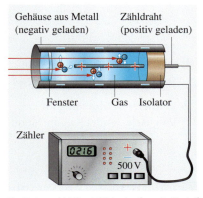

7 *Geiger-Müller-Zählrohr (vereinfacht)*

Aufgaben

1 Tina misst in ihrer Klasse mit dem Geigerzähler. Es ist kein radioaktiver Stoff im Raum. In der ersten Minute misst sie 21 Impulse, in der zweiten 25 und in der dritten 23. Erkläre den Unterschied.

2 Andrej stellt sich einen radioaktiven Stoff wie eine seltsame Glühlampe vor: Sie geht ganz zufällig mal an und wieder aus und benötigt keine Energie von außen. Was hältst du von dieser Vorstellung? Begründe deine Meinung.

3* Beschreibe kurz, wie ein Geigerzähler funktioniert.

Strahlungsarten

▷ Schutz vor Radioaktivität kann sehr unterschiedlich aussehen – mal genügt ein dünner Schutzanzug, mal muss es eine dicke Bleibox sein. Die ionisierende Strahlung ist nämlich nicht immer die gleiche!

Untersuchen

1 Wie weit kommt ionisierende Strahlung? Ein „Strahler" wird in eine Nebelkammer gehalten. ▶3–4 Die Nebelstreifen zeigen den Weg der Strahlung an. (Ähnliche „Spuren" kennst du von Düsenflugzeugen am Himmel.)
a Schätze ab, wie weit die Strahlung in Luft kommt. ▶3
b Welchen Einfluss hat der Streifen Papier auf die Strahlung? ▶4

2 Ionisierende Strahlung im Vergleich Sendet Kaliumchlorid die gleiche Strahlung aus wie der „Strahler" im Versuch 1? ▶3–4
a Untersucht etwa 10 g Kaliumchlorid mit dem Geigerzähler. Der Abstand zum Zählrohr soll etwa 1 cm betragen. Messt die Impulse in 2 min.
b Haltet ein Blatt Papier vor das Fenster des Zählrohrs. Wird die Strahlung aufgehalten?

3–4 *Ionisierende Strahlung in der Nebelkammer*

Grundlagen — Drei Strahlungsarten

Die Strahlung verschiedener radioaktiver Stoffe kann unterschiedlich sein. Wir unterscheiden drei Strahlungsarten: α-, β- und γ-Strahlung.

Name	α-Strahlung	β-Strahlung	γ-Strahlung
Art der Strahlung	Strahlung aus Teilchen	Strahlung aus Teilchen	Strahlung wie Licht
Ladung	positiv	negativ	neutral
Ionisierend:	stark	weniger stark	schwach
Wird gestoppt durch:	Papier; 4–8 cm Luft	4–5 mm dickes Alublech	dicke Platten aus Blei

Stark ionisierende Strahlung erzeugt pro Zentimeter Weg durch ein Material sehr viele Ionen, schwach ionisierende Strahlung nur wenige.

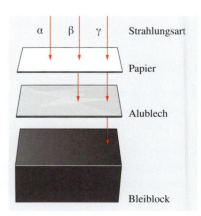

5 *Abschirmung der Strahlungsarten*

Strahlungsarten

Aus der Geschichte — Alpha, Beta, Gamma

Der neuseeländische Physiker *Ernest Rutherford* war von der gerade entdeckten Radioaktivität fasziniert. 1899 erforschte er, dass das Mineral Pechblende nicht nur eine einzige Strahlung aussendet. Nur ein Teil der Strahlung ließ sich nämlich sehr leicht von Materialien aufhalten. Rutherford nannte ihn α-Strahlung. Den anderen Teil nannte er β-Strahlung. Beide Strahlungsarten ließen sich mit einem starken Magneten ablenken. ▶6 Daher vermutete Rutherford, dass sie aus geladenen Teilchen bestehen.
Ein Jahr später wurde eine dritte Strahlungsart entdeckt. Die γ-Strahlung lässt sich nicht durch einen starken Magneten ablenken. Sie ist ungeladen.

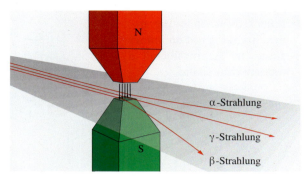

6 Ablenkung der Strahlungsarten im Magnetfeld

Aus Umwelt und Technik — Vom Radio bis zur Gammastrahlung

Strahlung ohne Teilchen ist mit dem Licht verwandt. ▶7 Wenn sie sehr energiereich ist, kann sie Atome ionisieren. Ein Beispiel dafür ist die γ-Strahlung. Auch die Röntgenstrahlung ist ionisierend. Sie durchdringt z. B. Haut und Muskeln. Ultraviolette Strahlung ist schwach ionisierend. Sie kann die Haut durch Sonnenbrand bis hin zum Hautkrebs schädigen.
Licht, Infrarotstrahlung sowie die Strahlungen von Mikrowelle, Funk und Fernsehen ionisieren nicht.

7

Aufgaben

1 Schutzanzüge und Bleibox: ▶1–2 Welche Strahlungsarten halten sie jeweils ab? Was verhindern die Gasmasken?

2 Ein Versuch soll zeigen, welche Strahlungsart von einer Radiumprobe ausgesendet wird. ▶8
a Beschreibe, wie der Versuch funktionieren soll.
b In einem Zusatzversuch wird ein Blatt Papier vor die Radiumprobe gehalten. Der Geigerzähler zeigt immer noch ionisierende Strahlung an. Erkläre.

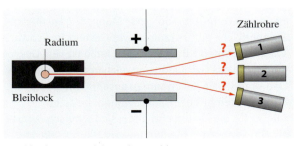

8 Ablenkung im elektrischen Feld

Ionisierende Strahlung – überall!

▷ Einer schwachen ionisierenden Strahlung bist du immer ausgesetzt. Sie tritt überall in unserer Umwelt auf.

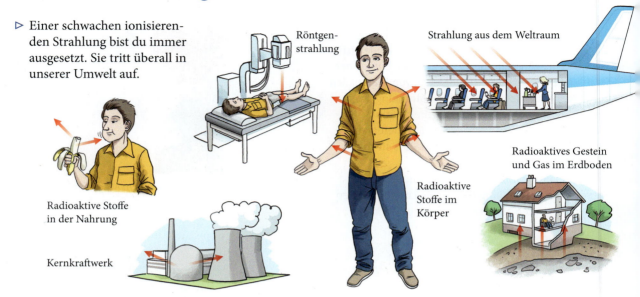

1 Ionisierende Strahlung in unserer Umwelt

Untersuchen

1 Radioaktive Lebensmittel? Kakaopulver, weiße Bohnen und Pflaumen enthalten viel Kalium.
a Stellt einen Geigerzähler direkt vor den Lebensmitteln auf. Messt die Impulse in 5 min.
b Messt nun die Impulse in 5 min ohne Probe (Nulleffekt). Vergleicht mit Teil a.

2 Radioaktiver Staub Nehmt zwei dünne Lagen eines Papiertaschentuchs. Befestigt sie mit einem Gummi vor dem Ansaugrohr eines Staubsaugers. Saugt dann 10 min lang.
a Haltet den Geigerzähler direkt an das Taschentuch. Messt die Impulse in 5 min.
b Euer Lehrer verbrennt das Papier vorsichtig. Dann misst er an der Asche 5 min lang die Impulse.
c* Erklärt den Unterschied der Messwerte. *Tipp:* Ist der radioaktive Staub ein α- oder ein β-Strahler?

Aus Natur und Umwelt — Wir leben mit ionisierender Strahlung

Natürliche Strahlung aus der Umgebung Ionisierende Strahlung erreicht uns aus dem Weltall. Sie ist in großer Höhe stärker als auf Meereshöhe.
Unser Planet enthält radioaktive Stoffe. Im heißen Erdinnern vermutet man große Mengen Uran. An der Erdoberfläche gibt es radioaktives Gestein. Im Schwarzwald findet man z. B. Uranerz. Aus radioaktivem Gestein kann das Gas Radon entweichen. Es ist radioaktiv und kann sich in Kellerräumen ansammeln. Dadurch wird die Atemluft der Hausbewohner belastet.
Alle Stoffe, die Kalium enthalten, sind schwach radioaktiv. Das können die Mauern unserer Häuser sein oder manche Lebensmittel (Paranüsse, Bananen ...).

Radioaktive Stoffe im Körper Auch in deinem Körper sind radioaktive Stoffe, z. B. Kalium. Sie gelangen mit der Luft und der Nahrung in den Körper. Dort wirken sie aus größter Nähe auf deine Körperzellen.
Bei starken Rauchern lässt sich in der Lunge radioaktives Polonium nachweisen.

Strahlung in der Medizin Wir nutzen ionisierende Strahlung, um Krankheiten zu erkennen und zu behandeln. Beispiele dafür sind die Röntgenuntersuchung bei Knochenbrüchen und das Bestrahlen von Krebsgeschwüren.

Ionisierende Strahlung – überall!

Grundlagen — Wie groß ist unsere Strahlenbelastung?

Ionisierende Strahlung kann Lebewesen schädigen. Die Belastung hängt von verschiedenen Dingen ab:
- Energie, die das Lebewesen aufnimmt
- Masse des Lebewesens
- Strahlungsart

Die *Äquivalentdosis* ist ein Maß für die Belastung durch ionisierende Strahlung. Die Strahlungsarten sind unterschiedlich belastend:
- β-, γ- und Röntgenstrahlung

$$\text{Äquivalentdosis} = \frac{\text{aufgenommene Energie}}{\text{Masse}}$$

- α-Strahlung

$$\text{Äquivalentdosis} = \frac{\text{aufgenommene Energie}}{\text{Masse}} \cdot 20$$

Die Einheit der Äquivalentdosis ist 1 Sievert (1 Sv):

$$1\,\text{Sv} = \frac{1\,\text{J}}{1\,\text{kg}}; \quad 1\,\text{Sv} = 1000\,\text{mSv}.$$

In Deutschland liegt die Strahlenbelastung im Durchschnitt bei 4 mSv pro Jahr. Davon stammt etwa die Hälfte von natürlicher Strahlung und der Rest vorwiegend aus der Medizin. ▶2

Deine Belastung hängt davon ab, wo und wie du lebst und wie du dich ernährst. Sie kann weit über oder unter 4 mSv pro Jahr liegen! ▶3

Für die „zusätzliche" Strahlenbelastung gelten in Deutschland Grenzwerte. „Normale" Leute sollen im Jahr nicht mehr als 1 mSv erhalten. Personen, die beruflich mit ionisierender Strahlung zu tun haben, sollen nicht mehr als 20 mSv erhalten.

Beispiele für zusätzliche Strahlenbelastung	
Grund	Strahlenbelastung
Röntgen der Lunge	0,04 mSv
Flug nach Australien	0,4 mSv
1 Jahr täglich 30 Zigaretten	1–10 mSv
Computertomografie	2–10 mSv

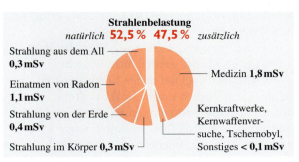

2 *Strahlenbelastung von Menschen in Deutschland*

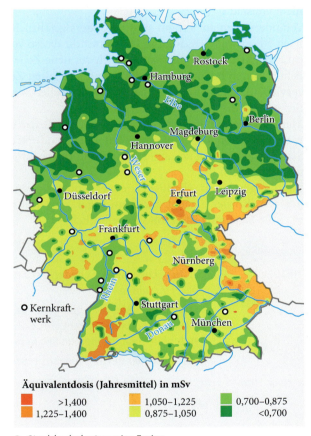

3 *Strahlenbelastung im Freien*

Aufgaben

1 Beim Urlaubsflug erhöht sich deine Strahlenbelastung. Erkläre diesen Anstieg.

2 In einem ungelüfteten Kellerraum misst ein Geigerzähler hohe Werte. Woran kann das liegen?

3 Finde heraus, wo der Untergrund in Deutschland viel Uran oder andere radioaktive Stoffe enthält. ▶3

4 Wenn ein Kind genauso viel Energie durch Strahlung aufnimmt wie ein Erwachsener, ist die Äquivalentdosis des Kindes größer. Erkläre den Unterschied.

Grundlagen — Wirkung ionisierender Strahlung auf den Menschen

Ionisierende Strahlung aus der Umgebung dringt unterschiedlich weit in den Körper ein:
- α- und β-Strahlung bleiben schon in der Haut stecken. Empfindliche Organe im Körper werden nicht erreicht.
- γ-Strahlung dringt tief in den Körper ein und kann Organe schädigen.

Besonders gefährlich sind radioaktive Stoffe, wenn wir sie mit der Atemluft oder Nahrung aufnehmen. ▶1 Die α- und β-Strahlung bleiben dann im Körper „stecken". Ihre gesamte Energie ionisiert Atome in den Körperzellen. Die Äquivalentdosis ist sehr hoch. Die aufgenommenen radioaktiven Stoffe strahlen oft für lange Zeit.

Kleine Schäden kann unser Körper reparieren. Bei größeren gelingt das nicht vollständig.

Veränderungen am Erbgut sind besonders gefährlich. Sie können noch nach Jahren zu Krebs führen. Du kannst dir das so vorstellen:
Im Erbgut steht die Information, nach der neue Zellen „gebaut" werden. Fehler führen bei jeder Zellteilung zu fehlerhaften Zellen. Der Schaden vervielfältigt sich also. Je schneller sich die Zellen vermehren, desto größer werden die Schäden im Körper.

Manche Organe bilden ständig neue Zellen (z. B. das Knochenmark). Sie reagieren besonders empfindlich auf ionisierende Strahlung.

Schäden am Erbgut können sich auch auf die nachfolgenden Generationen übertragen.

Strahlung ist umso schädlicher, je mehr Ionen sie pro Millimeter Weg in unserem Körper erzeugt. Sie kann sogar zum Tod führen. ▶2 Energiereiche α-Strahlung ist besonders gefährlich. ▶3

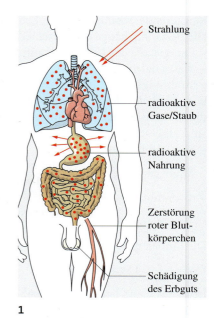

1

Äquivalentdosis	Folgen
0,25 Sv	Erste nachweisbare Schäden bei einmaliger Ganzkörperbestrahlung
1 Sv	Strahlenkrankheit (vorübergehend): Die Zahl der roten Blutkörperchen geht zurück. Erbrechen, Durchfall, Hautschäden und Haarausfall treten auf.
4 Sv	Die Hälfte der Bestrahlten stirbt rasch.

2 Hohe Strahlenbelastung (in kurzer Zeit) und ihre Folgen

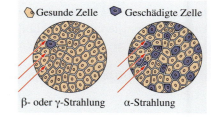

3 Die α-Strahlung ionisiert besonders viele Atome.

Aufgaben

1 Lies die Grundlagen zur Wirkung ionisierender Strahlung gründlich durch.
a Notiere Fachbegriffe und Fremdwörter. Versuche sie kurz zu erklären.
b Finde Überschriften zu den einzelnen Abschnitten.

2 Kinder wachsen, ihre Zellen vermehren sich. Sie sind daher gegenüber Radioaktivität empfindlicher als Erwachsene. Erkläre den Unterschied.

3 Was versteht man unter *Strahlenkrankheit*?

4 „α- und β- Strahlung bleiben schon in der Haut stecken, sie sind also eher ungefährlich!" Nimm Stellung zu dieser Behauptung.

Ionisierende Strahlung – überall!

Grundlagen: Die fünf „A" des Strahlenschutzes

Die *Strahlenschutzverordnung* enthält Vorschriften, welchen Strahlenbelastungen die Menschen in Deutschland ausgesetzt sein dürfen. In der Praxis gelten fünf Regeln für den Strahlenschutz:

- *Abstand halten* Die Reichweite von α- und β-Strahlung in der Luft ist nur gering. Deshalb sollte man den Abstand zur Strahlungsquelle so groß wie möglich machen. Beim Röntgen verlässt der Arzt oder Assistent vor der Aufnahme den Raum.
- *Abschirmung optimieren* Die Abschirmung ist für α- und β-Strahlung kein Problem. Es genügt bereits ein Blatt Papier (α-Strahlung) oder eine 3 mm dicke Aluminiumplatte (β-Strahlung). Arbeiter werden durch Schutzanzüge geschützt. Gegen γ-Strahlung hilft nur ein dicker Bleimantel für die Strahlungsquelle.
- *Aufenthaltsdauer kurz halten* Die Bestrahlung sollte sollte so kurz wie möglich dauern.
- *Aktivität verringern* In der Medizin benutzt man „kurzlebige" Isotope mit rasch abklingender Aktivität. Empfindliche Messverfahren kommen mit sehr geringer Strahlung aus.
- *Aufnahme in den Körper vermeiden* Nach Versuchen mit radioaktiven Strahlern sofort Hände waschen. Während der Versuche auf keinen Fall essen oder trinken.

Geräte müssen einen Warnhinweis tragen, wenn bei ihnen ionisierende Strahlung auftritt.

Aus Umwelt und Technik: Ionisierende Strahlung im Dienst der Technik

Elektrische Energie im All erzeugen Im Jahr 2006 startete die Sonde *New Horizons* zum Zwergplaneten Pluto. Sie braucht 20 Jahre lang elektrische Energie. Ihre Batterien enthalten insgesamt 11 kg Plutonium. Das Plutonium heizt sich durch die Energie seiner eigenen α-Strahlung so stark auf, dass es glüht! ▶4 Die Batterien wandeln die thermische Energie in elektrische um.

Werkstoffe prüfen Die Tragfläche eines Flugzeugs wird mit Röntgenstrahlung durchleuchtet. ▶5 Winzige Risse oder Löcher sind auf dem Foto zu sehen.

Lebensmittel konservieren Nach der Ernte werden Reis, Gemüse oder Gewürze meist nicht sofort gegessen. Bei warmem, feuchtem Klima verderben die Lebensmittel. Insekten und Bakterien befallen sie. Durch γ-Strahlung können die Schädlinge abgetötet werden.

Pflanzen züchten Kartoffeln und Äpfel waren vor 100 Jahren kleiner als heute. Durch jahrzehntelange Züchtungen wurden sie größer und robuster gegenüber Krankheiten. Dazu wählte man immer wieder die „besseren" Pflanzen aus und vermehrte sie. Heute kann man das Erbgut von Pflanzen durch Bestrahlung viel schneller verändern und so neue Sorten züchten.

Aufgaben

5 Mit ionisierender Strahlung sind neue Züchtungen in kurzer Zeit möglich. Beschreibe das Prinzip.

6 Die Bestrahlung von Lebensmitteln ist umstritten. Beschreibe Vor- und Nachteile. Informiere dich auch im Internet. Welche Vorschriften gibt es bei uns? Bilde dir eine eigene Meinung und begründe sie.

4 *Glühende Plutoniumkapsel*

5 *Die Tragfläche wird mit Röntgenstrahlung untersucht.*

Aus Umwelt und Technik — Ionisierende Strahlung im Dienst der Gesundheit

Krankheiten erkennen Bei einer *Röntgenuntersuchung* durchleuchtet Strahlung den Körper. ▶1 Auf einer Fotoplatte (oder einem Röntgenfilm) werden die Knochen sichtbar. Röntgenbilder sind sehr nützlich. Sie tragen aber auch viel zur Strahlenbelastung des Menschen bei.

Bei der *Computertomografie (CT)* werden viele Röntgenbilder aus verschiedenen Richtungen gemacht. Der Patient liegt dazu in einer großen Röhre. ▶2

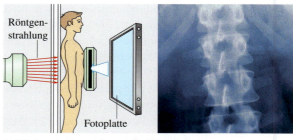

1 *Röntgenuntersuchung der Wirbelsäule*

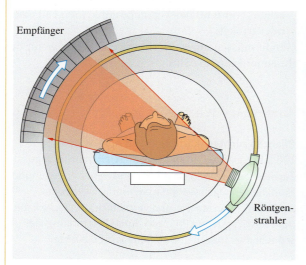

2 *Prinzip der Computertomografie*

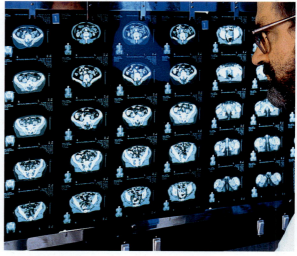

3 *Schnittbilder*

Um den Patienten herum drehen sich ein Röntgenstrahler und viele Empfänger für die durchgelassene Strahlung. Aus den Messwerten der Empfänger berechnet ein Computer Schnittbilder. ▶3 Das Körperinnere wird „Scheibchen für Scheibchen" sichtbar. Der Computer erzeugt daraus dreidimensionale Bilder. ▶4 CT-Untersuchungen sind sehr strahlenbelastend, weil sie aus vielen Röntgenuntersuchungen bestehen.

Radioaktive Stoffe können dabei helfen, Krankheiten zu erkennen. Dazu wird ein schwachradioaktiver Stoff in die Blutbahn gespritzt. Er sammelt sich in bestimmten Bereichen des Körpers an. Meist sind das Stellen mit hohem Stoffwechsel. Sie senden nun eine schwache ionisierende Strahlung aus. Eine spezielle Kamera erstellt daraus ein Bild. ▶5

Ohne ionisierende Strahlung erzeugen *Ultraschalluntersuchungen* und die *Magnetresonanztomografie (MRT; Kernspintomografie)* Bilder vom Körperinnern. Der Arzt muss jeweils überlegen, welches Verfahren am besten angewendet wird.

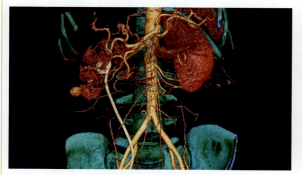

4 *Dreidimensionales CT-Bild (gefärbt) der Nieren*

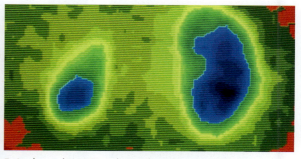

5 *In der rechten Niere hat sich mehr vom radioaktiven Stoff angesammelt. Sie arbeitet stärker.*

Ionisierende Strahlung – überall!

Krebs behandeln Bei Krebspatienten haben sich Zellen im Körper verändert. Diese Zellen vermehren sich sehr schnell und überwuchern gesundes Gewebe: Ein Tumor entsteht. Ionisierende Strahlung kann die Krebszellen schädigen. Krebszellen vermehren sich sehr schnell und sind deshalb ähnlich wie Keim- und Blutzellen sehr strahlungsanfällig. Ein Tumor reagiert daher viel empfindlicher als normal wachsendes Gewebe. Die Behandlung läuft so ab: Das erkrankte Körperteil wird mit ionisierender Strahlung „beschossen". ▶6 Dabei muss die Strahlung auch durch gesundes Gewebe hindurch. Die Strahlungsquelle dreht sich, damit jeder gesunde Bereich bloß für kurze Zeit belastet wird. Nur der Tumor wird ständig getroffen. Beim Bestrahlen wird der Patient selbst nicht radioaktiv. Er nimmt ja keine radioaktiven Stoffe in sich auf. Noch wirksamer ist die Behandlung, wenn sich ein radioaktiver Stoff mitten im Tumor befindet. Bei einigen Tumoren der Schilddrüse ist das möglich, weil sich Iod in ihren Zellen ansammelt. Der Patient nimmt meist eine Kapsel ein, die radioaktives Iod enthält. Im Magen löst sich die Kapsel auf. Das Iod gelangt dann über die Blutbahn in den Tumor. Dort dringt die β-Strahlung bis zu 0,5 mm tief in das Gewebe ein. Während der Behandlung ist der Patient für einige Tage radioaktiv und darf dann das Zimmer nicht verlassen.

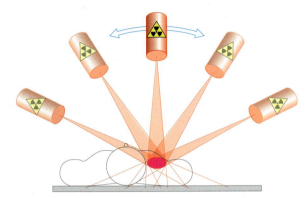

6 *Bestrahlen eines Tumors*

Aufgaben

1. Viele Berufe in der Medizin haben mit ionisierender Strahlung zu tun. Nenne einige.

2. Informiere dich über Röntgenuntersuchungen.
   a. Welche gesundheitlichen Probleme werden mit Röntgenstrahlung untersucht?
   b. Beschreibe, wie ein Röntgenbild entsteht.
   c. Diskutiere Nutzen und Gefahren von Röntgenuntersuchungen.
   d. Was kann der Patient tun, um seine eigene Strahlenbelastung zu verringern?
   e. Welche weiteren Methoden gibt es, Bilder des Körperinnern ohne ionisierende Strahlung zu erzeugen?

3. „Röntgen ist ungesund. Ich lasse lieber eine Computertomografie machen." Beurteile diese Aussage.

4. Für die Computertomografie gibt es einen einfachen Modellversuch. ▶7 Ein einziges Schattenbild verrät nicht viel über die Form des Körpers: Die Schatten der verschiedenen Bälle sehen erst einmal gleich aus. Wenn man aber Lampe und Papier dreht, bleibt nur der Schatten des rechten Balls ein Kreis …
   a. Was entspricht im Modell der Röntgenröhre, dem Patienten und den Empfängern?
   b. Was fehlt in diesem Modell?
   c. Ihr könnt mit einer Taschenlampe und einem großen Blatt Papier selbst solche Schattenbilder erzeugen. Versucht anhand der Bilder herauszufinden, von welchen Gegenständen sie stammen.

5. Bei der Strahlenbehandlung von Krebs lässt man die ionisierende Strahlung nicht nur aus einer Richtung auftreffen. ▶6 Das hat einen guten Grund …

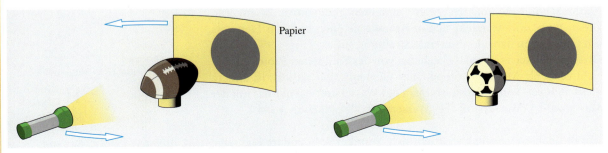

7 *Computertomografie im Modell*

Wie entsteht die Strahlung radioaktiver Stoffe?

▷ Im Stollen des alten Uranbergwerks zeigt das Messgerät eine ionisierende Strahlung an. Sie stammt vom Uran und vom Edelgas Radon.

▷ Das radioaktive Radon hat sich aus Uran gebildet. Aber wie ist das möglich? Uran und Radon sind doch zwei verschiedene chemische Elemente!

1 *Vorführung im Uranbergwerk*

Grundlagen — Strahlung aus dem Atomkern

Atomaufbau und chemische Elemente Im Teilchenmodell stellen wir uns Atome ähnlich wie kleine Billardkugeln vor. Der Physiker *Ernest Rutherford* wollte es genauer wissen. Vor rund 100 Jahren untersuchte er den Aufbau von Atomen. In seinen Experimenten verhielten sich die Atome ganz anders als Kugeln. Ein neues Atommodell entstand: ▶2
- Außen hat das Atom eine Hülle und innen einen harten Kern. Der Kern ist 10 000-mal kleiner als das winzige Atom!
- Der größte Teil eines Atoms ist praktisch leer.
- Die Atomhülle wird durch eine Wolke aus Elektronen gebildet. Sie ist negativ geladen und wiegt im Vergleich zum Atomkern nahezu nichts.
- Im Atomkern sitzt fast die gesamte Masse des Atoms. Er enthält positive Protonen. Später wurden auch die neutralen Neutronen entdeckt. Beide Teilchen sind gleich schwer.
- In der Atomhülle sind genauso viele Elektronen wie Protonen im Atomkern. Das Atom ist insgesamt elektrisch neutral.

> Die Atome eines chemischen Elements haben stets die gleiche Zahl an Protonen (Ordnungszahl). Ihre chemischen Eigenschaften sind gleich. Sie können sich aber in der Zahl ihrer Neutronen unterscheiden (Isotope). ▶3

Radioaktivität Radioaktive Stoffe enthalten radioaktive Atomkerne. Diese Atomkerne wandeln sich in Atomkerne eines anderen Elements um und senden dabei ionisierende Strahlung aus.
Ob ein Atomkern radioaktiv ist, hängt von der Zahl seiner Protonen und Neutronen ab. Manche Isotope eines Elements sind radioaktiv, andere nicht. *Beispiel:* Von den drei Isotopen des Wasserstoffs ist nur das mit der Massenzahl 3 (Wasserstoff $^{3}_{1}$H, „Wasserstoff-3") radioaktiv. ▶3–4

> In radioaktiven Stoffen wandeln sich Atomkerne in andere Elemente um. Dabei wird ionisierende Strahlung abgegeben.

↻ 300-1 Animation
Der Rutherford-Versuch

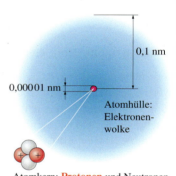

2 *Atom im Kern-Hülle-Modell*

3 *Isotope des Wasserstoffs*

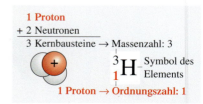

4 *Atomkern eines Isotops von Wasserstoff in Kurzschreibweise*

Wie entsteht die Strahlung radioaktiver Stoffe? — Radioaktivität

Erweiterung — Umwandlung radioaktiver Atomkerne

Radium wurde als eines der ersten radioaktiven Elemente entdeckt. Seine Atomkerne können sich ohne äußeres Zutun in Radonkerne umwandeln. Dabei wird ein Heliumkern weggeschleudert. Diese Art der Teilchenstrahlung wird als α-Strahlung bezeichnet. ▶5

	α-Strahlung	β-Strahlung	γ-Strahlung
Art der Strahlung	Heliumkerne	Elektronen	wie Licht
Umwandlung des Atomkerns	Der Atomkern verliert 2 Protonen und 2 Neutronen. Die Ordnungszahl nimmt also um 2 ab, die Massenzahl sogar um 4.	Der Atomkern (nicht die Atomhülle!) gibt Elektronen ab. Ein Neutron wandelt sich in ein Proton und ein Elektron um. Die Ordnungszahl nimmt also um 1 zu, die Massenzahl bleibt gleich.	Oft gibt der neue Atomkern Energie als Strahlung ab (ähnlich wie ein Lichtblitz). Der Aufbau des Atomkerns ändert sich dabei nicht.
	$^{226}_{88}\text{Ra} \longrightarrow {}^{222}_{86}\text{Rn} + {}^{4}_{2}\text{He}$	$^{3}_{1}\text{H} \longrightarrow {}^{3}_{2}\text{He} + \beta$	$^{222}_{86}\text{Rn} \longrightarrow {}^{222}_{86}\text{Rn} + \gamma$

5

Grundlagen — Das Becquerel – ein Maß für Radioaktivität

Ionisierende Strahlung entsteht bei der Umwandlung von Atomkernen. Je mehr Atomkerne sich in einer bestimmten Zeit umwandeln, desto größer ist die Radioaktivität oder kurz die *Aktivität* eines Stoffs. ▶6

$$\text{Aktivität} = \frac{\text{Anzahl der Kernumwandlungen}}{\text{Zeit}}$$

Die Einheit der Aktivität ist 1 Becquerel (1 Bq):

$$1 \text{ Becquerel} = \frac{1 \text{ Kernumwandlung}}{1 \text{ Sekunde}}.$$

$\frac{5 \text{ Umwandlungen}}{5 \text{ s}} = 1$ Becquerel (1 Bq)

6

Aufgaben

1 Wenn ein Atom so groß wäre wie ein Fußballfeld (100 m), wäre sein Kern so groß wie …

2 Es gibt verschieden schwere Kaliumatome. Nenne den Fachausdruck dafür.

3 Aus wie vielen Protonen, Neutronen und Elektronen besteht Kalium $^{40}_{19}\text{K}$?

4 In 1 g natürlichem Uran wandeln sich ständig Atomkerne um. Berechne, wie viele es in 1 min sind. ▶7

5 Menschen sind radioaktiv. ▶7 Überlege dir eine Erklärung dafür.

6* Mit einem Geigerzähler werden 10 g Kaliumchlorid untersucht.
a Berechne, wie viele Kerne sich pro Minute umwandeln. ▶7
b Es werden viel weniger Impulse pro Minute gemessen als Kernumwandlungen stattfinden. Erkläre den Unterschied.

Strahlungsquelle	Aktivität
1 g Radium	$37 \cdot 10^9$ Bq
1 g natürliches Uran	$12 \cdot 10^3$ Bq
Erwachsener (70 kg)	ca. $9 \cdot 10^3$ Bq
Radiumstrahler für Unterrichtszwecke	z. B. $3{,}7 \cdot 10^3$ Bq
1 g Kaliumchlorid	16 Bq
1 g natürlicher Kohlenstoff	0,2 Bq

7

Die Halbwertszeit

▷ Radioaktive Abfälle aus Kernkraftwerken können die Umwelt belasten. Sie lassen sich nicht durch Verbrennen oder andere Verfahren beseitigen.

▷ Andererseits verschwinden radioaktive Stoffe doch von selbst. Sie wandeln sich ja in andere Stoffe um. Löst sich das Problem also rasch von alleine?

1

Untersuchen

1 Auswerten Zwei radioaktive Stoffe sind mit dem Geigerzähler untersucht worden. ▶2

a Stellt die Messwerte in einem Diagramm dar (nach rechts: Zeit in min; nach oben: Impulse in 15 s). Zeichnet und beschreibt die Messkurven.

b Lest im Diagramm ab: Nach welcher Zeit ist die Radioaktivität von Barium $^{137}_{56}$Ba auf die Hälfte, ein Viertel, ein Achtel gefallen? Was fällt euch auf?

2 Modellversuche zur Halbwertszeit

a Auch der Schaum auf einem Bier wandelt sich um – zum Glück nicht radioaktiv. Die Schaumhöhe nimmt mit der Zeit so ähnlich ab wie die Radioaktivität bei Barium $^{137}_{56}$Ba. ▶2 Überprüft es selbst: ▶3
– Gießt in einen schmalen Standzylinder (100 ml) zügig alkoholfreies Bier. Der Schaum soll genau bis zum Rand stehen.
– Jetzt wird die Zeitmessung gestartet. Messt die Schaumhöhe und notiert den Wert.
– Messt die Zeit, bis der Bierschaum nur noch halb so hoch ist wie am Anfang (Stoppuhr weiterlaufen lassen). Notiert die Zeit.
– Messt die Zeiten, bis der Bierschaum nur noch ein Viertel bzw. ein Achtel so hoch ist wie am Anfang. Sind die Zeiten für jede Halbierung der Schaumhöhe (Anfang → Hälfte, Hälfte → Viertel ...) etwa gleich groß?

b In einer Kiste liegen viele Spielwürfel (z. B. 100). Sie stellen die radioaktiven Atomkerne dar. Schüttelt die Kiste kräftig. Sortiert jetzt die „Einser" aus und zählt sie. Sie stehen für die umgewandelten Atomkerne. Schüttelt wieder ...
Stellt in einem Diagramm dar, wie die Zahl der nicht „umgewandelten" Würfel mit der Zeit abnimmt.

Messung nach ... Minuten	Radium $^{226}_{88}$Ra Impulse in 15 s	Barium $^{137}_{56}$Ba Impulse in 15 s
0	554	1040
1	524	755
2	550	552
3	560	441
4	541	329
5	528	270
6	529	210
7	561	149
8	560	119
9	532	103
10	551	89
11	543	78

2

3

Grundlagen: Was versteht man unter Halbwertszeit?

C 303-1 Simulation Radioaktiver Zerfall

Wenn sich Atomkerne umwandeln, bleiben von den ursprünglichen Kernen immer weniger übrig. *Beispiel:* Bei Barium $^{137}_{56}$Ba („Barium-137") ist nach 2,6 Minuten noch die Hälfte der Atomkerne vorhanden. ▶4 Weitere 2,6 Minuten ist es nur noch ein Viertel: Von der Hälfte (nach den ersten 2,6 Minuten) hat sich eine Hälfte umgewandelt. Nach 5,2 Minuten ist also noch ein Viertel der Bariumkerne vorhanden.
Radium-226 zerfällt viel langsamer. ▶5 Nach 1620 Jahren ist noch die Hälfte der Atomkerne unverändert. Nach 3240 Jahren ist es ein Viertel …

> Bei jedem radioaktiven Isotop dauert es eine ganz bestimmte Zeit, bis von den ursprünglich vorhandenen Atomen nur noch die Hälfte vorhanden ist. Diesen Zeitraum bezeichnet man als Halbwertszeit des radioaktiven Stoffs.

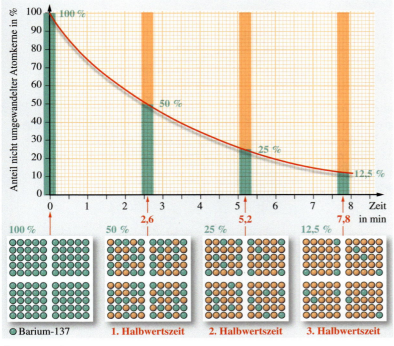

4

Stoff	Halbwertszeit
Uran-238	4 500 000 000 Jahre
Kalium-40	1 260 000 000 Jahre
Plutonium-239	24 390 Jahre
Kohlenstoff-14	5 730 Jahre
Radium-226	1620 Jahre
Caesium-137	30 Jahre
Iod-131	8 Tage
Radon-222	3,8 Tage

5

Aufgaben

1 Übertrage die folgende Tabelle in dein Heft und ergänze sie:

Zeit in Jahren	Zahl der Atome von Kohlenstoff-14
0	12 000 000
5 730	6 000 000
11 460	?
17 290	?
22 920	?

2 Radioaktives Iod-131 wird bei Erkrankungen der Schilddrüse eingesetzt. Seine Aktivität beträgt anfangs 200 000 000 Bq. Auf welchen Wert ist sie nach 24 Tagen gesunken? Berechne es.

Aus Umwelt und Technik — Sag mir, wie alt du bist!

Wann lebte der Mensch aus den Ötztaler Alpen? ▶1 Das lässt sich mit der *Radiokarbonmethode* bestimmen (lat. *carbo*: Kohle). Radioaktiver Kohlenstoff ($^{14}_{6}C$) entsteht, wenn Strahlung aus dem All auf die Lufthülle trifft. Er ist im Kohlenstoffdioxid (CO_2) der Luft enthalten, das die Pflanzen aufnehmen. Über die Nahrungskette gelangt Kohlenstoff-14 in alle Lebewesen. Man geht davon aus, dass sich das Verhältnis von $^{14}_{6}C$ zu $^{12}_{6}C$ in der Luft im Lauf der Jahrtausende kaum geändert hat. Nach dem Tod eines Lebewesens ist die Aufnahme von Kohlenstoff beendet. Ab jetzt nimmt der Anteil von Kohlenstoff-14 ab. So wandeln sich in 1 g Kohlenstoff eines frisch gefällten Baums 14 Kerne pro Minute um; nach 5730 Jahren sind es nur noch 7. Aus der gemessenen Radioaktivität des Kohlenstoffs lässt sich auf das Alter des Baums schließen.

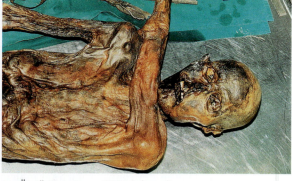

1 „Ötzi"-Mumie, ca. 5300 Jahre alt

Erweiterung — Umwandlungskette

Wenn ein Gefäß Radon-222 enthält, sollte die Aktivität nach 3,8 Tagen nur noch halb so groß sein. Die Aktivität ist aber viel höher als vermutet. Bei der Umwandlung von Radon-222 entstehen nämlich radioaktive Atomkerne anderer Elemente. Sie tragen ebenfalls zur Aktivität des Gefäßinhalts bei. ▶2

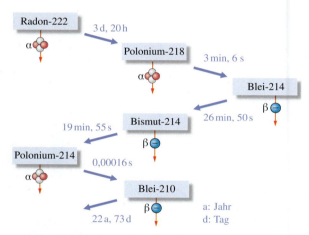

2 Radon-222: Umwandlungskette

Aufgaben

1 Radioaktive Abfälle aus Kernkraftwerken enthalten Plutonium-239.
a Nach wie vielen Jahren hat sich die Hälfte des Plutoniums umgewandelt?
b* Die Aktivität des Abfalls nimmt in dieser Zeit um weniger als die Hälfte ab. Wie ist das möglich?

2* Zur Untersuchung der Schilddrüse verabreicht man den Patienten radioaktive Isotope mit möglichst kurzer Halbwertszeit. Erkläre diese Schutzmaßnahme.

3* Die radioaktive Belastung von Rohmilch durch Strontium-90 und Caesium-137 stieg in Deutschland zwischen 1960 und 2000 zweimal deutlich an. ▶3 Wann wurden Kernwaffen oberirdisch getestet? In welchem Jahr wurde das Kernkraftwerk von Tschernobyl zerstört? Stimmen die Jahreszahlen mit denen der Spitzenwerte im Diagramm überein?

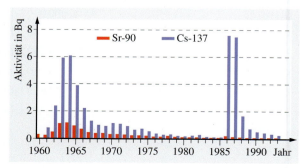

3 Aktivität von Rohmilch (1 Liter) in Deutschland

Die Halbwertszeit · Radioaktivität

Aus der Geschichte: Marie Curie – zweifache Nobelpreisträgerin

Marya Skodowska wird 1867 in Warschau geboren. Schon als Kind fällt sie durch ihre Intelligenz und ihr enormes Gedächtnis auf. Mit 16 Jahren besteht sie das Abitur mit Auszeichnung. Sie wird zunächst Erzieherin, denn sie will ihre Schwester unterstützen, die in Frankreich Medizin studiert.

Acht Jahre später folgt sie der Schwester nach Paris, um Physik und Chemie zu studieren. Ihr Hauptinteresse gilt bald der ionisierenden Strahlung. 1894 lernt sie *Pierre Curie* kennen. Er ist genauso besessen von der Wissenschaft wie sie. Ein Jahr später heiraten sie.

Sie experimentieren in einem verlassenen Hangar (Schuppen). Marie und Pierre sind auf der Suche nach einem geheimnisvollen Stoff, der viel stärker strahlt als das schon bekannte Uran. In vier Jahren gewinnen sie aus mehr als 8 t Pechblende 0,1 g (!) des neuen Stoffs. 1902 nennen sie ihn *Radium* („das Strahlende").
Aber die Curies suchen noch weiter. Und tatsächlich holen sie aus 1000 kg Pechblende eine winzige Menge eines weiteren radioaktiven Stoffs heraus. Sie nennen ihn *Polonium* – nach Marie Curies Heimatland.
1903 erhalten Marie und Pierre Curie zusammen mit *Henri Becquerel* den Nobelpreis für Physik.
1904 kommt ihre Tochter Eve zur Welt. Zwei Jahre später wird Pierre von einer Kutsche überfahren und stirbt. Die trauernde Marie arbeitet allein weiter.
1911 erhält sie für ihre Forschungen über radioaktive Stoffe ihren zweiten Nobelpreis – diesmal in Chemie.
1934 stirbt Marie Curie an Blutkrebs – wahrscheinlich eine Folge der ionisierenden Strahlung, der sie jahrelang ausgesetzt war.

4 *Marie Curie*

Das Labor – ein verlassener Schuppen
Der Hangar hält den Rekord an Unbequemlichkeit. Während des Sommers ist er infolge des Glasdaches heiß wie ein Treibhaus. Während des Winters weiß man nicht, ob man sich Frost oder Tauwetter wünschen soll: Wenn es regnet, tropft das Wasser mit sanft aufreizendem Geräusch auf den Boden oder auf gewisse Punkte der Arbeitstische, die das Ehepaar bezeichnet, um niemals einen Apparat daraufzustellen. Wenn es gefriert, friert man mit. ... Der Ofen ist unzureichend, selbst wenn man ihn bis zur Weißglut erhitzt. In nächster Nähe gibt er ein wenig Wärme, entfernt man sich aber, so kehrt man in die Polarzone zurück.

Die mühselige Arbeit
Ich habe manches Mal bis zu zwanzig Kilo Materie auf einmal behandelt, was das Ergebnis hatte, dass der Hangar mit großen Gefäßen voll Bodensatz und Flüssigkeiten angefüllt wurde. [...]
Es war eine erschöpfende Arbeit, die Behälter zu transportieren, die Flüssigkeiten umzugießen und die siedende Materie stundenlang [...] umzurühren. [...] Trotz unserer schweren Arbeitsbedingungen waren wir sehr glücklich. Unsere Tage verbrachten wir im Laboratorium. In unserem armseligen Hangar herrschte tiefe Ruhe. Manchmal, wenn wir irgendeine Prozedur überwachten, gingen wir auf und ab und sprachen von gegenwärtiger und zukünftiger Arbeit. Wenn uns kalt war, stärkten wir uns mit einer Tasse heißen Tees [...] Wir lebten wie in einem Traum, von der einen, einzigen Sache erfüllt.

Der Erfolg – strahlendes Radium
Ein harter Arbeitstag liegt hinter ihnen und es wäre am vernünftigsten, sich zur Ruhe zu legen. [...] „Mach kein Licht!", sagt Marie. [...] „Erinnerst du dich, wie du mir eines Tages gesagt hast, ich möchte, dass es eine sehr schöne Farbe habe?" Die Wirklichkeit [...] ist noch weit märchenhafter! Das Radium hat mehr und anderes als eine „schöne Farbe": eigene Leuchtkraft! In der Finsternis des Hangars schimmern die [...] kostbaren Stückchen in ihren gläsernen Behältern bläulich [...] durch die Nacht. [...] Die Blicke beider streben dem geisterhaften Schimmern, den geheimnisvollen Lichtquellen zu – dem Radium, ihrem Radium! Mit geneigtem Kopf, in gleicher Haltung wie eine Stunde zuvor am Bett ihres Kindes, sitzt Marie da. [...] Nie wird sie das Märchen dieser Nacht vergessen!

5 *Texte aus: Eve Curie, Madame Curie*

Überblick

Nachweis der Radioaktivität ▶1–3 Die Strahlung radioaktiver Stoffe kann Atome ionisieren. Neutrale Atome werden durch Ablösen von Elektronen zu positiv geladenen Ionen.

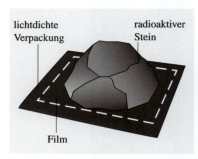

1 Die Strahlung ionisiert Atome des Films. Dadurch wird er „belichtet".

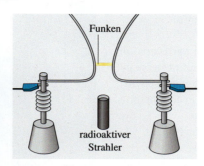

2 Die Strahlung ionisiert Sauerstoff- und Stickstoffatome. Die Luft zwischen den Elektroden wird leitend.

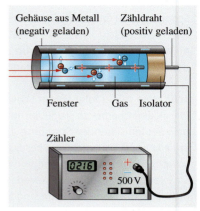

3 Beim Geigerzähler werden Gasatome im Zählrohr ionisiert. Das Gas wird leitend. Kurze Zeit fließt Strom.

Elemente und Isotope Wir stellen uns vor, dass Atome aus einem Atomkern und einer Atomhülle bestehen. Der Atomkern setzt sich aus Protonen und Neutronen zusammen, die Atomhülle aus Elektronen. Atomkerne eines Elements haben stets gleich viele Protonen (gleiche Ordnungszahl). ▶4 Sie können aber verschieden viele Neutronen haben (verschiedene Massenzahl). Dann spricht man von Isotopen eines Elements. Alle Isotope eines Elements zeigen das gleiche chemische Verhalten. Die meisten Elemente bestehen aus einem Gemisch von Isotopen.
Beispiel: Die wichtigsten Isotope des Elements Kohlenstoff sind: ▶5
- $^{12}_{6}C$ (Kohlenstoff-12): 6 Protonen und 6 Neutronen; stabil; Anteil am Kohlenstoff: 98,9 %
- $^{14}_{6}C$ (Kohlenstoff-14): 6 Protonen und 8 Neutronen; α-Strahler

4 Atomkern von Uran (Modell)

5 Isotope des Kohlenstoffs

Strahlungsarten und ihre Entstehung Die Atomkerne radioaktiver Stoffe wandeln sich um. Dabei geben sie ionisierende Strahlung ab. Wir unterscheiden drei Strahlungsarten: α-, β- und γ-Strahlung.

α-Strahlung	β-Strahlung	γ-Strahlung
Teilchenstrahlung	Teilchenstrahlung	wie Licht oder Röntgenstrahlung
Erweiterung: Ein Heliumkern aus zwei Neutronen und zwei Protonen löst sich vom Kern. Es entsteht der Kern eines anderen Elements.	*Erweiterung:* Ein Neutron wandelt sich in ein Elektron und ein Proton um. Es entsteht der Kern eines anderen Elements.	*Erweiterung:* Die γ-Strahlung entsteht als Folge von Kernumwandlungen meistens zusammen mit α- oder β-Strahlung.

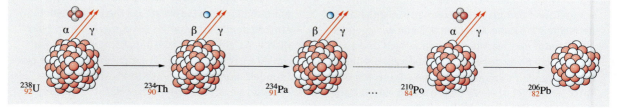

6 *Erweiterung:* Radioaktive Umwandlung von Uran in Blei

Halbwertszeit Jedes radioaktive Isotop hat eine bestimmte Halbwertszeit. Man versteht darunter den Zeitraum, nach dem jeweils die Hälfte der zunächst vorhandenen Atomkerne des Isotops umgewandelt ist. ▶7

Strahlenschutz und Strahlenbelastung Strahlung schädigt den Menschen, wenn sie Atome seiner Zellen ionisiert und die Zellen dadurch verändert werden. *Schutzmaßnahmen:*
– Unnötige Strahlung vermeiden.
– Strahlung möglichst gut abschirmen.
– Möglichst großen Abstand zu Strahlern halten.
– Radioaktive Stoffe nicht in den Körper aufnehmen. (Offene Strahler nicht berühren! Wenn es geschehen ist, Hände sorgfältig waschen!)

Jeder Mensch ist einer gewissen Strahlenbelastung ausgesetzt. Die wichtigsten Ursachen dafür sind:
– Umweltstrahlung (Strahlung aus dem All und aus Gesteinsarten, die Radium, Thorium, Uran oder Kalium enthalten)
– medizinische Strahlung (insbesondere beim Röntgen)

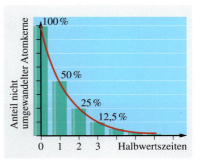

7 *Halbwertszeit*

Alles klar?

1 Nenne einige Unterschiede und Gemeinsamkeiten von Licht und ionisierender Strahlung.

2 Nenne Arten ionisierender Strahlung. Welche Unterschiede kennst du?

3 Wie kannst du feststellen, ob die Leuchtziffern einer Uhr radioaktiv strahlen? Beschreibe zwei Nachweismethoden.

4 Filmdosimeter messen die Strahlenbelastung von Personen. ▶8 Sie enthalten einen Film in einer Kunststoffhülle. Er wird regelmäßig ausgewechselt und entwickelt; dann wird seine Schwärzung gemessen.
a Wie erkennt man eine hohe (geringe) Strahlenbelastung?
b Welche Strahlungsart kann so nicht nachgewiesen werden?

5 Schwangere Frauen sollen ionisierende Strahlung besonders vermeiden. Erkläre diese Vorsichtsmaßnahme.

6 Erkläre den Begriff *Isotop* am Beispiel des Wasserstoffs. Zeichne, wie man sich die Kerne der drei Isotope vorstellen kann.

7 Wie viele Protonen und wie viele Neutronen hat das Isotop: $^{12}_{6}C$, $^{14}_{6}C$, $^{235}_{92}U$, $^{238}_{92}U$?

8 Was verstehst du unter dem *Nulleffekt*?
Der Nulleffekt ist von Ort zu Ort verschieden. Erkläre.

8 *Filmdosimeter*

9* Ionisierende Strahlung ist oft mit Elementumwandlungen verbunden. Bei welchen Strahlungsarten ist das der Fall?

10 Plutonium $^{239}_{94}Pu$ ist ein α-Strahler. Gib an, in welches Element es sich umwandelt.

11* „Wasserstoff $^{3}_{1}H$ ist ein β-Strahler. Sein herausgeschleudertes Elektron kommt nicht aus der Atomhülle. Es würde sonst kein Helium entstehen." Claudia versteht die Erklärung noch nicht. Ihre beste Freundin hilft ihr. Wie könnte eine verständlichere Erklärung lauten?

12 „Iod-131 besitzt eine Halbwertszeit von 8,1 Tagen." Erläutere diese Aussage.

13* Ionisierende Strahlung wird in der Medizin eingesetzt.
a Beschreibe verschiedene Beispiele.
b Nimm jeweils Stellung zu Vor- und Nachteilen.

Energie aus Atomkernen

Das Kernkraftwerk – ein erster Überblick

▷ Riesige Kühltürme sind nicht die einzigen Gemeinsamkeiten von Kohle- und Kernkraftwerken. Fallen dir noch weitere Ähnlichkeiten auf? Welche Unterschiede entdeckst du?

1 *Jede Tablette Uran: drei Monate elektrische Energie für eine Person*

2 *Kernkraftwerk Emsland*

3 *Ungelöstes Abfallproblem*

4 *Zwei Tonnen Braunkohle: drei Monate elektrische Energie für eine Person*

5 *Braunkohlekraftwerk Weisweiler*

6 *Ungelöstes Abgasproblem*

Das Kernkraftwerk – ein erster Überblick

Aufgaben

1 Was verraten die Kühltürme?
a Beschreibe die Aufgabe des Kühlturms beim Kohlekraftwerk.
b Was vermutest du beim Kernkraftwerk?

2 Rund ums Kernkraftwerk
a Bestimmt fallen dir einige Begriffe zum Thema Kernkraftwerk ein. Schreibe sie erst einmal auf.
b Fasse die Begriffe in verschiedenen Gruppen zusammen: Aufbau, Funktionsweise, Sicherheit ...
c Erstelle eine Mindmap zum Thema „Kraftwerk".

3 Vergleiche die Bestandteile von Kernkraftwerken ▶7 und Kohlekraftwerken. Notiere Gemeinsamkeiten und Unterschiede in einer Tabelle.

4 Zeichne die Kette der Energieumwandlungen – einmal für ein Kohlekraftwerk und einmal für ein Kernkraftwerk.

5 Das Magazin *Young Energy* möchte Jugendlichen erklären, wie Kohle- und Kernkraftwerke funktionieren. Die Abläufe vom „Input" (Kohle oder Uran) bis zum „Output" (elektrische Energie) sollen beschrieben werden.
a Versuche selbst, einen solchen Text zu schreiben. Vergleiche darin auch die beiden Abläufe.
b Vergleicht eure Texte: Was ist besonders gelungen, was fehlt?

Grundlagen: Vom Uran zur elektrischen Energie

Die meisten Kernkraftwerke in Deutschland haben einen *Druckwasserreaktor*. ▶7 Sie funktionieren so:

– Im Reaktor wird aus Uran thermische Energie gewonnen. Damit wird das Wasser im Druckbehälter auf über 330 °C erhitzt. Der hohe Druck im Behälter von etwa 150 bar verhindert, dass das Wasser verdampft (Druckwasserreaktor).

– Das heiße Wasser wird in den Wärmetauscher (Dampferzeuger) gepumpt und fließt von dort zurück in den Reaktor (1. Kreislauf). Im Wärmetauscher gibt das heiße Wasser thermische Energie an den 2. Wasserkreislauf ab; es entsteht Wasserdampf.

Der weitere Ablauf ist genauso wie beim Kohlekraftwerk.

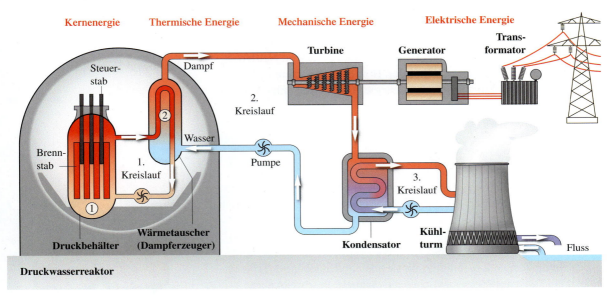

7 Funktionsweise eines Kernkraftwerks

Die Kernspaltung

▷ Der atomgetriebene Eisbrecher benötigt täglich nur 300 g Uran für seinen Antrieb. Hätte das Schiff einen Dieselmotor, würde es 350 t Treibstoff am Tag verbrauchen!

▷ Wie lässt sich so viel Energie aus nur 300 g Uran gewinnen?

1

Grundlagen — Atomkerne von Uran lassen sich spalten

Bei der radioaktiven Umwandlung von Atomkernen wird Energie freigesetzt. Diese Energie wäre aber zu gering, um etwa ein Kraftwerk zu betreiben. Im Kernkraftwerk läuft ein anderer Vorgang ab: Neutronen *spalten* Atomkerne des Uranisotops $^{235}_{92}$U. Die Spaltung geschieht so: ▶2
– Ein Atomkern wird von einem Neutron getroffen und nimmt es auf.
– Die Energie des Neutrons bewirkt, dass sich der Atomkern teilt. Als Spaltprodukte bilden sich zwei kleinere Kerne ganz anderer Elemente.
– Die positiv geladenen neuen Kerne stoßen sich gegenseitig ab. Sie bewegen sich mit großer Geschwindigkeit auseinander. Außerdem werden Neutronen freigesetzt, die ebenfalls sehr schnell sein können.

Die Kernspaltung lässt sich in kurzer Form so aufschreiben:

$^{235}_{92}$U + $^{1}_{0}$n → $^{236}_{92}$U → $^{89}_{36}$Kr + $^{144}_{56}$Ba + 3 $^{1}_{0}$n + Energie.

Statt Krypton und Barium können auch andere Elemente entstehen.

> **Im Kernkraftwerk werden Uran-235-Kerne durch eingefangene Neutronen gespalten. Dabei entstehen jeweils zwei kleinere Kerne anderer Elemente und freie Neutronen. Diese Kerne und Neutronen bewegen sich schnell auseinander. Ihre Bewegungsenergie ist sehr groß und wird in thermische Energie von Wasser umgewandelt.**

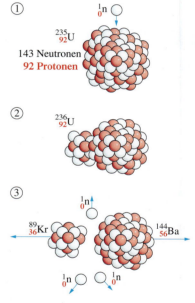

2 *Kernspaltung von Uran-235*

↻ 310–1 Simulation Kernspaltung

Beobachten Untersuchen

1 Energie durch Spaltung (Modellversuch)

a Legt zwei Scheibenmagnete mit gleichen Polen nach oben auf den Tisch. Schiebt sie zusammen und lasst sie dann los. Erklärt eure Beobachtungen.

b Klebt nun an die Seite des einen Magneten doppelseitiges Klebeband. Schiebt die Magnete zusammen, bis sie aneinanderkleben. ▶3 Schiebt jetzt ein Kunststoffmesser zwischen die Magnete. Beschreibt eure Beobachtungen und erklärt sie.

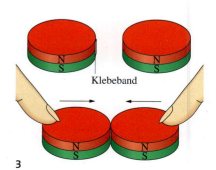

3

Grundlagen — Woher kommt die Energie der Atomkerne?

Ein Modellversuch soll uns bei der Antwort helfen. ▶4 Um die Magnete zusammenzuschieben, ist Energie nötig. Sie bleiben nur zusammen, wenn man sie festhält oder miteinander verklebt. So lange bleibt die Energie gespeichert. Lässt man die Magnete los oder durchtrennt das Klebeband, bewegen sie sich auseinander. Die gespeicherte Energie wird in Bewegungsenergie umgewandelt.

Bei Uran-235-Kernen ist es ähnlich. Ihre Protonen und Neutronen haben sich vor langer Zeit in Sternen gegen die Abstoßung der positiv geladenen Protonen zusammengefügt. Dazu war Energie nötig. Sie ist in den Atomkernen gespeichert. Man spricht von *Kernenergie*. Spaltet man einen Uran-235-Kern, so wird ein Teil der gespeicherten Energie wieder frei. Die Bruchstücke bewegen sich auseinander.

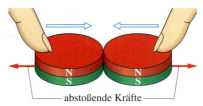

4 *Modellversuch zur Kernenergie*

Was hält Atomkerne zusammen? Atomkerne bestehen nach unserem einfachen Modell aus positiven Protonen und neutralen Neutronen. Zwischen den Protonen wirken abstoßende elektrische Kräfte. Die Kerne müssten also eigentlich auseinanderfallen, weil sich die positiv geladenen Protonen gegenseitig abstoßen.

Der Zusammenhalt kann nur durch eine weitere anziehende Kraft im Atomkern erklärt werden: Zwischen allen Kernbauteilchen wirken anziehende Kräfte. Diese *Kernkräfte* treten nur auf, wenn sich die Kernbauteilchen sehr nahekommen. Sie wirken also ähnlich wie Klebeband zwischen den Magneten. ▶3

Der Zusammenhalt großer Atomkerne kann so locker sein, dass sie durch geringe Energiezufuhr gespalten werden.

> Atomkerne sind stabil, weil die Neutronen und Protonen ihre direkten Nachbarteilchen durch große Kernkräfte anziehen.
> In den Atomkernen ist Energie gespeichert: die Kernenergie.

Beobachten Untersuchen

2* **Zusammenhalt von Atomkernen (Modellversuch)** Die Protonen im Atomkern werden durch Scheibenmagnete dargestellt und die Neutronen durch Schraubenmuttern. ▶5

a Zwei Scheibenmagnete liegen mit gleichen Polen nach oben auf dem Tisch. Versucht sie zusammenzuschieben.

b Legt eine Schraubenmutter zwischen die Magnete. Schiebt nun die Magnete zur Mutter hin. Was beobachtet ihr jetzt?

c Wie ändert sich der Zusammenhalt, wenn ihr sehr viele Magnete oder sehr viele Muttern hinzufügt?

d Baut einen „Atomkern" aus mehreren Magneten und Muttern. Steckt einen Stift in eine Mutter und bewegt ihn hin und her. Was beobachtet ihr? Fügt weitere Magnete und Muttern hinzu und versucht es erneut. Erklärt eure Beobachtungen.

e Vergleicht das Magnetmodell mit dem Kernmodell. Erstellt dazu eine Tabelle. Was erklärt das Magnetmodell gut, was nicht?

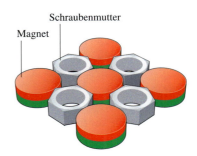

5 *Modellversuch: Rolle der Neutronen für den Zusammenhalt der Atomkerne*

↻ 311-1 Simulation Kernbaukasten

Kettenreaktionen

◐ 312–1 Video Mausefallenversuch
Simulation Kettenreaktion

▷ Kernkraftwerk und Atombombe – die Spaltung von Urankernen kann sehr unterschiedliche Wirkungen haben!

1 *Blick in den geöffneten Reaktor*

2 *Explosion einer Atombombe*

Grundlagen Kettenreaktionen im Uran

Kettenreaktionen Bei der Spaltung eines Atomkerns von Uran-235 werden beispielsweise 3 Neutronen freigesetzt. ▶3 Diese können 3 weitere Atomkerne spalten. Dabei werden 9 Neutronen freigesetzt, die nun 9 Kerne spalten können … Die Zahl der Spaltungen steigt lawinenartig an. Man spricht von einer *unkontrollierten Kettenreaktion*.
In Atombomben läuft eine solche Reaktion für einige Sekunden ab und setzt riesige Mengen Energie mit zerstörerischer Wirkung frei.
In Kernkraftwerken wird die Energie gleichmäßig über Jahre hinweg abgegeben. Es läuft eine *kontrollierte Kettenreaktion* ab: Man hält die Anzahl der Kernspaltungen pro Sekunde konstant. Bei jeder Spaltung werden zwar mehrere Neutronen freigesetzt. Aber jeweils nur eines davon löst eine weitere Spaltung aus, die anderen werden „eingefangen". ▶4

Angereichertes Uran Nur das Uranisotop $^{235}_{92}U$ ist leicht spaltbar. In natürlichem Uran gehören von 1000 Atomen aber nur 7 zu Uran-235 – zu wenig für eine Kettenreaktion. ▶5 Frei werdende Neutronen werden von den viel häufigeren Uran-238-Kernen „eingefangen", ohne sie zu spalten. Im Kernkraftwerk wird deshalb *angereichertes Uran* eingesetzt. ▶5 Der Anteil an Uran-235 ist hier vier- bis fünfmal so groß wie bei natürlichem Uran. Für Atombomben benötigt man hochangereichertes Uran.

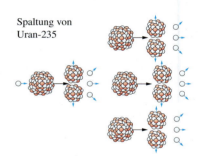

3 *Unkontrollierte Kettenreaktion*

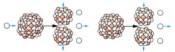

Eine Spaltung löst jeweils genau wieder eine Spaltung aus.

4 *Kontrollierte Kettenreaktion*

Aufgaben

1 Vergleiche die kontrollierte Kettenreaktion mit der unkontrollierten.

2 Beschreibe die Unterschiede zwischen Natururan, angereichertem Uran und hochangereichertem Uran. Weshalb reichert man Uran an?

3 Der Begriff „Brennstoff" ist für Uran-235 eigentlich nicht passend. Erkläre. Vergleiche mit dem Brennstoff Kohle.

4* Informiere dich darüber, wie Uran angereichert wird. Erstelle ein Informationsplakat dazu.

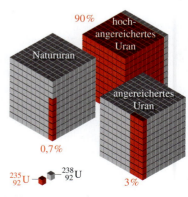

5 *Natururan und angereichertes Uran*

Untersuchen

1 Kettenreaktionen im Modellversuch Untersucht selbst den Ablauf von Kettenreaktionen. ▶6

a Steckt in jedes Loch ein Zündholz und hängt das Brett schräg an ein Stativ. Entzündet das unterste Streichholz. Was beobachtet ihr?

b Ersetzt nun jedes dritte, danach jedes zweite Zündholz durch einen Nagel. Wie läuft die „Kettenreaktion" jetzt ab?

c Vergleicht den Modellversuch mit der unkontrollierten und der kontrollierten Kettenreaktion im Uran. Beschreibt Gemeinsamkeiten und Unterschiede.

Die Zündhölzer dürfen in den Löchern nicht wackeln.

6 Modellversuch zur Kettenreaktion

Aus der Technik — Kernenergie in Deutschland und der Welt

Weltweit kommen etwa 17 % der elektrischen Energie aus Kernkraftwerken, in Europa sind es rund 30 %. Frankreich und Litauen haben mit 75 % den größten Kernenergieanteil. ▶7

Im Jahr 2011 erzeugten in Deutschland 17 Kernkraftwerke rund ein Fünftel der elektrischen Energie. ▶8 Nach der Reaktorkatastrophe in Fukushima (Japan) wurde 2011 in Deutschland beschlossen, die acht ältesten Kernkraftwerke sofort abzuschalten. Bis zum Jahr 2022 sollen auch die restlichen Kernkraftwerke stillgelegt werden.

Schweden und Italien denken dagegen über den Wiedereinstieg in die Kernenergie nach. Japan will trotz des Unfalls in Fukushima an der Kernenergie festhalten. In China werden derzeit 25 Kernkraftwerke gebaut. Die elektrische Leistung aller chinesischen Kernkraftwerke zusammen wird von 10 GW im Jahr 2010 auf vermutlich rund 80 GW im Jahr 2020 steigen. Offen ist, ob sich neue Kernkraftwerke lohnen oder ob laufende Anlagen wie geplant in den nächsten Jahren abgeschaltet werden. Ungelöst ist die sichere Lagerung radioaktiver Abfälle über Jahrtausende hinweg. Sicher ist allerdings, dass der weltweite Energiebedarf in den nächsten Jahren ansteigen wird. Wie die einzelnen Länder darauf reagieren werden, ist nicht zuletzt von der Politik und der Gesellschaft abhängig.

Aufgaben

5 Finde heraus, wo und wie viele Kernkraftwerke weltweit im Bau oder in Planung sind.

6 Informiere dich über den Bau des Europäischen Druckwasserreaktors (EPR) im finnischen Olkiluoto.

7 Kernkraftwerke werden oft als *Brückentechnologie* bezeichnet.

a Informiere dich, was mit diesem Begriff gemeint ist.

b Ist die Bezeichnung deiner Meinung nach angemessen? Begründe deine Antwort.

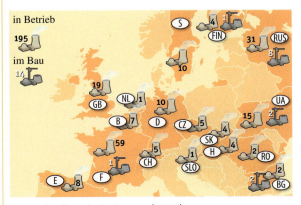

7 Kernkraftwerke in Europa (2012)

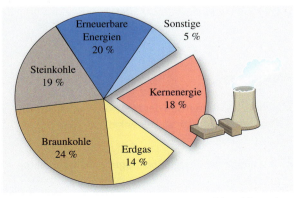

8 Erzeugung elektrischer Energie in Deutschland (2011)

Erweiterung — Kettenreaktion im Reaktor

Brennelemente Für den Einsatz im Reaktor wird angereichertes Urandioxid zu Tabletten gepresst und in Röhren *(Brennstäben)* gestapelt. Rund 100 Brennstäbe werden zu *Brennelementen* zusammengefasst. ▶1 Über 200 Brennelemente werden in den Druckbehälter eingetaucht.

Die Aufgaben des Wassers Nur langsame Neutronen können Uran-235-Kerne spalten. Du kannst die Neutronen mit einem Basketball vergleichen: Ein schneller Ball springt weit vom Brett weg, ein langsamer fällt ins Netz. Im Kernreaktor werden deshalb die frei werdenden Neutronen durch Wassermoleküle abgebremst. Es ist wie beim Billard: Ein Neutron gibt immer wieder Bewegungsenergie ab, wenn es mit Wassermolekülen zusammenstößt. ▶2 Die Wassermoleküle werden dadurch schneller, die Temperatur des Wassers steigt. Mit jedem Zusammenstoß wird das Neutron langsamer und kann schließlich eine neue Spaltung auslösen.

Das Wasser wirkt aber nicht nur als „Neutronenbremse":
– Es kühlt die Brennelemente. Sie würden sonst schmelzen.
– Es transportiert die Energie aus der Kernspaltung von den Brennelementen zum Dampferzeuger.

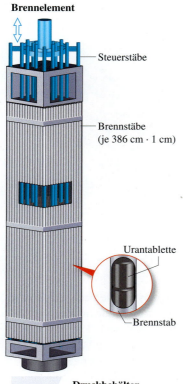

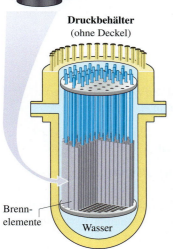

1 *Brennelement und Druckbehälter*

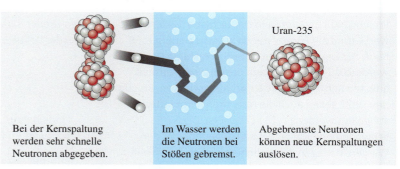

2 *Wasser als „Neutronenbremse"*

Steuerstäbe Damit immer nur ein Neutron wieder einen Kern spaltet, werden überschüssige Neutronen mit Steuerstäben abgefangen. ▶1 Je tiefer die Stäbe zwischen die Brennstäbe geschoben werden, desto mehr Neutronen absorbieren sie – die Zahl der Kernspaltungen sinkt. Um die Kettenreaktion rasch abzubrechen, werden die Steuerstäbe ganz in den Reaktor eingefahren. Sie absorbieren dann alle Neutronen.

Aufgaben

1* „Ohne das Abbremsen der Neutronen kommt es im Druckwasserreaktor zu keiner Kettenreaktion." Erkläre diese Aussage.

2* Beschreibe die Energieübertragung im Kernreaktor genau.

3* Welche Aufgaben hat das Wasser im Reaktor?

4* Beschreibe, wie die Leistung eines Kernreaktors erhöht oder verringert werden kann.

5* „Von der Kernspaltung zur thermischen Energie": Beschreibe mit eigenen Worten, wie der Reaktor in einem Kernkraftwerk funktioniert. Skizziere dazu auch seinen Aufbau.

Grundlagen: Sicherheit und Risiken von Kernkraftwerken

Bei der Kernspaltung von Uran-235 entstehen hochradioaktive Spaltprodukte. Nach einigen Betriebsjahren ist deshalb die Aktivität des Reaktors etwa 10 Milliarden Mal so groß wie zu Beginn. Außerdem werden die Reaktorteile beim Betrieb radioaktiv.

Sicherheitsmaßnahmen Um zu verhindern, dass radioaktive Stoffe in die Umwelt entweichen, besitzen Kernkraftwerke eine Reihe von Sicherheitsschranken: ▶3
1. Die Urandioxidtabletten befinden sich in *Hüllrohren*. Diese sind gasdicht und haben genügend Platz für die radioaktiven Spaltprodukte.
2. Der *Druckbehälter* besteht aus 25 cm dickem Stahl und hält einem sehr hohen Druck (weit über 150 bar) stand.
3. Eine dicke *Betonmauer* schirmt die ionisierende Strahlung ab. Die Mauer umgibt den gesamten Druckbehälter.
4. Der kugelförmige *Sicherheitsbehälter* besteht aus dickem Stahl. Er soll verhindern, dass radioaktive Stoffe in die Umwelt entweichen.
5. Das *Reaktorgebäude* aus dickem Stahlbeton schützt den Reaktor von außen. Es soll sogar Abstürzen kleiner Flugzeuge standhalten.
6. Das von den Brennelementen erhitzte Wasser verlässt den Sicherheitsbehälter nicht. Seine thermische Energie wird im Wärmetauscher auf das Wasser des Turbinenkreislaufs übertragen.

Die Sicherheit eines Kernkraftwerks muss selbst dann gewährleistet sein, wenn wichtige Anlagenteile (z. B. Pumpen, Ventile, Filter) ausfallen. Daher sind diese Teile immer mehrfach vorhanden.

Für die radioaktive Belastung der Umgebung von Kraftwerken gelten strenge Grenzwerte. Ihre Einhaltung wird ständig überprüft.

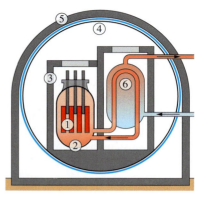

3 *Sicherheitsschranken im Reaktor*

Risiken Einer der schwersten Unfälle bei einem Druckwasserreaktor wäre der Bruch des 1. Kreislaufs mit dem Risiko schmelzender Brennelemente. Als eine Sicherheitsmaßnahme ist der Druckbehälter deshalb so ausgelegt, dass er das gesamte Wasser auch als Dampf aufnehmen kann. Wenn das Wasser verdampft ist, würde die Kettenreaktion aufhören: Die „Neutronenbremse" fehlt. Damit die Brennstäbe ohne Wasserkühlung nicht schmelzen, springen sofort Notkühlsysteme an. Das Versagen von Mensch oder Technik kann aber nie restlos ausgeschlossen werden.

Radioaktiver Abfall Bis heute gibt es keine tragfähige Lösung, um die großen Mengen an radioaktiven Abfällen sicher für viele Jahrtausende zu lagern. ▶4 Vor allem die hochradioaktiven Abfälle sind problematisch: Sie müssen sicher eingeschlossen und gekühlt werden.

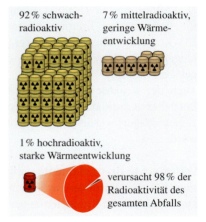

4 *Radioaktiver Abfall eines Kernkraftwerks in einem Jahr (580 m³ – so viel würde in rund 4800 Mülltonnen passen)*

Aufgaben

6 Nenne die wichtigsten Sicherheitseinrichtungen in einem Kernkraftwerk und erkläre sie kurz.

7 Wasser als „Neutronenbremse" und als Kühlmittel – welchen sicherheitstechnischen Nutzen hat das?

8 Welche Gefahren bestehen bei den Kernkraftwerken in Deutschland? Wie sicher sind sie deiner Meinung nach? Begründe deine Antwort.

9* Informiere dich über die Begriffe GAU und Super-GAU. Beschreibe den Unterschied.

Wohin mit dem radioaktiven Abfall?

▷ Beim Betrieb von Kernkraftwerken bleiben große Mengen radioaktiver Abfälle zurück. Man kann sie weder durch Verbrennen noch durch andere Verfahren beseitigen. Sie enthalten radioaktive Stoffe mit langen Halbwertszeiten. Also löst sich das Problem nicht rasch „von selbst".

1 *Zwischenlager für radioaktiven Abfall (Kernkraftwerk Emsland)*

2 *Abladen von radioaktivem Abfall im Bergwerk Asse II*

Grundlagen — Was geschieht mit dem radioaktiven Abfall?

Woraus besteht der Abfall? Bei der Kernspaltung von Uran-235 entstehen unter anderem hochradioaktives Iod-131, Caesium-137 und Strontium-90. Außerdem kann Uran Neutronen einfangen und sich in Elemente mit mehr als 92 Protonen umwandeln. Ein Beispiel dafür ist Plutonium-239 (Halbwertszeit: 24 000 Jahre). Zusätzlich enthalten die verbrauchten Brennelemente ungespaltene Uran-235- und Uran-238-Kerne, die ebenfalls entsorgt werden müssen. Wegen der zum Teil langen Halbwertszeiten müssen die Abfälle über Jahrtausende sicher gelagert werden.
Auch der Reaktor und seine direkte Umgebung werden im Lauf der Betriebszeit radioaktiv. Daher muss der Reaktor aufwendig beseitigt und sicher gelagert werden, wenn das Kernkraftwerk endgültig abgeschaltet worden ist.

3 *Wasserbecken zum Abkühlen der verbrauchten Brennelemente*

Verbrauchte Brennelemente Jährlich werden rund 30 % der Brennelemente im Kernkraftwerk ausgetauscht.
Die verbrauchten Brennelemente enthalten unzählige radioaktive Atomkerne aus den Kernspaltungen. Diese Atomkerne wandeln sich nach und nach um und geben dabei Energie ab. Die thermische Energie der verbrauchten Brennelemente nimmt dadurch zu. Damit sie nicht zu heiß werden, kühlt man sie erst einmal einige Jahre lang in einem großen Wasserbecken. ▶3 In einem Kreislauf muss immer wieder kaltes Wasser nachströmen.
Erst wenn die verbrauchten Brennelemente weniger radioaktiv geworden sind und weniger Wärme abgeben, werden sie in spezielle Behälter (Castorbehälter) geladen und zu einem Zwischenlager transportiert:
– *Castorbehälter* müssen absolut dicht sein und allen äußeren Einflüssen standhalten. ▶4 Außerdem müssen sie die thermische Energie von den Brennelementen in die Umgebung leiten und dürfen keine ionisierende Strahlung entweichen lassen. Ein Castorbehälter ist 6 m lang, 2 m breit, wiegt (gefüllt) 120 t und kostet 1,5 Millionen Euro.

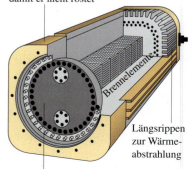

Behälter aus Gusseisen mit Kugelgraphit, Wandstärke 44 cm; innen mit Nickel beschichtet, damit er nicht rostet

Längsrippen zur Wärmeabstrahlung

zwei übereinanderliegende Deckel, mit Metalldichtungen verschlossen

4 *Castorbehälter*

Wohin mit dem radioaktiven Abfall?

– In *Zwischenlagern* werden die Castorbehälter durch kalte Luft gekühlt. ▶5 Meistens befinden sich die Zwischenlager neben den Kernkraftwerken. Es gibt aber auch zentrale Zwischenlager, z. B. in Gorleben. Dort dürfen die verbrauchten Brennelemente 40 Jahre lang gelagert werden. Dann sollen sie in ein *Endlager* gebracht werden. Weltweit gibt es noch kein tragfähiges Konzept für ein solches Endlager. In Deutschland wird seit einigen Jahren untersucht, ob und wie man die Abfälle in Salzbergwerken lagern kann. Finnland und Schweden wollen die Abfälle tief im Granit einschließen. Ob die Konzepte eine sichere Aufbewahrung ermöglichen, ist noch ungeklärt.

Stillgelegte Kernkraftwerke In den nächsten Jahren werden weltweit etwa 240 Kernkraftwerke stillgelegt. Ihre Reaktoren sind hochradioaktiv. Wenn sie zerlegt werden, dürfen keine radioaktiven Stoffe in die Umwelt gelangen, die Arbeiter müssen ständig Schutzkleidung tragen. Große Mengen an radioaktivem Bauschutt müssen wie die verbrauchten Brennelemente sicher gelagert werden.

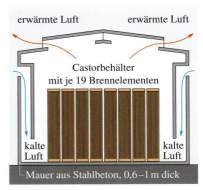

5 *Zwischenlager*

Aufgaben

1 Vom Reaktorkern zur Endlagerung – beschreibe den Weg eines verbrauchten Brennelements.

2 Informiere dich über Castortransporte. Stelle die Informationen in einem Plakat dar.

3* Kritiker der Kernenergie halten Zwischenlager für gefährlicher als Kernkraftwerke. Vergleiche jeweils Risiken und Sicherheitsmaßnahmen miteinander.

4* In Deutschland und Skandinavien gibt es unterschiedliche Pläne für die Endlagerung radioaktiver Abfälle.
a Informiere dich über die Pläne und erstelle eine Übersicht.
b Was erfährst du über die Sicherheit der Endlager und die Durchführbarkeit der Pläne?

Aus der Technik — Wie lange schützt ein Endlager?

Die dauerhafte Lagerung radioaktiver Abfälle ist im ehemaligen Salzbergwerk Asse II in Niedersachsen erforscht worden. Zwischen 1967 und 1978 wurden schwach- und mittelradioaktive Abfälle in Metallfässern eingeschlossen und in großen Kammern etwa 750 m tief unter der Erde eingelagert. ▶2
Kurz vor der geplanten Schließung wurden erhöhte Strahlenwerte gemessen. Außerdem drang salzhaltiges Grundwasser in die Kammern. Bei einer genaueren Untersuchung kamen immer mehr Probleme ans Licht. So wurden viel mehr Fässer mit mittelradioaktiven Abfällen eingelagert als angegeben. Die Fässer waren dafür ausgelegt, den Abfall für einige Jahrzehnte sicher zu verwahren. Das Salzwasser zerstört sie aber viel schneller. Die natürliche Bewegung des Bergs drückt die Hohlräume des Bergwerks zusammen. Dadurch sind Risse entstanden, einige Zwischendecken zwischen den Kammern sind eingebrochen.

Im Jahr 2009 wurde festgelegt, das Endlager Asse II stillzulegen. Das Bundesamt für Strahlenschutz (BfS) hat drei Verfahren dafür geprüft: alle Hohlräume des Bergwerks mit Geröll und Beton füllen, die Fässer in tiefere Bereiche umlagern oder den gesamten Abfall in einem anderen Bergwerk lagern. Die letzte Lösung wird im Moment bevorzugt, weil man sich von ihr am längsten Sicherheit erhofft. Die „Rückholaktion" soll etwa 10 Jahre dauern und mehrere Milliarden Euro kosten.

Aufgaben

5 Beschreibe, welche Probleme es beim Lagern des radioaktiven Abfalls im Bergwerk Asse II gibt.

6 Es ist sehr teuer, den Abfall wieder aus dem Bergwerk zu holen. Überlege dir Gründe dafür.

Fukushima und Tschernobyl

Tsunami trifft Japan – Kernkraftwerk Fukushima außer Kontrolle

25 Jahre nach der Katastrophe in Tschernobyl (26. April 1986) ereignet sich ein ähnlich schweres Unglück im japanischen Fukushima.
Für die Bevölkerung besteht größte Gefahr. In den Reaktoren droht die Kernschmelze. Die ganze Region kann für Jahrzehnte verseucht werden.

1 Zerstörtes Reaktorgebäude in Fukushima (2011)

2 Ruine des Reaktors in Tschernobyl (1986)

Grundlagen — Die Reaktorkatastrophe von Fukushima

Am 11. März 2011 wurde Japan durch ein starkes Beben erschüttert. ▶3 Anschließend wurden Küstengebiete von einem Tsunami überflutet und verwüstet. Dabei wurde das Kernkraftwerk Fukushima schwer beschädigt. Die Kühlsysteme fielen aus. Das Kraftwerk geriet außer Kontrolle. Bei mehreren Explosionen wurden radioaktive Stoffe freigesetzt. Eine radioaktive Wolke breitete sich aus – erst über dem Pazifik und nach einigen Tagen auch über bewohntem Gebiet.

Opfer und Schäden Mehr als 100 000 Menschen wurden aus einem Umkreis von 30 km um das Kernkraftwerk herum evakuiert, als erhöhte

Er ist heimlich gekommen, in der Abenddämmerung, um noch ein letztes Mal das Haus zu sehen, in dem seine Familie über Generationen wohnte. Tsuneyasu Satoh liebt die Trennwände aus Reispapier, den Holzboden, über den schon seine Vorväter schritten. Aber jetzt ist es vorbei, für immer.

3 Beben am 11. März 2011

4 Radioaktive Belastung messen

Strahlenwerte gemessen wurden. ▶4–5 Sie kamen in Notunterkünften unter. Es kann Jahrzehnte dauern, bis die Flüchtlinge zurückkehren dürfen. Ein Teil des Gebiets wird wohl dauerhaft gesperrt bleiben.

Monatelang gelangten radioaktive Stoffe aus dem Reaktor in die Umwelt. 10 Millionen Liter radioaktiv verseuchtes Kühlwasser flossen ins Meer. Die Folgen für Menschen und Tiere sind schwer abzuschätzen.

Die Böden sind hauptsächlich durch Caesium-137 (Halbwertszeit: 30 Jahre) verseucht. ▶5 Etwa 8 % Japans sind davon betroffen. Der Betastrahler kann über die Nahrung in den menschlichen Körper gelangen und dort zu Schäden führen. Nahrungsmittel, die auf den belasteten Böden angebaut werden, weisen eine erhöhte Aktivität auf. Der Grenzwert von 500 Becquerel pro Kilogramm Reis oder Tee wird auch 60 Kilometer entfernt vom zerstörten Kernkraftwerk noch überschritten. Ein Abgraben der oberen Erdschichten würde die Belastung zwar verringern – aber die gewaltigen Erdmengen müssten dann wie Atommüll behandelt werden.

5 *Radioaktive Belastung durch Caesium*

Erweiterung: Kernkraftwerke außer Kontrolle

Wenn Kernreaktoren im Notfall schnell abgeschaltet werden, finden zwar keine Kernspaltungen mehr statt. In den Brennelementen wandeln sich aber unzählige Atomkerne radioaktiv um, die bei den Kernspaltungen entstanden sind. Die dabei abgegebene Energie erhitzt die Brennelemente. Deshalb müssen sie auch nach dem Abschalten gekühlt werden. Wenn die Kühlsysteme ausfallen, verdampft das Wasser im Druckbehälter. Wie bei einem Dampfkochtopf steigt der Druck. Falls der Druckbehälter undicht wird, entweichen radioaktive Stoffe. Ohne Kühlung werden die Brennelemente so heiß, dass sie zusammen mit dem Kernbrennstoff schmelzen. Im schlimmsten Fall zerstört das geschmolzene Material die Reaktorwände und gelangt in die Umwelt.

Fukushima Durch Erdbeben und Tsunami fielen die Kühlsysteme aus. Das Kühlwasser verdampfte. Beim Kontakt des Wasserdampfs mit den heißen Hüllrohren der Brennelemente bildete sich Wasserstoff. Mehrere Reaktorblöcke wurden durch Wasserstoffexplosionen zerstört. ▶1 Radioaktive Stoffe wurden freigesetzt. Sie verteilten sich in einer Wolke über dem Pazifischen Ozean und über Teilen Japans. Es kam zur „Kernschmelze". Das geschmolzene Material ist in den Reaktoren geblieben.

Tschernobyl Auch im Kernkraftwerk von Tschernobyl fielen die Kühlsysteme aus. Der Reaktorkern erhitzte sich stark. Explosionen zerstörten die Reaktorwände. ▶2 Bei diesem Kernkraftwerk dienten 1500 t Graphit als „Neutronenbremse". Der Graphit begann zu brennen. Mit dem aufsteigenden Rauch wurden radioaktive Stoffe kilometerhoch in die Luft getragen. Starke Höhenwinde verteilten die radioaktive Wolke in wenigen Tagen über Tausende von Kilometern. ▶6 Davon war z. B. auch Süddeutschland betroffen: Noch heute sind dort Pilze und Waldtiere radioaktiv belastet.

Aufgaben

1* „Bei Gefahr reicht es nicht, ein Kernkraftwerk einfach abzuschalten." Erkläre diese Aussage.

2* Beschreibe, wie es im Reaktor zur „Kernschmelze" kommen kann. Welche Maßnahmen sollen die Katastrophe verhindern?

6 *Radioaktive Wolke am 1. Mai 1986*

Aus der Geschichte — Die Reaktorkatastrophe von Tschernobyl

Pripjat ist eine Kleinstadt in der Sowjetunion. 48 000 Menschen leben hier, viele von ihnen arbeiten im 4 km entfernten Kernkraftwerk Tschernobyl. Es ist der 26. April 1986. Fast unbemerkt ereignet sich die bis dahin größte Katastrophe in der Geschichte der Kernkraftwerke.

In der Nacht hörte ich ein lautes Geräusch, das die Fenster erschütterte. Niemand achtete darauf bis zum nächsten Morgen, als mein Nachbar mich fragte, ob ich die Atomexplosion gehört habe. Wir konnten nicht glauben, dass der Reaktor explodiert war. Ich ging ins nächste Zimmer, um aus dem Fenster zu sehen, und traute meinen Augen kaum. Der vierte Reaktorblock lag in Trümmern und Rauch stieg in den Himmel.

Bei einem Test am Notkühlsystem steigt die Leistung des Reaktors plötzlich stark an. Die Steuerstäbe werden zwar sofort eingefahren, aber die Katastrophe lässt sich nicht mehr verhindern. Der Reaktorkern entzündet sich und die Sicherheitseinrichtungen versagen. Das Reaktorgebäude wird durch mehrere Explosionen zerstört und hochradioaktives Material freigesetzt. Die Bevölkerung der Stadt Pripjat wird von der Atomkatastrophe völlig unvorbereitet getroffen.

An jenem Tag bot Pripjat einen grotesken Anblick. Menschen gingen durch die Straßen und Kinder spielten in den Gärten. Selbst der Markt von Pripjat war geöffnet, obwohl der Marktplatz in direkter Linie zum brennenden Reaktor lag. Die Strahlung ist noch immer in der Nähe der Brücke sehr hoch. Wie hoch war sie dann wohl vor 10 Jahren? Niemand kontrollierte in diesen ersten Tagen die Strahlung oder die Belastung der Bevölkerung. Den Menschen wurde nicht gesagt, was passiert war und wie sie sich verhalten sollten.

Erst 36 Stunden nach der Explosion wird die Bevölkerung evakuiert. Die Flüchtlinge dürfen bis heute nicht in ihre Wohnungen zurückkehren. Als Folge der hohen Strahlenbelastung erkranken viele an Schilddrüsenkrebs oder Leukämie.
Um die Auswirkungen des Unfalls unter Kontrolle zu bringen, schickt die Regierung Feuerwehrleute, 800 000 Soldaten und Zivilisten aus ganz Russland nach Tschernobyl. Sie sind für diesen Unfall weder ausgebildet noch ausgerüstet. Viele von ihnen werden einer extrem hohen Strahlenbelastung ausgesetzt. ▶ 2

Wir erhielten Anweisungen, was wir aufheben und wohin wir es bringen sollten. Dazu gehörten Bruchstücke des Gebäudes, Metallplatten, Graphitstücke vom Reaktor und Teile von Brennelementen. Diese kleinen, dunkel gefärbten Stückchen hochradioaktiven Brennstoffs, die unter dem übrigen Müll nur schwer erkennbar waren, stellten für die Arbeiter die größte Gefahr dar. Jeder, der mit seinen Gummistiefeln auf ein solches Stück getreten war, spürte am nächsten Morgen die Strahlungsverbrennung.

Die Weltgesundheitsorganisation schätzt, dass bis heute zwischen 50 000 und 100 000 Menschen an den Folgen der Katastrophe gestorben sind.

Tschernobyl
Tschernobyl – verbrannte Erde
Tschernobyl – verbranntes Land
Tschernobyl – verseuchte Menschen
Tschernobyl – verseuchte Luft
Wohin sollen wir fliehen –
Und wo sollen wir bleiben?
Bald sind alle gestorben.
Denn die Hölle kam –
Denn die Hölle kam.

1 *Aus dem Gedicht eines russischen Lyrikers*

2 *Aufräumarbeiten – ohne Schutz*

Aufgaben

1 Wo leben die Bewohner von Pripjat heute? Informiere dich über ihre Lebensbedingungen. Ziehe Schlüsse für die Flüchtlinge von Fukushima.

2 Die Menschen, die nach der Katastrophe den Reaktor einbetoniert und die Trümmer beseitigt haben, werden als Helden geehrt. Informiere dich über ihr Leben heute.

Aufgaben

3 Wenn der Wind nach Südwesten gedreht hätte, wäre die radioaktive Wolke aus Fukushima nach Tokio geweht. In Tokio leben etwa 9 Millionen Menschen. Wie hätte man sie schützen können?

4 Fisch ist ein Hauptnahrungsmittel in Japan. Das radioaktive Kühlwasser aus den zerstörten Reaktoren von Fukushima wurde ins Meer geleitet. Überlege dir die Folgen für die Nahrungskette.

5 Noch Monate nach dem Reaktorunfall war der in der Umgebung von Fukushima angebaute Reis radioaktiv belastet und durfte nicht gegessen werden. Erkläre, warum die Belastung nicht schon verschwunden war.

6* In Japan gibt es immer wieder Erdbeben und Tsunamis. Trotzdem stehen dort mehr als 50 Kernkraftwerke. Warum geht Japan dieses Risiko ein? Stelle Vermutungen auf. Bewerte Japans Entscheidung.

7* In Fukushima waren *Siedewasserreaktoren* im Einsatz.
a Informiere dich, wie diese Reaktoren aufgebaut sind.
b Vergleiche die Sicherheitseinrichtungen mit denen von Druckwasserreaktoren.

8* Informiere dich genauer über die Reaktorkatastrophen von Fukushima und Tschernobyl. Vergleiche den Reaktoraufbau, die Sicherheitseinrichtungen, den Unfallhergang, die Auswirkungen, die Handlungsweise der Verantwortlichen ...

Grundlagen — Was geschieht mit den Reaktorruinen?

In Tschernobyl und Fukushima dauerte es jeweils etwa ein Jahr, bis die unmittelbare Bedrohung durch die Reaktorunfälle einigermaßen unter Kontrolle war. Trotzdem bleibt die Gefahr weiter bestehen, dass radioaktive Stoffe in die Umgebung gelangen. Durch die Explosionen sind Sicherheitssperren zerstört worden. Im Innern der Reaktoren befinden sich hochradioaktive Stoffe.

Tschernobyl Die radioaktiven Stoffe sollten eingeschlossen werden. Deshalb hat man den Reaktor einbetoniert. ▶3 Dieser „Sarg" ist allerdings schon nach 25 Jahren brüchig geworden. Man befürchtet, dass wieder radioaktive Stoffe in die Umwelt gelangen können. Eine neue Ummantelung soll den Reaktor für die nächsten 100 Jahre versiegeln. Aber auch danach kann die Ruine nicht einfach abgerissen werden.

Fukushima Die Brennelemente in den Reaktoren bleiben eine Gefahr für Umwelt und Menschen. Es wird mindestens 40 Jahre dauern, bis man die Ruinen gesichert und abgebaut hat. Weil die Reaktorkerne geschmolzen sind, ist ein Abriss besonders schwierig und vielleicht gar nicht vollständig möglich. Die Kosten lassen sich kaum abschätzen, liegen aber bestimmt bei mehreren Milliarden Euro. Bezahlen muss die japanische Bevölkerung, weil der Betreiber des Kernkraftwerks so viel Geld nicht aufbringen kann.

3 „Betonsarg" in Tschernobyl

Aufgabe

9 Nenne die Hauptprobleme beim Sichern der Reaktorruinen von Tschernobyl und Fukushima.

Aus der Technik — Rückbau eines Kernkraftwerks

Das Kernkraftwerk Würgassen an der Weser war das erste rein wirtschaftlich genutzte Kernkraftwerk Deutschlands. Nach 23 Jahren Betriebszeit stellte man 1994 fest, dass der Reaktorbehälter feine Risse bekommen hatte. Die Reparatur wäre zu teuer gewesen. So entschied man sich für die Stilllegung. Seitdem wird das Kraftwerk zerlegt:
– Zuerst wurden die Brennelemente aus dem Reaktor entfernt. Danach zerlegte man die Turbinen und den Generator.
– Das Becken zur Lagerung der Brennelemente und der Druckbehälter waren am stärksten radioaktiv belastet. Man flutete den Reaktor zum Abbau immer wieder mit Wasser und zerlegte ihn dann ferngesteuert. ▶1 Dadurch wurde radioaktiver Staub vermieden.
– Die meisten Oberflächen im Kraftwerk waren mit radioaktiven Stoffen verschmutzt. Sie wurden abgewaschen oder vorsichtig abgetragen.

Der Bau des Kraftwerks hat 4 Jahre gedauert und 200 Millionen Euro gekostet. Für den Rückbau rechnet man mit mehr als 20 Jahren und einer Milliarde Euro. Nach dem Abbau müssen alle radioaktiv belasteten Teile in einem Endlager sicher gelagert werden.

Aufgabe

1 Warum ist es so schwierig, stillgelegte Kernkraftwerke abzubauen? Nenne mehrere Gründe.

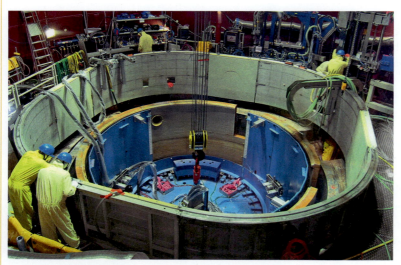

1 *Teil des Druckbehälters (vorübergehend nicht geflutet)*

Aus Umwelt und Technik — Ausstieg aus der Kernenergie

In Deutschland hatte Fukushima rasche politische Folgen. Drei Tage nach der Katastrophe beschloss die Bundesregierung, die acht ältesten noch laufenden Kernkraftwerke sofort abzuschalten. Mitte 2011 wurde ein Gesetz zum Ausstieg aus der Kernenergie unterzeichnet. Bis 2022 sollen demnach die restlichen Kernkraftwerke endgültig abgeschaltet werden.

Aufgabe

2 „Sofort alle Kernkraftwerke abschalten!", verlangen einige Kernkraftgegner. Nimm Stellung zu ihrer Forderung.

2 *Demonstration gegen Kernenergie (April 2011)*

Hiroshima – Zerstörung durch Kernenergie

▷ Am 6. 8. 1945 explodierte die erste Atombombe im Krieg gegen Japan über Hiroshima. Ein Augenzeuge berichtet:

In diesem Moment [...] blitzte ein riesiges Licht über dem Zentrum auf, doch im gleichen Augenblick hatte ich das Gefühl, das Licht, hundertmal stärker als die Sonne, sei über und um mich. [...] Plötzlich fühlte ich eine starke Hitze und warf mich entsetzt auf den Boden unmittelbar vor dem Fenster, wie wir es oft in Gedanken trainiert hatten. Ich lag vielleicht zwei oder drei Sekunden da, als es fürchterlich knallte. Mein Zimmer und das ganze Haus wurden erschüttert. Ich war über und über mit Glassplittern, Holzstücken und aus den Wänden gerissenen Lehmbrocken bedeckt. Ich kroch unter den Schreibtisch und betete. Das ist das Ende, dachte ich und wartete auf den Gnadentod.

3 *Zerstörtes Hiroshima*

Grundlagen — Die ersten Atombomben

Kritische Masse Bei Atombomben sollen extrem viele Uran-235-Kerne in kürzester Zeit gespalten werden. Dafür wird hochangereichertes Uran verwendet. Anders als in Kernkraftwerken werden die frei werdenden Neutronen aber nicht durch Wasser abgebremst. Für die schnellen Neutronen ist die Wahrscheinlichkeit, einen Kern zu spalten, viel geringer als für langsame Neutronen. Damit die freigesetzten Neutronen dennoch Kernspaltungen auslösen, bevor sie die Bombe verlassen, braucht man eine sehr große Menge an Uran-235. Eine Tablette mit Urandioxid reicht da nicht aus. Die kritische Masse an reinem Uran-235 für eine unkontrollierte Kettenreaktion beträgt rund 50 kg!

Bei modernen Atombomben liegt die kritische Masse an Uran-235 unter 20 kg. Eine dicke Hülle aus Uran-238 oder Beryllium reflektiert die freigesetzten Neutronen, sodass sie die Bombe nicht so schnell verlassen.

Explosion Die Atombombe von Hiroshima war recht einfach aufgebaut. ▶4 An einer Seite enthielt sie einen Stift, an der anderen Seite eine passende dicke Röhre aus Uran-235. Weder Stift noch Röhre hatten die kritische Masse, sodass die Bombe gefahrlos zusammengebaut und transportiert werden konnte.

Beim Zünden der Bombe explodierte etwas Sprengstoff. Dadurch wurde die Röhre auf den Stift geschossen. Röhre und Stift wogen nun zusammen 64 kg – die kritische Masse war überschritten. Die Neutronenquelle lieferte freie Neutronen und die unkontrollierte Kettenreaktion setzte ein. Bei der Explosion wurde tatsächlich nur etwa 1 kg Uran-235 gespalten. Trotzdem zerstörte die freigesetzte Energie die Stadt fast völlig. Rund 80 000 Menschen starben sofort.

Aufgaben

1 Beschreibe die wesentlichen Unterschiede zwischen Kernkraftwerken und Atombomben.

2 Was versteht man bei Atombomben unter der kritischen Masse?

3 Ein Kernkraftwerk kann nicht explodieren wie eine Atombombe. Erkläre den Unterschied.

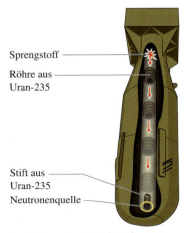

4 *Aufbau der Atombombe von Hiroshima (vereinfacht)*

Aus der Geschichte — Hiroshima – Schäden und Opfer

Die Atombombe explodierte 580 m über der Stadt. Die Druckwelle zerstörte in nicht einmal einer Minute fast die gesamte Innenstadt. Nach der Druckwelle folgte ein Feuerball. Im Zentrum der Explosion war er zwischen 3000 und 4000 °C heiß. Noch in 10 km Entfernung gingen Bäume in Flammen auf.
Von den 255 000 Einwohnern starben in der Druck- und Hitzewelle rund 80 000 sofort. Das freigesetzte radioaktive Material belastete die Erde und den Fluss, aus dem viele Überlebende tranken. Als Folge der hohen Strahlenbelastung bekamen viele Einwohner Haarausfall und rote Flecke. Etliche starben kurz darauf qualvoll an inneren Verletzungen. ▶1 Insgesamt kamen bei der Explosion und durch die Spätfolgen mehr als 150 000 Menschen ums Leben. Hiroshima wurde später wieder aufgebaut. In einem beeindruckenden Mahnmal brennt eine Flamme, die erst gelöscht werden soll, wenn die letzte Atomwaffe weltweit zerstört worden ist.

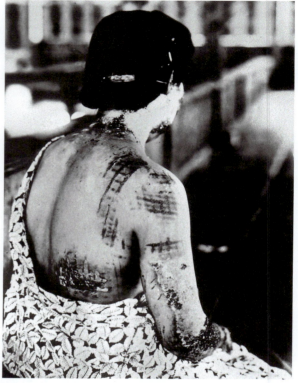

1 *Opfer mit schweren Strahlenschäden*

Hiroshima

Der den Tod auf Hiroshima warf
Ging ins Kloster, läutete dort die Glocken.
Der den Tod auf Hiroshima warf
Sprang vom Stuhl in die Schlinge, erwürgte sich.
Der den Tod auf Hiroshima warf
Fiel in Wahnsinn, wehrt Gespenster ab
Hunderttausend, die ihn angehen nächtlich
Auferstandene aus Staub für ihn.
Nichts von alledem ist wahr.
Erst vor kurzem sah ich ihn
Im Garten seines Hauses vor der Stadt.
Die Hecken waren noch jung und die Rosenbüsche zierlich.
Das wächst nicht so schnell, daß sich einer verbergen könnte
Im Wald des Vergessens. Gut zu sehen war
Das nackte Vorstadthaus, die junge Frau
Die neben ihm stand im Blumenkleid
Das kleine Mädchen an ihrer Hand
Der Knabe, der auf seinem Rücken saß
Und über seinem Kopf die Peitsche schwang.
Sehr gut erkennbar war er selbst
Vierbeinig auf dem Grasplatz, das Gesicht
Verzerrt von Lachen, weil der Photograph
Hinter der Hecke stand, das Auge der Welt.

2 *Gedicht von Marie-Luise Kaschnitz (1901–1974)*

Aufgaben

1 Informiere dich genauer über die Gründe für den Einsatz der Atombombe gegen Hiroshima.

2 Wer trägt deiner Meinung nach die Verantwortung für die Opfer in Hiroshima?
– die Wissenschaftler, die die Bombe gebaut haben
– Präsident Truman (USA), der den Abwurf angeordnet hat
– der Pilot des Bombers
– die japanische Regierung, die den Krieg gegen Amerika begonnen hat
– …

3 Ein sehr eindrucksvolles Gedicht zum Thema „Hiroshima" stammt von Marie-Luise Kaschnitz. ▶2
a Wer ist wohl die Hauptperson in dem Gedicht?
b Beschreibe das Leben, das der Mann führt.
c Denkst du, die Autorin hat mit ihrem Gedicht recht? Begründe deine Meinung.

4 Suche nach weiteren Berichten oder Bildern von Augenzeugen der Atombombenexplosionen. Erstelle eine Collage.

Hiroshima – Zerstörung durch Kernenergie

Aus der Geschichte — Kernenergie und Verantwortung

Die Auswirkungen der Atombombenexplosionen in Japan waren entsetzlich. Das Leben auf der Erde wird von Atomwaffen bedroht. Die Nutzung der Kernenergie in Kraftwerken ist umstritten, die radioaktiven Abfälle sind ein Problem für die nächsten Jahrhunderte. Noch heute leiden Menschen an den Folgen von Fukushima und Tschernobyl.

Andererseits werden Millionen Menschen durch die Kernkraftwerke mit Energie versorgt. Ohne sie könnten wir nicht so leben, wie wir es heute tun. Kernenergie hilft Erdöl, Kohle und Erdgas zu sparen. Sie sorgt dafür, dass weniger Kohlenstoffdioxid in die Atmosphäre gelangt und damit der zusätzliche Treibhauseffekt verringert wird.

Wer ist eigentlich verantwortlich für das, was aus einer Entdeckung oder Erfindung wird? Ist es der Forscher? Oder der Techniker, der die Forschungsergebnisse nutzt? Oder der Politiker, der über die Verwendung der Forschungsergebnisse entscheidet? Sind etwa auch wir – die Bürgerinnen und Bürger – dafür mitverantwortlich?

Hier Aussagen von Personen, die an der Erforschung und Nutzung der Kernenergie beteiligt waren:

> *Die Energie kernphysikalischer Reaktionen ist in die Hand des Menschen gegeben. Soll sie ausgenutzt werden für die Förderung freier wissenschaftlicher Erkenntnis, sozialen Aufbau und Erleichterungen der Lebensbedingungen oder soll sie missbraucht werden zur Zerstörung dessen, was die Menschen in Jahrtausenden geschaffen haben? Die Antwort sollte nicht schwerfallen.*
>
> Otto Hahn (1946), Wissenschaftler, anlässlich der Nobelpreisverleihung

> *Es gibt heutzutage viele, die sagen, ein Physiker müsse seine Zeit dazu verwenden, die Wahrheit zu suchen und er dürfe seine Fähigkeiten nicht darauf verwenden, Vernichtungswaffen herzustellen. Das ist leicht gesagt und vielleicht auch richtig. Es waren jedoch sehr wenige, die sich tatsächlich so verhielten.*
>
> Victor Weisskopf (1972), Wissenschaftler

> *Wie vor 40 Jahren beharre ich auf meiner Einsicht, nicht eine Entdeckung ist gut oder böse, sondern das, was die Menschen daraus machen.*
>
> Fritz Straßmann (1977), Wissenschaftler

> *Die größte Explosion, die ein Mensch jemals gesehen hat! Wie viele Japaner haben wir umgebracht? Mein Gott, was haben wir getan!*
>
> Kopilot des Bombers, aus dem die Hiroshima-Bombe abgeworfen wurde

> *Ich war tief bewegt. Das ist das größte Ereignis der Geschichte.*
>
> Truman, Präsident der USA, nach Abwurf der Atombombe

> *Mit einem Schlage wussten im März 1939 vielleicht 200 Wissenschaftler in allen großen Ländern, dass nun wahrscheinlich Atombomben möglich sein würden, aber auch von Atomkraft getriebene Maschinen. Was sollen sie tun?*
>
> Carl Friedrich von Weizsäcker (1939), Wissenschaftler

> *Als wir begannen Physik zu studieren, erstrebten wir nichts als einen Einblick in die Geheimnisse der Natur. [...] Die Verantwortung für das, was im August 1945 in Japan geschehen ist, kann von der Gruppe, die die Bombe entwickelt hat, nicht genommen werden. In Wahrheit teilen freilich alle Wissenschaftler der Welt diese Verantwortung solidarisch.*
>
> Carl Friedrich von Weizsäcker (1945), Wissenschaftler

> *Ich beging einen großen Fehler in meinem Leben, als ich den Brief an Präsident Roosevelt (USA) unterschrieb, in dem ich die Herstellung von Atomwaffen empfahl. Doch bestand eine gewisse Rechtfertigung – die Gefahr, dass die Deutschen (unter Hitler) sie herstellen würden.*
>
> Albert Einstein (1939), Wissenschaftler

> *Mit Freuden haben wir Naturforscher unser Leben in den Dienst der Wissenschaft gestellt. Sie ist, so glauben wir, ein Weg zu einem glücklicheren Leben der Menschen. Wir sehen mit Entsetzen, dass eben diese Wissenschaft der Menschheit Mittel und Wege in die Hand gibt, sich selbst zu zerstören." [...] Alle Nationen müssen zu der Entscheidung kommen, freiwillig auf die Gewalt als Mittel der Politik zu verzichten. Sind sie dazu nicht bereit, so werden sie aufhören zu existieren.*
>
> Mainauer Kundgebung der Nobelpreisträger (1955)

Aus der Geschichte: Die Entdeckung der Kernspaltung

1 Otto Hahn (1879–1968)

Die erste Kernspaltung
19.12.1938: Hinter den Fenstern der radiochemischen Abteilung des Kaiser-Wilhelm-Instituts in Berlin brennt noch Licht. Otto Hahn, der Institutsdirektor, setzt sich an seinen Schreibtisch. Er ist müde, doch erst in einer halben Stunde wird ihn Fritz Straßmann, einer seiner Mitarbeiter, ablösen. Bis zur nächsten Messung ist noch etwas Zeit. Wie schon so oft in den letzten Stunden sieht sich Hahn sein Versuchsprotokoll an. Er kann nicht glauben, dass das Ergebnis seiner Messungen richtig ist: Völlig reines Uran hat er mit Neutronen beschossen – und nun lassen sich in dem Uran winzige Mengen von Barium nachweisen. Aus Uran mit 92 Protonen im Kern kann doch nicht auf einmal Barium werden, das nur 56 Protonen besitzt. [...] Nach allem, was Hahn von der Kernphysik weiß, ist das ganz und gar unmöglich! Kann er seinen Messungen überhaupt noch trauen?

Otto Hahn wird 1879 in Frankfurt am Main geboren. Er studiert Chemie und schreibt schon 1901 seine Doktorarbeit. Es folgen Aufenthalte bei berühmten Wissenschaftlern im Ausland. Hahn widmet sich vor allem der Erforschung radioaktiver Stoffe. Mit seiner langjährigen Mitarbeiterin *Lise Meitner* stellt er Überlegungen zur Kernspaltung an und plant Experimente. 1938 muss Lise Meitner nach Stockholm fliehen – sie ist Jüdin. Im Dezember 1938 gelingt Hahn zusammen mit *Fritz Straßmann* im Experiment die erste Kernspaltung. Der Chemiker Hahn ist sich seiner Sache nicht sicher. Daher schreibt er an die Physikerin Lise Meitner. Voller Zweifel teilt er ihr seine Entdeckung mit und bittet sie um eine Erklärung. Am 3. Januar 1939 kommt ihre Antwort. Lise Meitner ist überzeugt davon, dass Hahn und Straßmann Atomkerne gespalten haben. ▶2–3 Sie schlägt vor, in dem beschossenen Uran nach Krypton zu suchen. Tatsächlich lässt es sich bei weiteren Versuchen finden. Damit ist bewiesen, dass eine Spaltung von Uranatomkernen in zwei Bruchstücke – in einen Barium- und einen Kryptonkern – stattgefunden hat.
Auch andere chemische Elemente werden nachgewiesen. Bei der Kernspaltung kann also ein Urankern auch in andere Bruchstücke gespalten werden, z. B. in Selen und Cer oder in Strontium und Xenon.
Lise Meitner errechnet, dass bei der Kernspaltung gewaltige Mengen an Energie frei werden: Bei der vollständigen Spaltung von 1 g Uran-235 wird genauso viel Energie frei werden wie beim Verbrennen von 2,3 Tonnen Steinkohle! Noch aber ist der Weg zur technischen Nutzung der Kernenergie weit. Hahn, Straßmann und Meitner denken noch nicht an die entsetzlichen Folgen von Atombombenabwürfen.
Vor Ende des Zweiten Weltkriegs wird Hahn 1945 von den Alliierten gefangen genommen. Gemeinsam mit anderen Atomwissenschaftlern transportiert man ihn nach England in der Meinung, er arbeite im Auftrag Hitlers an der Entwicklung einer Atombombe.
1946 erhält Otto Hahn den Nobelpreis für Chemie. Bis zu seinem Tod 1968 setzt er sich mutig gegen die militärische Nutzung der Kernenergie ein. Der Nobelpreis hätte auch Lise Meitner zugestanden, die die Grundüberlegungen zur Kernspaltung geliefert hatte und die Konsequenzen der Entdeckung klar überblickte.

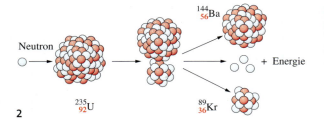

2

Lise Meitners Brief an Otto Hahn
Ich bin ziemlich sicher, dass ihr wirklich eine Zertrümmerung zum Ba[rium] habt, und finde das ein wunderschönes Ergebnis, wozu ich dir und Straßmann gratuliere.

3 Lise Meitner (1878–1968)

Aufgaben
1 Wie kamen Hahn und Meitner zu der Vermutung, im Versuch Uran-235 gespalten zu haben?

2 Informiere dich über Lise Meitners Haltung zur Atombombe.

Kernkraftwerke – pro und kontra

▷ Die Meinungen zur Kernenergie gehen weit auseinander.

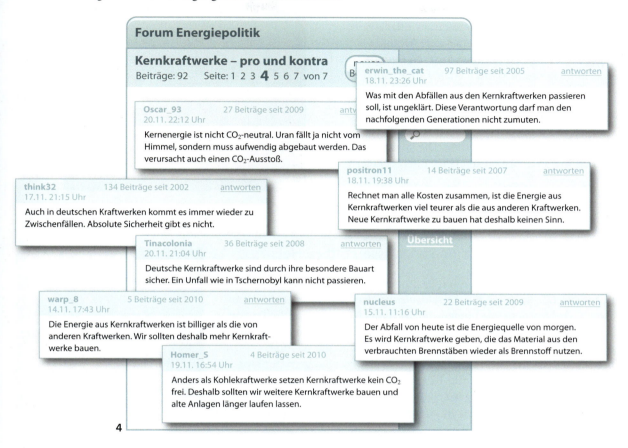

4

Grundlagen — Nicht nur Kohlekraftwerke erzeugen CO_2

Kohlekraftwerke erzeugen viel Kohlenstoffdioxid (CO_2). Dieses Gas entsteht immer beim Verbrennen von Kohle, Erdgas oder Öl. Es verstärkt den Treibhauseffekt, sodass die Temperatur der Atmosphäre steigt.
In Kernkraftwerken wird nichts verbrannt. Die Nutzung der Kernenergie ist dennoch nicht CO_2-neutral. So braucht man für Abbau und Transport des Uranerzes Maschinen und Fahrzeuge. Sie benötigen Energie – und die stammt meist aus Verbrennungsmotoren oder Kohlekraftwerken.
Um die CO_2-Belastung bei der Erzeugung elektrischer Energie besser vergleichen zu können, berücksichtigt man neben den Emissionen beim Betrieb der Kraftwerke auch die Vorgänge davor: Bergbau, Transport und Verarbeitung der Rohstoffe, Bau der Kraftwerke … Dabei schneiden Kernkraftwerke ziemlich günstig ab: Im Vergleich zu Kohlekraftwerken werden je Kilowattstunde elektrischer Energie nur ungefähr 5 % CO_2 verursacht.

Aufgaben

1 Für und gegen die Kernenergie werden viele Argumente genannt. ▶4
 a Stelle sie stichwortartig in einer Tabelle gegenüber.
 b Suche dir zwei Argumente aus und erläutere sie.
 c Nimm zu einem Argument Stellung.

2* Wähle zwei gegensätzliche Argumente aus. Suche bei Bedarf nach weiteren Informationen. Schreibe einen Artikel für deine Schülerzeitung, in dem du die beiden Positionen bewertest.

Erweiterung: Kernenergie aus der Sonne

▷ Ohne unsere Sonne gäbe es kein Leben auf der Erde. Seit 4,5 Milliarden Jahren spendet sie Licht und Wärme. Ohne sie könnten die Pflanzen keine Fotosynthese durchführen. Kohle, Öl und Gas gäbe es nicht. Wir könnten unseren Energiebedarf auch nicht durch Wind-, Wasser- oder Solarkraftwerke decken.

▷ Mit der Energie, die die Sonne in einer Sekunde abgibt, könnte der Energiebedarf der Menschheit für 760 Jahre gedeckt werden. Die Sonne wird noch weitere 5 Milliarden Jahre Energie liefern.

▷ Woher kommt die Sonnenenergie?

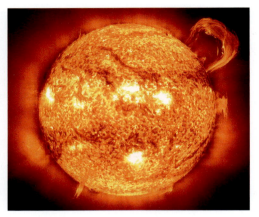

1

Grundlagen — Die Fusion von Wasserstoff zu Helium

Nicht nur bei der Spaltung von sehr großen Atomkernen wird viel Energie freigesetzt. Auch bei der *Verschmelzung (Fusion)* von kleinen Atomkernen wird Kernenergie umgewandelt. Dieser Vorgang läuft in der Sonne ab. Die freigesetzte Energie „heizt" die Sonne so stark auf, dass diese uns noch 150 Millionen Kilometer entfernt mit Energie versorgt.

Im Innern der Sonne herrschen unvorstellbare Bedingungen: Der Druck beträgt 200 Milliarden bar, die Temperatur 15 Millionen Grad Celsius! Die Sonne entstand vor langer Zeit aus Wasserstoffatomen. Diese hält es bei solchen Bedingungen nicht zusammen: Protonen und Elektronen sind voneinander getrennt. Die positiven Protonen haben so viel Bewegungsenergie, dass sie sich trotz der elektrischen Abstoßung oft sehr nahe kommen. Für kurze Zeit können sie sich sogar verbinden. Aus dieser instabilen Verbindung kann sich in mehreren Schritten ein stabiler Heliumkern entwickeln. ▶2

Bei der Fusion von 1 g Wasserstoff zu Helium wird genauso viel Energie freigesetzt wie bei der Verbrennung von 11 t Kohle.

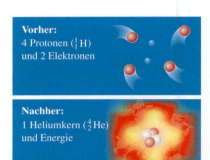

Vorher: 4 Protonen ($^1_1$H) und 2 Elektronen

Nachher: 1 Heliumkern ($^4_2$He) und Energie

2 *Bilanz der Kernfusion*

Aufgaben

1 Beschreibe in eigenen Worten das Prinzip der Fusion von Wasserstoff zu Helium.

2* Die Fusion von Wasserstoff zu Helium in der Sonne läuft in mehreren Schritten ab. Informiere dich genauer darüber.

Aus der Technik — Kernfusion im Kraftwerk

Seit rund 60 Jahren entwickeln Wissenschaftler ein Kraftwerk, in dem Kernfusionen Energie liefern sollen. In etwa 30 Jahren soll es bereit sein, elektrische Energie zu erzeugen.

Die Schwierigkeiten sind gewaltig. So muss Wasserstoff auf 100 Millionen Grad Celsius erhitzt werden! Kein Behälter würde diese Temperatur aushalten. Magnetfelder sollen deshalb die Wände des Reaktors schützen. Die Wasserstoffatome trennen sich nämlich beim Aufheizen von ihren Elektronen. Im Reaktor bleiben die positiven Atomkerne zurück. Sie bewegen sich sehr schnell. Bevor die Kerne gegen die Reaktorwände stoßen, werden sie von den Magnetfeldern abgelenkt.

Überblick

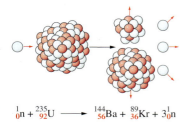

$^1_0n + ^{235}_{92}U \longrightarrow ^{144}_{56}Ba + ^{89}_{36}Kr + 3\,^1_0n$

3 *Kernspaltung*

Die Kernspaltung Ein langsames Neutron dringt in einen Urankern ($^{235}_{92}U$) ein. Der Kern wird in zwei Teile gespalten. Außerdem werden zwei oder drei Neutronen frei. Die Spaltprodukte bewegen sich mit großer Geschwindigkeit auseinander und stoßen dabei Nachbaratome an. Diese führen dann heftigere Zitterbewegungen aus als zuvor.
Bei der Spaltung von Uranatomkernen wird viel Energie freigesetzt.

Kettenreaktionen Bei jeder Kernspaltung werden zwei oder drei Neutronen frei. Bei einer *unkontrollierten Kettenreaktion* löst (fast) jedes frei werdende Neutron eine neue Kernspaltung aus. Die Anzahl der Neutronen und der Kernspaltungen nimmt innerhalb von Sekundenbruchteilen lawinenartig zu. Zu einer solchen unkontrollierten Kettenreaktion kommt es nur in einem ausreichend großen Block aus reinem Uran-235.
Im Reaktor eines Kernkraftwerks läuft eine *kontrollierte Kettenreaktion* ab. Die Anzahl der Kernspaltungen pro Sekunde bleibt gleich. Man verwendet angereichertes Uran und Wasser als Neutronenbremse.

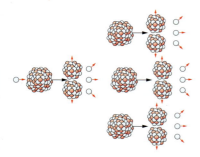

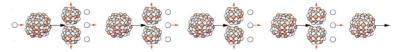

4 *Unkontrollierte Kettenreaktion*   **5** *Kontrollierte Kettenreaktion*

Kernkraftwerke mit Druckwasserreaktoren

In den Brennstäben wird Energie freigesetzt.
→ Das Wasser im 1. Kreislauf nimmt die Energie auf.
→ Das bis zu 330 °C heiße Wasser wird durch den Wärmetauscher gepumpt.
→ Im Wärmetauscher wird das Wasser des 2. Kreislaufs erhitzt und verdampft.
→ Der heiße Dampf treibt die Turbine und damit den Generator an.
→ Elektrische Energie wird erzeugt.
→ Im Kondensator wird der Dampf gekühlt; er kondensiert zu Wasser, das dann zum Wärmetauscher zurückgepumpt wird.
→ Kühlwasser transportiert die Abwärme im 3. Kreislauf zum Kühlturm.

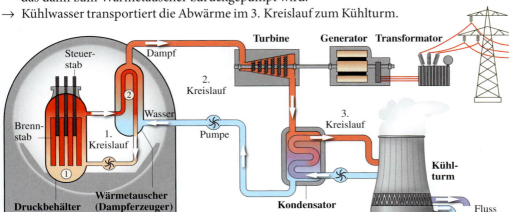

6 *Kernkraftwerk mit Druckwasserreaktor*

Alles klar?

1 Bei der Kernspaltung von Uran-235 entstehen neue Elemente. Nenne drei mögliche Paare von Elementen. Begründe deine Antwort.

2 Kernkraftwerk
a Wie entsteht bei der Kernspaltung Bewegungsenergie? Stelle eine Wirkungskette auf: „Ein Neutron dringt in den Urankern ein. → ..."
b Der *Wirkungsgrad* eines Kernkraftwerks liegt bei 35 %. Was versteht man darunter und wo bleibt die „Restenergie"?
c In angereichertem Uran findet unter bestimmten Bedingungen eine *kontrollierte Kettenreaktion* statt. Stelle zeichnerisch dar, was man darunter versteht.
d Die Brennelemente mit dem angereicherten Uran stehen im Reaktor in Wasser. Welche Aufgaben erfüllt das Wasser?

3 Ein bisher ungelöstes Problem der Kernenergie sind die radioaktiven Abfälle.
a Beschreibe anhand der Grafik den Unterschied zwischen dem Kernbrennstoff vor und nach dem Einsatz im Reaktor. ▶1
b* Aus Uran ($^{238}_{92}$U) entsteht im Reaktor Plutonium ($^{239}_{94}$Pu). Es ist wie Uran-235 spaltbar und kann als Brennstoff in Reaktoren und zum Bau von Atomwaffen genutzt werden.
Beschreibe die Umwandlungskette von Uran ($^{238}_{92}$U) zu Plutonium ($^{239}_{94}$Pu).
c Beschreibe, wie in Deutschland derzeit mit radioaktiven Abfällen umgegangen wird.
d* In einigen Ländern (wie Frankreich und England) werden Wiederaufbereitungsanlagen betrieben.
– Informiere dich, wie die Anlagen funktionieren.
– Begründe, warum das Problem der radioaktiven Abfälle und der Endlagerung mit einer Wiederaufbereitungsanlage nicht gelöst ist.
– „Wiederaufbereitungsanlagen sind gefährlicher als Kernkraftwerke." Bewerte diese Aussage.

4 Pro und kontra Kernkraftwerke
Die Frage, ob weitere Kernkraftwerke gebaut oder die vorhandenen endgültig stillgelegt werden sollen, ist umstritten. Nimm zu den folgenden Argumenten Stellung:
- Ein Kernkraftwerk kann nicht explodieren wie eine Atombombe; deshalb stellt es auch kaum eine Gefahr für uns dar.
- Kernkraftwerke verseuchen die Umwelt mit gefährlicher ionisierender Strahlung und sind deshalb schädlicher als Kohlekraftwerke.
- Die Umwelt ist durch die festgelegten strengen Grenzwerte und ihre Kontrolle vor radioaktiver Verseuchung geschützt.
- Kernkraftwerke wirken sich positiv auf das Klima aus, weil sie kein Kohlenstoffdioxid ausstoßen.
- Entsorgung und Zwischenlagerung der abgebrannten Brennelemente sind viel gefährlicher als die Kernkraftwerke selbst.
- Die radioaktiven Abfälle können den Menschen noch in Tausenden von Jahren gefährlich werden.
- Kernkraftwerke sind notwendig, um unsere Energieversorgung zu sichern und vom Öl unabhängiger zu werden.
- Das Wasser der Flüsse wird durch radioaktive Abfälle verseucht und durch das Kühlwasser immer mehr erwärmt, sodass das Leben in den Flüssen zerstört wird.
- Billige Energie aus Kernkraftwerken verhindert, dass sie aus teureren, aber ungefährlichen Quellen ersetzt wird.

5 Zur Frage der Verantwortung
Otto Hahn schrieb 1955: „Da sagen die Leute, ich sei daran schuld, dass es Atombomben gibt und Japan so furchtbar hat leiden müssen und dass unsere Zukunft gefährdet sei. Aber ich habe doch nur meine wissenschaftliche Pflicht getan."
a Bewerte die Aussage. Hat ein Forscher die Verantwortung für seine Entdeckungen? Muss er nicht die Forschungen einstellen und verheimlichen, wenn er die Konsequenzen übersieht?
b Überlege anhand weiterer Beispiele, wie eine Entdeckung oder Erfindung positiv oder negativ wirken kann (z. B. Ottomotor, Kunststoffe, Pflanzenschutzmittel, Gentechnik ...).

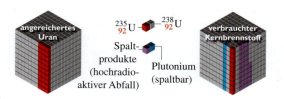

1

Teste dich!

▷ Die Lösungen findest du im Anhang.

1 Nachweis ionisierender Strahlung

a Im Schwarzwald (in der Nähe von Menzenschwand) wurde früher Uranerz abgebaut. Noch heute findet man dort oft uranhaltige Steine. Beschreibe, wie du mit einem Röntgenfilm überprüfen kannst, ob ein Stein radioaktiv ist.

b Erkläre den Begriff *Nulleffekt*. Nenne seine Ursachen. Der Nulleffekt ist vom Ort abhängig. Begründe diese Beobachtung.

c Beschreibe, wie man den Nulleffekt in eurem Physikraum bestimmen kann.

d* Mit einem *Geigerzähler* kann man überprüfen, ob in einem medizinischen Labor die Radioaktivität über dem Nulleffekt liegt. Beschreibe mit einer einfachen Skizze, wie der Geigerzähler funktioniert. Benutze dabei den Begriff „ionisieren" oder „Ionisation" und erkläre ihn.

2 Die Strahlungsarten α-, β- und γ-Strahlung

a Nenne Unterschiede der drei Strahlungsarten.

b* Radium ($^{226}_{88}$Ra) ist radioaktiv. Bei der Umwandlung entsteht Radon (Rn), außerdem wird α-Strahlung und γ-Strahlung frei. Vervollständige die Umwandlung in Kurzform:

$^{226}_{88}$Ra → ? Rn + …

3 Das Isotop Kohlenstoff-14 ($^{14}_{6}$C)

a Erkläre den Begriff *Isotop* am Beispiel von $^{14}_{6}$C und $^{12}_{6}$C.

b* Beim Zerfall von $^{14}_{6}$C entsteht Stickstoff (N). Außerdem wird β-Strahlung frei. Stelle die Umwandlung in Kurzform dar.

4 Radioaktive Gegenstände haben unterschiedliche Aktivitäten. 1 g natürliches Kalium hat eine Aktivität von 28 Bq. Im menschlichen Körper sind ca. 100 g davon enthalten.

a Erkläre, was man unter *Aktivität* versteht.

b Wie viele Kaliumatome zerfallen im menschlichen Körper durchschnittlich in 1 s?

5 Bei der von außen auf uns wirkenden Strahlung ist besonders die γ-Strahlung gefährlich, bei der von innen die α-Strahlung. Versuche den Unterschied zu begründen.

6 Ionisierende Strahlung wird zur Untersuchung (Diagnose) und zur Heilung (Therapie) von Krankheiten eingesetzt.

a Beschreibe jeweils ein Beispiel und wäge Vor- und Nachteile ab.

b Beim Einsatz radioaktiver Stoffe zur Untersuchung spielt die *Halbwertszeit* eine entscheidende Rolle. Erkläre den Begriff. Begründe die Bedeutung der Halbwertszeit bei der Diagnose.

c Die Aktivität eines radioaktiven Stoffs beträgt zu Beginn der Untersuchung 400 Bq. Wie groß ist sie, wenn die Halbwertszeit zweimal vergangen ist?

7 Kernkraftwerke

a Beschreibe den Vorgang der Kernspaltung und das Zustandekommen einer Kettenreaktion.

b Beschreibe die Funktionsweise eines Kernreaktors. Bewerte die Gefahren.

Was haben die Ziffern mit dem Computer zu tun?

Ist die Strahlung vom Handy gefährlich?

Weiße Fläche aus bunten Punkten?

Warum gibt es keine grüne Farbpatrone?

Ein Verstärker und eine „Einbahnstraße" für Strom?

Platz für 60 000 Bücher?

Dieser Scheinwerfer merkt, wenn es dunkel wird!

Wie kommt das Signal zum Boot?

Licht und Röntgenstrahlung – verschieden und doch gleich?

Informationen übertragen

▷ Wir leben im „Zeitalter der Information". Nachrichten und Bilder aus jedem Winkel der Welt werden durch Rundfunk, Fernsehen und Internet in kürzester Zeit weltweit verbreitet. Mit Handys organisieren die Menschen ihr Leben. Signale von Satelliten führen Autofahrer, Flugzeuge und Schiffe zu ihrem Zielort. Kabellose PC-Netzwerke lösen die „Kabelsalate" ab. Wie die Informationen vom Sender zum Empfänger kommen, erfährst du in diesem Kapitel.

▷ Du nimmst deine Umwelt mit Augen, Ohren und weiteren Sinnesorganen wahr. Ein Roboter braucht dafür elektronische „Fühler". Du wirst untersuchen, wie sie funktionieren.

▷ „Mein Handy kann 4 Gigabyte speichern!" Was ist eigentlich ein Byte? Wie werden Fotos oder Musikstücke abgespeichert? Antworten auf solche Fragen findest du ebenfalls in diesem Kapitel. Dabei lernst du digitale Signale und Dualzahlen kennen. Das sind vielleicht noch Fremdwörter für dich – aber dein Handy versteht sie bestens.

▷ Licht und Röntgenstrahlung sind gar nicht so verschieden, wie du denkst. Sie gehören zur gleichen „Familie". Du wirst erfahren, was sie gemeinsam haben und wer noch dazugehört.

▷ Bildschirme und Farbfotos zeigen Millionen von Farben. Dafür genügen jeweils nur drei Grundfarben! Es muss nur kräftig gemischt werden …

Information und Kommunikation

Sensoren nehmen Signale auf

▷ Wir nehmen die Welt mit unseren Sinnesorganen wahr: Wir sehen, hören, fühlen, riechen und schmecken.

▷ Techniker versuchen, Sinnesorgane „nachzubauen". Solche Bauteile bezeichnet man als *Sensoren*. Sie sollen Informationen aus der Umwelt aufnehmen.

▷ Welche Sensoren entdeckst du in deiner Umgebung? Auf welche Signale reagieren sie?

1 *Wetterstation: Sensoren auf dem Dach und Anzeigegerät*

Untersuchen Experimentieren

1 Temperatursensor Ein Sensor auf dem Dach misst die Temperatur. ▶1 In ihm steckt ein *Heißleiter* (NTC-Widerstand). ▶2

a Messt den elektrischen Widerstand eines Heißleiters mit einem Vielfachmessgerät (auf „Ω" einstellen). Erwärmt den Heißleiter mit den Fingern. Beobachtet, wie sich sein Widerstand ändert.

b Baut die Schaltung auf. ▶3 Erhitzt den Heißleiter mit einer Flamme. *Achtung:* Haltet die Flamme nicht länger als 3 s an den Heißleiter! Beschreibt eure Beobachtung. Formuliert ein Versuchsergebnis.

c* Taucht den Heißleiter in ein Wasserbad. Erwärmt das Wasser langsam. Messt die Temperatur und den Widerstand des Heißleiters in bestimmten Abständen. Notiert die Messwerte in einer Tabelle. Tragt die Werte in ein Diagramm ein und zeichnet die Messkurve. Schreibt das Versuchsergebnis auf.

2 Helligkeitssensoren Wenn es hell wird, werden die Bildschirme von Handys noch etwas heller. Bei Dunkelheit schalten sich Baustellen- und Fahrradlampen „automatisch" ein. Ihre Sensoren reagieren auf Licht.

a Messt den elektrischen Widerstand bei einem *Fotowiderstand (LDR)*. ▶4 Lasst unterschiedlich viel Licht auf das Bauteil fallen. Beobachtet, wie sich sein Widerstand ändert. Schreibt das Ergebnis in einem Satz auf.

b Baut die Beleuchtung für den Bildschirm eines Handys im Modell nach. Der Schaltplan ähnelt dem in Bild ▶3, aber statt ... Zeichnet, experimentiert und beschreibt!

c Auch eine *Solarzelle* kann als Sensor für Helligkeit dienen. Schließt sie an eine Telefonhörkapsel an. ▶5 Haltet die Solarzelle anschließend unter eine Leuchtstofflampe und vor eine TV-Fernbedienung. Beschreibt eure Beobachtung.

2 *Heißleiter (NTC-Widerstand; NTC: Negative Temperature Coefficient)*

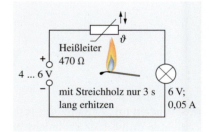

3

4 *Fotowiderstand (LDR)*

3 Schallsensor „Wer ist da?", tönt es aus dem Lautsprecher an der Haustür. Danach spricht der Besucher – in den Lautsprecher! Funktioniert ein Lautsprecher wie ein Mikrofon, ist er ja selbst ein Sensor ...
a Sprecht in einen kleinen Lautsprecher (oder eine Telefonhörkapsel) hinein. ▶5 Prüft, ob sich dabei der Widerstand des Bauteils ändert.
b Erzeugt der Lautsprecher eine Spannung, wenn ihr hineinsprecht? Prüft das mit einem digitalen Spannungsmessgerät. Handelt es sich um Gleichspannung (DC) oder Wechselspannung (AC)? Erklärt das Ergebnis.

4*Feuchtesensor Das wünscht sich keiner: Wäsche bei Regen auf der Leine, überlaufende Wasserbecken, Hochwasser im Keller. Hier hilft ein Feuchtesensor. Er steckt auch in jedem Wäschetrockner. ▶6 Der Sensor meldet, wenn die Wäsche trocken ist. Dann schaltet sich der Trockner aus.
a Baut den Feuchtesensor vereinfacht mit zwei Metallkontakten nach. Verbindet dazu ein Widerstandmessgerät mit zwei Münzen. ▶7
b Legt ein trockenes (feuchtes, nasses) Tuch auf die Münzen. Schreibt eure Beobachtung auf.

kleiner Lautsprecher

Hörkapsel eines Telefons

5

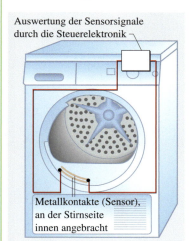

6

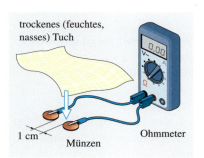

7

5 Kennlinie Bei einem Sensor ist der Widerstand bei verschiedenen Temperaturen gemessen worden. ▶8 Die Messkurve bezeichnet man als *Kennlinie* des Sensors.
a Beschreibt die Eigenschaft des Sensors in einem Satz. Um welches Bauteil handelt es sich?
b Lest den Widerstand des Sensors bei 25 °C (−10 °C, 50 °C) ab.

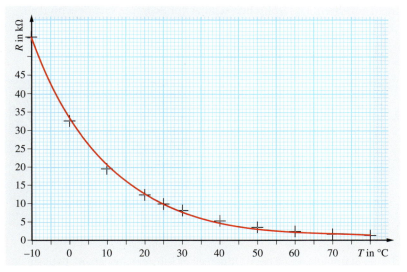

8 *Kennlinie eines Sensors*

Grundlagen: Verschiedene Sensoren

1 *Feueralarm – früher der Türmer und heute der Rauchmelder*

Mit seinen Sinnen sollte ein Türmer früher einen Brand erkennen und seine Aufgabe erfüllen: „Melde, wenn ein Brand ausbricht!" ▶1 Soll heute ein Gerät diese Aufgabe übernehmen, muss es auf Hitze oder Rauch reagieren können. Dazu braucht es einen „Fühler". In der Technik spricht man von einem *Sensor* (lat. *sensus:* Gefühl).
Sensoren gibt es für physikalische Größen, die auch der Mensch wahrnimmt (z. B. Temperatur, Druck, Helligkeit und Lautstärke). Außerdem gibt es Sensoren für ionisierende Strahlung, Funkwellen, Magnetfelder …

> **Bei elektronischen Sensoren ändert sich durch Einflüsse von außen meist der elektrische Widerstand:**
> **Bei einem *Heißleiter* wird der Widerstand kleiner, wenn er wärmer wird.** ▶2
> **Bei einem *Fotowiderstand* wird der Widerstand kleiner, wenn es heller wird.** ▶3

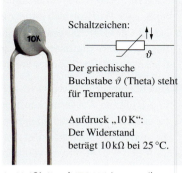

2 *Heißleiter (NTC-Widerstand)*

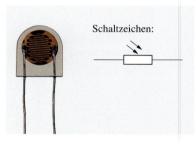

3 *Fotowiderstand (LDR, Light Dependent Resistor)*

Zu den mechanischen Sensoren gehören der *Bimetallschalter* und der *Reedschalter*. ▶4 Sie enthalten bewegliche Bauteile und schalten den Strom ähnlich wie ein Taster ein oder aus.
Der Reedschalter spricht auf Magnetfelder an. In ein Glasröhrchen sind zwei Eisenzungen eingeschmolzen, die sich im ausgeschalteten Zustand nicht berühren. Das Röhrchen schützt vor Schmutz und Feuchtigkeit.

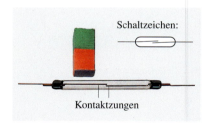

4 *Reedschalter*

Aufgaben

1 Erkläre, was du unter einem Sensor verstehst.

2 Zum Fahrradtacho gehört ein Reedkontakt an der Gabel des Vorderrads. ▶5 Er wird von dem Magneten an der Speiche geschaltet. Was verrät dieser Sensor dem Tacho?

3 Eine Alarmanlage soll beim Öffnen eines Fensters „losgehen". Baut sie mit einem Magneten, einem Reedkontakt und einem Summer auf. ▶6

5 *Fahrradgabel mit Sensor*

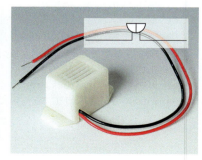

6 *Summer (Gleichstrom)*

Sensoren nehmen Signale auf

Aus der Technik — Sensoren im Auto

In jedem Mittelklassewagen stecken über 50 elektronische Sensoren, in Oberklassewagen sogar mehr als 100. Manche sind vielleicht überflüssig und dienen nur dem Komfort. So schalten z. B. Regensensoren automatisch die Scheibenwischer bei Regen ein. Ganz wichtig sind aber Sensoren, die den Motor überwachen und die Abgase kontrollieren. Es gibt Sensoren für Druck, Zündtemperatur, Luftmenge, Drehzahl, Ölfüllstand und -qualität, Abgaszusammensetzung (Lambdasonde) …
Andere elektronische Bauteile dienen der Fahrsicherheit. Sie haben die Zahl schwerer Unfälle deutlich verringert. Inzwischen besitzen nämlich fast alle Neuwagen Airbags, ein Antiblockiersystem (ABS) und ein elektronisches Stabilitätsprogramm (ESP). ▶7
Heute ist das Risiko, bei einem Autounfall zu sterben, zehnmal geringer als vor vierzig Jahren – obwohl heute viel mehr Autos unterwegs sind. Mehr Sicherheit haben vor allem Sicherheitsgurte, Knautschzonen und Kopfstützen gebracht – auch ohne Sensoren.

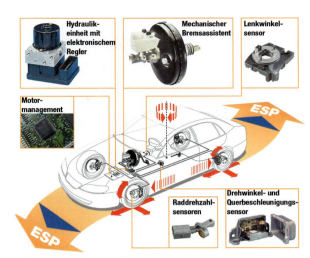

7 *Bestandteile des ESP*

Aufgaben

4 Nenne alle Sinne, die man beim Autofahren braucht.

5 Begründe den Rückgang tödlicher Verkehrsunfälle.

6 Die „Augen" künftiger Autos können mehr sehen als wir. ▶8–9
a Beschreibe, was die verschiedenen „Augen" wahrnehmen können.
b Erkläre, weshalb sie Unfälle verhindern können.

8

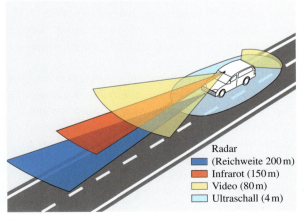

9

Aus Natur und Umwelt — Signale aufnehmen mit allen Sinnen

Der Mensch besitzt mehrere Sinnesorgane. Augen und Ohren sind davon die besten und wichtigsten. Manche Tiere sind jedoch noch besser ausgestattet.

Sehen Sprichwörtlich sind die „Adleraugen" von Greifvögeln. ▶1 Sie erkennen eine Maus noch aus 600 m Entfernung. Auf einer Fläche von 1 mm^2 besitzt der Adler eine Million Sehzellen – sechsmal so viel wie der Mensch.
Andere Tiere sehen „Farben", für die wir blind sind. Bienen sehen auch ultraviolette Strahlung. Dafür können sie aber rote Farbtöne nicht voneinander unterscheiden.

Hören Wir hören Töne zwischen 16 Hz (sehr tiefer Ton) und 20 kHz (sehr hoch). Was ist das aber im Vergleich zu Hunden, Fledermäusen oder Delfinen? Sie hören Ultraschall bis zu 200 kHz! ▶2

Schmecken Unsere Zunge meldet uns, ob das Essen süß, sauer, bitter oder salzig schmeckt.
Über den Geschmack der Tiere wissen wir wenig. Die meisten Säugetiere scheinen aber Süßes besonders gern zu mögen.

Riechen Unsere Nase erkennt Tausende von Gerüchen. Sie besitzt in der Schleimhaut über 10 Millionen Riechzellen. Diese melden uns verschiedenste Duftsignale: Hier duftet es nach Kaffee und dort riecht es nach vollen Windeln. Die Riechzellen reagieren auf bestimmte Moleküle.
Hunde haben 23-mal so viele Riechzellen wie der Mensch. Mit ihren feinen Nasen spüren sie Drogen und Sprengstoff sogar in geschlossenen Koffern auf. ▶3 Hundespürnasen werden auch bei der Suche nach Verschütteten und Entführungsopfern eingesetzt.
Männliche Schmetterlinge sind nur an einem einzigen Geruch interessiert: am Sexualduft ihrer Weibchen. Sie nehmen ihn kilometerweit wahr. ▶4 Moskitos und Stechmücken riechen den Schweiß ihrer menschlichen „Opfer" bis zu 70 m weit. Ihr Geruchssinn reagiert auf Stoffe, die sich gasförmig in der Umgebung verteilen. Selbst wenige Moleküle des Stoffs in jedem Liter Luft reichen für die Wahrnehmung aus.

1 Adleraugen

2 Jagen mit Ultraschall

3 Drogenschnüffler

4 Schmetterlingsmännchen mit „Antennen" zum Riechen

Weitere Sinnesorgane Wir verfügen auch über einen Gleichgewichts- und einen Tastsinn: Wir halten das Gleichgewicht, fühlen Beschleunigungen und Drehungen und spüren Berührung, Druck, Kälte und Hitze. Klapperschlangen nehmen mit „Thermosensoren" Infrarotstrahlung wahr, die von allen Dingen entsprechend ihrer Temperatur ausgesendet wird. ▶5 Schon geringe Temperaturunterschiede auf den Oberflächen der Dinge liefern ein „Bild" der Umgebung.

Manche Tiere haben Sinnesorgane, die wir Menschen nicht besitzen: So spüren Haie und Rochen mit einem elektrischen Sinn die Nervensignale ihrer Beutetiere auf – selbst wenn sich diese zur Tarnung im Sand vergraben haben. Zugvögel finden im Herbst ihren Weg nach Afrika durch ihren Magnetsinn. Aber man weiß längst noch nicht, wo dieser „innere Kompass" sitzt. Forscher fanden magnetische Sinneszellen bei Brieftauben in Schnabel, Auge und Gehirn.

Während Vögel sich mit den Augen orientieren, gibt es für Meeresschildkröten auf dem Ozean keine Anhaltspunkte. ▶6 Und trotzdem finden sie ihr Ziel: In Florida schlüpfen sie aus dem Ei und schwimmen dann durch den Atlantik bis nach Afrika. Wenn die Tiere erwachsen sind, schwimmen sie wieder zurück. Sie legen ihre Eier genau an dem Strand ab, wo sie selbst geschlüpft sind. Die Schildkröten erspüren das Magnetfeld der Erde noch viel genauer als ein guter Kompass.

5 *Thermosensor der Klapperschlange*

6 *Meeresschildkröte*

Aufgaben

1 Der Mensch besitzt viele Sinne.
a Nenne unsere Sinne. Gib an, auf welche *Signale* sie reagieren. ▶7
b Für welche Signale haben wir keine Sinnesorgane?

2 Beschreibe mit eigenen Worten, was man unter *Signalen* versteht.

Signale

Messbare physikalische Veränderungen nennt man Signale. Sie können z. B. durch Schall, Licht oder Temperaturschwankungen hervorgerufen werden. Sensoren registrieren Signale und wandeln sie um. Ein Mikrofon empfängt z. B. Schall und erzeugt eine Spannungsänderung – also ein elektrisches Signal. Oft sind Signale so schwach, dass sie verstärkt werden müssen.
Wenn ein Empfänger den Signalen Bedeutung zuordnen kann, entsteht aus den Signalen Information.

7 *Aus einem Lexikon*

3 Adler sehen besser als wir, Hunde haben eine feinere Nase. Worin unterscheiden sich ihre Sinnesorgane von unseren?

4 Beschreibe, wie Fledermäuse ihre Beute orten.

5 Temperaturfühler
a Beschreibe, welchen Vorteil die Klapperschlange durch ihr Grubenorgan hat.
b Manche Kameras können Tiere auch im Dunkeln fotografieren (ohne Blitz). Erkläre. ▶8

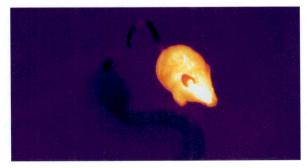

8 *Schlange und Maus*

Die kleinste Rockband

▷ E-Gitarre anstöpseln, Lautsprecher aufdrehen – das rockt!

▷ Wie kommt die Musik in den Lautsprecher? Und wie kommt sie wieder heraus?

1

Untersuchen

1 Magnetische Lautsprecher? Die meisten Lautsprecher enthalten einen Dauermagneten. Untersucht sein Magnetfeld.
a Stellt den Lautsprecher auf einen Tisch. Bewegt einen Kompass langsam im Kreis um ihn herum. Dreht den Lautsprecher dann um seine Längsachse und wiederholt die Untersuchung.
b Beschreibt, wo sich die Magnetpole befinden.

2 Ein Lautsprecher als „Mikrofon"
a Schließt den Lautsprecher an ein empfindliches Messgerät ($U < 0{,}3$ V) an. ▶2 Stellt es auf Gleichspannung ein. Sprecht nun mit kräftiger Stimme in euer „Mikrofon". Beobachtet dabei das Messgerät. Verändert eure Lautstärke.
b Stellt das Messgerät auf Wechselspannung um. Sprecht wieder in das „Mikrofon" …
c* Messt die Wechselspannung mit einem Computer. Lasst sie euch in einem Diagramm anzeigen. Beschreibt und erklärt das Ergebnis.

3 Vom „Mikrofon" zum Kopfhörer Schließt einen Lautsprecher an einen Kopfhörer an. ▶3 Der Lautsprecher dient wieder als „Mikrofon". Lässt sich so die Radiomusik auf den Kopfhörer übertragen? Erklärt das Versuchsergebnis.

4 Membran – genauer betrachtet Die Membran des Lautsprechers bewegt sich, wenn sich die Stromstärke ändert. Das könnt ihr in einem Versuch untersuchen. ▶4
a Ändert die Stromstärke und beobachtet den Trinkhalm.
b Vertauscht die Polung an der elektrischen Energiequelle. *Tipp:* Wenn ihr ein analoges Messgerät (mit Zeiger) für die Stromstärke verwendet, müsst ihr die Anschlüsse ebenfalls vertauschen.

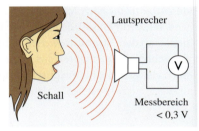

2

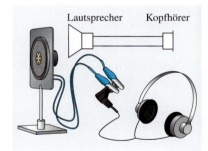

3

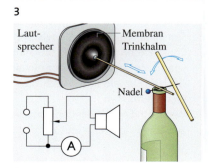

4

Die kleinste Rockband Information und Kommunikation **341**

Grundlagen — Mikrofon und Lautsprecher

Mikrofon Im Mikrofon ist eine gespannte Kunststofffolie (Membran) mit einer Spule verbunden. ▶5 Die Spule kann sich im Magnetfeld eines Dauermagneten leicht bewegen. Wenn Schall die Membran mit der Spule hin- und herbewegt, wird in der Spule eine kleine Wechselspannung induziert. Diese Spannung schwankt im „Takt" der Schallschwingungen.

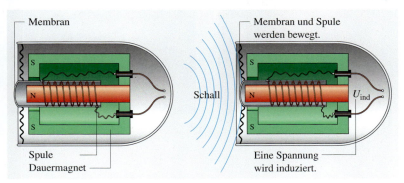

5

Lautsprecher Mikrofon und Lautsprecher sind ähnlich aufgebaut. ▶6 Unterschiede gibt es bei der Membran (Größe, Form und Material) und bei der Spule (Aufhängung und Beschaffenheit).
Wenn ein Strom durch die Spule des Lautsprechers fließt, übt der Dauermagnet eine Kraft auf sie aus. Je nach Stromrichtung wird sie in die eine oder in die andere Richtung bewegt. Bei einem Wechselstrom schwingt sie zusammen mit der Membran im „Takt" des Wechselstroms hin und her. Die Schwingungen der Membran erzeugen Schall.

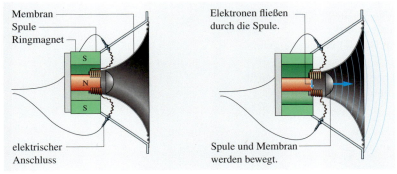

6

Verstärker Mikrofone erzeugen nur kleine Spannungen und Ströme. Ihre Leistung liegt unter 1 mW. Wenn man ein Mikro direkt an den Lautsprecher anschließen würde, wäre die Lautstärke viel zu gering. Denn Lautsprecher haben oft eine Leistung von mehr als 10 W. Die schwachen Signale vom Mikrofon werden deshalb vorher verstärkt.

> Mikrofone wandeln durch Induktion Schall in elektrische Signale um. Ein Lautsprecher wandelt die elektrischen Signale wieder in Schall um. Damit die Lautstärke groß genug ist, werden die elektrischen Signale vor dem Lautsprecher verstärkt.

Aufgaben

1 Mikrofon und Lautsprecher
a Beschreibe Aufbau und Funktionsweise beider Geräte.
b Wie unterscheiden sich beide Geräte? Begründe diese Unterschiede.

2 Der Lautsprecher ▶4 wird an verschiedene elektrische Energiequellen angeschlossen. ▶7 Beschreibe jeweils, wie sich die Membran bewegt.

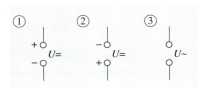

7

Signale ausgeben mit Leuchtdioden

▷ Jeder leuchtende Punkt auf der Anzeigetafel des Fahrstuhls ist eine Leuchtdiode (LED; engl. *light emitting diode*).

▷ Beim Betreiben von Leuchtdioden muss man einige Besonderheiten beachten …

1

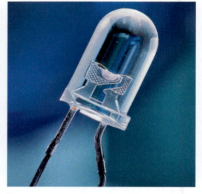
2

Untersuchen

1 Anschließen einer Leuchtdiode Schließt eine Leuchtdiode über einen 180-Ω-Schutzwiderstand an eine Batterie an. ▶3

a Ändert die Stromrichtung durch Umpolen der Batterie. Kehrt auch die Einbaurichtung der Leuchtdiode um. Beschreibt, was geschieht.

b Wie muss die Leuchtdiode eingebaut werden, damit sie leuchtet? ▶2 Überlegt euch dazu eine Merkregel.

c Messt die Spannung zwischen den Anschlüssen der leuchtenden Leuchtdiode.

2 Anzeige der Polung

a Baut mit Lüsterklemmen einen Polprüfer für Spannungen bis 6 V. ▶4–5 Wann leuchtet die rote LED und wann die grüne?

b Ersetzt die Batterie durch ein Netzgerät (4,5 V~). Welches Ergebnis vermutet ihr?

c Bewegt den Polprüfer schnell hin und her. Was verraten die Leuchtspuren? Skizziert die farbigen Lichtspuren.

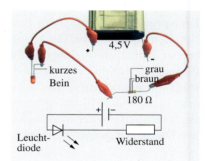
3

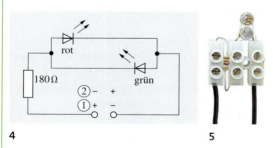
4 5

3* Woher kommt die Farbe? LEDs haben oft einen glasklaren Kopf. ▶6 Ihre Leuchtfarbe kann man erst erkennen, wenn ein Strom durch die LED fließt.

a Beobachtet genau, welche Stelle der LED Licht abstrahlt.

b Was befindet sich an dieser Stelle? Informiert euch über den Aufbau einer LED.

6 *LED-Lampe für Schraubfassungen*

Signale lenken mit Dioden

▷ Paul hätte gern eine eigene Klingel. Aber er darf im Treppenhaus keine neuen Leitungen verlegen …

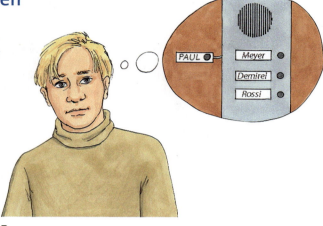

7

Untersuchen

4 Diode im Gleichstromkreis So könnt ihr die Wirkung einer Diode mit Gleichspannung (Batterie, Netzgerät) prüfen. ▶8
a Polt die Batterieanschlüsse bzw. die Diode mehrfach um.
b Dioden werden oft als „Ventile" für den elektrischen Strom bezeichnet. Überlegt euch, was damit gemeint ist.
c Sucht nach einer Einbauregel für die Diode: „Die Lampe leuchtet nur dann, wenn der Ring der Diode …"

5 Diode im Wechselstromkreis
a Wiederholt den Versuch 4 mit Wechselspannung (4V~): ohne Diode, mit Diode, mit umgekehrt eingebauter Diode. Beschreibt das Ergebnis.
b Tauscht die Lampe gegen einen Motor für Gleichstrom aus. Verringert die Wechselspannung auf 2 bis 4V~ und wiederholt Teil a. Erklärt eure Beobachtung.
c „Dioden wirken auf Wechselstrom als Gleichrichter." Erklärt, was damit gemeint ist.

6 Pauls Klingelanlage Klingeln laufen mit Wechselspannung. ▶9 Pauls Wunsch lässt sich mit Summern erfüllen, weil sie Gleichspannung benötigen. Außerdem braucht man … ▶10
a Erklärt, wie die Schaltung funktioniert. Welcher Taster gehört zu Paul? Begründet eure Antwort.
b Baut die Schaltung auf und testet sie.

7* Wie steuert man eine Ampel? Mit drei farbigen Leuchtdioden soll das Modell einer Verkehrsampel aufgebaut werden. ▶11 Wenn man die Kontakte 1–4 der Reihe nach berührt, sollen die Ampelfarben in der richtigen Reihenfolge aufleuchten.
a Baut die Schaltung in einem Versuch auf.
b Die Schaltung funktioniert noch nicht ganz wie eine Verkehrsampel. Sucht eine Problemlösung und erprobt sie.

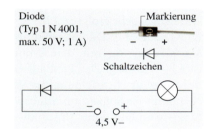

8

9

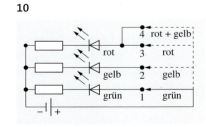

10

11

Grundlagen — Dioden

Der deutsche Physiker *Ferdinand Braun* fand 1874 heraus, dass die Leitfähigkeit natürlicher Kristalle aus Kupfersulfid von der Stromrichtung abhängt. Das war die Geburtsstunde der Diode. ▶1 Seit über 100 Jahren gehören Dioden zu den wichtigsten Bauteilen der Elektro- und Rundfunktechnik. Ihr Aufbau hat sich seither nicht wesentlich verändert. ▶2 Moderne Dioden bestehen aus künstlich erzeugten Kristallen mit zwei verschiedenen Schichten.

> In einer Richtung leiten die Schichten in der Diode den Strom gut (Durchlassrichtung). In der anderen Richtung leiten sie nicht (Sperrrichtung). Deshalb spricht man von „Einbahnstraßen".

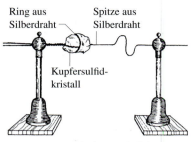

1 Die erste „Einbahnstraße" für den Strom

Bei einem Strom in Durchlassrichtung ist der Widerstand einer Diode gering: 1 bis 100 Ω. Dafür muss aber eine bestimmte Spannung anliegen, die „Schwellenspannung". Bei Siliciumdioden beträgt sie etwa 0,6 V, bei LEDs ist sie höher und von der Farbe abhängig. In Sperrrichtung ist der Widerstand sehr groß (ca. 1 MΩ).

Eine Diode ist in Durchlassrichtung eingebaut, wenn der Anschluss am Markierungsring mit dem Minuspol der Energiequelle verbunden ist. ▶3–4 *Achtung:* Der Pfeil auf einem Einbahnstraßenschild zeigt mit der Spitze in Fließrichtung des Verkehrsstroms. Beim Diodenschaltzeichen zeigt die Spitze zum Minuspol (in Durchlassrichtung). Diese Richtung – vom Plus- zum Minuspol – bezeichnet man als *technische Stromrichtung*. Sie ist genau entgegengesetzt zur Richtung des Elektronenstroms!

> Dioden bezeichnet man auch als Gleichrichter, weil sie Wechselstrom nur in einer Richtung durchlassen.

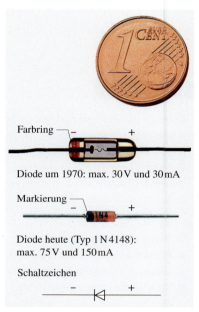

2 „Einbahnstraße" für den Strom

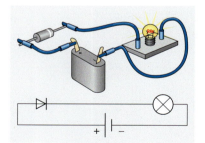

3 Diode in Durchlassrichtung

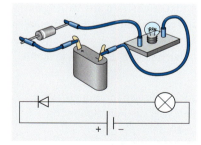

4 Diode in Sperrrichtung

Erweiterung — Halbleiter – Material für Dioden

Dioden werden heute meist aus Silicium hergestellt, seltener auch aus Germanium. ▶5 Beide Stoffe gehören zu den Halbleitern: Ihr elektrischer Widerstand ist größer als der von metallischen Leitern, aber viel kleiner als der von Nichtleitern.

> Viele Halbleiter leiten umso besser, je wärmer sie werden. Ihr Widerstand nimmt dann ab.

5 Silicium für Halbleiterbauteile

Signale lenken mit Dioden | Information und Kommunikation | **345**

Aufgaben

1. Die Diode wird auch als „elektrisches Ventil" bezeichnet. Erkläre diese Bezeichnung. Welche Gemeinsamkeiten haben die Diode und ein Klappenventil? ▶6

2. Bei einer Diode ist die Markierung nicht mehr zu erkennen. Wie findest du die Durchlassrichtung der Diode heraus?

3. In welchen Schaltungen leuchtet die Lampe? ▶7–10 Begründe.

4.* *Ferdinand Braun* erfand die Diode und nutzte sie für den Empfang von Funkwellen. Informiere dich über den Physiker, der 1909 den Nobelpreis bekam. Erstelle ein Plakat oder halte ein Referat.

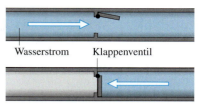

6

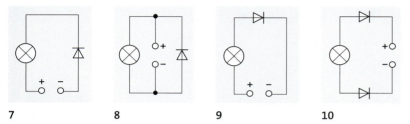

7 **8** **9** **10**

Aus Umwelt und Technik — „Leuchtende Einbahnstraßen"

Seit 50 Jahren dienen Leuchtdioden oder LEDs (engl. *light emitting diode*) zur Ausgabe von Signalen. Sie haben viele Vorteile: Sie sind billig, stoßfest, brauchen wenig Energie, erwärmen sich kaum, leuchten ohne Verzögerung auf und halten selbst im Dauerbetrieb etwa 10 Jahre.
Leuchtdioden gibt es in vielen Formen, Größen und Farben. Ihr farbiges Licht entsteht in einem winzigen Halbleiterkristall. Es wird nicht erst durch das Gehäuse eingefärbt. ▶11 In manchen LEDs stecken mehrere Kristalle, sodass sie in zwei Farben leuchten können.
Seit 10 Jahren gibt es superhelle LEDs, die sich zum Beleuchten eignen. Zunächst wurden sie in Taschenlampen, Rück- und Bremslichtern eingesetzt. Weiße LED-Lampen gibt es auch für Netzspannung (230V~). ▶12 Ihr Wirkungsgrad ist viel höher als bei Glühlampen. Im Vergleich zu einer Glühlampe brauchen sie nur etwa 20 % so viel Energie – bei gleicher Lichtausbeute. LED-Lampen verbrauchen noch weniger Energie als heutige Energiesparlampen und „leben" viel länger. Sie enthalten kein giftiges Quecksilber.

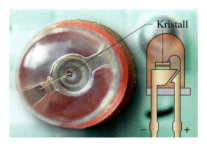

11 *Aufbau einer Leuchtdiode*

Aufgaben

5. LEDs sind „leuchtende Einbahnstraßen". Erkläre diese Bezeichnung.

6. Vergleiche Leuchtdioden mit Glühlampen. Nenne die jeweiligen Vor- und Nachteile.

7.* Rote LEDs benötigen eine Spannung von 1,8 V, grüne LEDs 2,2 V. Wie erreicht man das beim Anschluss an eine Flachbatterie mit einer Spannung von 4,5 V? Überlege dir eine Schaltung.
Hinweis: Die Stromstärke soll 30 mA betragen.

12 *LED-Lampe für den Haushalt*

Signale verstärken mit Transistoren

▷ Die Leuchtdiode und der Summer sollen melden, wann ein Regentropfen auf den Sensor fällt. ▶1 Dieser Regenmelder funktioniert aber nicht so recht. Das Signal des Sensors ist zu schwach.

▷ Der *Transistor* „verstärkt" das Signal. ▶2 Wie gelingt das?

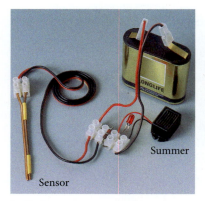

1 *Als Regensensor gedacht ...*

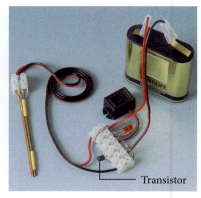

2 *doch erst so funktioniert er.*

Untersuchen

Transistoren haben drei Anschlussbeine. Durch das abgebildete Bauteil fließen immer zwei Ströme. ▶3

1 Regenmelder ▶4 Der Sensor besteht aus zwei blanken Kupferdrähten (10 cm lang). Sie sollen einen Abstand von 1 mm haben und dürfen sich gegenseitig nicht berühren! Der Widerstand (1 kΩ) vor der Basis des Transistors schützt vor einem Kurzschluss. Kleinste Änderungen des Stroms durch den Sensor verstärkt der Transistor zu großen Änderungen des Stroms durch die Leuchtdiode.

a Baut den Regenmelder. Testet ihn mit Wassertropfen oder Schneeflocken.
b* Ergänzt einen Summer.

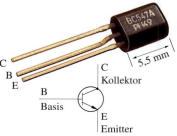

3 *Transistor*

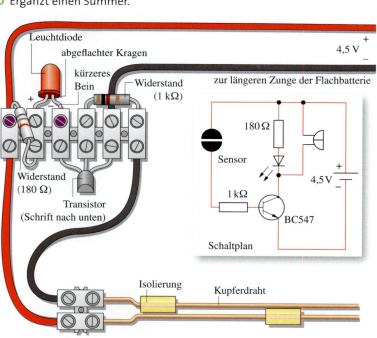

4 *Bauanleitung und Schaltplan eures Regenmelders*

Untersuchen

„Magic-T-Board" ▶5 Diese Grundschaltung mit einem Transistor könnt ihr vielseitiger einsetzen als den Regenmelder von Versuch 1. Mit ihr lassen sich immer wieder neue Versuche „zaubern". Deshalb heißt das Brettchen auch „Magic-T-Board". Wie ihr das Magic-T-Board aufbauen könnt, steht im Anhang dieses Buchs.

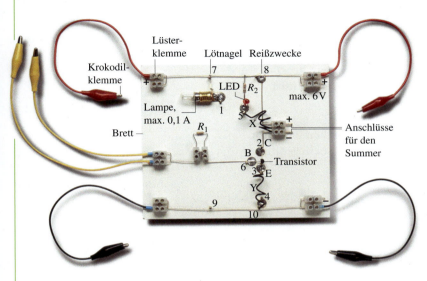

5 *Aufbau der Transistor-Grundschaltung*

2 Das Magic-T-Board im Test

a Schließt die Schaltung an eine 4,5-V-Batterie an. ▶6 Baut eine 1,5-V-Batterie in die Strecke S ein. Jetzt muss die Lampe aufleuchten. Die 4,5-V-Batterie, die Lampe und der Transistor zwischen C und E bilden den *Laststromkreis*.

b Der *Steuerstromkreis* besteht aus der anderen Batterie, dem Widerstand und dem Transistor zwischen B und E. Zeichnet den Schaltplan. Markiert in zwei Farben den Steuer- und den Laststromkreis. Beschriftet die Anschlüsse des Transistors.

3 ... mit zwei elektrischen Energiequellen

a Wiederholt Versuch 2 mit einer „leeren" 1,5-V-Batteriezelle.

b Baut in die Strecke S einen kleinen Spielzeugmotor ein. ▶7 Dreht seine Welle mit der Hand einmal rechts- und einmal linksherum. Der Motor wirkt jetzt als Generator und erzeugt eine elektrische Spannung. Schreibt eure Beobachtung auf.

4 ... mit einer elektrischen Energiequelle

Der Steuerstrom kann auch von der „Hauptbatterie" des Laststromkreises angetrieben werden. ▶8

a Baut in die Strecke A verschiedene Widerstände ein (100 Ω bis 1 MΩ). Beschreibt den Steuer- und den Laststromkreis. Wo verzweigen sie sich? Wo kommen sie wieder zusammen?

b Schließt die Leuchtdiode statt der Glühlampe an. Wiederholt die Versuchsreihe. Beschreibt den Unterschied.

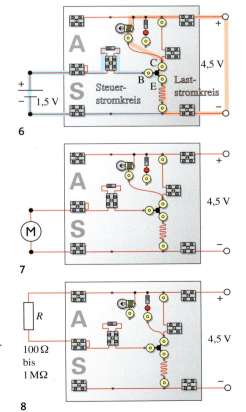

6

7

8

Grundlagen — So arbeitet ein Transistor

Ein Transistor – zwei Stromkreise Oft ist das Signal eines Sensors zu schwach, um einen Summer oder eine Lampe einzuschalten. Das hast du beim einfachen Regenmelder gemerkt. Dann braucht man einen *Transistor*. Das kleine Bauteil kann die geringe Stromstärke im Steuerstromkreis auf das Hundertfache im Laststromkreis „verstärken". ▶1 Man kann die Stromkreise mit zwei Batterien betreiben oder mit einer gemeinsamen. ▶2–3 *Beachte:* Der Pfeil im Schaltzeichen des Transistors zeigt zum Minuspol hin.

Der Transistor als Schalter Wenn die Spannung zwischen Basis und Emitter des Transistors kleiner ist als 0,7 V, sperrt der Transistor. Über den Kollektor fließt dann kein Laststrom.

> Unterhalb der Schwellenspannung von 0,7 V zwischen Basis und Emitter wirkt der Transistor im Laststromkreis wie ein geöffneter Schalter.

Der Transistor als Verstärker Bei einer Spannung von 0,7 V zwischen Basis und Emitter fließt ein kleiner Steuerstrom über die Basis. Wenn der Steuerstrom etwas vergrößert wird, steigt die Stromstärke im Laststromkreis stark an. Das wird beim Regenmelder genutzt. ▶1 Die Energie zum Verstärken stammt aus der elektrischen Energiequelle im Laststromkreis.

> Oberhalb der Schwellenspannung wirkt der Transistor als Verstärker. Ein kleiner Strom im Steuerstromkreis steuert einen großen Strom im Laststromkreis.

Falls die Verstärkung durch den Transistor zu groß ist, leitet man einen Teil des Steuerstroms am Transistor vorbei. ▶4 Man stellt dazu den veränderbaren Widerstand auf einen kleinen Wert ein.

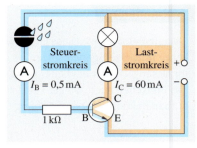

1 *Schaltplan für einen Regenmelder*

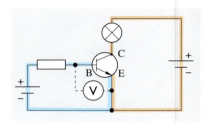

2 *Grundschaltung mit zwei Batterien*

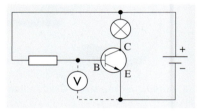

3 *Grundschaltung mit einer Batterie*

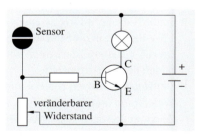

4 *Geringere Verstärkung*

Erweiterung — Der Transistor im Modell

Das „Herzstück" des Transistors ist ein winziger Kristall aus Silicium. Wie er den elektrischen Strom steuert, kann man selbst unter dem besten Mikroskop nicht sehen. Man kann sich deshalb Modelle ausdenken, um die Funktion des Transistors zu erklären. *Beispiel:*
Wasser kommt aus zwei Rinnen. ▶5 Die Rinnen haben ein besonderes Ventil mit zwei Klappen. Der kleine Wasserstrom steuert den großen. Oder anders gesagt: kleine Ursache – große Wirkung.
Das Wassermodell beschreibt nicht, was in einem Transistor tatsächlich geschieht! Aber es ist eine Hilfe zum Verstehen.

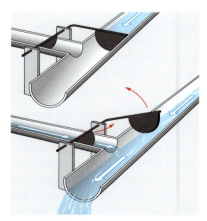

5 *Modell für den Transistor*

Aufgaben

1 Jede Transistorschaltung hat zwei Stromkreise. Benenne sie.

2 Der Transistor als Verstärker
a Beschreibe mit eigenen Worten, was man beim Transistor mit „verstärken" meint.
b Paul meint: „Mit einem Transistor lässt sich eine schwache Batterie wieder stärker machen." Bewerte Pauls Meinung.

3* Wenn du die Stromstärke im Laststromkreis durch die Stromstärke im Steuerstromkreis teilst, erhältst du den *Verstärkungsfaktor* des Transistors. Berechne ihn für den Regenmelder. ▶1

4* Transistor im Modell ▶5
a Ordne den Wasserleitungen die Anschlüsse des Transistors zu. *Tipp:* Die blauen Pfeile zeigen die technische Stromrichtung.
b Der Transistor steuert erst durch, wenn seine Schwellenspannung überschritten ist. Wie ist das beim Modell?

Aus der Technik — Transistoren – früher und heute

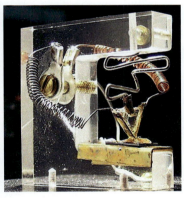 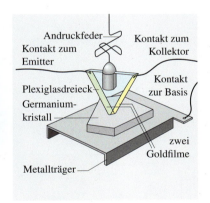 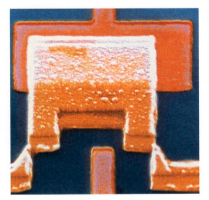

6 Der erste Transistor   **7** Aufbau des ersten Transistors   **8** Moderner Transistor – millionenfach vergrößert

Ende 1947 stellten die Amerikaner *John Bardeen*, *Walter Brattain* und *William Shockley* den ersten Transistor der Welt vor. ▶6 Auf einem Germaniumkristall (Basis) waren zwei Goldkontakte (Emitter und Kollektor) mit einem Abstand von 0,05 mm angebracht. ▶7 Der geringe Sprechstrom in einem Mikrofon steuerte über den Transistor den großen Strom in einem Lautsprecher. Die drei Forscher träumten zu Recht davon, dass ihr Transistor „die Welt verändern" würde. Sie bekamen 1956 den Nobelpreis.
Heute stecken Transistoren zu Millionen in Radios, Fernsehern, Uhren, Taschenrechnern, Smartphones, Handys, Computern … Sie werden in der Regel nicht mehr durch Ströme gesteuert, sondern durch Spannungen. Dadurch verbrauchen sie weniger elektrische Energie.
Um immer mehr Transistoren in elektronischen Schaltungen unterbringen zu können, braucht man immer kleinere Transistoren. Die kleinsten sind heute nur noch wenige millionstel Millimeter groß. ▶8

Aufgaben

5 Der Transistor wurde gleich bei seiner Erfindung zum „Verstärken" benutzt. Gib an, wie er eingesetzt wurde.

6 Einer der Erfinder des Transistors bekam sogar zweimal den Nobelpreis für Physik. Wer war es? Wofür bekam er den Preis im Jahr 1972? Informiere dich.

Erweiterung: „Zaubern" mit dem Magic-T-Board

Untersuchen

Wetten, dass jeder der folgenden Wünsche ganz einfach und schnell zu erfüllen ist?! ▶1 Man kann nämlich dafür jedes Mal die „Transistor-Grundschaltung" nutzen (siehe Anhang).

Max wünscht sich eine Alarmanlage für nasse Windeln.

Georg: Ich wünsche mir eine Alarmanlage für die Haus- und Garagentür.

Gabi: Ich wünsche mir eine Alarmanlage als Brandschutz.

Sara: Ich wünsche mir eine Alarmanlage für meine Geheimschublade.

1

1 **Erster Einsatz des Magic-T-Boards** Rechts seht ihr Schaltungen für Alarmanlagen. ▶2–5
a Ordnet sie den Wünschen der vier Personen zu. ▶1
b Baut zunächst eine der Schaltungen auf. Probiert sie aus. Wie funktioniert sie?
c Testet möglichst auch die anderen Schaltungen.

2

3

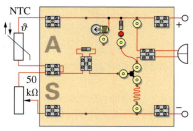

4

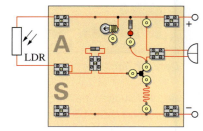

5

Mit dem Magic-T-Board könnt ihr auch diese Wünsche erfüllen! ▶6

Ich möchte die Signale unserer Fernbedienung hören und sehen.

Ich wünsche mir eine Alarmanlage gegen trockene Topfpflanzen.

Ich möchte den Sensor vom Fahrradlicht nachbauen.

Ich möchte das Gras wachsen hören.

6

2* Weitere Einsatzmöglichkeiten für das Magic-T-Board

a Bild ▶7: Fernbedienungen von Fernsehgeräten senden unsichtbare (infrarote) Lichtblitze aus. In ihnen sind die Befehle verschlüsselt.
– Richtet im abgedunkelten Raum eine Fernbedienung auf den Fotowiderstand. Drückt nur ganz kurz auf verschiedene Tasten.
– Drückt länger auf eine Taste. Sucht eine Erklärung für das, was ihr hört.

b Bild ▶8: Stellt den veränderbaren Widerstand (das „Poti") so ein, dass die Lampe ganz schwach oder gar nicht leuchtet. Dunkelt anschließend den LDR ab. Wofür lässt sich diese Schaltung verwenden?

c Bild ▶9: Füllt einen Joghurtbecher mit trockenem Sand. Steckt als Sensor zwei Stricknadeln oder Drähte mit einem Abstand von höchstens 2 cm hinein. Die Nadeln oder Drähte dürfen sich nicht berühren.
– Gießt Wasser hinzu.
– Zieht die Nadeln aus dem feuchten Sand heraus.
Erklärt nun, wie die Schaltung funktioniert.

d Bild ▶10: „Das Gras wachsen hören" geht leider nicht ganz. Ihr könnt aber einen superempfindlichen Berührungs- und Schallsensor bauen. Legt die Kohlestäbe gekreuzt auf den Tisch. Stellt den veränderbaren Widerstand so ein, dass die LED gerade aufleuchtet.
– Berührt einen der Kohlestäbe.
– Blast auf die Stäbe.
– Schabt mit dem Fingernagel am anderen Ende der Tischplatte.

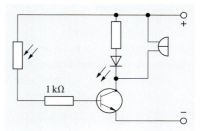

7

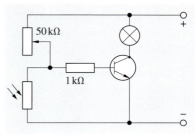

8

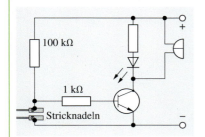

9

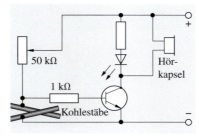

10

Erweiterung: Speichern mit Kondensatoren

▷ Das Fenster ist nur angelehnt. Vorsichtig schiebt der Einbrecher den Fensterflügel weit auf, damit er ins Haus klettern kann. Plötzlich heult eine Sirene los. Sofort schließt er das Fenster wieder – aber die verflixte Alarmanlage bleibt weiterhin eingeschaltet. Da macht sich der Dieb doch lieber aus dem Staub …

▷ Die Alarmanlage hat eine Zeitschaltung. Sie wird durch einen *Kondensator* gesteuert.

1 *Der Krach hört ja gar nicht mehr auf!*

Untersuchen

1 Gespeicherte Energie
a Beschreibt, was jeweils bei der Schalterstellung 1 und 2 geschieht. ▶2
b Verwendet Kondensatoren mit folgenden Aufschriften: 4700 µF, 470 µF, 100 µF und 10 µF. Schreibt eure Beobachtungen auf.
c Erklärt das Versuchsergebnis.

2* Das Standlicht beim Fahrrad In der Standlichtschaltung steckt ein Kondensator. ▶5 Der „Gold-Cap" kann besonders viel elektrische Energie speichern.
a Plant einen Modellversuch mit einem „Gold-Cap" (5,5 V; 1 F). *Tipp:* ▶2
b Ladet den Kondensator 5 s lang auf.
c Lasst eine LED-Lampe damit leuchten. Wie lange leuchtet sie?

3 Gespeicherter Alarm ▶1
a Baut mit einem Magic-T-Board die zeitgesteuerte Alarmanlage auf. ▶3
b Überlegt, wie ihr die Dauer des Alarms verändern könnt.
c Erprobt eure Überlegung im Versuch.

4 Gespeicherte Daten Computer merken sich Daten in Bit: 0 = keine Spannung; 1 = Spannung. Hier seht ihr ein Modell für einen 4-Bit-Speicher aus 4 Kondensatoren. ▶4 „Schreibt" eine Zahl hinein, die aus 4 Bit besteht (z. B. 1001). Prüft dann, ob eine andere Gruppe die Zahl drei Minuten später richtig „lesen" kann.

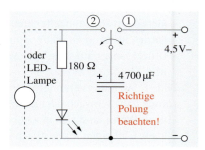

2

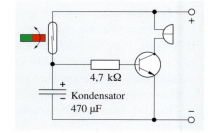

3

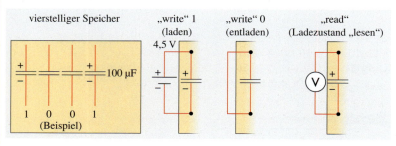

4

Grundlagen — Kondensatoren

Fast alle neuen Fahrräder haben einen Nabendynamo und eine Rückleuchte mit elektronischem Standlicht. ▶5 Die LED in der Rückleuchte leuchtet auch dann weiter, wenn das Rad längst stillsteht. Sie signalisiert den anderen Verkehrsteilnehmern: Vorsicht, dort im Dunkeln steht ein Radfahrer! In der Standlichtschaltung steckt ein Kondensator, allerdings ein spezieller: ein Gold-Cap. Dieser kann besonders viel elektrische Energie speichern.

Aufbau eines Kondensators Im einfachsten Fall besteht ein Kondensator aus zwei Metallplatten oder -folien, die gegeneinander isoliert sind. Es gibt verschiedene Bauformen. ▶6–7
Bei vielen Kondensatoren ist ein Anschluss gekennzeichnet. Beim Laden muss hier der gleichnamige Pol der Batterie angeschlossen werden.
❗ Beim Anschließen mit vertauschter Polung können manche Kondensatoren explodieren!

5 „Gold-Cap" Kondensator

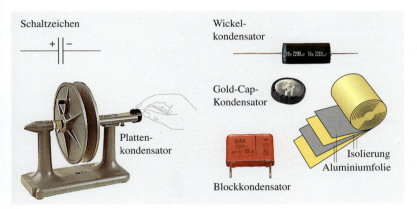
6 Verschiedene Kondensatoren

7 Elektrolytkondensator

Speichern Im Gegensatz zu einem Akku laden Kondensatoren sehr schnell. Beim Aufladen werden Elektronen auf den Kondensatorplatten verschoben. Die dafür notwendige Energie ist dann im geladenen Kondensator gespeichert.
Kondensatoren unterscheiden sich durch ihr „Fassungsvermögen". Dieses nennt man *Kapazität*. Man gibt sie zu Ehren des Physikers *Michael Faraday* in der Einheit 1 Farad (1 F) an. Die Kapazität vieler Kondensatoren ist oft nur ein winziger Bruchteil von 1 Farad:
Millifarad (mF): 1000 mF = 1 F
Mikrofarad (µF): 1000 µF = 1 mF
Nanofarad (nF): 1000 nF = 1 µF
Pikofarad (pF):   1000 pF = 1 nF

> Ein Kondensator mit großer Kapazität speichert bei gleicher Spannung mehr elektrische Energie als ein Kondensator mit kleiner Kapazität.

Ein Kondensator mit winziger Kapazität speichert nur ganz wenig Energie. Aber dafür lässt er sich blitzschnell auf- und entladen. Das wird im Zwischenspeicher von Computern genutzt. ▶8

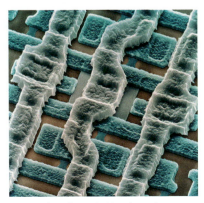
8 Speicherchip mit Kondensatoren, ca. 2000-fach vergrößert

Überblick

Sensoren

Sensoren sind technische „Fühler". *Beispiele:*
- Der Widerstand eines Fotowiderstands sinkt bei Beleuchtung. ▶1
- Der Widerstand eines Heißleiters sinkt bei Erwärmung. ▶2

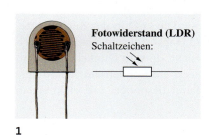

1

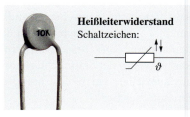

2

Mikrofone und Lautsprecher

Das Mikrofon wandelt durch Induktion Schall in elektrische Signale um. ▶3
Der Lautsprecher wandelt die elektrischen Signale wieder in Schall um. ▶4 Damit die Lautstärke groß genug ist, werden die elektrischen Signale vor dem Lautsprecher verstärkt.

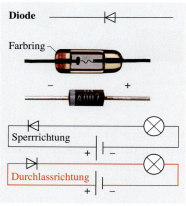

3 *Mikrofon*

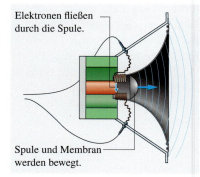

4 *Lautsprecher*

Dioden und Leuchtdioden

Dioden sind „Einbahnstraßen" für den elektrischen Strom. Sie bestehen aus Halbleiterkristallen (Silicium oder Germanium). ▶5
Sie lassen den elektrischen Strom nur in einer Richtung durch. In Gegenrichtung sperren sie ihn.
Merkregel: In Durchlassrichtung zeigt der Ring auf der Diode zum Minuspol hin.
Leuchtdioden senden farbiges Licht aus, wenn sie in Durchlassrichtung geschaltet sind. ▶6

5

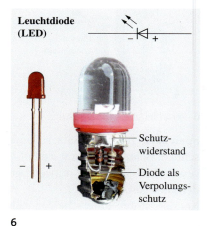

6

Transistoren

Transistoren werden als Verstärker und als Schalter eingesetzt. Sie haben drei Anschlüsse: Emitter, Kollektor und Basis. ▶7 Ein Transistor verknüpft zwei Stromkreise: den *Steuerstromkreis* und den *Laststromkreis*.
Wenn die Schwellenspannung zwischen Basis und Emitter überschritten ist, bewirken kleine Änderungen des Steuerstroms große Änderungen des Laststroms.

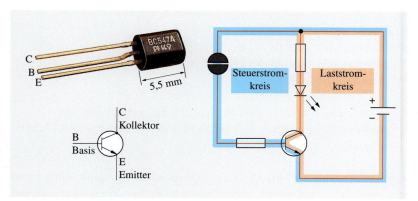

7 *Transistor*

Erweiterung: Kondensatoren

Kondensatoren speichern elektrische Energie und Ladung. ▶8 Sie lassen sich schnell auf- und entladen. In Zeitschaltungen wird die Entladezeit durch einen Widerstand gesteuert.
Die *Kapazität* beschreibt das Fassungsvermögen eines Kondensators. Sie wird in der Einheit 1 Farad (1 F) angegeben.

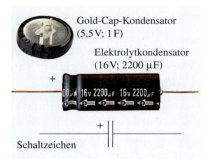

8

Alles klar?

1 Lebewesen haben Sinnesorgane, Techniker benutzen Sensoren.
a Nenne einige Sensoren. Gib jeweils an, ob es sich um mechanische oder elektrische Sensoren handelt.
b Beschreibe an mehreren Beispielen, wie Sensoren auf Signale aus der Umwelt reagieren. *Beispiel:* „Je heißer ein NTC-Widerstand wird, desto ..."
c Nenne Signale, die unsere Sinnesorgane nicht empfangen können.

2 Welche Eigenschaft macht einen Fotowiderstand zum „Sensor"?

3 Bei einem Sensor ist der Widerstand bei verschiedenen Temperaturen gemessen worden. ▶9 Beschreibe das Verhalten dieses Sensors. Überlege dir, wie man ihn einsetzen könnte.

4 „Mikrofon und Lautsprecher sind Energiewandler." Erkläre diese Aussage. Stelle die Energieumwandlungen jeweils in einer Zeichnung dar.

5 Welche Lampe leuchtet? ▶10–11 Begründe deine Antwort.

6 „LEDs sind leuchtende Einbahnstraßen." Erkläre diese Aussage.

7 „Transistoren wirken als Verstärker."
a Was ist mit dieser Aussage gemeint?
b* Erläutere, was man unter dem *Verstärkungsfaktor* des Transistors versteht.

8* Haon hat eine Schaltung für ihre „Geheimschublade" vorbereitet. ▶12
a Beschreibe, wie die Schaltung funktionieren soll.
b Prüfe die Schaltung durch einen Versuch.
c Haons Lehrer schlägt eine Ergänzung vor. ▶13 Beschreibe, was sie bewirkt.

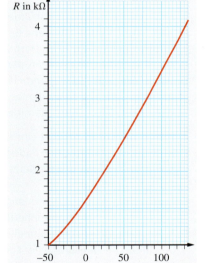

9

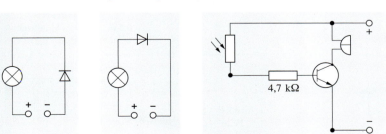

10 11 12

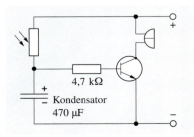

13

Informationen transportieren – mit Wellen

Elektromagnetische Wellen

▷ Fernsehsender, Mobilfunksender, Basisstationen von Telefonen, Satelliten für GPS – ihre Antennen strahlen Energie ab, um uns mit Informationen zu versorgen. Die Energie wird durch *elektromagnetische Wellen* transportiert.

▷ Wellen gibt es im Wasser und beim Schall. Wie entstehen sie? Wie breiten sie sich aus? Wenn du diese Fragen beantworten kannst, bist du in der Lage, auch elektromagnetische Wellen zu verstehen.

1 *Wie kommt die Information vom Sender zum Radio?*

Untersuchen

1 Erfahrungen mit Musikinstrumenten
a Saiteninstrumente: Bewegt z. B. bei einer Gitarre eine Saite langsam auf und ab. Hört ihr einen Ton? Wie müsst ihr die Saite bewegen, damit ein Ton entsteht?
b Trommeln: Drückt das Trommelfell mit der Hand sanft ein und lasst es wieder los. Entsteht ein Ton? Wie müsst ihr vorgehen, damit ein Ton entsteht?

2 Wasserwellen Ihr braucht eine lange Regenrinne (vom Baumarkt) oder eine Badewanne. Füllt z. B. die Rinne halb voll mit Wasser. Setzt zwei Korken auf die Oberfläche. ▶2
a Taucht einen Holzklotz ganz langsam in das Wasser ein. Beobachtet die Wasseroberfläche und die Korken.
b Stoßt nun den Holzklotz schnell in das Wasser. Beschreibt die Bewegung der Korken.
Messt die Geschwindigkeit, mit der sich die „Störung" der Wasseroberfläche ausbreitet.
c Bewegt den Holzklotz im Wasser schnell im Takt auf und ab. Beobachtet die Korken. Ändert auch den Takt. Schreibt das Versuchsergebnis auf.

3 Funken hören – im Radio!
a Baut einen Stromkreis mit Spule und Taster auf. ▶3a Schließt und öffnet den Stromkreis mehrmals. Wann leuchtet die Glimmlampe auf?
b Stellt ein Radio neben den Stromkreis. ▶3b Stellt es im Mittelwellenbereich so ein, dass kein Sender zu hören ist. Öffnet und schließt den Stromkreis wieder. Beschreibt eure Beobachtung.
c Baut statt des Tasters eine grobe Feile und einen Nagel in den Stromkreis ein. ▶3c Reibt mit der Nagelspitze über die Feile. Es entstehen viele Funken ganz rasch hintereinander. Was hört ihr im Radio?

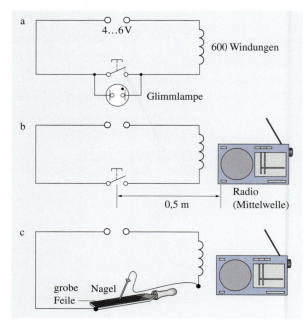

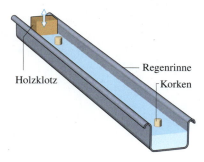

Elektromagnetische Wellen   Informationen transportieren – mit Wellen   **357**

Grundlagen — Wie Wellen entstehen

Wenn du bei einem Tamburin langsam gegen die Membran drückst, fließt auf der Rückseite Luft zur Seite weg. Von vorne strömt Luft in die „Mulde" hinein. Dagegen wird bei einem Schlag auf die Membran die Luft dahinter verdichtet, weil sie nicht schnell genug ausweichen kann, und davor verdünnt. Die Membran schwingt zurück, die Luft wird wieder verdichtet usw. Verdichtungen und Verdünnungen der Luft breiten sich von der Membran weg aus: Eine Schallwelle ist entstanden. ▶4
Etwas Ähnliches beobachtet man beim Wasser:
- Wenn du einen Holzklotz sehr langsam eintauchst, weicht ihm das Wasser aus. Die Wasseroberfläche hebt sich überall etwas an, auch in größerer Entfernung. Die Energie dafür führst du dem Wasser durch das Eintauchen des Holzklotzes zu. Sie verteilt sich gleichmäßig über die gesamte Wasseroberfläche.
- Nun wird der Klotz einmal eingetaucht und wieder herausgezogen. ▶5 Jetzt ist nur die Wasseroberfläche in der unmittelbaren Nähe betroffen. Der weit entfernte Korken bleibt ruhig auf dem Wasser liegen.
- Schließlich wird der Klotz immer wieder rasch ins Wasser getaucht und herausgezogen. Im Takt der Bewegung entstehen immer neue Wellen, die sich in alle Richtungen ausbreiten. Der Korken tanzt mit den Wellen auf und ab. Die Energie zum Anheben liefern die Wellen. Sie haben sie von dem auf- und abbewegten Holzklotz bekommen.

4 Die Membran des Tamburins schwingt schnell. Eine Schallwelle löst sich ab – wir hören einen Ton.

> Wenn ein Gegenstand genügend schnell in Wasser oder Luft hin und her bewegt wird, lösen sich Wellen von ihm ab. Sie breiten sich nach allen Seiten aus und transportieren Energie. ▶6

↻ 357–1
Simulation Wellenmodell

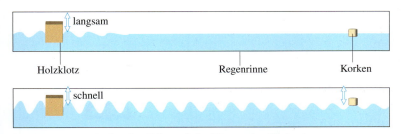

5 Langsame und schnelle „Störung" der Wasseroberfläche

6 Wellen transportieren Energie.

Schwingungsdauer, Frequenz und Wellenlänge Der Korken tanzt im Takt der Wasserwellen auf und ab:
- Eine vollständige Auf- und Abbewegung bezeichnen wir als Schwingung. Die Zeit dafür ist die *Schwingungsdauer T*.
- Die Zahl der Schwingungen pro Sekunde heißt *Frequenz f*.
- Der Abstand zwischen zwei benachbarten Wellenbergen oder Wellentälern wird als *Wellenlänge λ* (Lambda) bezeichnet. ▶7

Frequenz und Schwingungsdauer hängen eng zusammen: Wenn der Klotz einmal pro Sekunde auf- und abschwingt, beträgt seine Schwingungsdauer genau 1 s. Bei 5 Schwingungen pro Sekunde beträgt seine Schwingungsdauer nur noch $\frac{1}{5}$ s. Je größer die Frequenz ist, desto kleiner ist die Schwingungsdauer. Es gilt: $f = \frac{1}{T}$.
Auch bei allen anderen Wellen spielen Schwingungsdauer, Frequenz und Wellenlänge eine wichtige Rolle.

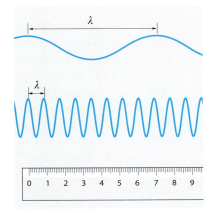

7 Wellenlänge

Grundlagen: Elektromagnetische Wellen

Im Radio hörst du ein Geräusch, wenn der Taster geöffnet wird. ▶1 Zugleich gibt es einen kleinen Blitz am Taster. Der Blitz zeigt einen elektrischen Wechselstrom zwischen den Kontakten des Tasters an. In der Luft bewegen sich geladene Teilchen hin und her. Ihre Richtung ändert sich bis zu einer Million Mal pro Sekunde! Dadurch werden Wellen erzeugt, die sich in den Raum ausbreiten. Man spricht von *elektromagnetischen Wellen*.

Die Antenne des Radios empfängt die elektromagnetischen Wellen. Die Wellen werden wieder in einen elektrischen Wechselstrom umgewandelt. Der Lautsprecher erzeugt daraus ein Geräusch.

Die Antennen von Fernsehsendern, Mobilfunksendern, Satelliten für GPS … dienen dagegen nicht dem Empfangen von elektromagnetischen Wellen. Sie senden selbst elektromagnetische Wellen aus.

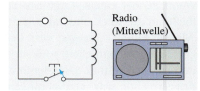

1

> Wechselströme mit sehr hoher Frequenz (ab ca. 30 kHz) können elektromagnetische Wellen bewirken. Diese Wellen breiten sich in alle Richtungen aus und transportieren Energie.

Im Gegensatz zu Wasser- oder Schallwellen brauchen elektromagnetische Wellen keinen Stoff, um sich auszubreiten.

> Elektromagnetische Wellen durchqueren auch den leeren Raum. Im Vakuum breiten sie sich mit Lichtgeschwindigkeit aus:
> $v = 300\,000\,000\,\frac{m}{s}$.

Aufgaben

1 „Wasserwellen, Schallwellen, Funkwellen – alle transportieren etwas." Erkläre diese Aussage. Beschreibe jeweils ein Beispiel.

2 Wenn du den Toaster einschaltest, fließt in seiner Zuleitung ein Wechselstrom mit einer Frequenz von 50 Hz. Breiten sich dadurch elektromagnetische Wellen aus? Begründe deine Antwort.

Erweiterung: Wechselströme im Funken

1905 nutzte *Guglielmo Marconi* die Signale von Funken für die drahtlose Telegrafie. Er stellte die erste Funkverbindung zwischen Europa und Amerika her. Aus jener Zeit stammen Begriffe wie „funken", „Funkspruch" oder „Rundfunk".

Bei einem Blitz oder Funken könnte man vermuten, dass ein Gleichstrom die Blitzstrecke in einer Richtung überbrückt. Diese Vermutung ist aber falsch. Das zeigt der folgende Versuch: ▶2

An eine Hochspannungsquelle werden eine Funkenstrecke und eine Spule angeschlossen. In der Spule liegt eine Stahlnadel. Die Kontakte der Funkenstrecke werden immer dichter zusammengeschoben. Schließlich springt ein Funke über. Für kurze Zeit fließt ein Strom. Die Spule wird magnetisch und die Nadel magnetisiert. Bei einem Gleichstrom vom Minuspol der Hochspannungsquelle zum Pluspol müsste die Nadel immer in derselben Richtung magnetisiert sein. Die Spitze der Nadel ist aber mal ein Nordpol und mal ein Südpol! Beim Entladen durch den Funken fließt also kein Gleichstrom, sondern ein Wechselstrom.

Heute umgibt uns Funktechnik überall. In modernen Sendeanlagen werden die elektromagnetischen Wellen aber nicht mehr durch Funken bewirkt. Die Wechselströme werden in Stromkreisen aus Spulen und weiteren Bauteilen (Kondensatoren) erzeugt. Man bezeichnet diese Stromkreise als *Schwingkreise*.

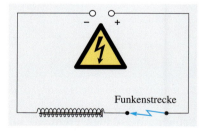

2

Aus der Geschichte — Über den Atlantik funken

Der Italiener *Guglielmo Marconi* (1874–1937) war ein Pionier der Funktechnik. Er entwickelte einen Funkensender, mit dem er Morsesignale über große Entfernungen ausstrahlte. ▶3 Im Jahr 1899 gelang es ihm, Signale drahtlos 15 km weit über den Ärmelkanal zu übertragen.

Zwei Jahre später versuchte er, über den Atlantischen Ozean zu funken. Bis zu dieser Zeit waren Schiffe die einzige Möglichkeit, Informationen von Europa nach Amerika zu übertragen. Die Funksignale sollten in England ausgestrahlt und in Kanada empfangen werden. Zwischen Sender und Empfänger lag eine Strecke von 3400 km! Viele Fachleute erwarteten einen Fehlschlag. Licht kann man ja auch nicht über den Atlantik schicken – es breitet sich geradlinig aus und folgt nicht der Erdkugel. Marconi ließ sich aber nicht von seinem Vorhaben abbringen. In der Ortschaft Poldhu in Cornwall entstand 1901 eine Sendestation mit riesigen Antennen. ▶4 Der Funkensender arbeitete mit einer Spannung von 300 000 V, die Funken waren 30 cm lang. Der Empfänger in Neufundland hatte eine 120 m hohe Antenne. Sie hing an einem Gasballon. Tatsächlich gelang die Übertragung eines Morsezeichens – die Sensation war perfekt!

Offensichtlich waren die elektromagnetischen Wellen doch der Erdkrümmung gefolgt. Fachleute sprechen seither von der „Bodenwelle" eines Senders. Sie ist bei elektromagnetischen Wellen mit einer Frequenz von 30 bis 300 kHz besonders ausgeprägt. Und gerade in diesem Bereich sendete Marconis Anlage.

1902 nahm Marconi in einer Nacht Funkkontakt mit einem Schiff in 2500 km Entfernung auf. Bald standen überall an den Küsten Funkanlagen. 1912 sendete die *Titanic* ihren Hilferuf mit einem Funkensender von Marconi.

Marconi erhielt 1909 zusammen mit dem deutschen Physiker *Ferdinand Braun* für die Entdeckungen in der Funktechnik den Nobelpreis.

3 *Marconi und ein Funkensender*

4 *Antennen in Poldhu (1901)*

Erweiterung — Wellenlängen berechnen

Die Wellenlänge λ und die Frequenz f einer Welle hängen eng mit der Ausbreitungsgeschwindigkeit v der Welle zusammen:
Ein Holzstift wird 5-mal pro Sekunde in Wasser eingetaucht und wieder herausgezogen. Die Frequenz beträgt $f = 5\,\text{Hz} = \frac{5}{1\,\text{s}}$. In einer Sekunde lösen sich 5 „Wellenzüge" mit der Wellenlänge λ ab. ▶1 Die Welle legt also in 1 s einen Weg von $s = 5\lambda$ zurück. Die Ausbreitungsgeschwindigkeit beträgt somit:

$$v = \frac{s}{t};\quad v = \frac{5\lambda}{1\,\text{s}} = \frac{5}{1\,\text{s}} \cdot \lambda = f \cdot \lambda.$$

Der gleiche Zusammenhang gilt auch für Schallwellen und elektromagnetische Wellen.

> Die Ausbreitungsgeschwindigkeit einer Welle berechnet man als Produkt von Frequenz und Wellenlänge: $v = f \cdot \lambda$.

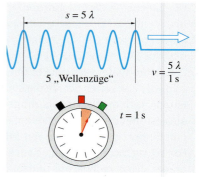

1

Musteraufgabe

Berechne die Wellenlänge eines Mittelwellensenders mit 600 kHz.

Lösung: Elektromagnetische Wellen breiten sich mit Lichtgeschwindigkeit aus. Es gilt also:

$v = \lambda \cdot f$

$300\,000\,000\,\frac{m}{s} = \lambda \cdot 600\,000\,\frac{1}{s}$

$\lambda = \frac{300\,000\,000\,m}{s} \cdot \frac{s}{600\,000}$

$\lambda = 500\,m$

Aufgaben

1* Die Schallgeschwindigkeit beträgt in Luft ca. $340\,\frac{m}{s}$. Berechne die Wellenlänge für den Ton einer Stimmgabel von 440 Hz.

2* Handys senden elektromagnetische Wellen mit verschiedenen Frequenzen aus: 900 MHz (D-Netz) oder 1800 MHz (E-Netz).
a Berechne, wie oft die Elektronen in der Antenne in einer Sekunde hin- und herschwingen. Wie lange brauchen sie für eine Schwingung?
b Berechne jeweils die Wellenlänge der elektromagnetischen Wellen.
c Die elektromagnetischen Wellen eines Handys kannst du mit einer winzigen Glühlampe (Ultra-Micro-Glühlampe) nachweisen. Verbinde die Anschlussdrähte der Lampe mit zwei 8 cm langen Drähten als Antenne. ▶2
Tipp: Statt der Lampe kannst du auch ein empfindliches Strommessgerät verwenden.
Wähle eine kostenfreie Servicenummer und halte die Antenne parallel zur Rückseite dicht ans Handy. ▶3 Drehe die Antenne so, dass die Lampe am hellsten leuchtet. Entferne einen Draht. Was beobachtest du? Probiere, ob es mit Drähten anderer Längen besser oder schlechter funktioniert.
Tipp: Die „Ultra-Micro-Glühlampe" in der Antenne leuchtet am hellsten auf, wenn die Länge der Antenne gleich der halben Wellenlänge ist.

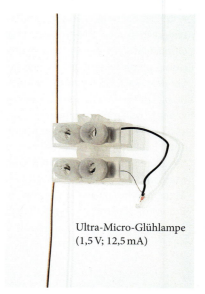

Ultra-Micro-Glühlampe (1,5 V; 12,5 mA)

2 Antenne für „Handywellen"

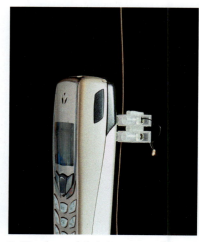

3 Handy sendet, Antenne empfängt.

Erweiterung Elektromagnetische Wellen und Felder

Die Antenne der Fernsteuerung strahlt elektromagnetische Wellen ab. ▶4
Wie können wir uns diese Wellen vorstellen?
Wir starten mit einem einfachen Modellversuch. ▶5 Wenn man den Strom in der Spule einschaltet, wird der Aluring weggeschleudert. Die Erklärung kennst du im Prinzip schon:
Beim Einschalten wird das Magnetfeld in Spule und Eisenkern stärker. Im Aluring kommt es zur Induktion. Der Induktionsstrom ist so gerichtet, dass sein Magnetfeld gegen das stärker werdende Magnetfeld der Spule wirkt (lenzsche Regel). Daher wird der Ring weggeschleudert.
Die Elektronen im Aluring strömen nicht von alleine. Sie müssen angetrieben werden. Wir stellen uns deshalb vor, dass das stärker werdende Magnetfeld von einem elektrischen Feld umgeben ist. ▶6 Dieses elektrische Feld treibt die Elektronen im Ring an. Der elektrische Strom im Ring erzeugt seinerseits ein Magnetfeld, das gegen das Magnetfeld der Spule wirkt.
Das elektrische Feld tritt auch dann auf, wenn kein Aluring über dem Eisenkern hängt. Beim Einschalten des Stroms in der Spule wird das elektrische Feld ähnlich wie zuvor der Aluring weggeschleudert. Dabei verändert es sich – und somit auch das von ihm erzeugte Magnetfeld. Das sich verändernde Magnetfeld hat ein weiteres elektrisches Feld zur Folge – und so weiter.
Wenn wir die Spule an eine Wechselspannung anschließen, wiederholt sich der Vorgang in rascher Folge.

> Jedes magnetische Wechselfeld erzeugt ein elektrisches Wechselfeld und umgekehrt. Magnetische und elektrische Wechselfelder treten immer gemeinsam auf.

In der Antenne eines Senders werden Elektronen von einem elektrischen Wechselfeld hin- und herbewegt. Das elektrische Wechselfeld erzeugt ein magnetisches Wechselfeld, dieses ein elektrisches … Damit sich die Felder von der Antenne lösen, muss die Wechselfrequenz mehr als 30 kHz betragen. In einiger Entfernung von der Antenne können wir uns die elektromagnetische Welle als eine Abfolge von elektrischen und magnetischen Feldern vorstellen. ▶7

4 *Fernsteuerung für ein Modellauto*

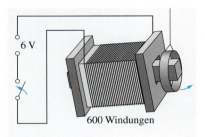

5 *Modellversuch*

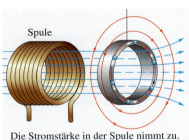

Die Stromstärke in der Spule nimmt zu.
Das Magnetfeld wird stärker.
Ein elektrisches Feld umgibt das Magnetfeld.

6 *Das elektrische Feld treibt den Strom im Ring an.*

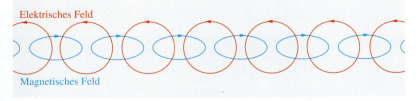

Elektrisches Feld

Magnetisches Feld

7 *Modellvorstellung für eine elektromagnetische Welle*

↻ 361–1
Experiment Funkensender

Von Radiowellen bis zur Röntgenstrahlung

▷ Unterschiedlicher könnten die Beispiele kaum sein. Doch eines haben sie gemeinsam: Bei allen wird Energie durch elektromagnetische Wellen übertragen.

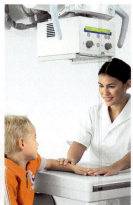

1

Untersuchen

1 Frequenzen für den Rundfunk Betrachtet die Skala auf einem Radio.
a Welche Frequenzen gehören zur Lang-, Mittel-, Kurz- und Ultrakurzwelle?
b Mit welcher Frequenz sendet euer Lieblingssender?

2 Frequenzen beim Satellitenfernsehen Die meisten „Satellitenschüsseln" an den Häusern sind auf den Satelliten ASTRA ausgerichtet. Auf der Fernbedienung für den Satellitenreceiver findet ihr in der Regel eine Taste für „Empfangsparameter". Dort könnt ihr ablesen, auf welcher Frequenz das gerade laufende Programm gesendet wird (z. B. ASTRA 19, Frequenz 11,836 GHz). Vergleicht mit der Frequenz eines Radiosenders.

3 Frequenzen von Ultraviolett- und Infrarotlampen UV-Lampen bräunen die Haut im Solarium. Infrarotlampen kennt ihr vielleicht als „Rotlichtlampen". Vielleicht habt ihr solche Lampen zu Hause. Sucht in den Betriebsanleitungen nach der Frequenz der abgegebenen Strahlung.

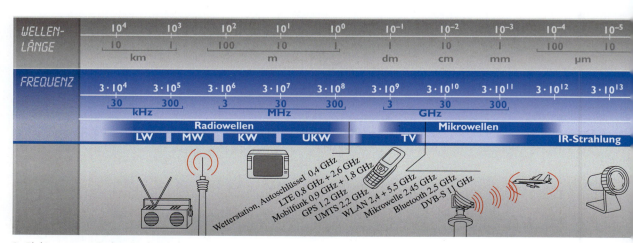

2 *Elektromagnetisches Spektrum*

Grundlagen: Das elektromagnetische Spektrum

Radiowellen, Röntgenstrahlung und Licht sind physikalisch von derselben Natur: Sie sind elektromagnetische Wellen. Sie unterscheiden sich nur durch Wellenlänge und Frequenz.

> Die Gesamtheit aller elektromagnetischen Wellen bezeichnet man als elektromagnetisches Spektrum. ▶2

Wir teilen das elektromagnetische Spektrum in drei Bereiche ein:

Funkwellen Dieser Bereich reicht von den Radio- und Fernsehwellen bis zu den Mikrowellen und zur infraroten Strahlung.

Licht Unser Auge nimmt elektromagnetische Wellen in einem engen Bereich wahr. Das sichtbare Spektrum geht von $4 \cdot 10^{14}$ Hz bis $7{,}5 \cdot 10^{14}$ Hz. Licht kommt aus verschiedenen Quellen: Sonne, Glühlampe, Leuchtdiode, Laser … Alles Licht hängt mit den Bewegungen der Elektronen in den Atomen der Lichtquelle zusammen. Ob sich die Elektronen nun durch Vorgänge an der Sonnenoberfläche, in den Atomen eines glühenden Drahts oder eines heißen Gases bewegen – es entstehen elektromagnetische Wellen, die unser Auge wahrnehmen kann.

Wellen mit besonders hoher Frequenz UV-Strahlung hat eine höhere Frequenz als Licht. Zu den elektromagnetischen Wellen mit noch größeren Frequenzen gehört die Röntgenstrahlung. Sie kann den menschlichen Körper durchdringen.

Ein gemeinsames Merkmal all dieser Wellen ist ihre Ausbreitungsgeschwindigkeit: Elektromagnetische Wellen breiten sich im Vakuum (und annähernd in Luft) mit Lichtgeschwindigkeit aus. Dabei haben Wellen mit kleiner Frequenz eine große Wellenlänge und Wellen mit hoher Frequenz eine kleine Wellenlänge.

Aufgaben

1. Gib an, was alle elektromagnetischen Wellen gemeinsam haben.

2. In welchem Bereich des elektromagnetischen Spektrums liegt wohl die Infrarotstrahlung?

3. Unser Auge nimmt bestimmte elektromagnetische Wellen als Licht wahr. Was folgt daraus für die Sehsinneszellen in der Netzhaut des Auges?

4.* Je größer die Frequenz einer Welle ist, desto kleiner ist ihre Wellenlänge. Begründe diesen Zusammenhang.

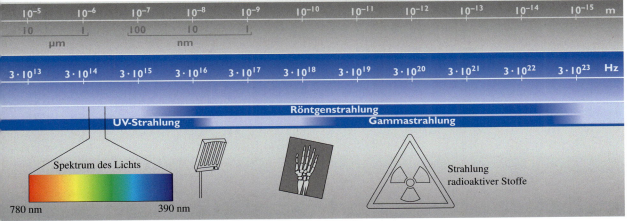

363-1

Aus Umwelt und Technik — Wie funktioniert Mobilfunk?

1

2

Handys treten bei Anrufen niemals direkt miteinander in Verbindung. Auch dann nicht, wenn sie sich unmittelbar nebeneinander befinden. Vielmehr sendet der Anrufer die elektromagnetischen Wellen immer an eine Funkstation, die Basisstation. ▶1 Sie leitet die Signale zu einer Vermittlungsstelle weiter. Von dort aus geht es weiter zu einem zentralen Computer des Netzbetreibers. ▶3 Dieser Computer kennt den Standort aller Handys und stellt das Gespräch zur Basisstation des Empfängers durch. Dort werden auch die Gebühren berechnet.

Damit der zentrale Computer immer weiß, wo sich alle Handys befinden, senden sie in regelmäßigen Abständen ein Ortungssignal.

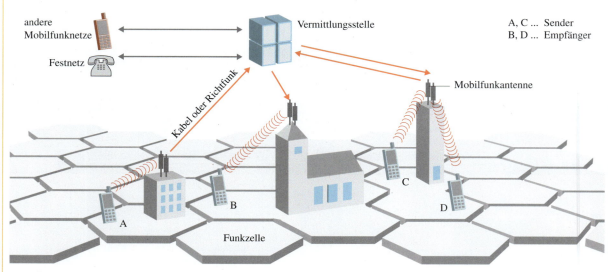

3 *Aufbau eines Mobilfunknetzes*

Die Sendeleistungen und Frequenzen sind für die verschiedenen Mobilfunknetze unterschiedlich:

Quelle	Frequenz	Typische Sendeleistung
D-Netz (GSM 900)		
Basisstation	890–960 MHz	4 Kanäle, je 15 W
Handy	890–960 MHz	max. 2 W
E-Netz (GSM 1800)		
Basisstation	1710–1880 MHz	4 Kanäle, je 10 W
Handy	1710–1880 MHz	max. 1 W
UMTS-FDD		
Basisstation	2110–2170 MHz	2 Kanäle, je 20 W
Handy	1920–1980 MHz	max. 1 W

Die Leistung eines sendenden Handys entspricht der Glühlampe einer schwachen Taschenlampe. Sendeantennen von Basisstationen bringen es auf die Leistung einer Nachttischlampe.
Die Sendeleistung des Handys wird automatisch geregelt:
– Wenn die Verbindung zur Basisstation sehr gut ist, sendet es mit geringer Leistung (z. B. 0,05 W).
– Bei schlechtem Empfang (in Häusern, im Auto) muss das Handy mit hoher Leistung senden, um die Basisstation zu erreichen. Als Anhaltspunkt kann die Empfangsanzeige deines Handys dienen.

Beim Telefonieren mit dem Handy wirken die elektromagnetischen Wellen besonders auf den Kopf ein. Sie führen ihm Energie zu. Dadurch werden die bestrahlten Gebiete erwärmt. Als Messgröße dient der SAR-Wert. SAR steht für die *spezifische Absorptionsrate*. Sie gibt, an wie viel Strahlungsenergie pro Sekunde und pro kg Körpergewebe in thermische Energie umgewandelt wird. Je niedriger der SAR-Wert ist, desto besser für dich.
Die Strahlung, die beim Telefonieren mit dem Handy direkt an deinem Kopf auftritt, ist normalerweise sehr viel stärker als die Strahlung, die dich von der nächsten Mobilfunkanlage erreicht.

Tipps zum Telefonieren mit geringer Belastung
– Möglichst kurz telefonieren.
– Beim Verbindungsaufbau ist die Sendeleistung am höchsten. Das Handy also erst zum Ohr nehmen, wenn es beim Gesprächspartner klingelt.
– Möglichst nicht bei schlechtem Empfang telefonieren.
– Wo es ein Festnetztelefon gibt, soll man es auch nutzen.
– Im Auto nur mit Freisprecheinrichtung und Außenantenne telefonieren.
– SMS schicken statt telefonieren.
– Beim Handykauf auf niedrigen SAR-Wert achten. Er sollte nicht über 0,6 Watt pro Kilogramm liegen.

Aufgaben

1 Ein „EMF-Tester" oder „EMF-Meter" misst die Strahlung von Handys. ▶4
a Halte das Gerät an die Handyrückseite und führe ein Gespräch. Beobachte die Anzeige.
b Ändert sich die Anzeige, wenn du zwischen Handy und Antenne ein Blatt Papier, ein Holzbrett oder eine Alufolie hältst?

2 Versuche die nächste Basisstation für Mobilfunk zu finden. ↻ 365–1

3 „Das Versenden einer SMS ist billiger und gesünder als das Telefonieren." Erkläre diese Aussage.

4 Informiere dich über den *SAR-Wert* von Handys. Berichte darüber.

5 „Es dient nicht nur der Verkehrssicherheit, wenn man zum Telefonieren mit dem Handy unterwegs einen Parkplatz aufsucht und aus dem Auto aussteigt." Erkläre diese Behauptung.

4 Messgerät für elektromagnetische Felder („EMF-Tester")

Aus Umwelt und Technik — Wie funktioniert das Internet?

Ein Leben ohne Internet können wir uns kaum noch vorstellen. Das Netzwerk verbindet Computer und Menschen weltweit in Sekundenschnelle. ▶1
Damit Daten von deinem Computer zu einem anderen übertragen werden können, muss ihm jemand sagen, wo der andere Computer zu finden ist und wie die Daten dorthin geschickt werden sollen. Was passiert „im Verborgenen", wenn du das Internet nutzt?
Nach dem Einschalten deines Computers oder Handys aktivierst du als Erstes den *Browser* (engl. *to browse:* schmökern, blättern). Internet Explorer, Firefox oder Safari sind einige bekannte Browser. Sie ermöglichen es, Internetseiten aufzurufen. Zugleich wirst du über einen *Provider* (engl.: Anbieter) mit dem Internet verbunden. ▶2 Dein Computer ist jetzt ein *Client* (engl.: Kunde) im Internet.
Der Provider ordnet deinem Computer eine *IP-Adresse* zu. Sie besteht immer aus vier Zahlenblöcken, z. B. 87.151.55.231. Jeder Zahlenblock enthält eine Zahl zwischen 0 und 255. Die IP-Adresse wird dir nur für die Dauer der aktuellen Verbindung zugeteilt. Meldest du dich das nächste Mal im Internet an, bekommst du eine andere IP-Adresse. Jede Webseite im Internet hat wiederum eine eigene IP-Adresse.

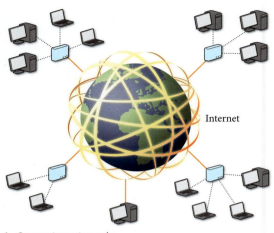

1 *Computernetzwerke*

Daten sollen im Internet auf schnellsten Wegen von einer IP-Adresse zur anderen IP-Adresse gelangen. Dafür sind die *Router* (engl. *route:* Strecke, Weg) zuständig. Wenn du eine E-Mail aus Text und Bildern verschickst, wird es vom Router in kleine „Pakete" zerlegt. Diese „wandern" über Leitungen und Satelliten zum Empfänger. Der Computer am anderen Ende setzt sie in der richtigen Reihenfolge vollständig wieder zusammen.

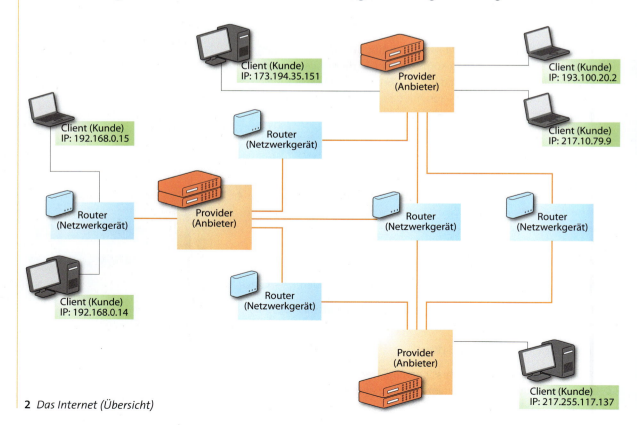

2 *Das Internet (Übersicht)*

Aufgaben

1. Gehe ins Internet und lass dir deine aktuelle IP-Adresse anzeigen. *Tipp*: Suche „IP-Adresse".

2. Der Name „www.cornelsen.de" besteht aus drei Teilen. Informiere dich über den ersten und den dritten Teil. Schreibe jeweils einen kurzen Infotext.

3. Viele Unternehmen im Internet bieten dir allerlei Leistungen kostenfrei an: E-Mails versenden und empfangen, Bilder und Adressbücher speichern, Suchmaschinen, einkaufen, chatten, bloggen ... Wie verdienen diese Firmen damit Geld?

Aus Umwelt und Technik — Auch das gehört zum Internet

Viele Computer brauchen viel Energie Jeder einzelne Transistor auf einem Computerchip wandelt ein wenig elektrische Energie in thermische um. Im Computer arbeiten Milliarden von Transistoren. Daher muss er z. B. durch einen Ventilator gekühlt werden.
In großen Rechenzentren mit Tausenden von Computern wird ebenso viel Energie für die Kühlung eingesetzt wie für den Betrieb der Computer. ▶3 Ein großes Rechenzentrum benötigt so viel elektrische Energie wie eine Kleinstadt.
Im Jahr 2010 verbrauchten alle Computergeräte und -netze in Deutschland 58 Milliarden Kilowattstunden elektrische Energie – vom Rechenzentrum bis zum Handy. Das sind 10 % unseres gesamten Verbrauchs an elektrischer Energie.
Der hohe Energieverbrauch wirkt sich auf die Umwelt aus. Weltweit sind Computergeräte und -netze für 2 % des CO_2-Ausstoßes verantwortlich – so viel wie alle Flugzeuge.

Internet – aber sicher! Wer sich im Internet bewegt, sollte die dort lauernden Gefahren kennen:
- *Die Falle im Anhang* Unerwünschte Eindringlinge kommen oft harmlos daher – bei ungeprüften Downloads, als E-Mail-Anhänge oder auf Internetseiten mit selbst aktivierenden Inhalten. Viren, Würmer, Trojaner, Spyware und Dialler ... machen sich ohne Wissen des Nutzers im Computer breit und richten Schaden an. Meist sind dabei Unwissenheit oder Sicherheitslücken mit im Spiel.
- *Falschen Freunden ins Netz gehen* Beim Chatten verbirgt man sich gerne hinter erfundenen Namen. Der 16-jährige Peter, der gerade mit Marie chattet, kann in Wirklichkeit Klaus heißen und 58 Jahre alt sein.
- *Musik illegal herunterladen* Dabei handelt es sich meist um Raubkopien. Du verstößt damit gegen das Urheberrecht. Bei strafmündigen Jugendlichen (ab 14 Jahren) kann das eine Straftat sein. Der Rechteinhaber verlangt oft viel Geld als Schadenersatz.

3 *Kühlanlage eines Rechenzentrums*

Tipps für den sicheren Umgang mit dem Internet
- Schütze deinen Computer vor unerwünschten Eindringlingen. Firewall und Virenschutz sind unverzichtbar! Aktualisiere sie regelmäßig.
- Gib niemals mehr persönliche Daten über das Internet bekannt, als unbedingt für die Nutzung gewünschter Dienste erforderlich ist.
- Sei misstrauisch: Neue Freunde im Internet müssen nicht das sein, wofür sie sich ausgeben. Triff dich niemals ohne Begleitung mit ihnen!
- Sei mutig: Brich unangenehme Kontakte sofort ab!
- Sei klug: Daten lassen sich kaum noch löschen, wenn sie erst einmal im Netz sind. Auch dein zukünftiger Arbeitgeber kann sie lesen.

Aufgaben

4. Berechne, wie teuer die elektrische Energie für alle Computergeräte und -netze in Deutschland im Jahr ist. *Tipp:* 1 kWh elektrische Energie kostet etwa 0,30 Euro.

5. Unsoziale Netzwerke
   a. Was versteht man unter *Cybermobbing*? Beschreibe es.
   b. Wenn du einen Fall von Cybermobbing kennst, beschreibe ihn (ohne Namen!).
   c. Wo finden Opfer von Cybermobbing Hilfe? Informiere dich.

Aus Umwelt und Technik — Von der Warensicherung zur Radioastronomie

Warensicherung Um den Diebstahl von Waren zu verhindern, ist in vielen Läden ein besonderes Etikett an der Ware befestigt. An der Kasse muss es entfernt oder deaktiviert werden. Sonst wird Alarm ausgelöst, wenn man das Geschäft verlässt.

Das Sicherungsetikett enthält z. B. eine Spule mit mehreren Windungen und ein elektronisches Bauteil. ▶1 Ein Sender am Ausgang des Geschäfts strahlt elektromagnetische Wellen im GHz-Bereich ab. Wenn die Spule am Sender vorbeibewegt wird, wird in ihr ein elektrischer Strom induziert. Er versorgt das elektronische Bauteil mit Energie. Das Bauteil sendet daraufhin ein Signal und löst damit den Alarm aus.

Elektronisches Funketikett Das Preisetikett auf Waren oder der aufgedruckte „Barcode" aus schwarzen Streifen wird zunehmend vom elektronischen Funketikett abgelöst. Auch in Videotheken und Büchereien vereinfacht es das Ausleihverfahren. Ja sogar in Krankenhäusern können die Patienten durch ein Funketikett im Armband sicher identifiziert werden. In Reisepässen werden biometrische Daten (z. B. das digitale Passfoto) auf die gleiche Weise gespeichert. ▶2 Seine Arbeit verrichtet das Bauteil nur in relativ geringer Entfernung zu einem Lesegerät.

Das Verfahren beruht auf einem winzigen, flachen „Chip". ▶3 Er ist kaum größer als der Kopf einer Stecknadel und verbunden mit einer vergleichsweise großen Antenne. Je nach Anwendung lassen sich auf dem Chip mehrere Kilobyte an Daten speichern. Die große Antenne versorgt den Chip mit elektrischer Energie, die sie aus den Funkwellen (ca. 13 MHz) in der Nähe des Lesegeräts aufnimmt. Außerdem werden über sie die Daten per Funk an das Lesegerät gesendet. So können die im Chip gespeicherten Daten in einem Computer erfasst und verarbeitet werden.

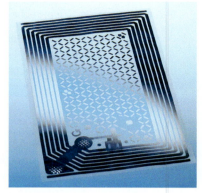

1 *„Innenleben" des Sicherungsetiketts*

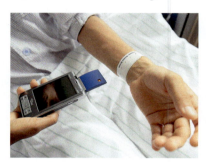

2 *Das Armband des Patienten wird berührungslos ausgelesen.*

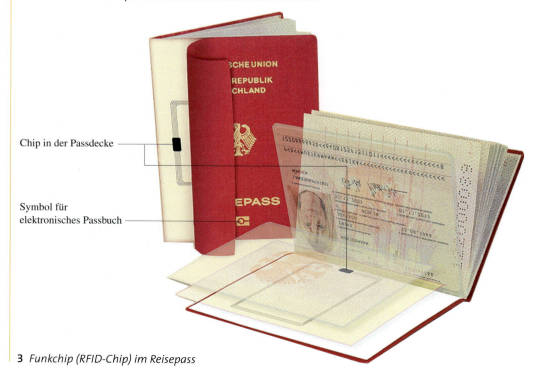

3 *Funkchip (RFID-Chip) im Reisepass*

Bluetooth Geräte können drahtlos per Funk über kurze Entfernungen (bis zu 100 m) vernetzt werden. So kann man kabellos telefonieren, ein Bild vom Handy direkt an einen Drucker senden oder die Tastatur und die Maus mit dem Computer verbinden. ▶4
Der Name erinnert an den dänischen König *Harald Blatand*. Sein Nachname bedeutet „Blauzahn". Er brachte um 960 n.Chr. große Teile Skandinaviens unter seine Herrschaft und führte dort das Christentum ein. So wie er die Skandinavier einte, soll Bluetooth elektronische Geräte durch den Datenaustausch per Funk vereinen.
Bluetoothgeräte arbeiten mit Frequenzen von ca. 2,45 GHz. Daher können Störungen durch Mikrowellenherde nicht ausgeschlossen werden. Sobald die Bluetoothgeräte eingeschaltet werden, identifizieren sie sich untereinander innerhalb von 2 Sekunden und kontrollieren diese Verbindung dann alle 1,28 Sekunden.

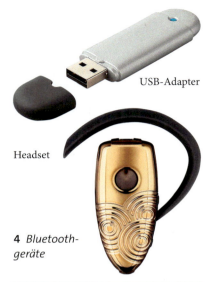

4 Bluetoothgeräte

Temperaturen berührungslos messen Jeder Gegenstand sendet infrarote Strahlung aus – also elektromagnetische Wellen mit Wellenlängen von mehr als 780 nm. Je nach Temperatur an der Oberfläche des Gegenstands ist die infrarote Strahlung etwas unterschiedlich. Das Infrarotthermometer fängt die Strahlung auf, setzt sie in elektrische Signale um und zeigt die Oberflächentemperatur an. ▶5 Meist sind diese Thermometer noch mit einem kleinen Laser ausgerüstet, mit dem die Stelle der Temperaturmessung markiert wird.

5 Infrarotthermometer

Radioastronomie Die Astronomen empfangen mit ihren Teleskopen ganz unterschiedliche elektromagnetische Wellen. Dazu gehört natürlich das Licht der Sterne und das von den Planeten gestreute Licht der Sonne. Viele Himmelskörper senden unsichtbare Radiowellen zu uns. Ein Beispiel dafür sind *Quasare*. Diese Sternsysteme strahlen ungeheuer große Energieströme ab. Auf der Erde kommen aber nur noch sehr schwache elektromagnetische Wellen an. Diese werden mit riesigen Antennen und aufwendigen Empfängern aufgefangen und verstärkt. ▶6 Aus den Signalen berechnen dann Computer Bilder von den Quasaren. ▶7 Die Astronomen erhoffen sich davon Erkenntnisse über das frühe Weltall.

↻ 369–1
Pulsare – hörbar gemacht

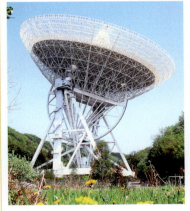

6 100-m-Radioteleskop (Bad Münstereifel-Effelsberg)

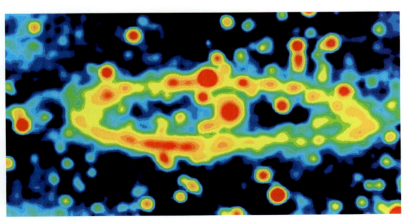

7 Andromedanebel mit dahinterliegenden Quasaren (rot)

Digitale Welt

▷ Informationen werden heute *digital* gespeichert, verarbeitet und übertragen. Was ist damit gemeint? Wie funktioniert es?

1

Grundlagen — Bits und Bytes

Du kannst Fotos auf einem Computer anschauen, speichern, bearbeiten, drucken und versenden. Ohne Elektrizität geht da nichts. Der Computer verwandelt zunächst alle Bilder, Texte, Töne … in Dualzahlen. Das sind lange Zahlenfolgen, die aus nur zwei Ziffern bestehen: 0 und 1. ▶1–2 Jede Ziffer wird elektrisch in einen Speicherplatz „geschrieben":
– Eine 0 bedeutet „Spannung aus" (0 V).
– Eine 1 bedeutet „Spannung ein" (z. B. 5 V).

Dezimalzahlen – Dualzahlen

Normalerweise rechnest du mit Dezimalzahlen. Sie enthalten die zehn Ziffern 0, 1, 2, …, 9. Bei einer zweistelligen Dezimalzahl stehen vorne die Vielfachen von 10, die Vielfachen von 1 kommen danach: $45 = 4 \cdot 10 + 5 \cdot 1$. Eine dreistellige Dezimalzahl beginnt mit Hundertern, eine vierstellige mit Tausendern. Die Zahlen sind nach den Potenzen von 10 geordnet:

Dezimalzahl	$1000 = 10^3$	$100 = 10^2$	$10 = 10^1$	$1 = 10^0$
3456	3	4	5	6

Dualzahlen bestehen nur aus den Ziffern 0 und 1. Hier sind die Zahlen nach Potenzen von 2 geordnet:

Dualzahl	$8 = 2^3$	$4 = 2^2$	$2 = 2^1$	$1 = 2^0$	Dezimalzahl
1001	1	0	0	1	9

2

In jedem Speicherplatz eines Computers ist eine kleinste Informationseinheit abgelegt. Man bezeichnet sie als *Bit*. Ein Bit kann zwei Werte haben: entweder 0 oder 1.

In zwei Bits lassen sich vier verschiedene Informationen speichern: 00, 01, 10, 11. Mit acht Bits sind es schon 256 Informationen. In 8 Bits wird z. B. jeder Buchstabe einer SMS gespeichert. Ein „Paket" von 8 Bits wird ein *Byte* genannt. Computerspeicher haben Milliarden von Bytes.

Digitale Welt — Informationen transportieren – mit Wellen

Aufgaben

1 Setze im Heft die Tabelle bis zur Dezimalzahl 32 fort. ▶3

2 Jeder Computer wandelt Texte in Dualzahlen um. ▶4 Setze die Tabelle für die nächsten drei großen und kleinen Buchstaben in deinem Heft fort.

3 Du kannst auch Bilder in Dualzahlen umwandeln. ▶5 Die Kästchen sind entweder schwarz (1) oder weiß (0) gefärbt.

a Ergänze in deinem Heft die fehlenden Zahlen.

b Lege ein neues Quadrat mit 8 mal 8 Kästchen an. Zeichne das Bild zu folgenden Dezimalzahlen: 131, 1, 209, 133, 133, 193, 227, 195 (Zeilen von oben nach unten).

4* Jonas hat 28 Mitschüler. Seinem kleinen Bruder sagt er: „Ich kann meine Mitschüler an einer Hand abzählen." ▶6

a Erkläre, wie Jonas die Zahl anzeigt.

b Wie viele Mitschüler hast du? Zeige die Zahl ähnlich wie Jonas.

c Wie weit kannst du auf diese Weise mit fünf (zehn) Fingern zählen? Wie viele Finger brauchst du für die ganze Schule?

5 Das Mikrofon nimmt einen Flötenton auf. ▶7

a Lies die Spannung zu den Zeitpunkten A–H ab. ▶8 Ergänze die Tabelle in deinem Heft. ▶9

b Schreibe die Dualzahlen als „Kette" auf: 00001100–00010100–00010001–... Die Striche zwischen den einzelnen Bytes erleichtern dir den Überblick. Ein Computer braucht sie nicht. ▶1

6* So addieren Computer in ihren Rechenchips: 10 + 10 = 100. Erkläre diese Rechnung.

Dezimalzahl	Dualzahl (8 Bits)
0	00000000
1	00000001
2	00000010
3	00000011
4	00000100
5	00000101
6	00000110
7	00000111
8	00001000

3 *Zahlen umwandeln*

Zeichen	Dualzahl (8 Bits)
A	01000001
B	01000010
C	01000011
D	01000100
E	01000101
a	01100001
b	01100010
c	01100011
d	01100100

4 *Buchstaben umwandeln*

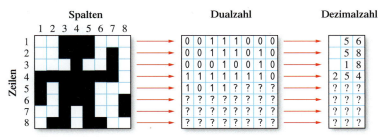

5 *Ein Bild umwandeln*

6 *3 Finger = 28?*

7

8 *Flötenton als elektrisches Signal*

	Dezimalzahl	Dualzahl
A	12	00001100
B	20	?
C	24	?
D	?	?

9 *Flötenton in Zahlen*

Grundlagen: Analog – digital

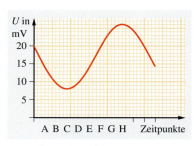
1 *Analoges Signal*

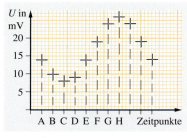
2 *Einzelne Messungen*

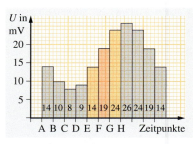
3 *Digitales Signal*

Der Ton einer Flöte wird vom Mikrofon in eine elektrische Spannung umgewandelt. ▶1 Wenn der Ton lauter wird, werden die „Berge" bei der Spannung höher und die „Täler" tiefer. Bei einem höheren Ton rücken die „Berge" und „Täler" enger zusammen. Die Spannung ändert sich stufenlos und entspricht dem Schall. Wir sprechen von einem *analogen Signal* (griech. *analogos*: entsprechend).

Ein Computer erzeugt daraus ein *digitales Signal*. Er misst die Spannung nicht andauernd, sondern in festen Zeitabständen. ▶2 Dabei zählt nur die Zahl vor dem Komma: 14,0 mV; 14,1 mV; …; 14,9 mV ergeben alle die Zahl 14. Zwischen zwei Messungen behält der Computer einfach die gerade eben ermittelte Zahl bei. ▶3

> Analoge Signale ändern sich stufenlos.
> Digitale Signale ändern sich in Stufen von ganzen Zahlen.

Das digitale Signal wird schließlich vom Computer in eine Folge von Dualzahlen umgewandelt.
Digital kommt vom lateinischen Wort *digitus* für Finger. Kinder (und oft auch Erwachsene) benutzen ihre Finger zum Zählen. Geknickte Finger für Bruchzahlen verwendet man nicht. Beim digitalen Signal ist es ähnlich: Es sind nur ganze Zahlen ohne Kommastellen erlaubt.

Aufgabe

1 Welches Messgerät misst analog, welches digital? ▶4–5 Begründe deine Antwort.

4–5

Erweiterung: Digitale Signale mit höherer Auflösung

Das digitale Signal zum Flötenton enthält viel weniger Informationen als das analoge Signal: ▶1–3
- Der Computer nimmt keine Spannungsänderungen zwischen zwei Zeitpunkten auf. Je kleiner die Zeitabstände sind, desto genauer entspricht das digitale Signal dem analogen. ▶6
- Für das digitale Signal werden von den Messwerten nur die Stellen vor dem Komma verwendet. Der Rest wird „abgeschnitten". Um das zu vermeiden, verschiebt man das Komma bei der Messung. Das kennst du von der Längenmessung: Ein DIN-A4-Blatt ist 29,7 cm hoch. Wenn du in Millimetern misst, erhältst du als Zahlenwert 297.

> Ein digitales Signal entspricht dem analogen Signal umso mehr,
> – je kleiner die Zeitabstände zwischen zwei Messungen sind
> – je kleiner die Einheit ist, in der das Signal gemessen wird
>   (z. B. Millivolt statt Volt)

Aufgabe

2* Ein digitales Signal soll einem analogen Signal möglichst genau entsprechen. Was muss man beim Umwandeln des analogen Signals beachten?

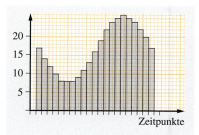

6 *Kleinere Zeitabstände beim Messen*

Aus der Technik — Digital – aus weniger mehr machen

Beim Umwandeln von analogen Daten gehen Informationen verloren. Mit digitalen Daten kann man aber ganz anders umgehen als mit analogen. Digitale Texte, Fotos oder Musik lassen nach dem Bearbeiten keine Wünsche offen. ▶7 Viele Anwendungen sind nur mit digitalen Daten möglich.

Daten bearbeiten In einem Textprogramm änderst du mit ein paar Klicks Schriftart und -größe eines Textes für die Schülerzeitung und fügst Bilder ein. In einem Tabellenprogramm wählst du die Zahlen einer Spalte aus und erhältst mit der Summenfunktion sofort das Ergebnis. In einem Zeichenprogramm lassen sich Linien, Figuren und Farben in einer Zeichnung verändern. All das wäre mit der Hand auf Papier wesentlich umständlicher.

7 „Perfekter" als die Wirklichkeit

Daten transportieren Elektromagnetische Wellen übertragen Handygespräche, Radio und Fernsehen über weite Strecken. Im Telefonnetz werden die Informationen durch Änderungen der Spannung oder eine rasche Folge von Lichtblitzen übermittelt. Die Signale werden auf den langen Wegen schwächer. Digitale Signale verlieren aber keine Informationen, solange die Zahlenfolgen bestehen bleiben.

Daten speichern Musik und Spiele sind auf deinem Handy in einem kleinen Chip gespeichert. Filme im Fernsehen können auf einer Festplatte aufgehoben werden. In Zukunft speichern wir Dateien vielleicht in einer „Cloud". Dahinter verbergen sich beliebig viele vernetzte Speicher, die man über das Internet erreicht.
Der Chip im Handy kann Milliarden Bytes (Gigabyte, GB) an Informationen speichern. ▶8 Das reicht für Hunderte Fotos, Songs ... Auf der Festplatte stehen rund tausend Gigabytes (Terabyte, TB) zur Verfügung. So viele Informationen auf so kleinem Raum – das geht nur mit digitalen Daten und winzigen elektronischen Speichern.

8 SIM-Karte mit Chip

Kein Datenträger hält ewig. Papier zerfällt, Schallplatten verlieren durch die Wiedergabe an Qualität, CDs sind irgendwann nicht mehr lesbar. Von digitalen Daten kann man aber leicht Sicherheitskopien machen. Und falls einmal kleine Lücken in den Zahlenfolgen auftreten, können sie meistens durch Prüfprogramme wieder geflickt werden.
Viele wertvolle alte Bücher werden aufwendig geschützt, damit der Zahn der Zeit nicht an ihnen nagen kann. Vorher werden sie fotografiert und digital gespeichert. ▶9 Dann kann man sie im Internet bewundern und die Texte nutzen.

9 Ein altes Buch wird digitalisiert.

Daten nutzen Bei einem Rockkonzert in der Schule nimmt die Technik-AG die Musik auf und speichert sie digital. ▶10 Am nächsten Tag wird die Datei bearbeitet: Die Bässe werden etwas verstärkt, die Hupe eines Autoalarms vor der Tür wird unterdrückt ... Dann kommt der Mitschnitt auf die Homepage der Schule.
Ein digital gespeicherter Text hat viele Vorteile: Du kannst ihn nach bestimmten Wörtern durchsuchen, Abschnitte kopieren und in andere Texte einsetzen, den Text verändern ...
Große Unternehmen speichern Informationen über ihre Kunden in riesigen Datenbanken. Mit diesem Wissen können sie die Kunden gezielt betreuen.

10 Musik wird aufgezeichnet.

Aus Umwelt und Technik — Daten komprimieren

Fotos komprimieren Bestimmt hast du im Computer Bilder als „JPG" oder „JPEG" gespeichert. Die Endung verrät, dass die Datenmenge verkleinert (komprimiert) wurde. So brauchen die Bilder weniger Speicherplatz. Beim Komprimieren wird die Zahl der Bildpunkte (Pixel) verkleinert, aber ihre Fläche vergrößert. Jeweils 8 mal 8 Pixel werden zu einem Block zusammengefasst. Jeder Block bekommt eine „errechnete" Farbe in unterschiedlicher Helligkeit und wird als Dualzahl gespeichert. Meist wird der Qualitätsverlust erst bei starker Vergrößerung deutlich, besonders an den Kanten von Farbblöcken. ▶1

Viele Kameras komprimieren die Bilder bereits vor dem Speichern. Das spart Platz auf der Speicherkarte. Doch lässt sich daraus nie wieder das Originalbild „zurückrechnen". Profis komprimieren ihre Fotos mit Verfahren ohne Qualitätsverlust. Diese erkennst du an Endungen wie JPEG 2000, TIFF oder PNG.

Filme komprimieren Filme bestehen aus sehr vielen bewegten Bildern und Tönen. Die riesigen Datenmengen müssen verringert werden, bevor sie auf eine DVD passen. Filme zeigen 25 Bilder pro Sekunde. Manche Bereiche ändern sich in vielen aufeinanderfolgenden Bildern gar nicht. ▶2 Das wird beim MPEG-4-Verfahren genutzt. Es wird z. B. nur jedes 12. Bild komplett abgespeichert – und bei den nächsten 11 nur die Veränderungen gegenüber diesem Bild.
Zusätzlich werden bei jedem einzelnen Bild Farbblöcke gebildet, um die Datenmenge zu verkleinern.

1 Komprimierte Bilder unter der Lupe

2 Drei Bilder aus einem Film – im 0,5-Sekunden-Abstand aufgenommen: Die Überblendung (unten) zeigt, dass sich jeweils nur Teilbereiche der Bilder verändert haben.

Musik komprimieren Die Empfindlichkeit unserer Ohren hängt von der Tonhöhe und der Lautstärke ab. Der tiefe Ton einer Tuba (50 Hz) ist bei der Lautstärke von 40 dB(A) gerade noch hörbar – ein noch tieferer Orgelton (30 Hz) nicht. ▶3 Er liegt unter der Hörschwelle. Den hohen Geigenton (2000 Hz) hört man dagegen sehr gut.
Das geübte menschliche Ohr erkennt Tonunterschiede von einigen Hertz. Ob ein Ton 1024,2 oder 1024,4 Hz hat, merkt es nicht. Die Auflösung des digitalen Signals braucht also auch nicht so hoch zu sein.
Ein lauter Ton kann leisere Töne überdecken („maskieren"). Wenn z. B. eine Flöte einen Ton von 1 kHz laut spielt, hören wir den gleichzeitigen Geigenton nicht mehr. ▶4
Das MP3-Verfahren „schneidet" beim Komprimieren alle Töne weg, die unterhalb der Hörschwelle liegen oder maskiert sind. So wird die Datenmenge für eine CD-Aufnahme (etwa 10 MB pro Minute!) um 90 % verringert. Zum Anhören der Aufnahme werden die digitalen Signale wieder in analoge Signale umgewandelt. Digital-Analog-Wandler stecken z. B. in Handys und MP3-Playern sowie als Soundkarte im Computer. Sie machen die Stufen des digitalen Signals (nahezu) wieder rückgängig. Wenn man das Komprimieren nicht übertrieben hat, merkt der Hörer keinen Unterschied zum Original.

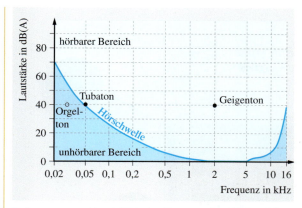

3 *Frequenz und Lautstärke bestimmen den Hörbereich.*

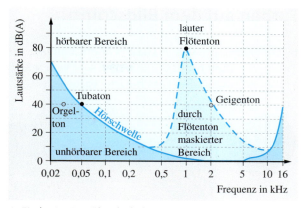

4 *Ein lauter Ton überdeckt leisere Töne.*

Aufgaben

1 Beschreibe, woran du komprimierte Fotos erkennen kannst. ▶1

2 Zeichnungen aus dünnen Strichen sollte man nicht als JPG komprimieren. Begründe diese Regel.

3 Bild ▶2 zeigt, wie man die Daten beim Speichern von Filmen verringern kann.
a Beschreibe die Idee.
b Bei manchen Szenen spart dieses Verfahren nur wenig ein. Erkläre dies anhand von Beispielen.

4 Drei gleich laute Töne – welchen hören wir? ▶3 Begründe deine Antwort.

5* Ein Musikstück wird einmal analog übertragen und einmal digital. Welche Übertragungsart würdest du vorziehen? Begründe deine Wahl.

6* „Beim Digitalisieren gehen Informationen verloren."
„Wenn die Auflösung hoch genug ist, merkt das hinterher doch keiner!"
Nimm Stellung zu den Aussagen.

Aus der Technik — Signale übertragen – mit Lichtleitern

Glas lässt sich zu feinen Fasern ziehen. ▶5 Wenn Licht an einem Ende in eine Glasfaser eintritt, bleibt es im Innern und folgt jeder Biegung. ▶6 Solche Glasfasern nennt man *Lichtleiter*. Viele sehr dünne Glasfasern bündelt man zu Glasfaserkabeln. ▶7
Glasfaserkabel übertragen Telefongespräche, Fernsehsignale und Daten für das Internet. Sprache oder Zeichen werden dazu in elektrische Signale und dann in Lichtblitze umgewandelt. Beim Empfänger werden die Informationen wieder zurückverwandelt.
In modernen Glasfasernetzen können bis zu 30 Billionen Lichtblitze pro Sekunde übertragen werden. Bei größeren Entfernungen werden die Blitze unterwegs etwas schwächer. Sie werden deshalb von weiteren Lichtquellen immer wieder erneuert und verstärkt.
Mit einer einzigen Glasfaser lassen sich Zehntausende von Telefongesprächen gleichzeitig führen. Im selben Leitungsnetz kann man auch Computerdateien, Fernseh- und Rundfunkprogramme übertragen.
Glasfaserkabel sind kleiner, leichter und billiger als Kupferkabel für die gleiche Datenmenge. Außerdem kann die Informationsübertragung in den Lichtleitern nicht durch elektrische oder magnetische Felder von außen gestört werden.

5 *Glasfasern*

6 *Licht folgt der Glasfaser (Modell).*

7 *Glasfaserkabel*

Farben auf dem Bildschirm

▷ Der Bildschirm deines Handys oder Computers leuchtet in Millionen von Farben auf. Dafür sorgen sehr viele winzige Farbpunkte. Sie haben aber nur drei verschiedene Farben …

1

Untersuchen

1 **Farben auf dem Bildschirm** Untersucht mit einer starken Lupe den leuchtenden Bildschirm eines Handys oder Computers. In welchen Farben leuchten die Farbpunkte auf?

2 **Farbige Lichter mischen** Drei farbige Spotlampen (40 W, mattiert) werden im Dreieck angeordnet. ▶2
a Haltet eine Lochblende mit ausgestrecktem Arm so, dass das Licht der Lampen durch das Loch auf einen durchscheinenden Schirm fällt. Erklärt die Anordnung der farbigen Lichtflecke.
b Nähert die Lochblende dem Schirm, bis sich die farbigen Lichtflecke teilweise überlappen.
Welche Farbe ergibt sich aus der Mischung jeweils zweier Lampen? Welche Farbe hat die Stelle, auf die das Licht aller Lampen fällt?
c Haltet statt der Lochblende einen Finger vor den Schirm. Wie viele verschiedene Farben könnt ihr in den Schatten erkennen? Erklärt, durch welches Licht die einzelnen Farben zustande kommen.

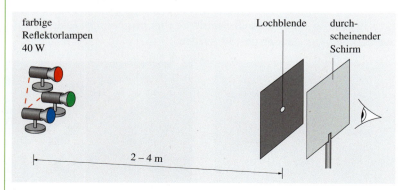

2

Grundlagen — Farbige Lichter und ihre Mischung

Die Farbpunkte eines Bildschirms leuchten rot, grün oder blau auf. ▶1
Ein „Trio" aus je einem roten, grünen und blauen Farbpunkt bezeichnet man als *Pixel*.
An den rot leuchtenden Stellen des Bildschirms leuchten nur die roten Farbpunkte, an den grünen Stellen nur die grünen Punkte …
Wenn benachbarte rote und grüne Punkte gleich hell leuchten, sehen wir Gelb auf dem Bildschirm. Unsere Augen erkennen die winzigen Punkte nicht einzeln. Die farbigen Lichter mischen sich zum Farbeindruck Gelb. Weiß sehen wir, wenn alle Farbpunkte hell leuchten. Auf grauen Flächen leuchten auch alle Punkte gleich hell, aber schwächer.
Beim Bildschirm entstehen die Millionen Farben dadurch, dass die Farbpunkte in ihrer Helligkeit verändert werden. Auch die dunklen Stellen zwischen den Farbpunkten tragen zum Farbeindruck bei.
Mischungen farbiger Lichter gibt es nicht nur beim Bildschirm: Auch wenn eine weiße Wand von rotem und grünem Licht beleuchtet wird, leuchtet sie für uns gelb. ▶3

3 *Mischung farbiger Lichter*

> **Wenn verschiedene farbige Lichter gemeinsam in unser Auge fallen, nehmen wir ein Mischlicht in einer anderen Farbe wahr.**
> **Die farbigen Lichter sind mit ihren verschiedenen Frequenzen weiterhin im Mischlicht enthalten. Jedes farbige Licht fügt seine Frequenz dem Mischlicht hinzu. Man spricht von Farbaddition.**
> **Rot, Grün und Blau sind die additiven Grundfarben des Lichts. Aus ihnen entstehen durch Mischen sehr viele verschiedene Farben.**

Die Mischregeln der Farbaddition zeigt das Farbensechseck ▶4
– Die drei additiven Grundfarben ergeben zusammen Weiß:
  Rot + Grün + Blau = Weiß.
– Zwei additive Grundfarben ergeben zusammen das Mischlicht der dazwischenliegenden Farbe:
  Rot + Grün = Gelb
  Rot + Blau = Magenta (Purpur)
  Blau + Grün = Cyan (Blaugrün)
– Farben, die im Sechseck gegenüberliegen, ergeben zusammen Weiß.
  Beispiel: Gelb + Blau = Weiß
  Gelb kann man nämlich als Mischung aus den benachbarten Grundfarben Rot und Grün ansehen. Zusammen mit der dritten Grundfarbe Blau ergibt sich dann Weiß:
  Gelb = Rot + Grün, Rot + Grün + Blau = Weiß.

4 *Farbensechseck*

Aufgaben

1 Durch Mischen mit grünem Licht soll Weiß entstehen. Welche Farbe muss das Licht haben? Begründe deine Antwort.

2 Blaues, cyanblaues und grünes Licht werden gemischt. Welcher Farbeindruck entsteht? Begründe.

3 Das Mischlicht wird immer heller, je mehr farbige Lichter addiert werden. Erkläre diese Beobachtung.

↻ 377-1 Simulationen
Additive Farbmischung mit Spotlampen
Monitorfarben
Farben mischen

Farben auf dem Papier

▷ Auch ein Farbdrucker erzeugt Bilder in Millionen Farben. Dazu druckt er winzige Farbpunkte auf das Papier. Sind die Punkte rot, grün und blau? Warum hat der Drucker keine grüne Farbpatrone?

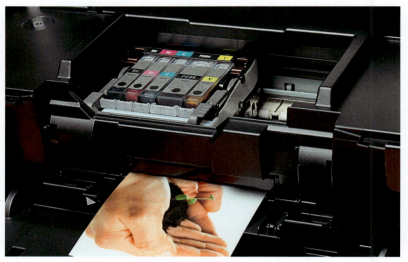

1

Untersuchen

1 Gedruckte Farben
a Druckt ein farbiges Bild aus. Untersucht die verschiedenen farbigen Flächen mit einer starken Lupe. Beschreibt eure Beobachtung.
b Betrachtet auch Bilder im Physikbuch mit der Lupe.

2 Farbfilter *Ihr braucht:* Stücke von durchsichtigen farbigen Heftumschlägen oder Folien. Farblose Folien könnt ihr mit Folienstift in verschiedenen Farben anmalen.
a Haltet die farbige Folie vor ein Blatt Papier, das von der Sonne beschienen wird. ▶2 Beschreibt, was ihr auf dem Blatt Papier seht.
Tipp: Statt Sonnenlicht könnt ihr auch das weiße Licht einer hellen Lampe verwenden.
b Haltet Folien mit verschiedenen Farben hintereinander. Spielt ihre Reihenfolge eine Rolle? Beschreibt eure Beobachtungen.

2

Farben auf dem Papier Informationen transportieren – mit Wellen **379**

Grundlagen — Farbige Folien und Ausdrucke

Vielleicht hast du schon einmal die Farbpatronen bei einem Drucker ausgetauscht: Cyan (Blau), Magenta (Rot) und Yellow (Gelb). Mit diesen drei Farben lassen sich Millionen verschiedene Farbeindrücke erzeugen. Dazu werden winzige Farbpunkte auf weißes Papier gedruckt. Beispielsweise ergeben ein gelber und ein cyanblauer Punkt übereinander den Farbeindruck Grün. Alle drei Farben übereinander liefern ein „blasses" Schwarz. Richtig tiefes Schwarz kommt nur aus der vierten Farbpatrone (Black).

Den Farbeindruck Grün erhältst du auch, wenn du eine gelbe und eine cyanblaue Folie hintereinander in weißes Licht hältst. ▶3 Diesen Farbeindruck können wir so erklären: ▶4

3

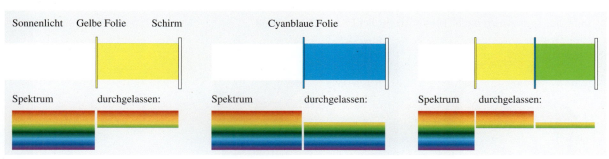

4 *Zwei Farbfilter nacheinander*

- Sonnenlicht enthält alle Farben des sichtbaren Spektrums. Eine gelbe Folie verschluckt (absorbiert) die blauen und einige grüne Anteile des Sonnenlichts. Die Mischung der durchgelassenen Farben ergibt Gelb.
- Die cyanblaue Folie lässt nur blaue oder grüne Anteile des Spektrums durch. Das durchgelassene Licht mischt sich zu Cyanblau.
- Das gelbe Licht hinter der ersten Folie enthält einen grünen Anteil. Nur dieser Anteil wird von der cyanblauen Folie durchgelassen. Hinter den beiden Folien bleibt also nur grünes Licht übrig.

> Farbige Folien absorbieren bestimmte farbige Anteile des einfallenden Sonnenlichts. Im durchgelassenen Licht fehlen diese Farben. Aus der Mischung der durchgelassenen Farben ergibt sich der beobachtete Farbeindruck.
> Farbige Folien nehmen Licht bestimmter Frequenzen aus dem Sonnenlicht weg. Man spricht von Farbsubtraktion.

Ein gelber Farbpunkt auf dem Papier wirkt ähnlich wie eine gelbe Folie. Das einfallende Licht geht durch die dünne gelbe Schicht hindurch. Dabei werden Blau und Grün absorbiert. Das durchgelassene Licht wird vom Papier gestreut und ergibt ein gelbes Mischlicht. Wenn ein cyanblauer Punkt unter dem gelben liegt, wird nur der grüne Anteil des einfallenden Lichts zum Papier durchgelassen und gestreut.
Für ein hell leuchtendes Grün können die winzigen gelben und cyanblauen Farbpunkte nebeneinander gedruckt werden. Ihr Abstand ist so klein, dass unser Auge das Licht von zwei benachbarten Punkten nicht getrennt wahrnimmt. Das gelbe Licht von einem Punkt mischt sich mit dem cyanblauen Licht von seinem Nachbarn zu Grün (Farbaddition).

↻ 379-1 Simulation Farbfilter

Aufgaben

1 Bei der Farbsubtraktion ist das Mischlicht weniger hell als das einfallende Licht. Erkläre den Unterschied.

2 Beschreibe, wie ein Magentafilter funktioniert. ▶5

3* Sonnenlicht geht erst durch einen Cyanfilter und dann durch einen Magentafilter. ▶4–5 Welche Farbe siehst du hinterher? Begründe deine Antwort.

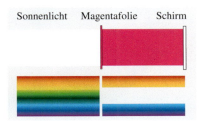

5 *Magentafilter*

Aus Umwelt und Technik — Farben sehen

Die Netzhaut im Auge Unser Auge erzeugt von jedem leuchtenden Punkt eines Gegenstands einen Bildpunkt auf der Netzhaut. ▶1 In der Netzhaut befinden sich rund 130 Millionen lichtempfindliche Sehzellen. Sie sind über den Sehnerv mit dem Gehirn verbunden.
Wir haben zwei Arten von Sehzellen: ▶2
- Die *Stäbchen* sind für das Hell-Dunkel-Sehen und das Sehen in der Dämmerung zuständig. Stäbchen sprechen schon auf wenig Licht an.
- Die *Zapfen* brauchen viel mehr Licht als die Stäbchen. Mit ihnen können wir Millionen von Farben unterscheiden. Dafür sorgen drei verschiedene Zapfensorten. Die einen reagieren besonders stark auf rotes Licht, andere auf grünes und wieder andere auf blaues. Je nach Farbe reizt das Licht die verschiedenen Zapfenarten unterschiedlich stark. Sonnenlicht reizt alle drei Zapfensorten gleich, es entsteht der Farbeindruck „Weiß".

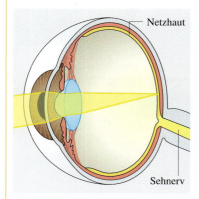

1 *Das Auge des Menschen*

2 *Zwei Arten von Sehzellen*

Der Fotochip in der Kamera Auch eine Digitalkamera erzeugt zu jedem Gegenstandspunkt einen Bildpunkt. Das Bild entsteht auf einem Chip. ▶3 Der Bildsensor enthält auf 1 cm² viele Millionen lichtempfindliche Zellen. Über jeder liegt ein Farbfilter. Der Filter lässt entweder rotes, grünes oder blaues Licht durch. Deshalb reagiert jede Zelle nur auf eine dieser Farben. Während einer Aufnahme misst jede Zelle die Helligkeit eines Bildpunkts in „ihrer" Farbe. Danach werden alle Zellen von einem Computer in der Kamera „ausgelesen". Ort und Helligkeitswert jeder Zelle werden in einer Bilddatei auf der Speicherkarte abgelegt. Alle Werte zusammen ergeben später wieder die Bildpunkte, aus denen sich das Gesamtbild zusammensetzt.

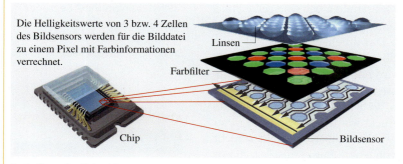

3 *Aufbau des Fotochips*

Aufgaben

1. Auf der Netzhaut sind 20-mal mehr Zapfen für das Farbensehen als Stäbchen. Trotzdem gilt: „Nachts sind alle Katzen grau." Erkläre diese Erfahrung.

2. Vergleiche die Farbsensoren in der Kamera mit denen im Auge. Was haben sie gemeinsam?

Erweiterung — Die Farben der Dinge

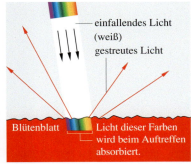
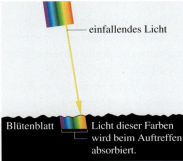

4 *Die Blüte streut nur rotes Licht. Sie erscheint im Sonnenlicht rot ...*

5 *... und in gelbem Licht schwarz.*

Eine Blüte erscheint im Sonnenlicht z. B. rot. ▶4 Wenn sie das ganze einfallende Licht streuen würde, müsste sie weiß aussehen. Tatsächlich streut die Blüte aber nur den roten Anteil des Sonnenlichts, der „Rest" wird absorbiert. Das rote Streulicht lässt die Blüte rot erscheinen.

Dagegen erscheint die gleiche Blüte schwarz, wenn sie mit gelbem Licht beleuchtet wird, das von Natriumdampf ausgesendet wird. ▶5 Dieses gelbe Licht hat keinen roten Anteil und wird vollständig absorbiert.

Farbige Gegenstände streuen einen Teil des auftreffenden Lichts, der Rest wird absorbiert. Der Farbeindruck entsteht durch die Mischung des gestreuten Lichts.

Aus Umwelt und Technik — Die Umgebung „färbt ab"

Das gedruckte Foto von den Brötchen ist aus cyanblauen, magentaroten und gelben Punkten zusammengesetzt. ▶6 Sie wirken wie Farbfilter. Wo wir Braun sehen, befinden sich magentarote und gelbe Punkte. Sie überlappen sich teilweise und bilden dadurch Rot. Aber entscheidend ist, dass sie von vielen schwarzen Punkten umgeben sind. Wird rotes Licht durch eine dunkle Umgebung gedämpft, verändert sich das Rot zu Braun. ▶7 Auf die gleiche Weise lassen sich aus Grün olivgrüne und aus Gelb ockerfarbige Farbtöne herstellen.

Auch eine helle Umgebung verändert Farben. Je mehr Weiß das gestreute Licht enthält, desto weniger „gesättigt" erscheinen Farben. ▶8

Aufgabe

3 Eine Versuchsperson hält sich ein Rohr vor ein Auge. Das andere Auge ist geschlossen. ▶9 Haltet gut beleuchtete braune Gegenstände vor die Öffnung des Rohrs. Die Versuchsperson darf sie vorher nicht sehen! Sie soll die Farben nennen, die sie sieht ...

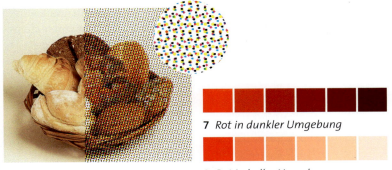

6

7 *Rot in dunkler Umgebung*

8 *Rot in heller Umgebung*

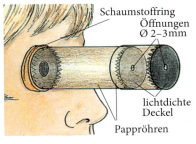

9

Überblick

Wellen Wenn ein Gegenstand genügend schnell hin und her schwingt, können sich Wellen von ihm ablösen. Sie breiten sich nach allen Seiten aus und transportieren Energie.
Die Zeit für eine Schwingung ist die *Schwingungsdauer T*.
Die Zahl der Schwingungen pro Sekunde heißt *Frequenz f*.
Der Abstand zwischen zwei benachbarten Wellenbergen wird als *Wellenlänge λ* bezeichnet. ▶1
Es gilt: $f = \frac{1}{T}$. *Beispiel:* Eine Stimmgabel schwingt mit einer Frequenz von 440 Hz. Die Schwingungsdauer beträgt: $T = \frac{1}{440}$ s.

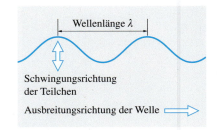

1 *„Momentaufnahme" einer Welle*

Elektromagnetische Wellen In den Antennen von Fernseh- und Radiosendern, WLAN-Geräten, Handys … fließen Wechselströme mit hoher Frequenz (mehr als 30 kHz). Dadurch lösen sich elektromagnetische Wellen von den Antennen ab. Elektromagnetische Wellen breiten sich im luftleeren Raum genauso schnell aus wie Licht: $v = 300\,000\ \frac{km}{s}$.
Die elektromagnetischen Wellen werden nach ihrer Frequenz in Bereiche eingeteilt. Man erhält das *elektromagnetische Spektrum*. ▶2

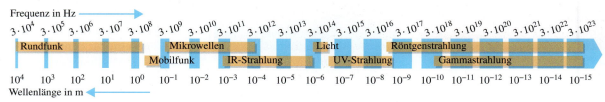

2 *Elektromagnetisches Spektrum*

Erweiterung: Wir stellen uns eine elektromagnetische Welle im Raum wie eine Kette aus elektrischen und magnetischen Wechselfeldern vor. ▶3

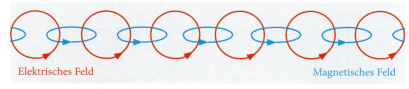

3 *Elektromagnetische Welle (Modellvorstellung)*

Analog – digital – dual

Ein analoges Signal ändert sich stufenlos. ▶4

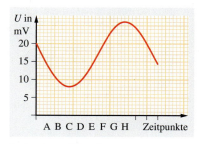

4 *Analoges Signal*

Ein digitales Signal ändert sich in Stufen. ▶5

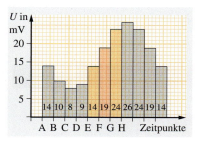

5 *Digitales Signal*

Der Computer wandelt digitale Signale in Dualzahlen um. ▶6
Jede 1 oder 0 belegt einen kleinsten Speicherplatz – ein *Bit*.

6 *Folge von Dualzahlen*

Farben mischen

Wenn farbige Lichter gemeinsam in unser Auge gelangen, nehmen wir ein Mischlicht in einer anderen Farbe wahr. ▶7 Die farbigen Lichter fügen ihre Frequenzen dem Mischlicht hinzu (Farbaddition).
Die Millionen Farben eines Bildschirms entstehen durch Mischen der additiven Grundfarben Rot, Grün und Blau.

Farbige Filter absorbieren farbige Lichter. Die durchgelassenen Lichter addieren sich zu einem Mischlicht. ▶8 Die farbigen Filter nehmen Frequenzen aus dem einfallenden Licht weg (Farbsubtraktion).
Die Millionen Farben eines Druckers entstehen durch Farbpunkte in den subtraktiven Grundfarben Cyan, Magenta und Gelb sowie Schwarz.

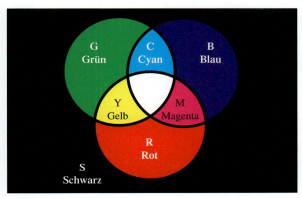

7 *Farbaddition*

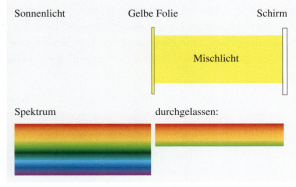

8 *Farbsubtraktion*

Alles klar?

1 „Wasserwellen, Schallwellen, Funkwellen – alle transportieren etwas." Erkläre diese Aussage. Beschreibe jeweils ein Beispiel.

2 Nenne die Gemeinsamkeiten aller elektromagnetischen Wellen.

3 Ein Handy sendet mit einer Frequenz von 900 MHz.
a Wie oft schwingen die Elektronen in der Antenne in einer Sekunde hin und her?
b Berechne, wie lange die Elektronen für eine Schwingung brauchen.

4 Wenn du den Toaster einschaltest, fließt in seiner Zuleitung ein Wechselstrom mit einer Frequenz von 50 Hz. Breiten sich dadurch elektromagnetische Wellen aus? Begründe deine Antwort.

5 Welche Uhr zeigt die Zeit analog an, welche digital? ▶9–10 Begründe deine Antwort. Beschreibe weitere Beispiele für analoge und digitale Vorgänge.

6 So addieren Computer in ihren Rechenchips: 1 + 1 = 10. Erkläre diese Rechnung.

7 Rotes, grünes und blaues Licht werden paarweise gemischt. Gib an, welche Farben jeweils entstehen.

8 Farbdrucker
a Welche Farben werden beim Drucken eingesetzt?
b* Überlege dir, wie die Farbe Rot erzeugt wird.

9* Im Sonnenlicht sehen Jeans blau aus.
a Erkläre, wie der Farbeindruck entsteht.
b Im gelben Licht einer Natriumdampflampe sehen die Hosen schwarz aus. Erkläre den Unterschied.

9–10

Teste dich!

1 Im Wäschetrockner gibt es einfach aufgebaute Feuchtesensoren.
a Gib für „Sensoren" ein deutsches Wort an.
b Beschreibe und begründe den Aufbau eines Feuchtesensors.
c Erkläre die Wirkung von nasser Wäsche auf den Sensor.
d Erläutere die Sensorwirkung mit dem Begriff „Widerstand".
e Andere Sensoren reagieren auf Signale, indem sie eine elektrische Spannung erzeugen. Nenne zwei Sensoren mit diesen Eigenschaften.

2 Heißleiter und Fotowiderstand sind weitverbreitete Sensoren.
a Gib an, auf welche Signale sie reagieren. Nenne Anwendungsbeispiele.
b Zeichne die Schaltzeichen dieser Sensoren.
c Wenn ein Signal auf diese Sensoren trifft, ändert sich ihr elektrischer Widerstand. Beschreibe jeden Sensor mit einem Je-desto-Satz.

3 Temperatursensoren
a Beschreibe, wann diese Sensoren zu guten elektrischen Leitern werden. ▶1
b Welchen Typ kennst du aus den Versuchen? Überlege dir für den anderen Typ einen Namen und eine Verwendungsmöglichkeit.

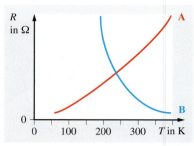

1

4 Dioden gibt es in jedem Haus.
a Zeichne das Schaltzeichen der Diode. Nenne eine Merkregel, wie sie in Schaltungen richtig eingebaut wird. *Tipp:* Durchlassrichtung
b Beschreibe die Wirkung einer Diode:
  – in einem Gleichstromkreis
  – in einem Wechselstromkreis
c* In manchen Steckernetzteilen zu Hause stecken ein Transformator und Dioden. Erkläre, wozu diese Bauteile eingesetzt werden.

5 Wie viele Bücher „passen" auf eine Speicherkarte mit 64 Gigabyte? ▶2
Beantworte die folgenden Fragen durch Rechnungen:
a Wie viele Zeichen (Buchstaben, Ziffern, Satzzeichen und Leerzeichen) können auf einer 64-GB-Karte gespeichert werden?
Tipp: Für jedes Zeichen braucht man 1 Byte.
b Wie viele Romanseiten wären das? *Tipp:* Ein Roman hat auf jeder Seite rund 1500 Zeichen.
c Wie viele Romane (je 500 Seiten) könnte man auf der Karte speichern?

2

6 Analog – digital
a Beschreibe, was man in der digitalen Welt unter einem *Bit* versteht.
b Eine Stimmgabel wird angeschlagen und vor ein Mikrofon gehalten. Das Mikrofon ist an einen Computer angeschlossen. Skizziere das analoge und das digitale Signal zum Ton der Stimmgabel.
c Das digitale Signal wird in eine Folge von achtstelligen Dualzahlen umgewandelt. Eine davon lautet: 01011001. Welcher Spannung (in mV) entspricht das? Erläutere deine Rechnung.
d Wie viele unterschiedliche Dezimalzahlen kann man mit achtstelligen Dualzahlen speichern?
e* Moderne Computer rechnen mit 64-stelligen Dualzahlen. Stelle Vermutungen an, welche Vor- und Nachteile das Rechnen mit 64 statt 8 Bit hat.

▷ Die Lösungen findest du im Anhang.

7 Du kennst verschiedene Wellen.
a Beschreibe anhand von Beispielen, was du unter folgenden Begriffen verstehst:
Schwingung, *Schwingungsdauer* und *Frequenz*.
b Gib den Zusammenhang zwischen Schwingungsdauer und Frequenz in einer Gleichung an.
c Beschreibe, was mit der *Wellenlänge* einer Welle gemeint ist.
d Wasserwellen und Schallwellen brauchen einen Stoff, um sich auszubreiten. Wie ist das mit elektromagnetischen Wellen? Begründe deine Antwort mit einem Beispiel.
e* Gib den Zusammenhang zwischen Ausbreitungsgeschwindigkeit, Frequenz und Wellenlänge an.
f* Der mittlere Ton c auf dem Klavier hat eine Frequenz von 261,6 Hz. Berechne seine Wellenlänge.
Tipp: In Luft breitet sich der Schall mit 340 $\frac{m}{s}$ aus.

8 Mischen von farbigem Licht
a Übertrage die Tabelle ins Heft und ergänze sie. ▶3
Tipp: Die ausgefüllte Spalte zeigt, woraus gelbes Mischlicht besteht.
b „Weißes Licht kann man aus Grün und Magenta mischen." Bestätige diese Aussage mit dem Farbensechseck.
c Rot, Grün, Blau – welches Licht hat die größte Frequenz, welches die kleinste? *Tipp:* Elektromagnetisches Spektrum
d* Ordne die Farben auch nach der Wellenlänge. Begründe die Reihenfolge.

Grundfarbe	Farbeindruck				
	Gelb	Magenta	Cyan	Weiß	Schwarz
Rot	✓	?	?	?	?
Grün	✓	?	?	?	?
Blau	–	?	?	?	?

3

Wie schaffen die Fische es, im Wasser zu „schweben"? Wie groß ist der Druck auf die Glaswand?

Wie bremse ich richtig?

Sprit sparen – wie geht das?

Schneller als ein Auto?

Woher weiß das Navi, wann ich ankomme?

Stößt sich die Rakete ab?

Sollen Menschen zum Mars fliegen?

Bewegungen und ihre Ursachen

▷ Warum schwimmt der eine Gegenstand und der andere geht unter? Dieser Frage wirst du mit vielen Experimenten nachgehen.

▷ Du wirst erfahren, wie das Tauchen bei U-Booten und Pottwalen funktioniert. Und du wirst verstehen, wie der Druck im Wasser entsteht.

▷ Physik im Schwimmbad? Bei Versuchen spürst du den Auftrieb und den Druck im Wasser selbst. Finde dabei heraus, wie Wracks vom Meeresboden geborgen werden …

▷ Fliegt ein Fußball schneller, als ein Gepard laufen kann? Du wirst lernen, Geschwindigkeiten zu messen. Und du wirst verstehen, wie das Navi die Ankunftzeit schon bei der Abfahrt angeben kann.

▷ Diagramme von Bewegungen erzählen Geschichten. Du lernst sie zu lesen. Dann siehst du auf einen Blick, ob ein Ferrari stärker beschleunigt als eine Harley-Davidson.

▷ Seit 30 Jahren saust die Sonde *Voyager* durch den Weltraum. Sie hat Milliarden von Kilometern zurückgelegt – ohne Antrieb! Warum gibt es kein Auto, das ohne Antrieb immer weiterfährt?

▷ Wie kann man den Benzinverbrauch beim Autofahren senken? Mit Messungen wirst du die Zusammenhänge untersuchen.

▷ Doppelte Geschwindigkeit – vierfacher Bremsweg! Warum das so ist, lernst du hier. Und wie Airbag und Sicherheitsgurt Leben retten.

Druck und Tauchen

Schwimmen und Sinken

▷ Eisen sinkt und Holz schwimmt – das weiß doch jeder! Aber halt: Die Bilder zeigen genau das Gegenteil!

1 Die Eisenschraube schwimmt.

2 Das Holzstück liegt am Boden.

Untersuchen Experimentieren

1 Wer bleibt oben? Untersucht, ob die Gegenstände im Wasser sinken, steigen oder schweben:
a Getränkedosen mit Cola und mit Cola light
b Orange, ungeschält und geschält
c verschiedene Holzsorten
d wassergefüllte Luftballons ▶3
e Tropfen Öl, Essig, Milch …

2 Schwimmen, schweben, sinken
Geht ein Gegenstand unter? Seine Dichte verrät es!
a Legt ein verschlossenes, leeres Tablettenröhrchen in ein Becherglas mit Wasser. Schwimmt das Röhrchen? Bestimmt Masse und Volumen. Berechnet die Dichte. ▶4
b Schafft ihr es, das Röhrchen im Wasser schweben zu lassen? Füllt dazu Sand ein, bis es weder untergeht noch auf dem Wasser schwimmt. Ergänzt die Tabelle.
c Füllt noch ein wenig mehr Sand hinzu. Das Röhrchen sinkt nun. Vervollständigt die Tabelle.

3

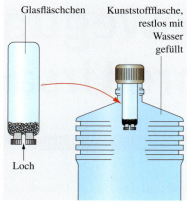

5

d Vergleicht jeweils die Dichte des Röhrchens mit der Dichte von Wasser $\left(1\,\frac{g}{cm^3}\right)$. Was fällt euch auf?

3* Der Flaschentaucher
Ihr braucht: Kunststoffflasche mit Schraubverschluss, Glasfläschchen mit Verschluss (z. B. Backaromaflasche), eine Nadel, groben Sand.
So wird's gemacht: Stecht in den Verschluss des Glasfläschchens ein kleines Loch. ▶5 Bei einem Kunststoffverschluss nehmt ihr dazu am besten eine heiße Nadel. Dann füllt ihr groben Sand in das Fläschchen, bis es gerade noch schwimmt (mit dem Verschluss nach unten). Zum Probieren setzt ihr das Fläschchen in eine Tasse oder ein Glas voll Wasser. Dort könnt ihr es leicht herausholen. Füllt die Kunststoffflasche nun bis zum Rand mit Wasser. Setzt das Glasfläschchen hinein und verschließt die Kunststoffflasche. Der „Flaschentaucher" ist jetzt fertig.
a Drückt vorsichtig auf die Kunststoffflasche und lasst wieder los. Wann sinkt der Taucher, wann steigt er? Achtet auch auf den Wasserstand im Glasfläschchen.
b Schreibt eure Beobachtungen auf: Wenn …, dann …
c Warum ist es schwierig, den Taucher in der Schwebe zu halten? Was verändert sich durch das zusätzliche Wasser im Taucher?

Röhrchen	Masse m in g	Volumen V in cm³	Dichte $\varrho = \frac{m}{V}$ in $\frac{g}{cm^3}$
schwimmt	?	?	?
schwebt	?	?	?
sinkt	?	?	?

Grundlagen: Schwimmen, Schweben, Sinken

Ein Ast schwimmt auf Wasser, ein Anker sinkt dagegen. Holz ist leichter als Wasser, Eisen ist schwerer als Wasser. „Leichter als Wasser" bedeutet, dass 1 cm³ Holz weniger wiegt als 1 cm³ Wasser. ▶6 Oder physikalisch ausgedrückt:

Die *Dichte* von Holz $\left(0{,}6 \frac{g}{cm^3}\right)$ ist geringer als die von Wasser $\left(1{,}0 \frac{g}{cm^3}\right)$. Eisen $\left(7{,}9 \frac{g}{cm^3}\right)$ hat dagegen eine größere Dichte als Wasser.

> Im Alltag sagt man „ein Schiff fährt" oder „ein Fisch schwimmt". In der Physik hat man festgelegt: Ein Gegenstand schwimmt auf dem Wasser, wenn seine Dichte kleiner ist als die von Wasser. Er sinkt, wenn seine Dichte größer ist. ▶7

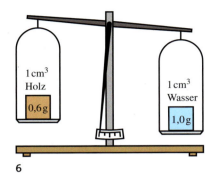

↻ 389-1 Bilderserie Dichte

Der Anker sinkt.
Die Dichte von Eisen ist größer als die von Wasser.

Der Fisch schwebt.
Die Dichte des Fischs ist genauso groß wie die von Wasser.

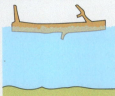
Der Ast schwimmt.
Die Dichte von Holz ist kleiner als die von Wasser.

7

Schiffe schwimmen, obwohl sie aus Eisen bestehen. In ihren Räumen enthalten sie viel Luft. Die *mittlere Dichte* erhält man, wenn man die Masse des Schiffs durch das gesamte Volumen teilt. Das Schiff schwimmt, wenn seine mittlere Dichte kleiner ist als die von Wasser.

Musteraufgabe
Schwimmt der Radiergummi auf Wasser?

Masse: 9 g

Lösung:
Der Radiergummi schwimmt, wenn seine Dichte kleiner ist als die von Wasser.

8

Die Dichte berechnet man, indem man die Masse des Radiergummis durch sein Volumen teilt: $\varrho = \frac{m}{V}$.

Der Radiergummi hat das gleiche Volumen wie ein Quader mit den Kantenlängen 4 cm, 2 cm und 1 cm. Dafür gilt:
$V = 4\,cm \cdot 2\,cm \cdot 1\,cm;\ V = 8\,cm^3$.

Damit erhält man für die Dichte des Radiergummis:
$\varrho = \frac{9\,g}{8\,cm^3};\ \varrho = 1{,}1 \frac{g}{cm^3}$.

Die Dichte des Radiergummis ist größer als die von Wasser. Also sinkt er.

Aufgaben

1 Begründe die Beobachtungen:
– Die Eisenschraube schwimmt auf Quecksilber. ▶1
– Das Stück Eichenholz geht im Benzin unter. ▶2
Tipp: Die Dichte der Stoffe findest du im Anhang.

2 Ein Baumstamm ist viel schwerer als ein Eisennagel. Dennoch schwimmt der Baumstamm und der Nagel geht unter. Erkläre.

3 Zaubertrick mit Ei
a Lege ein frisches Hühnerei vorsichtig auf den Grund eines mit Wasser gefüllten Glases. Schütte nun eine Handvoll Salz in das Glas.
b Erkläre, warum das Ei im Salzwasser schwimmt.

4 Lege Rosinen oder kleine Gummibärchen in ein Glas mit Sprudelwasser. Beobachte und erkläre.

5 Zwei Klumpen Knete sind gleich groß und gleich schwer. Aus einem wird ein Schiffchen geformt. Das Schiffchen schwimmt, der andere Klumpen geht in Wasser unter. Erkläre den Unterschied.

6 Schwimmt ein Paket Butter auf dem Wasser oder geht es unter? Gehe bei der Lösung so vor wie in der Musteraufgabe. Überprüfe deine Lösung durch einen Versuch.

Der Druck in Wasser

▷ Mit der „Trieste" erforschten *Jacques Piccard* und *Don Walsh* im Jahr 1960 den Meeresgrund im 11 000 Meter tiefen Marianengraben. Damit halten sie bis heute den Weltrekord. Sie hielten sich in der Tauchkugel auf. Der Auftriebskörper sorgte dafür, dass die „Trieste" im Wasser in der Schwebe blieb.

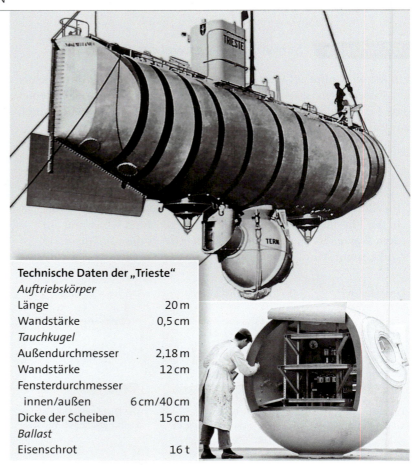

Technische Daten der „Trieste"	
Auftriebskörper	
Länge	20 m
Wandstärke	0,5 cm
Tauchkugel	
Außendurchmesser	2,18 m
Wandstärke	12 cm
Fensterdurchmesser innen/außen	6 cm/40 cm
Dicke der Scheiben	15 cm
Ballast	
Eisenschrot	16 t

1

Aus der Geschichte — Tauchen bis in 11 000 m Tiefe

23. Januar 1960: Der 11 000 m tiefe Marianengraben im Pazifischen Ozean ist Schauplatz eines kühnen Unternehmens. Der Schweizer *Jacques Piccard* und der Amerikaner *Don Walsh* wollen mit ihrer „Trieste" den Meeresgrund erreichen. Die „Trieste" besteht aus einem großen Auftriebskörper und der Tauchkugel an seiner Unterseite. ▶1 Der Auftriebskörper ist teils mit Benzin und teils mit Meerwasser gefüllt. Das Wasser hat durch Rohrleitungen Verbindung zum Meerwasser. Außerdem befinden sich Lufttanks in dem Auftriebskörper. Der Tauchgang wird gestartet, indem sie mit Wasser geflutet werden. Don Walsh berichtet:

Der Abstieg begann sehr langsam. Durch den recht starken Wellengang wurden wir heftig durchgeschüttelt, aber bereits in 30 Meter Tiefe war nichts mehr von der unruhigen See zu spüren. Wir sanken jetzt mit einer Geschwindigkeit von 1,3 Metern in der Sekunde. Bald waren wir im Bereich vollkommener Dunkelheit angelangt. Wir hatten die Scheinwerfer meistens nicht eingeschaltet. So konnten wir die selbstleuchtenden Lebewesen der Tiefsee beobachten. Nach etwa 4 Stunden waren wir in 9000 Meter Tiefe angelangt. Um nicht zu heftig auf dem Meeresboden aufzusetzen, warfen wir Eisenballast ab. Erst in 10 907 Meter Tiefe erreichten wir nach 4 Stunden und 48 Minuten Fahrt den Meeresboden. Im Scheinwerferlicht sahen wir einen 30 Zentimeter langen, flachen Fisch, wenig später eine dunkelrote Krabbe. Auch in dieser ungeheuren Tiefe leben also noch Tiere. Nach 20 Minuten Aufenthalt begann der Aufstieg. Und 3 Stunden, 27 Minuten später kamen wir wieder wohlbehalten an der Meeresoberfläche an.

Aufgaben

1 Die Tauchkugel hatte eine viel dickere Wand als der Auftriebskörper. Warum war das nötig?

2 Der Auftriebskörper war größtenteils mit Benzin gefüllt, zum kleineren Teil mit Wasser. Welchen Vorteil hatte das?

3 Wie konnten die Forscher wieder aufsteigen?

Der Druck in Wasser

Untersuchen

1 Druck im Wasser An einer Spritze befindet sich eine Kugel mit mehreren gleichen Düsen. ▶2 Man füllt diese Kugelspritze mit Wasser und presst den Kolben hinein. Beschreibt eure Beobachtung.

2 Einfache Versuche zu Druck und Tiefe Wird der Druck immer größer, je tiefer man unter Wasser ist?

a Um den Druck zu untersuchen, braucht ihr eines der beiden Geräte. ▶3 Füllt einen kleinen Eimer mit Wasser. Taucht euren „Druckmesser" langsam ein. Haltet das Gerät in unterschiedliche Tiefen. Beobachtet genau den Wasserstand im Röhrchen.

b Bohrt in eine möglichst hohe Plastikflasche mit einem heißen Nagel mehrere Löcher in verschiedenen Höhen. Stellt die Flasche in ein Becken. Füllt sie mit Wasser. Skizziert, wie das Wasser aus den Löchern spritzt.

3 Der Druck in Flüssigkeiten – genauer untersucht Verschließt einen kleinen Trichter mit einer Gummihaut vom Luftballon. Sie soll nur wenig gespannt sein. Verbindet den Trichter durch einen Schlauch mit einem U-Rohr, das gefärbtes Wasser enthält. ▶4

a Untersucht den Wasserdruck in unterschiedlichen Tiefen. ▶5 Lest die Verschiebung zwischen den Wasserständen in den beiden Schenkeln des U-Rohrs ab. Tragt die Werte in eine Tabelle ein. Beschreibt eure Beobachtung.

b Untersucht den Druck in einer ganz bestimmten Wassertiefe. Hängt er davon ab, nach welcher Seite die Sonde gehalten wird? ▶6 Formuliert das Versuchsergebnis.

c Wiederholt Teil a mit einer anderen Flüssigkeit (Frostschutzmittel, Salatöl).

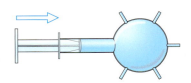

2

3

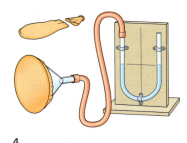

4

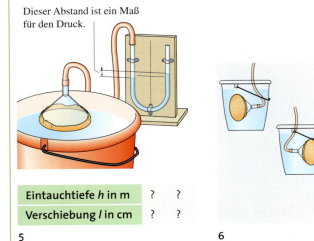

Eintauchtiefe h in m	?	?
Verschiebung l in cm	?	?

5 6

4 Hängt der Druck von der Form des Gefäßes ab? Um diese Frage zu beantworten, braucht ihr verschiedene Glasgefäße mit gleicher Grundfläche. ▶7

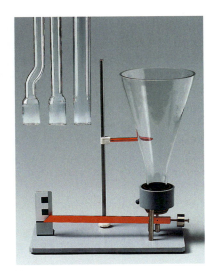

7

Grundlagen: Der Druck in Flüssigkeiten

Versucht man eine Flüssigkeit zusammenzupressen, dann entsteht in ihr ein Druck. Man erkennt ihn daran, dass die Flüssigkeit zu jeder Öffnung hinausspritzt. ▶1
Der Druck hat zur Folge, dass die Flüssigkeit gegen alle Begrenzungsflächen gepresst wird. Das „spürt" auch ein Luftballon in der Flüssigkeit. ▶2 Er wird kleiner. Seine Form ändert sich dabei nicht. Denn die Kraft infolge des Drucks wirkt senkrecht auf jeden Quadratzentimeter seiner Fläche und in jede Richtung.

Druck als physikalische Größe Auf große Flächen übt das Wasser infolge des Drucks große Kräfte aus, auf kleine Flächen kleine Kräfte. Kraft und Fläche sind proportional zueinander. Teilt man jeweils die Kraft durch die Fläche, so hat man ein Maß für den Druck im Wasser:

$$\text{Druck} = \frac{\text{Kraft}}{\text{Fläche}}.$$

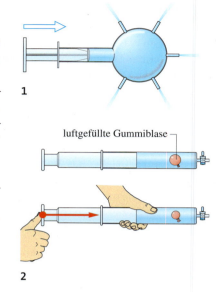

1

luftgefüllte Gummiblase

2

Der Druck ist umso größer, je größer die Kraft auf einen Quadratmeter ist. Die Einheit des Drucks ist 1 Pascal (1 Pa): $1\,\text{Pa} = 1\,\frac{\text{N}}{\text{m}^2}$.

Oft gibt man den Druck in Bar (bar) an: $1\,\text{bar} = 100\,000\,\text{Pa} = 10\,\frac{\text{N}}{\text{cm}^2}$.

Wenn eine Kraft von 10 N auf 1 cm² wirkt, beträgt der Druck 1 bar.

Druck in offenen Gewässern Auf einer Wasserschicht in 10 m Tiefe lastet eine Wassersäule von 10 m. Auf 1 m² wirkt dadurch eine Gewichtskraft von 100 000 N. ▶3 Die Gewichtskraft bewirkt einen Druck in der Wasserschicht. Man bezeichnet ihn als *Schweredruck*. In 10 m Tiefe beträgt er $100\,000\,\frac{\text{N}}{\text{m}^2} = 1\,\text{bar}$. In 20 m Tiefe sind es 2 bar, in 100 m Tiefe 10 bar.

| Der Schweredruck im Wasser entsteht durch die Gewichtskraft auf das Wasser. Er nimmt alle 10 m um 1 bar zu.

In 10 000 m Tiefe herrscht ein Schweredruck von 1000 bar. Auf jeden Quadratzentimeter wirkt eine Kraft von 10 000 N. Das ist so, als ob auf jedem Quadratzentimeter ein Auto lasten würde!
Am Grund einer Regentonne ist der Schweredruck genauso groß wie am Boden eines gleich tiefen Schwimmbeckens. Warum ist er in der Regentonne nicht kleiner? Hier lastet doch viel weniger Wasser auf dem Boden! Stell dir einmal vor, die Wassersäule ▶3 wird von oben nach unten in der Mitte geteilt. Die Grundfläche ist dann nur noch halb so groß. Dafür lastet aber auch nur noch halb so viel Wasser darüber. Der Schweredruck in 10 m Tiefe ändert sich nicht: $\frac{50\,000\,\text{N}}{0{,}5\,\text{m}^2} = 100\,000\,\text{Pa}$.

| Der Schweredruck hängt nur davon ab, wie hoch die Wassersäule ist.

Druck in anderen Flüssigkeiten Salzwasser ist etwas schwerer als Leitungswasser, seine Dichte ist größer. Daher ist im Meer der Schweredruck in 10 m Tiefe ein wenig höher als in einem See. Bei Öl und Benzin ist der Schweredruck in gleicher Tiefe kleiner als im Wasser.

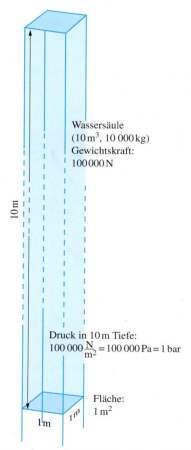

Wassersäule (10 m³, 10 000 kg)
Gewichtskraft: 100 000 N

Druck in 10 m Tiefe: $100\,000\,\frac{\text{N}}{\text{m}^2} = 100\,000\,\text{Pa} = 1\,\text{bar}$

Fläche: 1 m²

3 *Schweredruck in 10 m Wassertiefe*

Aufgaben

1. Erkläre, wie der Schweredruck im Wasser entsteht. Ist er in 10 m Wassertiefe in allen Gewässern der Erde gleich groß? Begründe deine Antwort.

2. Die Gasbläschen im Mineralwasser sind rund. Erkläre diese Beobachtung.

3*. Halte in einem Becken voll Wasser eine luftgefüllte Flasche mit der Öffnung nach unten unter die Wasseroberfläche. Drücke sie immer tiefer unter Wasser und beobachte die Luftmenge in der Flasche. Begründe das Verhalten der Luft in der Flasche.

Aus Umwelt und Technik — Schnorcheln – ein beliebter Freizeitsport

Wer seine Ferien am Mittelmeer verbringt, kann in die faszinierende Unterwasserwelt eintauchen. ▶4

Was braucht man zum Schnorcheln? Neben dem Schnorchel braucht man eine Taucherbrille. Sie sollte möglichst dicht anliegen, ohne zu drücken. Die Nase muss von außen zugänglich bleiben. Man muss sie nämlich beim Druckausgleich zusammendrücken.

Der Druckausgleich beim Tauchen In der Tiefe spürt man schon bald einen unangenehmen Druck in den Ohren. Das Trommelfell wird durch den zunehmenden Schweredruck nach innen gebogen. ▶5 Jetzt ist der Druckausgleich wichtig. Ohne ihn könnte in 4 bis 5 m Wassertiefe das Trommelfell platzen. Oft wird der Druck schon durch Schlucken ausgeglichen: Dabei öffnet sich die Ohrtrompete, der Druck im Mittelohr wird so groß wie im Mundraum. Am besten führst du den Druckausgleich so durch: Nase mit Daumen und Zeigefinger zuhalten und dann versuchen durch die Nase auszuatmen.

Was manchmal falsch gemacht wird Ohrenstöpsel oder Nasenklammern verhindern den Druckausgleich. Das Gleiche gilt für Schnorchel mit Ventilen. Bei einer Erkältung ist der Druckausgleich kaum möglich. Geschwollene Schleimhäute verschließen die Ohrtrompete vollständig.

4

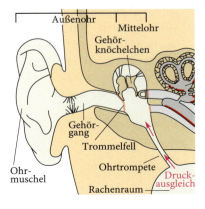

5

Vielleicht denkst du, dass man mit einem längeren Schnorchel tiefer tauchen und trotzdem atmen könnte. Aber das funktioniert nicht und wäre lebensgefährlich! Die Kräfte auf den Brustkorb wachsen wegen des steigenden Schweredrucks mit der Tiefe. Über den verlängerten Schnorchel wären die Hohlräume der Lunge mit der Luft über dem Wasser verbunden. In ihnen wäre der Druck also geringer. Man kann gegen den höheren Schweredruck nicht tief genug atmen. Es besteht Erstickungsgefahr.

Drei Tipps zum Schluss
- Vor dem Urlaub solltest du das Schnorcheln üben, am besten im Schwimmverein!
- Tauche nie alleine!
- Erkundige dich vor dem Tauchen im Meer unbedingt nach Strömungen. Das Meer ist kein Schwimmbecken!

Aufgabe

4. Beim Tauchen im Schwimmbad hattest du bestimmt schon einmal ein unangenehmes Gefühl in den Ohren.
   a) Wie kommt es zu den Ohrenschmerzen?
   b) Berechne die Kraft auf dein Trommelfell (Fläche: 0,5 cm^2) in 1,8 m Wassertiefe.
   c) „Nase zuhalten und Luft in die Nase drücken!" Diesen Rat sollte man befolgen, wenn die Ohren im tiefen Wasser schmerzen. Erkläre ihn.

Wasser „trägt"

▷ Da hat Dagobert aber Pech! Wieso eigentlich? Warum ist die Holztruhe nicht schon im Wasser zerbrochen?

1

Untersuchen Experimentieren

1 Sind Dinge unter Wasser leichter als in der Luft?
a Hängt einige Eisenmuttern an einen Gummiring. Messt die Länge des Gummirings. Anschließend versenkt ihr die Muttern in ein Glas mit Wasser. ▶2 Messt erneut die Gummilänge ...
b Versenkt die Muttern in verschiedene Wassertiefen. Ändert sich die Länge des Gummirings?

2 Styroporkugel mit Auftrieb
a Drückt eine Styroporkugel unter Wasser. Was spürt ihr? Beschreibt es.
b Lasst die Kugel schnell los. Was beobachtet ihr?
c Wenn ihr die Kugel unter Wasser haltet, wirken drei Kräfte auf sie. Beschreibt sie.
Welche Kräfte wirken nach dem Loslassen?

3 Wie groß ist die Auftriebskraft? Wenn ihr einen Plastikball unter Wasser loslasst, treibt ihn die *Auftriebskraft* nach oben. Bei einem Stein sorgt sie dafür, dass er unter Wasser leichter ist als über Wasser.
a Bestimmt mit einem Kraftmesser die Gewichtskraft auf einen Stein. Notiert den Messwert.
b Taucht den Stein am Kraftmesser unter Wasser. Lest wieder die Kraft ab. Was fällt euch auf?
c Die Kraft ist im Wasser geringer, weil die Auftriebskraft „mithilft". Die Auftriebskraft ist genauso groß wie der Unterschied der Kräfte zum Halten in Luft und in Wasser. Berechnet sie.

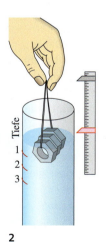

2

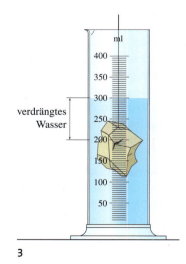

3

d Der folgende Versuch zeigt einen wichtigen Zusammenhang für die Auftriebskraft: ▶3
Taucht den Stein in das Wasser. Messt das Volumen des Wassers, das er verdrängt. Berechnet die Gewichtskraft auf das Wasser. ▶4 Vergleicht mit der Auftriebskraft auf den Stein.

Volumen in cm³	10	20	...	100	200	...
Masse in g	10	20	...	100	200	...
Gewichtskraft in N	0,1	0,2	...	1,0	2,0	...

4 *Gewichtskraft bei Wasser*

4 Wasser schwebt in Wasser *Ihr braucht:* großes Gefäß (Regentonne) voll Wasser, Eimer, Sackwaage.
a Füllt den Eimer bis 5 cm unter den Rand mit Wasser. Messt die Gewichtskraft auf den Eimer mit der Sackwaage.
b Taucht den Eimer langsam in die volle Regentonne und beobachtet den Kraftmesser. Wann kommt der Eimer zum Schwimmen? Vergleicht den Wasserstand innen und außen am Eimer.
c Prüft das Ergebnis bei anderen Füllhöhen. Was schließt ihr daraus?
d Leert den Eimer aus. Legt einen schweren Stein hinein. Wie tief taucht der Eimer damit in die Regentonne ein? Markiert den Wasserstand außen am Eimer.
e Füllt nun den Eimer (ohne Stein) bis zu dieser Markierung mit Wasser. Messt die Gewichtskraft. Vergleicht mit der Gewichtskraft auf den Stein.
f Ob das Ergebnis Zufall ist? Überprüft das mit anderen Gegenständen.

Grundlagen — Der Auftrieb in Wasser

Unter Wasser kannst du Gegenstände leichter tragen als an Land. Die Gewichtskraft ist aber in Wasser und Luft gleich groß. ▶5 Die Erdanziehung bleibt ja gleich. Ein Stein wird im Wasser leichter, weil das Wasser eine *Auftriebskraft* nach oben auf ihn ausübt. Sie kommt so zustande: Das Wasser übt infolge des Drucks Kräfte von allen Seiten auf den Stein aus. Auf seine Unterseite wirkt eine Kraft nach oben, auf die Oberseite eine Kraft nach unten. In größerer Tiefe herrscht ein größerer Druck. Deshalb ist die Kraft von unten auf den Stein größer als die Kraft von oben. Die Kraft von unten nach oben überwiegt also. Auf den Stein wirkt eine Auftriebskraft.

Beim Eintauchen verdrängt der Stein eine bestimmte Menge Wasser. Wenn man die Gewichtskraft auf das Wasser misst, entdeckt man etwas Erstaunliches: ▶6

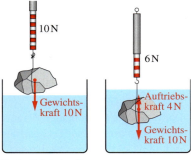

5 *Auftriebskraft*

> Die Auftriebskraft auf einen Gegenstand ist genauso groß wie die Gewichtskraft auf das verdrängte Wasser (archimedisches Prinzip).

Die Auftriebskraft auf einen schwimmenden Gegenstand ist genauso groß wie die Gewichtskraft. Er taucht gerade so tief ein, dass beide Kräfte gleich groß sind.

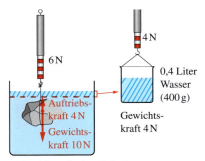

6 *Archimedisches Prinzip*

Aufgaben

1 Personen lassen sich im Wasser leichter tragen. Erkläre die Beobachtung.
2 Erkläre, weshalb Dagoberts Schatzbergung misslang.
3 Ein Schiff schwimmt auf dem Wasser. Erkläre auf zwei Arten.
4 Um eine Holzkugel (400 cm³) unter Wasser zu halten, ist eine Kraft von 1 N erforderlich. Berechne Auftriebskraft und Gewichtskraft auf die Kugel.
5 Im Toten Meer kann man die Zeitung lesen, ohne dass sie nass wird. ▶7 Erkundige dich nach den Eigenschaften des Toten Meers. Erkläre, was du auf dem Bild siehst.
6*Gisela wäre mit einer Abmagerungskur kaum zu helfen. ▶8 Erkläre.

7

8

Aus der Geschichte — Archimedes als Detektiv

Der Überlieferung nach deckte der griechische Philosoph *Archimedes* (285–212 v. Chr.) eine Straftat auf. Folgendes soll sich zugetragen haben: König Hieron von Syrakus ließ sich von einem Goldschmied aus einem Goldbarren eine Krone anfertigen. Damit ihn der Goldschmied nicht betrügen konnte, hatte er den Barren vorher wiegen lassen.

Die Krone, die der Goldschmied ablieferte, hatte tatsächlich das gleiche Gewicht wie der Barren. Trotzdem war der König misstrauisch. War es nicht möglich, dass der Goldschmied einen Teil des Goldes durch Silber ersetzt und dieses im Innern der Krone versteckt hatte? Natürlich hätte man nachschauen können, aber dabei wäre die Krone zerstört worden. So beauftragte der König Archimedes. Er sollte die Echtheit der Krone prüfen, ohne sie zu beschädigen.

Ein schwieriges Problem – Archimedes grübelte lange darüber nach. Als er gerade ein Bad nahm, soll er ausgerufen haben: „Heureka!" (Ich hab's gefunden.) Er eilte zum König und ließ sich die Krone und ein gleich schweres Stück Gold geben. Dann nahm er eine Waage, legte die Krone auf die eine Waagschale und das Gold auf die andere – die Waage war wie erwartet im Gleichgewicht.

Dann tauchte er die beiden Waagschalen samt Krone und Goldbarren in ein Becken mit Wasser. Da geschah etwas Erstaunliches: Die Waagschale mit dem Goldklumpen senkte sich. ▶1

Keiner der Umstehenden verstand das. Für Archimedes aber war der Fall vollkommen klar: Der Goldschmied war ein Betrüger.

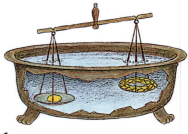

1

Aufgabe

1 Erkläre, warum die Waage unter Wasser nicht im Gleichgewicht war.

Aus der Natur — Wasser „trägt" Schwergewichte

2 *Nilpferd*

3 *Dinosaurier*

Ein Nilpferd wirkt auf dem Land tollpatschig und dick. ▶2 Unter Wasser ist es jedoch leicht und wendig. Es kann allerdings nicht wirklich schwimmen. Auch bei den großen Dinosauriern wird diskutiert, ob sie nicht zumindest zeitweilig im Wasser gelebt haben. ▶3 Wie hätten ihre Knochen sonst die große Last tragen können? Und nicht zufällig lebt das größte Lebewesen aller Zeiten im Meer. Trotz einer Masse von bis zu 200 Tonnen „wiegt" der Blauwal unter Wasser fast nichts. ▶4

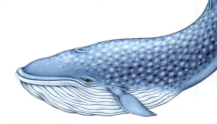

4 *Blauwal*

Wasser „trägt" — Druck und Tauchen 397

Aus der Geschichte — Erste Tauchversuche – der Kampf mit dem Auftrieb

Fische tauchen scheinbar problemlos auf den Grund des Meers. Für uns Menschen ist es ungleich schwerer, in die Tiefen des Meers zu kommen und unbeschadet wieder aufzutauchen. Schon im Altertum haben Menschen versucht, mit großen Gewichten dem Auftrieb zu widerstehen und auf dem Meeresgrund zu spazieren. ▶5 Ein Kubikmeter mitgeführte Luft verursachte einen Auftrieb so groß wie die Gewichtskraft auf 1000 kg. Deshalb mussten sich die „Spaziergänger" mit einem kleinen Luftvorrat begnügen. Später verwendete man Taucherglocken, Taucherhelme und Bleischuhe, um sich in der Tiefe aufzuhalten. Die so beschwerten Taucher wurden meist an einem Seil wieder nach oben gezogen.

Ausgleich der Auftriebskraft Mit modernen Tauchanzügen regeln Taucher Gewichtskraft und Volumen so, dass sie im Wasser in jeder Tiefe schweben können. Durch den zunehmenden Schweredruck werden die Luftblasen in den Anzügen dichter zusammengedrückt. Dadurch wird das Gesamtvolumen des Tauchers kleiner. Sein Auftrieb nimmt ab. Um das auszugleichen, tragen die Taucher Tarierwesten. Durch dosierte Zufuhr von Pressluft in die Weste wird ihr Volumen vergrößert. So ist in jeder Tiefe Schweben möglich.

5 Angeblicher Tauchversuch von Alexander dem Großen

Aufgabe

2 Sporttaucher nehmen manchmal Bleigewichte zum Tauchen mit. Erkläre diese Maßnahme.

Aus Umwelt und Technik — Von U-Booten und Fischen

Unterseeboote und Fische können unter Wasser schweben, steigen und sinken. Beim Schweben sind Gewichtskraft und Auftriebskraft gleich groß. Es herrscht ein Kräftegleichgewicht:
Ein U-Boot verfügt über große Pressluft- und Wassertanks. ▶6 Sind die Wassertanks gefüllt, sinkt das Boot. Wird das Wasser durch Pressluft verdrängt, steigt das Boot wieder auf. Durch unterschiedliche Wasserverdrängung wird der Auftrieb des U-Boots verändert.
Viele Fische verändern ihren Auftrieb auf ähnliche Weise. ▶7 Sie können ihr Körpervolumen und damit die Auftriebskraft mit der Schwimmblase verändern. Dieses Organ ist mit den Gasen Kohlenstoffdioxid und Sauerstoff gefüllt. Über den Blutkreislauf kann der Schwimmblase Gas zugeführt werden; dann wird sie größer. Oder das Blut nimmt Gas aus der Schwimmblase auf; dann wird sie kleiner.
In großer Tiefe ist ein Fisch einem ungeheuren Druck ausgesetzt. Damit seine Schwimmblase nicht zerquetscht wird, muss in ihr derselbe Druck herrschen wie im Wasser.
Beim Aufsteigen gibt der Fisch Gas aus der Schwimmblase ab und passt sich dem abnehmenden Wasserdruck an. Wenn man ihn aber plötzlich aus großer Tiefe an die Oberfläche holt, kann er den Druck in der Schwimmblase nicht schnell genug verringern: Die Blase dehnt sich aus. Der Fisch sieht dann wie eine Trommel aus und geht zugrunde. Man sagt, der Fisch ist „trommelsüchtig".

↻ 397–1 Simulation Die U-Boot-Fahrt

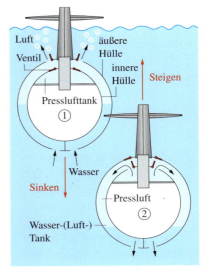

6

7

Untersuchen

Physik kann man zur Abwechslung auch einmal im Schwimmbad lernen. Denn wo kann man Auftriebskräfte am eigenen Körper besser erfahren als im Schwimmbad?

Sicherheit im Schwimmbad
- Informiert die Badeaufsicht unbedingt über euer Vorhaben.
- Die Durchführung muss von einem Schwimmlehrer bzw. einem Lehrer mit Rettungsschein beaufsichtigt werden.
- Nur wer ein Schwimmabzeichen hat, darf die Tauchexperimente durchführen.
- Taucht für die Experimente nicht tiefer als 2 m. Größere Tauchtiefen erfordern viel Übung.
- „Hört" auf euren Körper und bleibt nicht zu lange unter Wasser.
- Nicht bei Erkältungen oder Heuschnupfen tauchen.

1 *Physik im Schwimmbad*

1 Fahrstuhl ▶2
a Legt euch waagerecht ins Wasser. „Spielt" durch Ein- und Ausatmen mit eurer mittleren Dichte.
b Eine Person rollt sich zu einem Päckchen ein und hält die Luft an. Die andere spielt mit ihrem Partner Jo-Jo.
c Versucht, euch auf den Boden zu legen oder zu setzen.

2

2 Luftballon unter Wasser ▶3
a Pustet einen Luftballon auf und lasst die Luft wieder heraus. Versucht es nun unter Wasser.
b Nehmt einen aufgepusteten, aber zugehaltenen Luftballon mit auf den Beckenboden. Seht ihr eine Veränderung? Messt den Umfang mit einem Messband aus Plastik. Bestätigt so eure Vermutung.

3

Wasser „trägt" — Druck und Tauchen

3 Der schwere Eimer ▶4–5
Ihr braucht: Eimer mit Henkel, Wägestücke (0,5–5 kg), Netz, 12 leere 1-l-Flaschen aus Plastik. Stellt den Eimer mit den Wägestücken auf den Boden des Schwimmbeckens. Am Henkel des Eimers ist ein Netz befestigt. Versucht nun den Eimer mit leeren Plastikflaschen zum Steigen zu bringen. Wie viele braucht ihr?

4 Eimer unter Wasser Versucht mit vereinten Kräften einen umgestülpten Baueimer zusammen mit der Luft mit in die Tiefe zu nehmen.

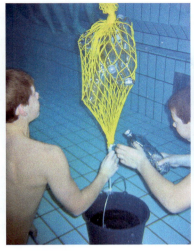
4

5

5 Schweredruck im Wasser ▶6–7
Ihr braucht: durchsichtigen Messbecher, leere Plastikflasche, mit Luftballonhaut verschlossenen Becher.

a Wie stark wird die Luft unter Wasser zusammengedrückt? Untersucht es mit einem luftgefüllten, umgestülpten Messbecher.

b Beobachtet die folgenden Gegenstände während eines Tauchgangs in 2 m Wassertiefe:
– eine leere zugeschraubte Plastikflasche
– einen Becher, der mit einer Luftballonhaut verschlossen ist

6

7

6 Auftrieb
a Versucht eine andere Person im Wasser hochzuheben. Könnt ihr sie ganz aus dem Wasser heben?
b Messt die Gewichtskraft auf einen Gegenstand, während er untergetaucht, halb untergetaucht bzw. nicht eingetaucht ist.

7 Ein langer Trinkhalm *Ihr braucht:* 2,5 m und 0,5 m lange Gartenschläuche.
a Versucht vom Beckenrand aus durch den Schlauch in verschiedene Wassertiefen Luft zu blasen.
b Drückt einen leeren Baueimer zur Hälfte ins Wasser (Öffnung nach oben). Füllt ihn mit dem kurzen Schlauch zur Hälfte mit Wasser. *Tipp:* Leute mit einem Aquarium wissen, wie das geht („Aquarianer-Trick").

Aus der Natur — Der Pottwal taucht ab

1 Einem Pottwal auf den Zahn gefühlt?

2 Kämpfen riesige Tintenfische so mit Pottwalen?

In der ewigen Nacht der Tiefsee spielt sich regelmäßig ein Spektakel ab. Riesige Tintenfische kämpfen mit Pottwalen. ▶1–2 Dieser Kampf wurde noch nie beobachtet. Aber viele Abdrücke von tellergroßen Saugnäpfen und der Mageninhalt toter Pottwale zeugen davon. Pottwale jagen regelmäßig in einer Tiefe von über 1000 m. Wahrscheinlich erreichen sie sogar bis zu 3000 m Tiefe. Man hat in einem einzigen Pottwalmagen schon 15 000 Schnäbel von zumeist 1 m großen Tintenfischen gefunden. Wale sind Säugetiere. ▶3 Nach neuesten Erkenntnissen gehören sie eigentlich zu den Paarhufern und sind am nächsten mit den Nilpferden verwandt. Im Lauf der letzten 50 Millionen Jahre haben sie erstaunliche Anpassungen an den Lebensraum Wasser vollzogen:

Aufgrund des enormen Schweredrucks in über 1000 m Tiefe nimmt der Pottwal nur wenig gasförmigen Sauerstoff mit in die Tiefe. Mehr als 90 % des Sauerstoffs speichert er beim Luftholen in Blut und Muskeln. Einen Großteil der Luft nimmt der Wal im Nasenloch mit nach unten. Erst in der Tiefe pumpt er die Luft nach und nach in die Lungen und schafft so den Druckausgleich. Während des Tauchgangs sind die Hohlräume im Körper des Wals auf ein Minimum verkleinert. Daher werden Wale trotz des riesigen Drucks in der Tiefe nicht zerquetscht.

Die Knochen müssen das bis zu 58 t schwere Tier nicht „tragen". Deshalb haben sie eine vergleichsweise geringe Dichte. Die Knochen sind porös und fettgefüllt.

Aufgaben

1 Erkläre, warum ein Wal in 1000 m Tiefe nicht zerquetscht wird.

2 Berechne die Kraft, die in 1000 m Tiefe auf jeden Quadratmeter der Walhaut wirkt.

3 Auch Robben können sehr tief tauchen. Sogar trainierte Leistungssportler schaffen beim „Freitauchen" (mit einem einzigen Atemzug) weit über 100 m Tiefe. Der Körper passt sich dabei erstaunlich an die besonderen Anforderungen des Tieftauchens an. So schlägt das Herz viel langsamer, die Arterien verengen sich sehr stark und die Venen erweitern sich. Welchen Sinn haben diese Veränderungen?

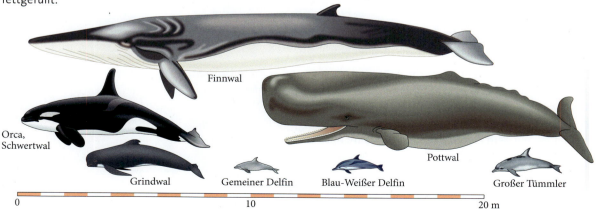

3 Pottwale sind nach den Blau- und den Finnwalen die größten Wale.

Druck und Tauchen

Überblick

Druck in Flüssigkeiten Auf jeder Wasserschicht lastet das darüberliegende Wasser. Dadurch entsteht in der Schicht ein Schweredruck. Er ist umso größer, je höher das Wasser über der Schicht steht. Im Wasser steigt der Schweredruck alle 10 m um 1 bar. ▶4
In Flüssigkeiten mit größerer Dichte nimmt der Druck schneller zu. *Beispiel:* Quecksilber hat eine rund 13-mal so große Dichte wie Wasser. Der Druck nimmt schon in einer Tiefe von 760 mm um 1 bar zu.

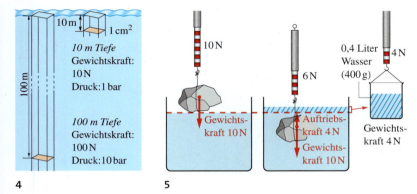

4

5

Auftrieb Ein Gegenstand wird unter Wasser scheinbar leichter. Auf ihn wirkt eine Auftriebskraft. ▶5 Sie ist so groß wie die Gewichtskraft auf die verdrängte Flüssigkeit (archimedisches Prinzip).
Die Auftriebskraft auf einen schwimmenden Gegenstand ist genauso groß wie die Gewichtskraft auf ihn. Er taucht gerade so tief ein, dass beide Kräfte gleich groß sind.

Alles klar?

1 Begründe die Aussage: „Wasser wiegt in Wasser nichts."

2 Wenn du dich lang gestreckt aufs Wasser legst und tief Luft holst, gehst du nicht unter. Erkläre diese Beobachtung.

3 Es erfordert viel Kraft, einen leeren Eimer ins Wasser zu drücken. Erkläre diese Beobachtung.

4 Das Fahrgastschiff „Moby Dick" fährt auf dem Rhein zwischen Bonn und Koblenz. Es hat eine Masse von 120 t. Wie viel Kubikmeter Wasser muss es verdrängen, damit es schwimmt? Berechne es.

5 Wale können 1000 m tief tauchen.
a Berechne die Kraft, die in dieser Tiefe infolge des Drucks auf ein Walauge wirkt. Das Auge hat einen Durchmesser von 15 cm.
b* Das Auge wird durch diese große Kraft nicht zerquetscht. Erkläre.

6* Jetzt wird gezaubert: Lege einen Tischtennisball in einen großen, möglichst durchsichtigen Trichter und fülle den Trichter vorsichtig mit Wasser.
a Der Ball bleibt am Trichterboden liegen. ▶6 Wieso wirkt kein Auftrieb?
b Schließe die untere Öffnung des Trichters mit einem Finger und schüttle ein wenig. Was passiert? Erkläre deine Beobachtung.

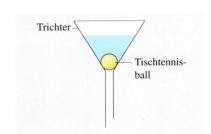

6

Bewegungen im Sport und auf der Straße

Die Geschwindigkeit

▷ Manchmal würde man gerne überprüfen, wie schnell Autos oder Fahrräder fahren. Wie könntet ihr die Geschwindigkeit messen?

1

Experimentieren

Hier geht es um die Bestimmung von Geschwindigkeiten. Messt jeweils die Strecke in m und die Zeit in s.
Tipp: Oft drückt man die Stoppuhr nicht ganz genau zur rechten Zeit. Messt die Zeit daher mit mehreren Stoppuhren und bildet dann den Mittelwert. So mitteln sich die Ungenauigkeiten heraus.

1 **50-m-Spurt** Wie schnell seid ihr auf 50 m?

2 **Radsprint** Wie schnell legt ihr 100 m zurück? Fahrt die Strecke mehrfach in verschiedenen Gängen.

3 **Tempo 30?** Wie schnell fahren Autos? ▶2

4 **Fußball** Wie schnell fliegt ein Fußball?

5 **Kegeln** Wie schnell rollt eine Eisenkugel?
Tipp: Ihr könnt die Kugel vom Kugelstoßen nehmen.

6 **Schneckentempo** Wie schnell kriecht eine Schnecke? Wie schnell läuft eine Ameise?

7 **Rennautos und Eisenbahn im kleinen Maßstab** Wie schnell sind die Miniflitzer auf einer Modellrennbahn? Wie schnell fährt die Modelleisenbahn?

2

Die Geschwindigkeit

Grundlagen — Die Geschwindigkeit

2004 lief *Keninasa Bekele* 5000 Meter in 12 Minuten und 37,3 Sekunden – Weltrekord! Im gleichen Jahr erreichte *Said Shaheen* im 3000-m-Hindernislauf die Weltrekordzeit von 7 Minuten und 53,6 Sekunden. Wer von beiden schneller lief, ist auf den ersten Blick nicht zu erkennen. Bei gleichen *Wegen* wäre der Vergleich einfach: Der Schnellere braucht weniger Zeit. Bei gleichen *Zeiten* wäre es auch nicht schwer: Der Schnellere legt einen größeren Weg zurück. Aber die Wege sind verschieden und die Zeiten auch. Wir berechnen deshalb, welche Wege die Läufer jeweils in einer Sekunde zurückgelegt haben:

– Für 5000 Meter brauchte Bekele 757,3 Sekunden. Er legte also 6,60 Meter pro Sekunde zurück:
$$\frac{5000\,\text{m}}{757{,}3\,\text{s}} = 6{,}60\,\frac{\text{m}}{\text{s}}.$$

– Für 3000 Meter brauchte Shaheen 473,3 Sekunden. Er legte also 6,34 Meter pro Sekunde zurück:
$$\frac{3000\,\text{m}}{473{,}3\,\text{s}} = 6{,}34\,\frac{\text{m}}{\text{s}}.$$

Bekele war demnach etwas schneller als Shaheen. Seine *Geschwindigkeit* war größer.

Die Geschwindigkeit gibt an, wie schnell sich ein Gegenstand bewegt. Um sie zu berechnen, teilt man den zurückgelegten Weg s durch die dafür benötigte Zeit t:

$$\text{Geschwindigkeit} = \frac{\text{Weg}}{\text{Zeit}}; \quad v = \frac{s}{t}.$$

Die Geschwindigkeit wird in $\frac{\text{m}}{\text{s}}$ oder $\frac{\text{km}}{\text{h}}$ gemessen. Umrechnung:

$$1\,\frac{\text{m}}{\text{s}} = \frac{3600\,\text{m}}{3600\,\text{s}} = 3{,}6\,\frac{\text{km}}{\text{h}}$$

Durchschnitts- und Momentangeschwindigkeit

Wenn du mit dem Fahrrad 18 Kilometer in einer Stunde fährst, beträgt deine *Durchschnittsgeschwindigkeit* $18\,\frac{\text{km}}{\text{h}}$.

Dein Tacho hat aber nicht immer $18\,\frac{\text{km}}{\text{h}}$ angezeigt: Mal bist du schneller gefahren, mal langsamer. Der Tacho zeigt die *Momentangeschwindigkeit* an.

Wenn du den gesamten Weg durch die insgesamt zurückgelegte Zeit teilst, berechnest du immer die Durchschnittsgeschwindigkeit.

Aufgaben

1 Suche auf diesen Seiten, im Lexikon, im „Guinnessbuch der Rekorde" ... je fünf interessante Geschwindigkeiten aus Umwelt und Technik und notiere sie. Sammelt die Beispiele und vergleicht.

2 Was war die größte Geschwindigkeit, mit der du jemals unterwegs warst (Auto, ICE, Flugzeug ...)? Was war die größte Geschwindigkeit, mit der ein Mensch je unterwegs war? *Tipp:* Denke an die Raumfahrt. Suche selbst nach Angaben zu Zeiten und Wegen.

3 Weg, Zeit, Geschwindigkeit
a Ergänze die Zusammenhänge:
Je kürzer die Zeit ist, die ein Auto für einen Weg von 1 km braucht, desto ... ist seine Geschwindigkeit.
Je länger die Zeit ist, ...
b Bilde entsprechende Sätze für den Weg.

4 Sandra fährt mit dem Fahrrad in 1 Stunde, 40 Minuten von Bielefeld nach Detmold (35 km).
a Berechne die Geschwindigkeit. *Tipp:* 1 Stunde, 40 Minuten ist nicht gleich 1,4 Stunden.
b Unterwegs hat Sandra einmal auf dem Tacho $35\,\frac{\text{km}}{\text{h}}$ abgelesen. Kann das sein? Vergleiche mit der berechneten Geschwindigkeit und erkläre den Unterschied.

5 Mit dem Fahrrad hatte Andrea eine Geschwindigkeit von $22\,\frac{\text{km}}{\text{h}}$. Dazu sagt Murat: „Da bin ich ja zu Fuß noch schneller. Ich bin beim Sportfest 6 Meter pro Sekunde gelaufen." Überlege, was Andrea antworten wird.

6 Bei einem Radrennen fährt die Spitzengruppe mit einer Geschwindigkeit von $60\,\frac{\text{km}}{\text{h}}$ ins Ziel.
a Rechne in $\frac{\text{m}}{\text{s}}$ um.
b Vergleiche mit der Geschwindigkeit von *Usain Bolt* bei seinem 100-m-Weltrekord in 9,58 s.

7 Erde und Geschwindigkeit
a Die Erde dreht sich jeden Tag einmal um ihre Achse. ▶3 Welche Geschwindigkeit hat ein Mensch am Äquator durch diese Drehung? Berechne sie.

3 (eine Umdrehung in 24 Stunden; Länge des Äquators: 40000 km; Erdachse)

b In Frankfurt beträgt die Geschwindigkeit nur $1042\,\frac{\text{km}}{\text{h}}$. Erkläre den Unterschied zum Äquator.
c Die Erde legt auf ihrer jährlichen Reise um die Sonne 973 Millionen Kilometer zurück. Mit welcher Geschwindigkeit bewegt sie sich dabei?

Bewegungen und ihre Ursachen

Aus Umwelt und Technik — Verschiedene Geschwindigkeiten

1 Schnecke

2 Gepard

3 Fußgänger

4 Verkehrsflugzeug

In der Natur	
Schnecke	$5 \frac{mm}{s} = 0{,}005 \frac{m}{s}$
Falke	$28 \frac{m}{s}$
Gepard	$34 \frac{m}{s}$
Orkan	$60 \frac{m}{s}$
Schall in Luft	$340 \frac{m}{s}$
Licht	$300\,000\,000 \frac{m}{s}$

Mit Fahrzeugen	
Radfahrer	$20 \frac{km}{h}$
Kreuzfahrtschiff	$45 \frac{km}{h}$
Auto – im Ort – auf Landstraßen	$50 \frac{km}{h}$ / $100 \frac{km}{h}$
ICE (Eisenbahn)	bis $320 \frac{km}{h}$
Düsenverkehrsflugzeug	ca. $1000 \frac{km}{h}$

Aufgaben

1 Diese Fragen kannst du mithilfe der beiden Tabellen beantworten.
a Wer ist schneller: ein Auto auf der Landstraße oder ein Gepard?
b Wie viel Zeit braucht die Schnecke für einen 1 m langen Weg?
c Wie lange benötigt der Schall für eine Strecke von 1 km?

2 Das Licht ist von der Sonne zur Erde 500 s lang unterwegs. Berechne, wie weit die Erde von der Sonne entfernt ist (in m und in km).

↻ 404-1 Infotext
Handlogs, Loguhren und Knoten

Aufgaben

3 Für Anita, Björn, Helen und Katharina beginnt die Schule um 7.40 Uhr. Berechne, wann sie starten müssen, um pünktlich zur Schule zu kommen.
a Anita geht die 1,5 km Schulweg zu Fuß ($v = 4 \frac{km}{h}$).
b Björn fährt die 8 km bis zur Schule mit dem Rad ($v = 14 \frac{km}{h}$).
c Helen kommt mit dem Mofa ($v = 24 \frac{km}{h}$). Ihr Weg ist 11 km lang.
d Katharina wird von ihrer Mutter mit dem Auto mitgenommen ($v = 40 \frac{km}{h}$), weil sie 22 km von der Schule entfernt wohnt.

4 Herr Kipp fährt von Dortmund nach Paderborn (rund 120 km) auf einer Schnellstraße annähernd konstant mit $90 \frac{km}{h}$. Herr Klein fährt die ersten 60 km auch mit $90 \frac{km}{h}$, den Rest mit unerlaubten $120 \frac{km}{h}$.
a Berechne, wie lange Herr Kipp benötigt.
b Wie viel eher ist Herr Klein am Ziel? Schätze zuerst.
c Berechne die Durchschnittsgeschwindigkeit von Herrn Klein.

5 Kevin übertreibt doch maßlos – oder? ▶5 Was meinst du dazu?

5

Die Geschwindigkeit Bewegungen im Sport und auf der Straße

Aus der Technik — „Blitzer" messen die Geschwindigkeit

An vielen Ortseinfahrten stehen „Blitzer", um die Geschwindigkeit zu kontrollieren. ▶6 Oft sind kurz vor diesen Anlagen mehrere Linien in der Fahrbahn. ▶7 Dort sind druckempfindliche Kabel verlegt. Wenn das Vorderrad eines Autos über das erste Kabel fährt, wird eine elektronische Stoppuhr gestartet. Beim Überfahren der weiteren Kabel werden die bis dahin benötigten Zeiten gemessen. Ein Computer berechnet aus den Zeiten und Wegen die Geschwindigkeit. Wenn sie höher als erlaubt ist, wird die Kamera ausgelöst – man wird „geblitzt". ▶8
Andere Messgeräte kommen ohne Kabel in der Straße aus. ▶9 Sie senden kurze Laserblitze aus, die von einem vorbeifahrenden Auto reflektiert werden. Das Messgerät fängt die reflektierten Blitze auf und berechnet aus ihrer Laufzeit die Geschwindigkeit des Autos.

6 „Starenkasten"

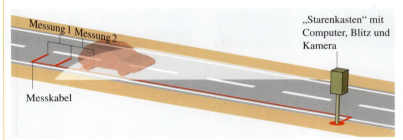
7 Aufbau

8 Zu schnell gefahren!

Aufgaben

6 Ein „Blitzer" hat folgende Zeiten gemessen: 0,045 s; 0,050 s; 0,060 s; 0,040 s; 0,070 s. ▶6–7 Die Messstrecke ist 1 m lang.
Berechne die Geschwindigkeiten. Welche Autos sind schneller als die erlaubten 70 $\frac{km}{h}$ gefahren?

7* Für die Geschwindigkeitsmessung mit dem „Starenkasten" würden zwei Kabel in der Straße ausreichen. Das dritte Kabel dient dazu, Messfehler zu vermeiden. Der Computer erhält dadurch für jedes Auto drei gemessene Zeiten. Überlege dir, wie die Auswertung funktionieren könnte.

8 Ein Auto ist 50 m von der Lasersäule entfernt, als seine Geschwindigkeit gemessen wird. ▶9 Berechne, wie viel Zeit vom Aussenden des Laserblitzes bis zum Empfangen vergeht. *Tipp: Der Laserblitz hat Lichtgeschwindigkeit.*

9 Um die Entfernung des Monds genau zu bestimmen, haben Astronauten einen Reflektor (ähnlich einem Rückstrahler beim Fahrrad) auf dem Mond aufgestellt. ▶10 Ein von der Erde losgeschickter Laserblitz wird nach 2,56 s wieder auf der Erde empfangen.
a Berechne, wie weit der Mond entfernt ist.
b Wie lange würde ein Auto mit 100 $\frac{km}{h}$ für eine gleich lange Strecke benötigen?

9 Lasersäule

10 Reflektor auf dem Mond

Ungleichförmige und gleichförmige Bewegungen

▷ Julia läuft ihre Fitnessrunde, Justin fährt auf der Rolltreppe nach oben. ▶1–2 Ihre Bewegungen lassen sich durch Diagramme beschreiben. ▶3

▷ Überlege dir, welche Diagramme zum Joggen „gehören" und welche zum Fahren auf der Rolltreppe.

1

2

3

Experimentieren

Für die folgenden Messungen braucht ihr Stoppuhren und Maßstäbe. Notiert die Messwerte jeweils in einer Tabelle und tragt sie in ein Diagramm ein (Weg nach oben, Zeit nach rechts). Jedes Diagramm soll etwa ein halbe Heftseite füllen.
Das Diagramm könnt ihr auch mit einem Tabellenkalkulationsprogramm zeichnen (s. Anhang).

1 **Umgekehrte Fallschirme** Fertigt verschieden große Kegel aus Seidenpapier an. Lasst sie mit der Spitze nach unten fallen. Messt, wie lange sie für 20 cm, 40 cm, 60 cm, ..., 2 m brauchen.

2 **Bewegung in Öl** Füllt ein langes Glasrohr mit Salatöl. Pipettiert mit einem Strohhalm verschieden große Wassertropfen in das Öl. ▶4
Messt, wie lange sie für 10 cm, 20 cm ... benötigen.
Tipp: Färbt das Wasser mit Tinte.

4

3 **Modelleisenbahn** Lasst einen Zug über eine lange, gerade Strecke fahren.
a Verändert die Geschwindigkeit während der Fahrt nicht. Messt, wie lange der Zug für 20 cm, 40 cm ... benötigt. Führt die Messung mit verschiedenen Geschwindigkeiten durch.
b* Erhöht die Geschwindigkeit während der Fahrt langsam und gleichmäßig.

4* **Modellwagen** Lasst einen Wagen ein leicht geneigtes 2 m langes Brett hinab fahren. Messt bei zwei unterschiedlichen Neigungen der Bahn.
a Messt, wie lange der Wagen für 20, 40 ... cm benötigt.
b Stellt ein Metronom auf einen 1-s-Takt ein („60"). Markiert den Ort des Wagens bei jedem Schlag. ▶5 Messt die Wege, die der Wagen in 1 s, 2 s ... zurücklegt.

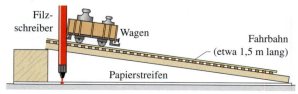

5

5 Laufen und Radfahren (1) Sucht auf dem Schulhof eine gerade, ebene Strecke von 50 m Länge. Markiert auf dem Boden 5 m lange Abschnitte.
a Einer von euch läuft die Strecke mit möglichst gleichbleibender Geschwindigkeit.
b Einer von euch fährt die Strecke mit dem Fahrrad mit möglichst gleichbleibender Geschwindigkeit.
c* Einer von euch fährt zunächst so langsam wie möglich und wird dann allmählich immer schneller.

6 Geschwindigkeit von Autos Sucht in Schulnähe eine Straße, die auf 100 m Länge gerade, eben und ohne Ampel ist. Stellt euch dort in Abständen von 20 m mit Stoppuhren auf.
Der erste Schüler gibt ein Zeichen, wenn ein Auto an seiner Position vorbeifährt. Die übrigen messen, wie lange das Auto für 20 m, 40 m ... benötigt.

7* Geschwindigkeit im Bahnhof Wie hängt die Geschwindigkeit eines anfahrenden Zugs von der Zeit ab? Plant eine Messung im Bahnhof und führt sie durch. Führt die Messung an verschiedenen Zügen durch (ICE, Regionalbahn).
Tipps: Lest die Länge eines Wagens am stehenden Wagen ab. Stellt euch ans Ende des Antriebswagens. Startet eure Stoppuhren, wenn der Zug losfährt. Messt, wie lang es dauert, bis ein, zwei, drei ... Wagen an eurem Standpunkt vorbeigefahren sind.

8* Laufen und Radfahren (2) Zeichnet die Fortbewegung mit einem Smartphone auf. Übertragt die Messdaten auf einen Computer und stellt sie mit seiner Hilfe in einem Diagramm dar.
Tipp: Methode „Diagramme mit dem Computer zeichnen" im Anhang

↻ 407-1 Simulation Weg-Zeit-Diagramme
Simulation Bewegungsdiagramme

Grundlagen — Verschiedene Bewegungen

Gleichförmig Stehende Menschen auf einer Rolltreppe bewegen sich gleichförmig. In gleichen Zeiten werden gleiche Strecken zurückgelegt.

> Bei gleichförmigen Bewegungen gilt:
> doppelte Zeit → doppelter Weg;
> dreifache Zeit → dreifacher Weg.
> Weg und Zeit sind proportional zueinander.

Du erkennst gleichförmige Bewegungen im Diagramm daran, dass die Messwerte für Weg und Zeit auf einer Geraden durch den Nullpunkt liegen. ▶6-7
Der langsame Radfahrer legt z. B. vier Meter pro Sekunde zurück, seine Geschwindigkeit beträgt $4\,\frac{m}{s}$. Der schnelle Radfahrer legt acht Meter pro Sekunde zurück ($v = 8\,\frac{m}{s}$). Im Diagramm verläuft die Gerade umso steiler, je größer die Geschwindigkeit ist.

> Die Steigung im Zeit-Weg-Diagramm ist ein Maß für die Geschwindigkeit. Je steiler die Gerade verläuft, desto größer ist die Geschwindigkeit.

Mit dem *Steigungsdreieck* kannst du ermitteln, wie groß die Geschwindigkeit ist: ▶7
$$v = \frac{s_2 - s_1}{t_2 - t_1} = \frac{\Delta s}{\Delta t}.$$
Das Zeichen „Δ" (sprich: Delta) drückt jeweils die Differenz aus.

Ungleichförmig Ein Jogger startet schnell, wird bei einer Steigung langsamer, macht ein paar Minuten Gymnastik, läuft wieder los ... Seine Bewegung ist ungleichförmig, die Geschwindigkeit ändert sich. Im Zeit-Weg-Diagramm ergibt sich keine Gerade. ▶8
Fast alle Bewegungen im Alltag sind ungleichförmig.

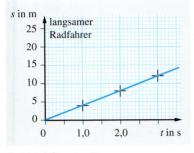

6 Gleichförmige Bewegung

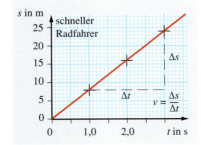

7 Gleichförmige Bewegung (schneller)

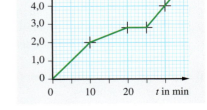

8 Ungleichförmige Bewegung

Aufgaben

1 Ordne in gleichförmige und ungleichförmige Bewegungen:
Auto im Straßenverkehr; Radfahrer auf dem Schulweg; Minutenzeiger einer Uhr; Blech auf einem Fließband; Blumentopf fällt aus 3. Etage; Öltanker in ruhiger See; Sportlerin beim 100-m-Lauf.

2 Die Bewegung von zwei Wagen ist untersucht worden. ▶1 Lies aus dem Diagramm ab:
a Welcher Wagen war schneller?
b Wie weit fuhren die Wagen in 1,5 s; 3,0 s; 4,5 s; 6,0 s?
c Wie viele Sekunden haben sie für 2 m, 5 m, 7 m gebraucht?
d Bestimme die Geschwindigkeit beider Wagen mit dem Steigungsdreieck.

3 Bei einem Sportfest sind immer zwei Schüler oder Schülerinnen gegeneinander angetreten. Für ihre Läufe wurden Diagramme gezeichnet. ▶2-4 Beschreibe einen Lauf im Stil eines Sportreporters.

4 Ein packendes Rennen:

> **Finale über 1000 m**
> „Auf die Plätze – fertig – los!" Gregor und Kevin starten zum 1000-m-Lauf.
> Auf den ersten 400 Metern laufen beide Kopf an Kopf. Doch was ist das? Kevin bleibt stehen und bindet sich die Laufschuhe. Gregor ist schon bei der 600-m-Marke angekommen – da startet Kevin endlich wieder. Er rast jetzt los. Bei der 900-m-Marke hat er Gregor eingeholt. Doch er kann ihn nicht überholen, weil Gregor zum Schlussspurt ansetzt und schneller wird. Schließlich kommen beide nach 3 Minuten und 20 Sekunden ins Ziel.
> Schade, schade! Kevin hätte mit gut geschnürten Schuhen antreten sollen.

a Zeichne ein Diagramm, das den Wettlauf beschreibt. *Tipps:* Überlege dir zunächst einen geeigneten Maßstab für dein Diagramm. Beschrifte dann die beiden Achsen und teile sie ein.
b Berechne die Durchschnittsgeschwindigkeit von Gregor und Kevin.
c* Stell dir vor, dass ein anderer Sportler die ganze Strecke über mit der berechneten Durchschnittsgeschwindigkeit läuft. Zeichne seine Kurve in dein Diagramm ein.
d* Wie lange würde dieser Sportler für 1200 m brauchen? Berechne es.

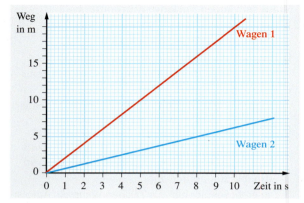

1

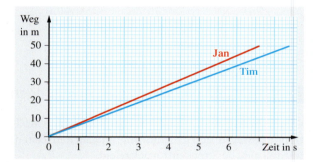

2 *Tim gegen Jan (50-m-Lauf)*

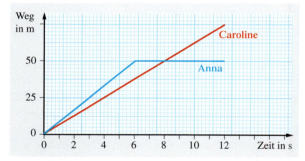

3 *Caroline gegen Anna (75-m-Lauf)*

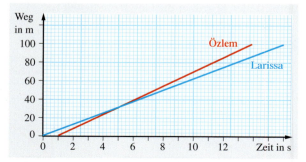

4 *Özlem gegen Larissa (100-m-Lauf)*

Erweiterung — Modellvorstellung und Realität

Die Klasse 10c fährt nach Florenz. Um 21 Uhr geht es in Düsseldorf los. Nach einem Blick auf sein Navi kündigt der Busfahrer an: „Um 8 Uhr Frühstück in Italien." Lena meint: „Woher will das Navi das jetzt schon wissen?" Mathis überlegt: „Es rechnet halt. 80 $\frac{km}{h}$ auf der Autobahn, 800 km bis zum Brenner – Fahrzeit 10 Stunden. Mit drei Pausen von je 20 Minuten kommt man auf 11 Stunden. Ankunft in der Raststätte am Brenner 8 Uhr." Lena erwidert: „Das ist doch Unsinn. Den Brenner hinauf schafft er Tempo 80 nicht, manchmal kann er einen Lkw nicht gleich überholen oder es kommt eine Baustelle. Da kann er doch nicht so tun, als wäre das eine gleichförmige Bewegung." Darauf Mathis: „Baustellen rechnet das Navi ein, und 80 $\frac{km}{h}$ ist halt ein Durchschnittswert."

In der Realität schwankt die Geschwindigkeit bei Bewegungen immer etwas. Trotzdem können wir uns einen Bus *vorstellen*, der stets mit 80 $\frac{km}{h}$ fährt. Die Zeit für eine Strecke können wir dann berechnen: $t = \frac{s}{v}$. Wenn der Bus in Wirklichkeit nur wenig von der gleichförmigen Bewegung abweicht, wird er ungefähr die berechnete Zeit benötigen.

Der Vorteil unserer Vorstellung besteht darin, dass man mit ihr rechnen kann. Erst das Vereinfachen und das Vernachlässigen von zufälligen Einflüssen macht die Fahrt berechenbar. Idealvorstellungen beschreiben aber nicht, wie etwas wirklich ist, sondern nur, wie es sein könnte.

Aufgaben

5 „Lange Zeit liegt Lisa vorn. Vor der vorletzten Wende, rund 120 m vor dem Ziel, zieht Saskia an Lisa vorbei. Wird Lisa noch aufholen können? Das hohe Tempo kann Saskia nicht beibehalten, aber Lisa schafft es nicht mehr aufzuschließen. Sakia gewinnt."

a Lies aus dem Diagramm ab: ▶5
Zu welchem Zeitpunkt überholt Saskia Lisa?
Welchen Vorsprung hat Saskia gegenüber Lisa aufholen müssen?
Mit welchem Vorsprung erreicht Saskia das Ziel?
Wie viele Sekunden kommt Saskia früher im Ziel an?

b Manche Informationen kannst du besser aus einem Diagramm ablesen, in dem die Geschwindigkeit über der Zeit aufgetragen ist: ▶6
– Wie schnell sind Saskia und Lisa unmittelbar nach dem Start?
– Um wie viel erhöht Saskia dann ihre Geschwindigkeit?
– Welche Geschwindigkeit haben die beiden im Ziel?

6* Erstelle ein Diagramm und löse die Aufgabe durch Ablesen im Diagramm:
– Herr Wagner fährt um 8.00 Uhr von Hamburg aus mit 120 $\frac{km}{h}$ nach Frankfurt. Nach einer Stunde macht er 15 min Pause und fährt dann 50 km weit wegen Bauarbeiten mit 60 $\frac{km}{h}$.
– Frau Schmitt fährt um 8.30 Uhr von Kiel aus (90 km nördlich von Hamburg) mit 140 $\frac{km}{h}$. Sie macht keine Pause und fährt mit 70 $\frac{km}{h}$ durch die Baustelle.
Wann überholt Frau Schmitt Herrn Wagner?

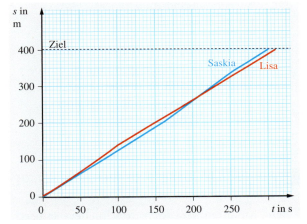

5 400-m-Freistil-Schwimmen (Weg und Zeit)

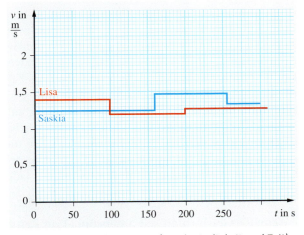

6 400-m-Freistil-Schwimmen (Geschwindigkeit und Zeit)

Gas geben und bremsen

▷ Von 0 auf 100 $\frac{km}{h}$ in 7 s – mit solchen Angaben werben Autohersteller.

▷ Wie schnell beschleunigt ein Radprofi von 0 auf 40 $\frac{km}{h}$?

1

Experimentieren

1 Mit dem Fahrrad beschleunigen
Erhöht eure Geschwindigkeit von 0 auf 8 $\frac{km}{h}$, 16 $\frac{km}{h}$, 24 $\frac{km}{h}$.
Wie viel Zeit benötigt ihr jeweils dafür? Beschreibt den Versuch und führt Messungen durch.

2 Geschwindigkeitsänderung
a Stellt einen Wagen auf eine leicht geneigte Fahrbahn. ▶2
Markiert seinen Ort mit einem Stift auf dem Papierstreifen. Lasst den Wagen dann los. Markiert seinen Ort nach 1, 2, 3 ... Sekunden.
Tipp: Den Sekundentakt könnt ihr mit einem Metronom einstellen.

b Berechnet die Durchschnittsgeschwindigkeit des Wagens in der ersten, zweiten, dritten ... Sekunde.
c Tragt in einem Diagramm die Durchschnittsgeschwindigkeit über der Zeit ein. Formuliert das Versuchsergebnis.

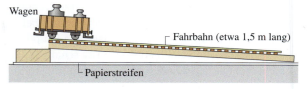

2

Grundlagen — Beschleunigen und verzögern

> Beim Anfahren wird ein Auto schneller – es beschleunigt.
> Beim Bremsen wird das Auto langsamer. Wir sprechen von einer verzögerten Bewegung.

Beim Anfahren ändert sich die Momentangeschwindigkeit v_m. ▶3 Der Tacho zeigt sie an. Wenn du den gesamten Anfahrweg durch die benötigte Zeit teilst, erhältst du die Durchschnittsgeschwindigkeit v_d. Sie gibt an, mit welcher konstanten Geschwindigkeit das Fahrzeug den Weg in der gleichen Zeit zurücklegen würde.
Wie stark ein Fahrzeug beschleunigt, kannst du gut im Diagramm erkennen. Der Ferrari fährt viel schneller an als der ICE. Die Momentangeschwindigkeit des Autos nimmt schneller zu als die des Zugs. Die Gerade für den Ferrari steigt viel steiler an als die für den ICE.
Eine abfallende Kurve bedeutet, dass die Momentangeschwindigkeit abnimmt. ▶4 Die Bewegung ist verzögert.

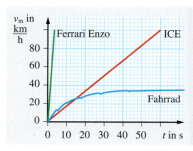

3 *Beschleunigte Bewegungen*

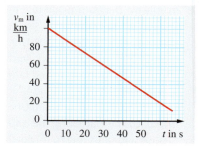

4 *Verzögerte Bewegung*

> Wenn die Geschwindigkeit proportional zur Zeit zunimmt, sprechen wir von einer gleichmäßig beschleunigten Bewegung.

Aufgaben

1 Ordne den verschiedenen Fahrzeugen die Bewegungen gleichförmig, beschleunigt und verzögert zu. ▶5 Begründe deine Zuordnung.

2 Ein Lkw fährt auf der Autobahn, ein Pkw ist gerade auf die Autobahn aufgefahren. ▶6 Ordne die Kurven den Bewegungen der beiden Fahrzeuge zu. Begründe deine Antwort.

3 Ein anfahrender ICE hat nach 60 s eine Strecke von 830 m zurückgelegt. Andy will ausrechnen, wie schnell der Zug nach 60 s ist. Er rechnet:
$v = \frac{s}{t}$; $v = \frac{830\,m}{60\,s} = 13{,}8\,\frac{m}{s} = 50\,\frac{km}{h}$.
Erkläre, welchen Denkfehler seine Rechnung enthält.

4 Ein Rennwagen fährt während einer Runde unterschiedlich schnell. ▶7
a Lies aus dem Diagramm ab:
– Bei welcher km-Marke wurde die geringste, wo die höchste Geschwindigkeit gefahren?
– Wo war die Geschwindigkeit konstant?
b Zu welcher Rennstrecke passt die Kurve? ▶8 Begründe deine Antwort.

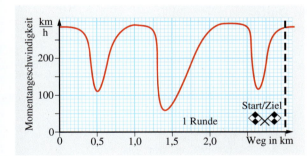

7 *Eine Runde des Rennwagens*

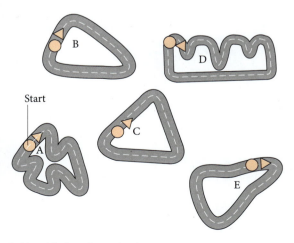

8 *Verschiedene Rennstrecken*

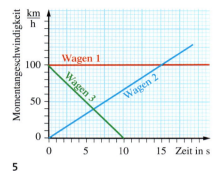

5

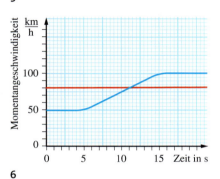

6

5 Leon und Lasse machen einen ungleichen Wettlauf: Lasse läuft auf Inlinern, Leon nicht. ▶9
a Welche Kurve beschreibt Lasses, welche Leons Bewegung? Beschreibe den Ablauf des Rennens.
b Welche Geschwindigkeit hat Leon, welche Durchschnittsgeschwindigkeit hat Lasse (während er läuft)?

6 Ein Flummi fällt aus 1 m Höhe auf den Boden und hüpft mehrmals hoch, bis er zur Ruhe kommt.
a Wie ändert sich die Höhe des Balls über dem Fußboden mit der Zeit? Skizziere das Diagramm.
b* Skizziere in einem Diagramm, wie sich die Geschwindigkeit mit der Zeit ändert. *Beachte:* Wenn der Ball fällt, wird die Geschwindigkeit mit einem negativen Vorzeichen versehen. Beim Steigen erhält die Geschwindigkeit ein positives Vorzeichen.

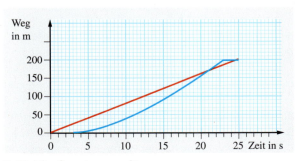

9 *Wettlauf von Lasse und Leon*

Erweiterung — Rechnen mit Beschleunigungen

Beschleunigung berechnen Der Ferrari Enzo gehört zu den schnellsten Sportwagen, die für den Straßenverkehr zugelassen sind. Er beschleunigt in 3,6 s von 0 auf 100 $\frac{km}{h}$. Der ICE braucht dazu fast eine Minute. Der Ferrari hat die größere *Beschleunigung*.

> Die Beschleunigung a gibt an, wie sehr sich die Geschwindigkeit pro Sekunde ändert. Für eine Bewegung aus dem Stand ($0 \frac{m}{s}$) gilt:
>
> Beschleunigung = $\frac{\text{Momentangeschwindigkeit}}{\text{Zeit}}$; $a = \frac{v_m}{t}$.
>
> Die Einheit der Beschleunigung ist $\frac{1 \frac{m}{s}}{1 s} = 1 \frac{m}{s^2}$.

Beispiel Ferrari: $a = \frac{100 \frac{km}{h}}{3,6 s} = \frac{27,8 \frac{m}{s}}{3,6 s} = 7,7 \frac{m}{s^2}$ ▶1

Fahrzeug	a in $\frac{m}{s^2}$
Pkw	ca. 2
Rennwagen	bis 7,7
Airbus A380	2,2
Fahrrad	1
Passagierschiff (Queen Mary 2)	0,1

1 Beschleunigungen

Wie weit kommt man bei konstanter Beschleunigung? Wenn ein Wagen in 10 s gleichmäßig von 0 auf $30 \frac{m}{s}$ beschleunigt, ist seine Geschwindigkeit zunächst gering – er kommt pro Sekunde nur wenige Meter voran. Mit zunehmender Geschwindigkeit wächst auch der Weg, den der Wagen pro Sekunde zurücklegt. In der letzten Sekunde schafft er schließlich 30 m. Insgesamt kommt der Wagen genauso weit wie bei einer 10 s langen Fahrt mit der konstanten Geschwindigkeit $15 \frac{m}{s}$, nämlich 150 m. ▶2

> Bei gleichmäßiger Beschleunigung aus dem Stand ist die Durchschnittsgeschwindigkeit halb so groß wie die Endgeschwindigkeit: $v_d = \frac{1}{2} \cdot v_m$.
>
> Für den zurückgelegten Weg gilt: $s = v_d \cdot t$ oder $s = \frac{1}{2} \cdot v_m \cdot t$.

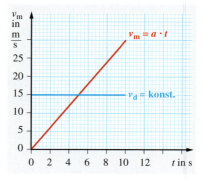

2 Gleichmäßig beschleunigte Bewegung und Bewegung mit v_d

⟳ 412-1 Simulation Geschwindigkeit und Weg im v-t-Diagramm

Aufgaben

1* Ein startender Jumbojet (Boeing 747) erreicht in 35 s eine Geschwindigkeit von $300 \frac{km}{h}$ und hebt ab.
a Berechne die Beschleunigung. *Tipp:* Gehe von einer gleichmäßig beschleunigten Bewegung aus.
b Welche Strecke legt das Flugzeug beim Starten zurück? Berechne sie.

2* Ein Mofafahrer beschleunigt aus dem Stand 4 s lang gleichmäßig mit $1,5 \frac{m}{s^2}$.
a Berechne End- und Durchschnittsgeschwindigkeit.
b Berechne den beim Beschleunigen zurückgelegten Weg.

3* Radprofis beschleunigen mit $2 \frac{m}{s^2}$. Berechne jeweils:
a Wie lange braucht ein Profi, um $40 \frac{km}{h}$ zu erreichen?
b Wie lange braucht ein „normaler" Radfahrer dafür?
c Welchen Vorsprung hat der Profi gegenüber dem Freizeitsportler nach 4 s?

Musteraufgabe

Ein ICE beschleunigt gleichmäßig mit $0,5 \frac{m}{s^2}$.
A Wie lange dauert es, bis er $100 \frac{km}{h}$ erreicht?
B Welchen Weg hat er dann zurückgelegt?

Lösung:

A $a = \frac{v_m}{t}$; $v_m = 100 \frac{km}{h} = 27,8 \frac{m}{s}$

$0,5 \frac{m}{s^2} = \frac{27,8 \frac{m}{s}}{t}$ | $\cdot t$

$0,5 \frac{m}{s^2} \cdot t = 27,8 \frac{m}{s}$ | $: 0,5 \frac{m}{s^2}$

$t = \frac{27,8 \frac{m}{s}}{0,5 \frac{m}{s^2}} = \underline{56 \, s}$

B $s = \frac{1}{2} \cdot v_m \cdot t$

$s = \frac{1}{2} \cdot 27,8 \frac{m}{s} \cdot 56 \, s = \underline{778 \, m}$

Der freie Fall

▷ Gleich geht es 45 Meter ungebremst nach unten – das prickelt im Bauch!

▷ Wie lange dieses Vergnügen wohl dauert?

3 *Fallturm auf dem Jahrmarkt*

Untersuchen Experimentieren

1 Fallen schwere Körper schneller als leichte? Plant einen Versuch, um diese Frage zu beantworten. Als fallende Körper könnt ihr z. B. zwei kleine Plastikdosen benutzen, von denen eine mit Sand gefüllt ist. Versucht es auch mit zwei gleich großen Papierstücken, von denen eins zusammengeknüllt ist.

2 Fallröhre Beschreibt den Versuch zum freien Fall. ▶4 Welches Ergebnis erwartet ihr?

3 Werden fallende Körper immer schneller?
a Plant einen Versuch, mit dem man das herausbekommen kann. Beschreibt ihn genau.
b Vielleicht könnt ihr euren Versuch durchführen ...

4* Fallschnur
a Knüpft in eine 2,5 m lange Schnur fünf Schraubenmuttern im Abstand von jeweils 40 cm. Haltet die Schnur hoch und lasst sie in eine Blechdose fallen. Beschreibt und erklärt, was ihr hört.
b In eine zweite 2,5 m lange Schnur knüpft ihr fünf Schraubenmuttern in folgenden Abständen: 10 cm, 30 cm, 50 cm, 70 cm, 90 cm. Lasst die Schnur wieder fallen. Beschreibt eure Beobachtung.
c Versucht die Ergebnisse zu erklären.

5* Beschleunigung bestimmen Die Beschleunigung fallender Gegenstände könnt ihr im Treppenhaus eurer Schule ermitteln.
a Lasst einen Schlagball aus verschiedenen Stockwerken herunterfallen. Messt jeweils die Fallhöhen und die dazugehörigen Fallzeiten.
Tipps: Um Messfehler zu verringern, wiederholt ihr den Versuch mehrfach und bildet dann die Mittelwerte für die Fallzeiten. Die oben Stehenden sollten ein Handzeichen als Startzeichen für die unten stehenden Zeitnehmer geben.
❗ Achtet darauf, dass keine Personen vom Ball getroffen werden. Beugt euch nicht über das Geländer.
b Berechnet Durchschnitts- und Endgeschwindigkeiten für die verschiedenen Fallhöhen.
c Berechnet die Beschleunigungen.

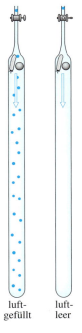

4 *Fallröhre*

Grundlagen — Der freie Fall

Fällt ein schwerer Stein schneller als ein leichter? Bleibt die Geschwindigkeit beim Fallen gleich oder wird der Stein immer schneller? Wie tief ist er nach 1, 2, 3, 4 … Sekunden gefallen?
Solche Fragen beschäftigten den italienischen Mathematikprofessor und Naturforscher *Galileo Galilei* vor 400 Jahren. Es wird erzählt, dass er Steine aus verschiedenen Höhen vom schiefen Turm von Pisa fallen ließ, um die Fallbewegung zu erforschen. Er fand heraus:
– Schwere und leichte Steine fallen nahezu gleich schnell.
– Sehr leichte Dinge wie eine Feder fallen langsamer.
– In 1 s fällt ein Stein 5 m tief; $v_d = \frac{5\,m}{1\,s} = 5\,\frac{m}{s}$.
  In 2 s fällt er 20 m tief; $v_d = \frac{20\,m}{2\,s} = 10\,\frac{m}{s}$.
  In 3 s fällt er 45 m tief; $v_d = \frac{45\,m}{3\,s} = 15\,\frac{m}{s}$.

Die Messungen mit den Steinen zeigen also:
doppelte Zeit → doppelte Durchschnittsgeschwindigkeit
dreifache Zeit → dreifache Durchschnittsgeschwindigkeit
Die Durchschnittsgeschwindigkeit der fallenden Steine nimmt proportional zur Zeit zu. Dieser Zusammenhang gilt immer, solange die Luftreibung keine Rolle spielt. Dann spricht man von einem *freien Fall*.

| **Der freie Fall ist eine gleichmäßig beschleunigte Bewegung.**

Bei einer fallenden Feder spielt die Luftreibung eine große Rolle. Die Feder wird von der Luft stark gebremst. Deshalb fällt sie in einer *luftgefüllten* Fallröhre viel langsamer als eine Holzkugel. ▶1
In der *luftleeren* Fallröhre gibt es dagegen keine Luftreibung. Feder und Kugel fallen jetzt gleich schnell! ▶2 Einerseits wird die schwere Kugel von einer größeren Gewichtskraft beschleunigt als die leichte Feder. Andererseits braucht man eine größere Kraft, um einen schweren Gegenstand genauso zu beschleunigen wie einen leichten (denke an einen vollen und einen leeren Einkaufswagen). Beides zusammen bewirkt, dass die Kugel im freien Fall genauso schnell fällt wie die Feder.

| **Die Geschwindigkeit hängt beim freien Fall nicht von der Masse ab.**

Erweiterung — Die Fallbeschleunigung

Die Momentangeschwindigkeit eines frei fallenden Steins ist doppelt so groß wie die Durchschnittsgeschwindigkeit. Nach einer Sekunde beträgt sie $10\,\frac{m}{s}$, nach 2 Sekunden $20\,\frac{m}{s}$, nach 3 Sekunden $30\,\frac{m}{s}$ … Teilt man die Momentangeschwindigkeit jeweils durch die vergangene Zeit, erhält man die Beschleunigung beim freien Fall. Sie beträgt etwa $10\,\frac{m}{s^2}$.

| **Die Beschleunigung beim freien Fall beträgt in Mitteleuropa:**
| $g = 9{,}81\,\frac{m}{s^2}$.
| **Beim freien Fall gilt:**
| – **Momentangeschwindigkeit** $v_m = g \cdot t$
| – **Falltiefe** $s = \frac{1}{2} \cdot v_m \cdot t$

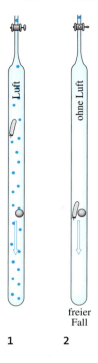

C 414-1 Simulation Fallbewegungen

1   2   freier Fall

Aufgaben

1 Mit einer Kugel aus Knetgummi kannst du überprüfen, ob auch sie beim Fallen immer schneller wird.
a Beschreibe, wie du vorgehen würdest.
b Welches Ergebnis erwartest du? Begründe deine Antwort.

2* Mit einem Stein und einer Stoppuhr misst Katja, wie tief ein Brunnen ist.
a Beschreibe, wie sie vorgeht.
b Katja misst 4 s bis zum Aufprall des Steins. Berechne:
– die Geschwindigkeit des Steins beim Aufprall
– die Durchschnittsgeschwindigkeit bis zum Aufprall
– die Tiefe des Brunnens
c In Sardinien gibt es ein Loch in der Erde, bei dem man den Aufprall des Steins erst nach 14 Sekunden hört. Katjas Methode liefert hier eine viel zu große Tiefe. Erkläre.

Aus der Geschichte — Galileis Versuche zum freien Fall

Galilei hatte noch keine Uhren mit Sekundenzeiger. Er benutzte zunächst seinen Pulsschlag als Zeitmaß. Zur genaueren Messung verringerte er die Beschleunigung – mit einer geneigten Rinne. ▶3 Als Stoppuhr diente ein Eimer mit einem kleinen Loch im Boden. Daraus lief Wasser in einen Becher. Nach jeder Messung wurde es mit einer empfindlichen Waage gewogen: Je mehr Wasser im Becher war, desto länger war die Zeit. Galilei beobachtete, dass die Luftreibung die Fallbewegung hemmt. Doch er formulierte das Fallgesetz so, als wäre die Luft nicht vorhanden. Er stellte sich also einen Idealfall vor, um die Gesetzmäßigkeit zu finden.

3 Galilei führt Versuche mit der Fallrinne vor.

Aus Umwelt und Technik — Sprung in die Geschichtsbücher

Am Mittag des 14. Oktober 2012 erhebt sich in der Wüste von New Mexico (USA) ein mehr als 100 m hoher Ballon. Er ist mit Helium gefüllt. Im Innern der Ballonkapsel wartet der Abenteurer *Felix Baumgartner* aus Österreich. Nach rund zwei Stunden Aufstieg springt er aus 39 km Höhe ab. ▶4
Als er am Boden ankommt, hat Baumgartner drei Weltrekorde aufgestellt: höchster bemannter Ballonaufstieg, höchster Absprung, höchste Geschwindigkeit im „Freifall". Mit fast 1358 $\frac{km}{h}$ war er dabei als erster Mensch (ohne Fahrzeug) schneller als der Schall.

4 Felix Baumgartner beim Sprung aus 39 km Höhe

Aufgaben

3 Felix Baumgartner trug einen Schutzanzug für Astronauten. Überlege dir Gründe dafür.

4 „Der Sprung ohne Fallschirm war kein freier Fall." Nimm Stellung zu dieser Aussage.

5 Baumgartner öffnete seinen Fallschirm nach 4 Minuten, 20 Sekunden.
a Berechne, welche Geschwindigkeit er im freien Fall erreicht hätte.
b Erkläre den Unterschied zur Rekordgeschwindigkeit.

6 *Joseph Kittinger* hält seit 1960 den Weltrekord für den am längsten dauernden „Freifall". Informiere dich über seinen Rekordsprung.

Überblick

Geschwindigkeit Wenn man unterschiedlich schnelle Bewegungen vergleichen will, muss man zwei physikalische Größen messen: Weg und Zeit. Aus dem zurückgelegten Weg s und der benötigten Zeit t berechnet man die *Geschwindigkeit* v:

Geschwindigkeit = $\frac{\text{Weg}}{\text{Zeit}}$; $v = \frac{s}{t}$.

Die Einheit der Geschwindigkeit ist 1 Meter pro Sekunde ($1\frac{m}{s}$). Es gilt:

$1\frac{m}{s} = 3{,}6\frac{km}{h}$.

Momentangeschwindigkeit – Durchschnittsgeschwindigkeit
Mit dem Tacho kannst du messen, wie schnell du beim Radfahren gerade bist. Er zeigt die *Momentangeschwindigkeit* an.
Wenn du nach einer Radtour den zurückgelegten Weg durch die Zeit teilst, berechnest du die *Durchschnittsgeschwindigkeit*. Sie gibt an, mit welcher konstanten Geschwindigkeit du den gleichen Weg in der gleichen Zeit zurücklegen würdest.

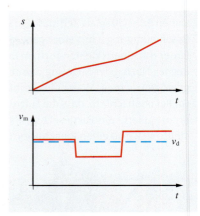

1 *Ungleichförmige Bewegung*

Ungleichförmig – gleichförmig Mit dem Fahrrad fährst du mal schneller und mal langsamer. So ist das mit den meisten Bewegungen: Ihre Geschwindigkeit ändert sich. Wir sprechen von *ungleichförmigen Bewegungen*. In gleich langen Zeiten werden verschieden lange Wege zurückgelegt. Die Momentangeschwindigkeit stimmt nicht mit der Durchschnittsgeschwindigkeit überein. ▶1
Bei einer *gleichförmigen Bewegung* ändert sich die Geschwindigkeit nicht. In gleich langen Zeiten werden gleich lange Wege zurückgelegt. Die Momentangeschwindigkeit stimmt bei der gleichförmigen Bewegung mit der Durchschnittsgeschwindigkeit überein. ▶2

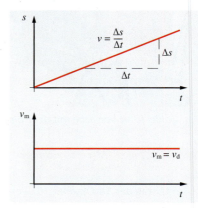

2 *Gleichförmige Bewegung*

Beschleunigen – Verzögern Auf den ersten Metern beim 100-m-Lauf führst du eine *beschleunigte Bewegung* durch. Deine Momentangeschwindigkeit nimmt zu. ▶3 Je schneller die Geschwindigkeit zunimmt, desto steiler steigt die Kurve im Diagramm an. Hinter der Ziellinie bremst du ab. Jetzt liegt eine *verzögerte Bewegung* vor. ▶4
Wenn die Geschwindigkeit proportional zur Zeit zunimmt, ist die Bewegung *gleichmäßig beschleunigt*. Der freie Fall ist eine gleichmäßig beschleunigte Bewegung.

3 *Beschleunigte Bewegungen*

Erweiterung: Beschleunigung Die *Beschleunigung* a gibt an, wie sehr sich die Momentangeschwindigkeit pro Sekunde ändert. Für eine Bewegung aus dem Stand ($0\frac{m}{s}$) gilt: $a = \frac{v_m}{t}$.

Die Einheit der Beschleunigung ist $1\frac{m}{s^2}$.

Die Beschleunigung beim freien Fall beträgt (in Mitteleuropa): $g = 9{,}81\frac{m}{s^2}$.

4 *Verzögerte Bewegung*

Bei einer gleichmäßigen Beschleunigung aus dem Stand heraus ist die Durchschnittsgeschwindigkeit halb so groß wie die Endgeschwindigkeit: $v_d = \frac{1}{2} \cdot v_m$.

Für den zurückgelegten Weg gilt dann: $s = \frac{1}{2} \cdot v_m \cdot t$.

Alles klar?

1 Berechne die Geschwindigkeiten in $\frac{m}{s}$ und $\frac{km}{h}$. ▶5–6

2 Eine Schülergruppe hat die Bewegung zweier Autos untersucht. ▶7
a Zeichne Wege und Zeiten für beide Autos in *ein* Diagramm.
b Was kannst du aus dem Diagramm ablesen?
c Berechne jeweils die Geschwindigkeiten für die Teilstrecken sowie die Durchschnittsgeschwindigkeit für die Gesamtstrecke.

Weg in m	0	50	100	150	200
Zeit in s (Auto A)	0	4	8	13	30
Zeit in s (Auto B)	0	5	9	15	20

7 *Bewegung zweier Autos*

3 Mit dem Fahrrad unterwegs ▶8
a Beschreibe die Fahrt bis zur 12. Minute: „In den ersten zwei Minuten ..."
b Berechne die Durchschnittsgeschwindigkeit.
c Übertrage das Diagramm in dein Heft. Ergänze die Gerade für eine Fahrt mit der berechneten Durchschnittsgeschwindigkeit.

4* Das Diagramm beschreibt den Schluss eines 400-m-Rennens. ▶9
a Wie lange haben die Läufer bis zum Ziel gebraucht? Berechne ihre Durchschnittsgeschwindigkeiten.
b Stell dir vor, du bist ein Sportreporter. Schreibe einen kurzen Bericht, in dem du die entscheidenden Phasen des Rennens kommentierst. Du brauchst keine genauen Werte abzulesen.

5 Zwei Autos fahren auf der Autobahn. ▶10–11
a Beschreibe, wie sich die Autos bewegen.
b An welchen Stellen fahren die Autos aneinander vorbei? Begründe deine Antwort.
c* Wer hat bis zum Treffpunkt die größere Strecke zurückgelegt? Begründe wieder.

6 Bewegungen auf der Straße:
– Ein Laster fährt mit 80 $\frac{km}{h}$ auf der Autobahn. Er wird weder schneller noch langsamer.
– Ein Mofa beschleunigt, als die Ampel Grün anzeigt. Nach 10 s fährt es mit 20 $\frac{km}{h}$.
– Ein Pkw bremst scharf. Er braucht 5 s um von 80 $\frac{km}{h}$ zum Stillstand zu kommen.
a Zeichne jeweils das *v-t*-Diagramm.
b Wie weit kommt der Lkw in 10 min? Berechne es.
c* Berechne die Beschleunigung des Mofas. Berechne den Weg, den es beim Beschleunigen zurücklegt.

5 *100 m in 9,6 s*

6 *42 km in 2 h, 15 min, 25 s*

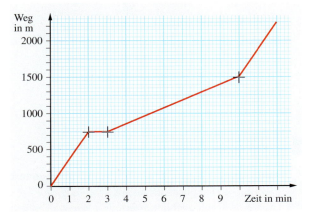

8

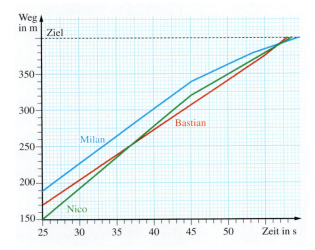

9

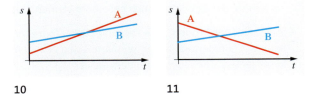

10   **11**

Bewegungen im Weltraum

Voyager – ohne Antrieb immer weiter

▷ Im August 1977 wurde die Raumsonde *Voyager 2* gestartet. Elf Jahre später erreichte sie Neptun, den entferntesten Planeten unseres Sonnensystems.

▷ Seither bewegt sich Voyager 2 mit $17\frac{km}{s}$ immer weiter weg. Die Sonde hat den Rand des Sonnensystems erreicht. 2011 brauchte ein Signal schon 13 Stunden, um zu uns zu gelangen. Von der Sonne zur Erde würde es nur 8 Minuten brauchen.

▷ Diese ungeheure Entfernung hat Voyager 2 ohne Antrieb zurückgelegt! Wie ist das möglich?

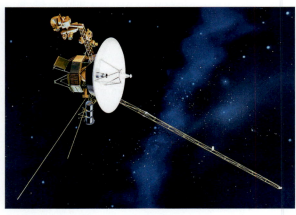

1 *Voyager 2 – ohne Antrieb im Weltraum*

Experimentieren

1 Kann sich ein Gegenstand von alleine immer weiterbewegen?
Ihr braucht eine glatte Rinne aus zwei Teilen. ▶ 2

a Lasst eine Stahlkugel hinunterrollen. Wie weit rollt sie auf der anderen Seite?

b Senkt das Ende der ansteigenden Seite. Wie weit rollt die Kugel jetzt?

c Legt das tiefere Ende der Rinne flach auf den Boden. Stellt euch vor, Kugel und Rinne wären völlig glatt und die Luft würde nicht bremsen. Wie weit würde die Kugel rollen?

d* Wie hängt dieser Versuch mit dem Flug der Voyagersonde zusammen? Erläutert es.

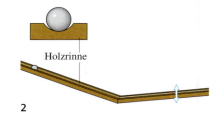

2

2 Was passiert mit der Last auf dem Wagen? ▶ 3 Gebt jeweils an, welche Bewegung sich ändert – die des Holzklotzes oder die des Wagens. Erklärt eure Beobachtungen. *Tipp:* Um Geschwindigkeit oder Bewegungsrichtung eines Gegenstands zu ändern, benötigt man eine Kraft.

a Gebt dem beladenen Wagen einen Stoß, sodass er ruckartig anfährt.

b Lasst den Wagen auf ein Hindernis prallen. Wiederholt den Versuch mit einem Gummiband als „Sicherheitsgurt". ▶ 4

c Zieht den Wagen an einem Bindfaden mit gleichbleibender Geschwindigkeit geradeaus. Lasst ihn dann in eine enge Kurve fahren.

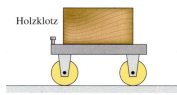

3

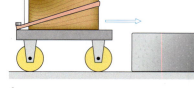

4

3 Münzturm Stapelt 20 gleiche Münzen übereinander. Die unterste soll entfernt werden – ohne den Stapel anzuheben oder umzukippen. Wie schafft ihr es? Gelingt es auch bei einem kleinen Stapel?

4* Am „seidenen" Faden Eine Packung Zucker (oder Milch) hängt an einem Wollfaden. ▶ 5 Unten wird am Faden gezogen. Wo wird der Faden wohl reißen: über oder unter dem Paket?

a Probiert es aus. Zieht einmal ruckartig, einmal langsam und vorsichtig.

b Wiederholt den Versuch mit einem Styroporblock.

5

Grundlagen — Gegenstände sind träge

Maries Vater zieht den Schlitten mit einem Ruck an. ▶6 Der Schlitten folgt, aber Marie nicht – sie hat sich nicht festgehalten.
Bei einem Stunt fürs Fernsehen prallt ein Motorrad gegen ein Auto. ▶7 Der Fahrer fliegt mit unverminderter Geschwindigkeit weiter. Er kann seine Bewegung nicht verändern.
Der Lieferwagen fährt rasch durch eine Kurve. ▶8 Die unbefestigten Kisten machen die Richtungsänderung nicht mit und fallen geradeaus von der Ladefläche.
Die Beispiele zeigen: Gegenstände machen Beschleunigungen, Verzögerungen oder Richtungsänderungen nur unter „Zwang" mit. Diese Eigenschaft aller Gegenstände nennt man *Trägheit*.

> Ein Gegenstand bleibt in Ruhe oder bewegt sich geradlinig und mit gleichbleibender Geschwindigkeit, solange keine Kraft auf ihn einwirkt (Trägheitsgesetz).

Bestimmt hast du schon einmal einen schweren Medizinball geworfen. Dabei spürst du seine Trägheit. Du brauchst eine große Kraft, um ihn in Bewegung zu bringen. Auch beim Fangen eines Medizinballs benötigst du eine größere Kraft als bei einem Schlagball.

> Je größer die Masse eines Gegenstands ist, desto träger ist er.

Immer geradeaus weiter Auf der Erde verzögern Reibungskräfte jede Bewegung. Ohne Antrieb kommen alle Bewegungen irgendwann zum Stillstand. Im Weltall gibt es dagegen keine Reibungskraft.
Die Raumsonde Voyager 2 war so schnell, dass sie gegen die Anziehungskraft der Sonne bis zum Rand des Sonnensystems gelangt ist. Dort ist die Gravitationskraft der Sonne praktisch gleich null. Auf die Sonde wirken heute also keine Kräfte mehr ein. Sie fliegt deshalb mit gleichbleibender Geschwindigkeit immer geradeaus weiter.

6

7

8

Aufgaben

1 Erkläre die Bewegung des Reiters. ▶9

2 Du stehst im Bus und hältst dich nicht fest. Der Fahrer weicht einem Abbieger aus und reißt das Lenkrad nach links. Du bist träge und deshalb ...

3 Der Bremsweg eines Öltankers ist viele Kilometer lang. Ein gleich schnelles Mofa steht schon nach wenigen Metern. Erkläre den Unterschied.

4* Der Airbus A380 darf beim Start höchstens 560 t wiegen, beim Landen nicht mehr als 386 t. Vor einer Notlandung auf einem Flughafen muss der Pilot Treibstoff ablassen, um unter die 386 t zu kommen. Überlege dir, warum diese Masse beim Landen nicht überschritten werden darf.

↻ 419-1 Simulation Mondlandung

Das Pferd bremst ab mit voller Kraft, weil es das Hindernis nicht schafft. Doch weil er sich nicht festgeklemmt, bewegt der Reiter sich noch weiter, bis eine Kraft ihn gleichfalls hemmt.

9

Die seltsame Bewegung des Kometen Halley

▷ Der Komet *Halley* wurde im Mittelalter als „Agent des Teufels" gefürchtet. ▶1 Heute wissen wir, dass er ein 15 km großer, schmutziger Schneeball ist.

▷ Der Komet fliegt auf einer lang gestreckten Bahn durch das Sonnensystem. ▶2 Alle 76 Jahre kommt er dicht an Sonne und Erde vorbei.

▷ Warum fliegt der Komet Halley nicht wie die Sonde Voyager ins Weltall davon?

▷ Wie verändert sich die Geschwindigkeit des Kometen beim Umlauf – und warum?

1 *Komet Halley*

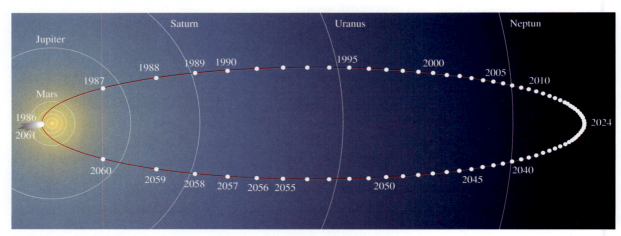

2 *Die Bahn des Kometen durch das Sonnensystem (nicht maßstabsgerecht)*

Untersuchen Experimentieren

1 Kugeln ablenken ▶3
a Lasst eine kleine Eisenkugel am Magneten vorbeirollen. Beschreibt die Bahn der Kugel.
b Schiebt den Magneten etwas zur Seite. Welche Wirkung hat das auf die Bahn der Kugel?
c Nehmt nun eine dickere Eisenkugel. Vergleicht die Bahnen.
d Beschleunigt oder verzögert die Kugel mit dem Magneten.

2 Mattenwagen anschieben ▶4 Beschleunigt den Mattenwagen unterschiedlich schnell. Wovon hängt die Beschleunigung ab? Verändert die maßgeblichen Größen und probiert es aus. Schreibt die Ergebnisse so auf: „Je ..., desto ..."

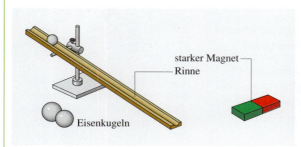

3

4

Grundlagen — Kräfte ändern Bewegungen

Um einen vollen Einkaufswagen anzuschieben oder abzubremsen, musst du eine Kraft ausüben. Das Gleiche gilt, wenn du eine Kurve fahren willst.

> Eine Kraft auf einen Gegenstand kann seine Geschwindigkeit vergrößern oder verringern. Die Bewegungsrichtung kann sich ändern.

Zu zweit beschleunigt ihr den Einkaufswagen schneller als allein. Das ist kein Wunder: Zu zweit übt ihr ja eine größere Kraft aus. Auch das Abbremsen eines rollenden Wagens gelingt zu zweit schneller.

> Je größer die Kraft auf einen Gegenstand ist, desto schneller ändert sich seine Geschwindigkeit. ▶5

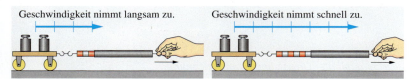

5 *Größere Kraft → Geschwindigkeit nimmt schneller zu (bei gleicher Masse).*

Ein leerer Wagen lässt sich schneller anschieben als ein voll beladener.

> Je größer die Masse eines Gegenstands ist, desto langsamer ändert sich seine Geschwindigkeit bei gleicher Kraft. ▶6

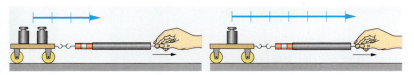

6 *Geringere Masse → Geschwindigkeit nimmt schneller zu (bei gleicher Kraft).*

Halley – beschleunigt, gebremst … Auf den Kometen wirkt die Gravitationskraft der Sonne. Sie ist immer zur Sonne hin gerichtet: ▶7
- Nähert sich Halley der Sonne, so wirkt die Kraft in Flugrichtung. Der Komet wird beschleunigt. (1)
- In der Nähe der Sonne wirkt die Kraft quer zur Flugrichtung. Der Komet fliegt eine enge Kurve. (2)
- Entfernt sich Halley von der Sonne, so wirkt die Kraft entgegengesetzt zur Flugrichtung. Der Komet wird gebremst. (3)
- Halley ist nicht schnell genug, um an den Rand des Sonnensystems zu gelangen. Die Gravitationskraft holt ihn daher wieder zurück. (1)

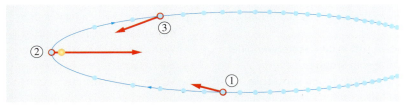

7

Aufgaben

1 Motorräder fahren viel schneller an als Lkws, obwohl sie einen „schwächeren" Motor haben. Erkläre den Unterschied.

2 Ein Ball fliegt hoch und fällt wieder herunter. ▶8
a Überlege dir, ob an den Punkten 1–5 eine Kraft auf den Ball wirkt.
b Übertrage die Skizze in dein Heft. Zeichne die Kraft auf den Ball an den verschiedenen Punkten.
c Welche Wirkung (Beschleunigung …) hat die Kraft in den Punkten 1–5? Lege eine Tabelle an.

3* In der luftleeren Fallröhre fällt eine leichte Vogelfeder genauso schnell wie eine schwerere Holzkugel. Warum fällt die Kugel nicht schneller? Auf sie wirkt doch eine größere Gewichtskraft …

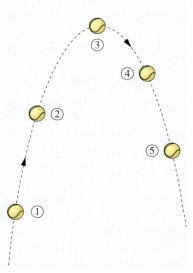

8

Raketen und ihr Antrieb

▷ „Orion" heißt das geplante neue Raumfahrzeug der NASA. Es soll in einigen Jahren Astronauten zur Weltraumstation ISS bringen – und vielleicht auch zum Mond oder zum Mars.

▷ Früher dachte man, dass sich Raketen an der Luft „abstoßen", um vorwärtszukommen. Die Orion verlässt aber die Lufthülle der Erde.
Wie funktioniert der Raketenantrieb im leeren Weltraum?

1 *Orion: geplanter Einsatz und Schnittzeichnung*

Untersuchen Experimentieren

1 Modellversuch zum Raketenantrieb (1) *Ihr braucht:* Rollbrett, 4 schwere und 4 leichte Bälle.
a Die vier schweren Bälle liegen auf dem Rollbrett. Eine Person kniet sich auf das Brett. Dann wirft sie einen Ball nach dem anderen fest in eine Richtung. Beschreibt, was ihr beobachtet.
b Untersucht auch, was bei leichten Bällen anders ist.

2 Modellversuch zum Raketenantrieb (2) *Ihr braucht:* PET-Flasche (1,5 l), Luftpumpe, Abflussrohr (25 cm lang; 10 cm Außendurchmesser), Fahrrad-Blitzventil, Kupferrohr (20 cm lang; 0,6 cm Durchmesser), Gummistopfen (2,2 cm) mit Bohrung (0,5 cm), 3 m Kunststoffschlauch (0,7 cm Außendurchmesser), Stativmaterial, Bindedraht.
So wird's gemacht: ▶2
- Setzt das Fahrradventil in das eine Ende des Kunststoffschlauchs ein. Erwärmt dazu den Schlauch. Sichert das Ventil mit Bindedraht.
- Schiebt das Kupferrohr durch die Bohrung im Gummistopfen und schließt das freie Ende des Schlauchs an.
- Baut eine „Startrampe" aus dem Stativmaterial und dem Abflussrohr.
- Versieht die PET-Flasche mit der „Tankvorrichtung" aus Kupferrohr, Stopfen und Schlauch.

a Startet die fertige Rakete. Dazu pumpt ihr Luft in die Rakete. Wenn der Druck groß genug ist, löst sich die Flasche vom Stopfen.
b Füllt die Flasche diesmal zu 25 bis 30 % mit Wasser und startet sie wieder. Vergleicht die Flughöhe mit der luftgefüllten Rakete. Versucht den Unterschied zu erklären.

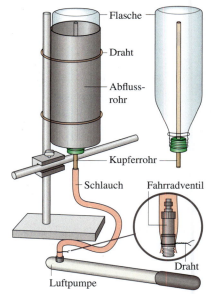

2 *Modellrakete*

❗ Führt den Versuch im Freien durch. Rakete senkrecht starten. Während des Starts nicht über die Rakete beugen. Beobachter stehen außerhalb des Gefahrenbereichs. Keine beschädigten PET-Flaschen verwenden.

Raketen und ihr Antrieb — Bewegungen im Weltraum

3 Antrieb durch Wechselwirkung Zwei etwa gleich schwere Personen sitzen einander gegenüber auf Rollbrettern. ▶3
a Beide stoßen sich gegenseitig ab. Beschreibt eure Beobachtung.
b Diesmal drückt sich nur einer ab. Der andere hält die Arme steif. Wer wird wegrollen?
c Versucht, eure Beobachtungen zu erklären.

4* Wer treibt die Lokomotive an?
a Beschreibt die Anordnung. ▶4
b Die Lok übt eine Kraft aus: Gebt an, auf welchen Gegenstand und in welche Richtung sie wirkt.
c Wer übt die Antriebskraft auf die Lok aus?
d Tragt die Kräfte in eine Skizze ein.

3

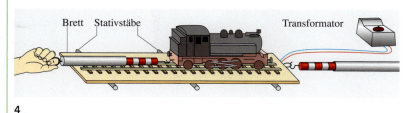
4

Grundlagen — Antrieb durch Wechselwirkung

Stell dir vor, du stehst mit einem Basketball in den Händen auf Inlinern. ▶5 Wenn du den Ball mit Schwung nach vorn wegstößt, rollst du selbst nach hinten los. Hier werden zwei Kräfte wirksam:
– Du übst eine Kraft auf den Ball aus. Sie beschleunigt ihn nach vorn.
– Der Ball übt eine Kraft auf dich aus. Sie beschleunigt dich nach hinten. Die Kraft entsteht, weil du dich am Ball „abdrückst".
Die Kraft auf den Ball ist genauso groß wie die Kraft auf dich. Die beiden Kräfte sind aber entgegengesetzt gerichtet.
Beim Raketenantrieb ist es ähnlich: ▶6
– Die Rakete übt eine Kraft auf die Gase aus, die beim Verbrennen im Triebwerk entstehen. Diese Kraft beschleunigt die Gase nach unten.
– Die Gase üben eine Kraft auf die Rakete aus. Sie beschleunigt die Rakete nach oben. Die Kraft entsteht, weil sich die Rakete an den Verbrennungsgasen „abdrückt".
Diese Bewegungen sind Beispiele für das *Wechselwirkungsprinzip*:

> Eine Kraft gibt es nie alleine. Wenn du eine Kraft auf einen Gegenstand ausübst, übt der Gegenstand immer auch eine Kraft auf dich aus. Beide Kräfte sind gleich groß und entgegengesetzt gerichtet.

Auf den Rollbrettern ist es egal, wer sich abstößt. ▶3 Die Kraft auf die eine Person ist immer genauso groß wie die auf die andere Person. Beide Kräfte sind entgegengesetzt gerichtet.

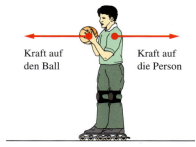
5

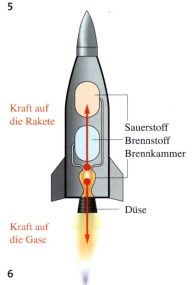
6

Aufgabe

1 Erkläre, wie die Wasserrakete funktioniert. ▶2
Ohne Wasserfüllung fliegt die Rakete nur wenige Zentimeter hoch. Erkläre.

↻ 423-1 Simulation Wechselwirkungsgesetz
Video Wechselwirkungen beim Sprung aus einem Boot

Aus Umwelt und Technik — Ohne Wechselwirkung keine Fortbewegung

Der Startblock muss fest verankert sein. ▶1 Der Läufer stößt sich mit großer Kraft nach hinten ab. Der Startblock übt eine ebenso große Kraft nach vorne aus. Sie beschleunigt den Sprinter.
Auch bei jedem Schritt übst du eine Kraft nach hinten auf die Erde aus. Die Erde übt auf dich eine Kraft nach vorne aus. Diese Kraft bringt dich voran. Bei Glatteis und glatten Sohlen kommen beide Kräfte nicht zustande.
„Volle Kraft zurück – es geht vorwärts!" ▶2 Durch die Ruder übt der Sportler eine Kraft nach hinten auf das Wasser aus. Die Kraft vom Wasser auf das Boot setzt das Boot nach vorne in Bewegung.

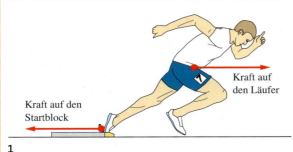

1

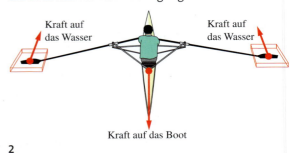

2

Aufgaben

1 Plane einen Versuch zum Wechselwirkungsprinzip.
Tipp: Verwende z.B. ein Wasserbecken, zwei Styroporscheiben, einen Magneten und eine Eisenschraube.

2 Janosch schießt mit einem Luftgewehr. Beim Schuss spürt er an der Schulter einen leichten „Rückstoß" des Gewehrs. Erkläre, wie der Rückstoß zustande kommt.

3* Erkläre das Anfahren eines Autos. ▶3

3

Aus der Astronomie — Die Suche nach einer zweiten Erde

In unserem Sonnensystem gibt es keinen weiteren Planeten, der Leben wie auf der Erde ermöglicht. Gibt es irgendwo im Weltall noch einen Platz für Leben? Es gibt unvorstellbar viele Sterne, die wie unsere Sonne sind. Viele davon werden von Planeten umkreist. Tausende von Astronomen suchen darunter nach einem lebensfreundlichen Planeten. Er muss seine Sonne gerade im richtigen Abstand umkreisen – sonst ist es auf ihm zu heiß oder zu kalt für Lebewesen. Auch mit den größten Fernrohren kann man keine Planeten in anderen Sonnensystemen sehen. Trotzdem sind schon Hunderte entdeckt worden. Einige Planeten haben sich verraten, weil sie ihre Sonne immer wieder etwas abdunkeln, wenn sie sich zwischen ihre Sonne und unsere Erde schieben.
Der Satellit *GAIA* soll Planeten anders entdecken. ▶4 Eine ferne Sonne zieht einen für uns unsichtbaren Planeten an. Und dieser zieht seine Sonne an (Wechselwirkungsprinzip). Weil sich der Planet bewegt, bewegt sich auch die Sonne. Für einen Beobachter auf der Erde sind diese Bewegungen winzig klein. Der Satellit GAIA enthält aber ein so genaues Teleskop, dass man mit ihm die Bewegung des Sterns erkennen und ausmessen kann. Daraus lässt sich die Masse des Planeten und der Abstand zu seiner Sonne berechnen.

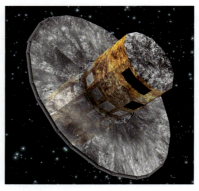

4 *GAIA*

Menschen im Weltraum

Grundlagen — Schwerelos – trotz Schwerkraft

In manchen Nächten kannst du am östlichen Horizont einen hellen Punkt erkennen, der in wenigen Minuten hoch in den Himmel steigt. Das ist kein Stern, sondern die *Internationale Raumstation ISS (International Space Station)*. ▶5

An den Aufenthalt in der ISS müssen sich die Astronauten erst gewöhnen. Eines ist ganz anders als auf der Erde: Gegenstände und Astronauten schweben! ▶6 Es scheint, als ob die Schwerkraft nicht mehr wirkt.

Die ISS fliegt in etwa 350 km Höhe. Im Vergleich zum Erdradius von 6370 km ist das nicht viel. Die Schwerkraft wirkt in einer so geringen Höhe natürlich immer noch. Warum fällt dann in der Raumstation nichts von alleine zu Boden? Um diese Frage zu beantworten, erklären wir zunächst, wie die Kreisbahn der ISS um die Erde zustande kommt: ▶7

– Wenn man die Schwerkraft für 1 s abschalten könnte, würde die ISS in dieser Zeit rund 7,8 km tangential von der Erde wegfliegen (1).
– Tatsächlich fällt die ISS wegen der Schwerkraft in dieser Sekunde auch in Richtung Erde (2).

Im Bild sind beide Bewegungen so gezeichnet, als würden sie nacheinander ablaufen. In Wirklichkeit geschehen sie gleichzeitig. Nach einer Sekunde befindet sich die ISS über einem anderen Punkt der Erde – in gleicher Höhe. Dieser Vorgang wiederholt sich in jeder Sekunde wieder: wegfliegen, fallen, wegfliegen, fallen ... Wenn wir immer kleinere Zeiten betrachten, werden die „Zacken" in der Zeichnung immer kleiner. Irgendwann ergibt sich eine glatte Kreisbahn.

> Die ISS fliegt ständig von der Erde weg. Gleichzeitig fällt sie auf die Erde zu. Beides zusammen bewirkt, dass die Raumstation auf einer Kreisbahn fliegt und der Erde nicht näher kommt.
> Die Astronauten fallen genauso schnell wie die Raumstation. Sie fallen – und der Boden unter ihnen fällt auch. Dadurch kommen die Astronauten dem Boden nicht näher und scheinen zu schweben.

Zum Schlafen müssen sich die Astronauten am Bett festschnallen, sonst würden sie bei der kleinsten Bewegung wegfliegen. Aber ob das Bett am Boden, an der Seite oder an der Decke befestigt ist, spielt keine Rolle. Es ist unmöglich aus einer Tasse zu trinken, weil sich kein waagerechter Flüssigkeitsspiegel einstellt. Außerdem wären frei umherfliegende Tropfen gefährlich für elektronische Geräte.

5 *Internationale Raumstation (ISS)*

6 *Frühstück an Bord der ISS*

7 *Entstehung der Kreisbahn*

Aufgaben

4 „Der Begriff *Schwerelosigkeit* ist nicht besonders passend, um den Zustand auf der ISS zu beschreiben." Erkläre diese Aussage.

5 „Ein Satellit auf einer Kreisbahn fällt um die Erde herum." Erkläre, was damit gemeint ist.

6* Wie trinkt man auf der ISS? Informiere dich und schreibe einen kurzen Text dazu.

Aus der Technik — Der Mars – ein Nachbar wird erforscht

Wissenswertes zum Mars Der Mars war für die Römer vor 2000 Jahren der Sitz des Kriegsgottes. Heute ist er das Ziel vieler Raumfahrtmissionen. Die Erde ist von der Sonne aus gesehen der dritte Planet im Sonnensystem, Mars der vierte. Er ist von der Erde aus mit bloßem Auge sichtbar. Der Mars ist von allen Planeten der Erde am ähnlichsten. ▶1 Neben der Erde ist er der am besten von Menschen erforschte Planet. Wie die anderen Planeten ist der Mars vor 4 Milliarden Jahren aus einer riesigen Gas- und Staubwolke entstanden, die die Sonne umgab. Die Römer dachten, dass seine rötliche Farbe dem Gott des Krieges zu verdanken ist. Heute wissen wir, dass das Gestein an der Oberfläche durch Rost (Eisenoxid) rotbraun gefärbt ist. Der 21 km hohe Vulkan *Mons Olympus* auf dem Mars ist der höchste Berg im Sonnensystem. Bis zu 7 km tiefe Gräben durchziehen die Oberfläche.

Der Marshimmel ist nicht blau. Staubwolken sorgen für ein gelbliches Licht. Die Atmosphäre ist viel dünner als die der Erde. Sie besteht zu 95 % aus Kohlenstoffdioxid. Für Menschen ist sie nicht zum Atmen geeignet. Die Temperatur an der Oberfläche des Mars liegt im Durchschnitt bei −55 °C. Sie ist geringer als die Temperatur auf der Erde, weil der Mars weiter von der Sonne entfernt ist.

Das Magnetfeld der Erde lenkt geladene Teilchen aus dem Weltall an der Erde vorbei. Der Mars hat kein Magnetfeld. Seine Oberfläche ist daher dem Beschuss durch die geladenen Teilchen fast schutzlos ausgesetzt.

Entdeckungen auf dem Mars Die Erforschung des Mars begann mit der Entwicklung der Fernrohre. Im 17. Jahrhundert entdeckte *Giovanni Cassini* die weißen Polkappen des Planeten. 1830 wurde die erste Marskarte angefertigt. 1877 erkannte *Giovanni Schiaparelli* Linien auf der Marsoberfläche. Man vermutete bald, dass es sich um Wasserkanäle handelte. Wer hatte sie angelegt? Seit dieser Zeit geistern „Marsmenschen" durch die Vorstellungen der Menschen.

Seit 1960 wurden 38 Raumsonden zum Mars geschickt. 14 Missionen waren erfolgreich:
- 1969 gelingt der erste nahe Vorbeiflug am Mars, 1971 die erste Umkreisung. Fotos zeigen den Mars als unbelebte Felswüste.
- 1975 landen die ersten Sonden auf dem Mars.
- 1996 wird ein kleines Roboterfahrzeug („Rover") auf dem Mars abgesetzt. Millionen von Fernsehzuschauern erleben live, wie ein von Menschen geschaffener Roboter den Mars erkundet.
- 2003 landet ein größeres Forschungsfahrzeug auf dem Mars. Es erforscht die Marsoberfläche und sucht nach Spuren von Wasser.
- 2012 wird der Marsrover *Curiosity* sicher auf dem Mars abgesetzt. ▶2–3 Er ist so groß wie ein Kleinwagen. Das rollende Forschungslabor untersucht, ob im Landegebiet die Entstehung von Leben möglich war oder immer noch ist.

Aufgabe

1 Schreibe einen kurzen Text für Jugendliche über eine erfolgreiche Marsmission (ca. 20 Zeilen und 2 oder 3 Fotos). *Tipp:* Die Mariner-Missionen oder die Marsrover *Opportunity* und *Curiosity* sind gut geeignet.

Abstand zur Sonne	$228 \cdot 10^6$ km
Durchmesser	6794 km
Umlaufdauer um die Sonne	687 Tage
Umdrehungsdauer	1,03 Tage
Oberflächentemperatur	−125 bis 40 °C
Gewichtskraft auf 1-kg-Körper	3,69 N
Fallbeschleunigung	3,69 $\frac{m}{s^2}$
Monde	2

1 *Mars – der Rote Planet*

2 *Marsrover Curiosity (Computerbild)*

3 *Eines der ersten Fotos von Curiosity*

Aus der Technik — Bemannte Raumfahrt – ja oder nein?

Mit diesem Geschoss umrunden 1865 zwei Amerikaner, ein Franzose und zwei Hunde den Mond – in einem der ersten Science-Fiction-Romane. ▶4
In vielen Einzelheiten hat der französische Autor *Jules Verne* den ersten bemannten Mondflug vorhergesehen: die knapp am Mond vorbeiführende Flugbahn, den ersten Blick auf die Rückseite des Monds, die Unbewohnbarkeit des Monds, den Start in Kalifornien, die Landung im Atlantik ...
Heute sind viele Visionen von Jules Verne Wirklichkeit geworden. Und schon reichen die Träume viel weiter in den Weltraum. Vielleicht landen die ersten Menschen Mitte der 2030er Jahre auf dem Mars. Der NASA-Experte *Jesco von Puttkamer* erklärt: „Unser Fernziel ist die Besiedlung des Planeten. Der Mars ist die Neue Welt. [...] Im nächsten Jahrhundert werden Menschen auf dem Mars unter Plastikdomen leben und lustwandeln. Kein anderes Ziel der Menschheit reicht an die Erforschung und Besiedlung des Mars heran." Der Ingenieur *Michael Reichert* sagt: „Eine Marsmission würde zudem viele neue Hightechjobs schaffen. Am Apollo-Mondprogramm haben fast eine halbe Million Menschen mitgearbeitet."
Gegen eine bemannte Marsmission ist der Physiker *Robert L. Park*: „Spirit und Opportunity [zwei unbemannte Marssonden] kennen keine Mittagspause, jammern nicht über kalte Nächte und ernähren sich vom Sonnenschein. Sie 100 Millionen Kilometer weit zu entsenden war indes billiger als ein einziger Flug zur Wachablösung auf die ISS. Alles, was Menschen im All tun, kostet zehn- bis hundertmal so viel, als wenn Roboter es täten. [...] In Raumanzüge verpackte Astronauten könnten auf dem Mars nichts fühlen, nichts riechen. Maschinen dagegen können wir mit allen Sinnen ausstatten, die uns einfallen. [...] Und wenn ein Roboter schließlich kaputtgeht oder seinen Job erledigt hat, wird er einfach abgeschaltet. Niemand muss ihn zur Erde zurückfliegen und einen nationalen Trauertag abhalten."

4 *Der erste Flug zum Mond – nach der Vorstellung von Jules Verne*

5 *Alles fängt klein an: Vorbereitungen für das Arbeiten auf dem Mars*

Aufgaben

2 *Neil Armstrong* betrat am 21. Juli 1967 als erster Mensch den Mond. Er sagte: „Das ist ein kleiner Schritt für einen Menschen, aber ein großer Sprung für die Menschheit!" Welche Bedeutung hat dieses Ereignis für uns? Nimm Stellung zu seiner Aussage.

3 „Bemannte Raumfahrt – ja oder nein?" Diskutiere mit deinen Freunden, Eltern, Geschwistern ... darüber. Bilde dir eine eigene Meinung. Viele Argumente für und wider findest du auch im Internet. Versuche, Argumente gegen deine Position zu widerlegen.

Aus der Geschichte — So fing es mit der Raumfahrt an

1942: Ein Prototyp der Rakete V2 erreicht fast 90 km Höhe.

1

1950

4. Oktober 1957: Eine sowjetische Rakete trägt den ersten Satelliten in eine Erdumlaufbahn. *Sputnik 1* ist eine knapp 60 cm große Kugel aus Aluminium.

2. November 1957: Hündin *Laika* wird mit *Sputnik 2* ins All geschossen. Sie ist das erste irdische Lebewesen im Weltraum.

2–3

31. 1. 1958: Die NASA bringt mit *Explorer* ihren ersten Satelliten ins All.
4. 10. 1959: Die sowjetische Sonde *Lunik 3* umrundet den Mond und liefert erste Bilder von seiner Rückseite.

1960

5. 5. 1961: *Alan Shepard* ist der erste Amerikaner im All.
25. 5. 1961: US-Präsident *John F. Kennedy* startet das Apollo-Programm.
20. 2. 1962: *John Glenn* umkreist als erster Astronaut die Erde.

18. 3. 1965: *Alexej Leonow* verlässt als erster Mensch ein Raumfahrzeug im All.

24. 12. 1968: *Apollo 8* umkreist den Mond.

12. 4. 1961: Der Kosmonaut *Jurij Gagarin* umkreist als erster Mensch die Erde.

4

21. 7. 1969: *Apollo 11* – die Astronauten *Neil Armstrong* und *Edwin Aldrin* betreten als erste Menschen den Mond.

5

Aufgabe

1 Setzt den Zeitstrahl zur Geschichte der Raumfahrt mit Fotos und Texten fort. Fertigt ein Poster oder eine Präsentation auf dem Computer an.

Überblick

Trägheit Ein Gegenstand bleibt in Ruhe oder bewegt sich mit gleichbleibender Geschwindigkeit geradeaus, solange keine Kraft auf ihn wirkt. ▶6 Er widersetzt sich der Änderung seiner Bewegung umso stärker, je größer seine Masse ist.
Jeder bewegte Gegenstand wird auf der Erde durch Reibung abgebremst. Daher kommen alle Gegenstände auf der Erde nach einiger Zeit zum Stillstand, wenn sie durch keine Kraft angetrieben werden.

6 *Der Klotz ist träge. Ohne Kraft verändert sich seine Bewegung nicht.*

Kräfte verändern Bewegungen Eine Kraft auf einen Gegenstand kann ihn beschleunigen oder verzögern:
– Je größer die Kraft ist, desto schneller ändert sich die Geschwindigkeit (bei gleicher Masse). *Beispiel:* Rennwagen und Pkw beim Anfahren
– Je größer die Masse ist, desto langsamer ändert sich die Geschwindigkeit (bei gleicher Kraft). *Beispiel:* Pkw und Motorrad beim Anfahren
Eine Kraft auf einen bewegten Gegenstand kann ihn auch umlenken.

Wechselwirkung Zwei Gegenstände können immer nur wechselseitig Kräfte aufeinander ausüben. Die eine Kraft greift an dem einen Gegenstand an, die andere an dem anderen. Beide Kräfte sind gleich groß und entgegengesetzt gerichtet. ▶7

Kraft auf die Gase   Kraft auf die Rakete

7 *Antrieb durch Wechselwirkung*

Alles klar?

1 In einem kleinen Wagen ist eine Metallkugel frei beweglich aufgehängt. ▶8 Wie bewegt sich jeweils die Kugel? Der Wagen ...
a wird angestoßen
b wird mit gleichbleibender Geschwindigkeit geradeaus geschoben
c prallt plötzlich auf ein Hindernis
d geht auf einmal nach links in die Kurve

8

2 „Auf ebener Strecke sollte mein Fahrrad ohne Kraft mit gleichbleibender Geschwindigkeit fahren. Warum muss ich trotzdem strampeln?" Erkläre, warum kein Widerspruch zwischen Trägheitsgesetz und Alltagserfahrung vorliegt.

3 Wird die Radfahrerin schneller, langsamer oder bleibt ihre Geschwindigkeit gleich? ▶9 Begründe deine Antwort.

9

4 Eine Raumsonde fliegt ohne Antrieb im Weltraum.
a Wie ist die Bewegung ohne Antrieb möglich?
b Ein Flugzeug muss dauernd angetrieben werden. Erkläre den Unterschied.

5 Erkläre, warum für den Start einer Rakete auf dem Mond eine geringere Schubkraft nötig ist als auf der Erde. Beschreibe den Antrieb der Rakete.

6* Satelliten stürzen trotz Schwerkraft nicht ab. Erkläre.

Menschen und Motoren sorgen für Bewegung

Wie viel Energie „steckt" in …?

▷ Menschen und Motoren brauchen Energie für die Bewegung. Wie viel Energie steckt in den verschiedenen „Treibstoffen"? Was geschieht mit der zugeführten Energie?

1

2

Experimentieren

1 Wasser erwärmen – Energie berechnen Erwärmt Wasser mit einem Tauchsieder. Wie hängt die benötigte Energie von der Wassermenge und der Temperaturerhöhung ab?
Tipps: Ein 1000-W-Tauchsieder überträgt in jeder Sekunde eine Energie von 1000 J = 1 kJ. Das Wasser soll nicht wärmer als 60 °C werden.

a Energie und Wassermenge: Führt eine Messreihe durch. Die Temperaturerhöhung muss bei allen Messungen gleich sein.

b Energie und Temperaturerhöhung: Führt eine Messreihe durch. Diesmal muss die Masse des Wassers immer gleich sein.

c Legt zu beiden Messreihen ein Diagramm an (waagerechte Achse: Energie). Formuliert jeweils das Versuchsergebnis.

↻ 430–1 Simulation Thermische Energie und Temperatur

2 Wie viel Energie liefert Benzin?

a In einer aufgeschnittenen Getränkedose werden 200 g Wasser mit einem Benzinfeuerzeug um etwa 20 °C erwärmt. ▶3 Die benötigte Benzinmenge wird durch genaues Wiegen des Feuerzeugs bestimmt.

b Berechnet, wie viel Energie das Verbrennen von 1 kg Benzin liefert.
Hinweis: Damit die Temperatur von 200 g Wasser um 1 °C zunimmt, braucht man eine Energie von 0,84 kJ.

3 Energie in Diesel Anstelle des Benzinfeuerzeugs im vorigen Versuch wird eine Teelichthülle mit Dieselöl genommen. ▶4

4 Energie in Schokolade, Spaghetti … Die Energie von Lebensmitteln wird durch Verbrennen bestimmt. Berechnet aus den Messwerten jeweils, wie viel Energie beim Verbrennen von 100 g des Lebensmittels umgewandelt wird. Vergleicht mit Tabellenwerten. Wie kommt es zu den Abweichungen? Stellt Vermutungen auf.

a Ein halbes Stückchen bittere Schokolade (ca. 1,5 g) wird verbrannt. ▶5 Um wie viel °C nimmt die Wassertemperatur zu? *Tipp:* Rührt das Wasser mit dem Temperaturfühler um.

b 200 g Wasser werden 5 min lang mit brennendem Speiseöl erwärmt. ▶4 Bestimmt die Masse des verbrannten Öls.

c* Erwärmt Wasser in einer Teelichthülle mit einer brennenden Spaghettinudel.

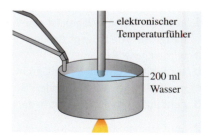

3

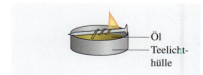

4

5

Grundlagen — Wasser erwärmen – thermische Energie berechnen

Energie und Temperatur Beim Erwärmen von Wasser mit einem Tauchsieder gilt:
Doppelte Energie → doppelte Temperaturzunahme, dreifache Energie → dreifache Temperaturzunahme. Die Wassertemperatur steigt proportional zur zugeführten Energie: $E \sim \Delta T$ ($\Delta T = T_{oben} - T_{unten}$).
Die zugeführte Energie wird als thermische Energie im Wasser gespeichert.

Energie und Masse Je mehr Wasser auf eine bestimmte Temperatur erwärmt werden soll, desto mehr Energie ist dafür erforderlich. Die Energie ist proportional zur Masse des Wassers: $E \sim m$.

> Damit die Temperatur von 1 kg Wasser um 1 °C zunimmt, braucht man eine Energie von 4,19 kJ.

Spezifische Wärmekapazität Die Energie zum Erwärmen ist proportional zur Masse *und* zur Temperaturzunahme des Wassers. Damit gilt mathematisch, dass die Energie proportional zum *Produkt* aus Masse und Temperaturzunahme ist: $E \sim m \cdot \Delta T$.
Mit einer Proportionalitätskonstanten c lässt sich der Zusammenhang als Gleichung schreiben: $E = c \cdot m \cdot \Delta T$.
Für Wasser gilt: $4{,}19\,\text{kJ} = c \cdot 1\,\text{kg} \cdot 1\,°\text{C}$.

Auflösen nach c ergibt: $c = \dfrac{4{,}19\,\text{kJ}}{1\,\text{kg} \cdot 1\,°\text{C}} = 4{,}19\,\dfrac{\text{kJ}}{\text{kg} \cdot °\text{C}}$.

Die Konstante $4{,}19\,\dfrac{\text{kJ}}{\text{kg} \cdot °\text{C}}$ ist typisch für Wasser. Sie wird *spezifische Wärmekapazität* von Wasser genannt. Andere Stoffe haben eine andere spezifische Wärmekapazität (siehe Tabelle im Anhang).

> Beim Erwärmen eines Gegenstands wird thermische Energie gespeichert. Sie ist proportional zur Masse des Gegenstands und zur Temperaturzunahme. Außerdem hängt die Energie vom Stoff ab, aus dem der Gegenstand besteht.
> Es gilt: $E = c \cdot m \cdot \Delta T$.

Grundlagen — Energie in Treibstoffen und Nährstoffen

Brennwert Benzin, Kohle, Schokolade …haben etwas gemeinsam: Beim Verbrennen wird chemische Energie in thermische Energie umgewandelt. Dabei entstehen Kohlenstoffdioxid (CO_2) und Wasser.

> Der spezifische Brennwert gibt an, wie viel thermische Energie beim Verbrennen von 1 kg eines Stoffs erzeugt wird.

Wenn die Temperatur beim Verbrennen höher ist als die Siedetemperatur von Wasser, gelangt das Wasser als Wasserdampf in die Umgebung. Der Dampf führt einen Teil der erzeugten thermischen Energie mit. Wenn man diese Energie von der beim Verbrennen erzeugten thermischen Energie abzieht, erhält man den *spezifischen Heizwert* des Brennstoffs. *Beispiele:* Trockenes Holz hat einen spezifischen Heizwert von $15\,\dfrac{\text{MJ}}{\text{kg}}$, Benzin $41\,\dfrac{\text{MJ}}{\text{kg}}$ (siehe Tabelle im Anhang).
Die Nährstoffe werden in deinem Körper unterhalb der Siedetemperatur von Wasser „verbrannt". Dabei wird kein Wasserdampf erzeugt.

Heizwert bestimmen So kannst du ermitteln, wie viel Energie in Schokolade oder Benzin steckt:
– Verbrenne eine bestimmte Menge des Stoffs und erwärme damit Wasser. ▶3–4 Miss die Masse des Wassers und die Temperaturerhöhung.
– Berechne daraus, wie viel thermische Energie das Wasser aufgenommen hat:
$E = 4{,}19\,\dfrac{\text{kJ}}{\text{kg} \cdot °\text{C}} \cdot m \cdot \Delta T$.

Die berechnete Energie ist etwas geringer als die thermische Energie, die beim Verbrennen entstanden ist. Denn ein Teil der Energie aus der Verbrennung hat das Gefäß und die Umgebung erwärmt.
– Teile die berechnete thermische Energie durch die Masse des verbrannten Stoffs. Damit erhältst du den spezifischen Heizwert. Dein Ergebnis ist etwas niedriger als der Tabellenwert.
Für eine genaue Bestimmung des Brennwerts verbrennt man den Stoff in einem *Kalorimeter*. ▶6

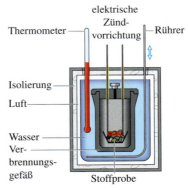

6 *Messen mit dem Kalorimeter*

Aus Umwelt und Technik — Energiewandler Mensch

Ohne Energie würde dein Herz nicht schlagen. Deshalb brauchst du selbst dann Energie, wenn du schläfst (in jeder Stunde etwa 4 kJ pro kg Körpergewicht). Die Energie wird hauptsächlich dazu verwendet, Gehirn, Herz und Lunge in Gang zu halten und die Körpertemperatur von 37 °C zu halten. Dein Körper gewinnt die Energie aus der Nahrung, vor allem aus Fetten und Kohlenhydraten (Zucker, Mehl ...). Sie werden im Verdauungssystem aufgespalten und zusammen mit dem Sauerstoff der eingeatmeten Luft vom Blut zu den Muskelzellen gebracht. Dort laufen chemische Reaktionen ähnlich wie bei einer Verbrennung ab. Dabei wird die chemische Energie in thermische Energie und Bewegungsenergie umgewandelt. Zusätzliche Energie verlangt dein Körper, wenn du Sport treibst. ▶1

Die Energie von Nahrungsmitteln wird durch Verbrennen bestimmt. Der Brennwert wird in $\frac{kJ}{g}$, $\frac{MJ}{kg}$ oder auf Verpackungen oft in $\frac{kJ}{100\,g}$ angegeben.

Kilojoule oder Kilokalorie? Der Zusammenhang zwischen Wärme und Energie wurde erst im 19. Jahrhundert erkannt. Für die Messung von „Wärmemengen" hatte man vorher schon eine eigene Einheit eingeführt: die Kilokalorie (kcal). 1 kcal benötigt man, um 1 kg Wasser um 1 °C zu erwärmen. 1978 wurde die Einheit 1 kcal per Gesetz durch die Einheit 1 kJ ersetzt: 1 kcal = 4,19 kJ. Die Energie in Nahrungsmitteln wird trotzdem oft noch zusätzlich in Kilokalorien angegeben.

Tätigkeit	Energiebedarf je Stunde
Bergsteigen	4800 kJ
Skilanglaufen	3800 kJ
Fußballspielen	3000 kJ
Joggen (9 km)	2500 kJ
Schwimmen	1800 kJ
Tennisspielen	1500 kJ
Gymnastik	1200 kJ
Radfahren (20 km, flach, bei Windstille)	1200 kJ
Spazierengehen	430 kJ
Sitzen, Lesen	60 kJ

1 432–1 Berechnung der täglichen Energieaufnahme

Aufgaben

1 Jonas lässt ein heißes Bad einlaufen, Marie setzt eine Kanne Tee auf.
a Marie sagt: „Im Teewasser ist mehr thermische Energie gespeichert. Es ist ja viel heißer als das Badewasser." Nimm Stellung zu ihrer Aussage.
b Für das Vollbad werden 100 kg Wasser um 30 °C erwärmt, bei der Teekanne sind es 1,5 kg Wasser und 65 °C. Berechne und vergleiche die jeweils gespeicherte thermische Energie.

2 2,0 g Dieselöl werden verbrannt. Dadurch steigt die Temperatur von 1000 g Wasser um 17,1 °C.
a Berechne die Energiezunahme des Wassers.
b Berechne den spezifischen Heizwert von Diesel.

3 Der 56 kg schwere Lithiumakku dieses kleinen Elektroautos speichert eine Energie von 36 MJ. ▶2 Damit kann es etwa 300 km weit fahren.
a Welche Menge Benzin enthält ebenso viel Energie?
b Nenne Vor- und Nachteile der beiden Energiespeicher Benzin und Akku.

4* Benzinmotor und Elektromotor als Fahrzeugantrieb
a Das Auto von Herrn Müller verbraucht 7 Liter Benzin auf 100 km. Berechne, wie viel Energie es für die 750 km lange Fahrt von Hamburg nach München benötigt.
b Mit ihrem Elektroauto braucht Frau Reger für 100 km eine elektrische Energie von 90 MJ. Vergleiche mit dem Energieverbrauch des Autos von Herrn Müller. Stelle Vermutungen an, wie es zu dem Unterschied kommt.
c Vergleiche die Energiekosten (Benzin: 1,80 Euro pro Liter, elektrische Energie: 9 Cent pro MJ) für die Fahrt von Hamburg nach München. Wie kommt der Preisunterschied trotz gleicher Fahrstrecke zustande?

Musteraufgabe

1 g Benzin werden verbrannt. Dadurch werden 500 g Wasser um 19,5 °C erwärmt.
a Berechne, wie viel thermische Energie das Wasser aufnimmt.
b Berechne den spezifischen Heizwert von Benzin.

Lösung:
a $E = c_{Wasser} \cdot m \cdot \Delta T$
$E = 4{,}19\,\frac{kJ}{kg \cdot °C} \cdot 0{,}5\,kg \cdot 19{,}5\,°C$
$E = 41\,kJ$
b Der spezifische Heizwert von Benzin beträgt 41 $\frac{MJ}{kg}$.

2 Cityel

Wie viel Energie wird genutzt?

▷ Im Mopedbenzin steckt chemische Energie. Wird die ganze Energie zur Fortbewegung genutzt?

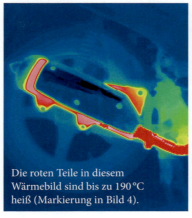

Die roten Teile in diesem Wärmebild sind bis zu 190 °C heiß (Markierung in Bild 4).

3

Ausschnitt in Bild 3

4

Experimentieren

1 Wie viel der zugeführten Energie nutzt ein Moped tatsächlich zum Fahren?

a Berechnet, wie viel chemische Energie dem Mopedmotor auf einer Strecke von 100 km zugeführt wird. Dazu müsst ihr wissen, wie viel Liter Treibstoff das Fahrzeug für 100 km braucht. Den Heizwert von 1 Liter Treibstoff findet ihr im Anhang.

b Wie viel Energie ist bei gleicher Strecke nötig, um die Reibung und den Luftwiderstand zu überwinden? Diese Energie lässt sich aus der Antriebskraft berechnen. Leider können wir diese Kraft nicht einfach am laufenden Motor messen. Deshalb wenden wir einen Trick an: Wir „spielen" selbst den Motor und ziehen das Moped am Kraftmesser schnell 100 m weit über den Schulhof. ▶5
Tipps: Leerlauf einlegen; Motor ausgeschaltet lassen, das Moped zunächst anschieben, danach beim Ziehen möglichst gleichbleibend schnell laufen, am Kraftmesser während des Laufens ablesen, wie groß die Kraft F ist.

Berechnet die Energie, die auf dem 100 m langen Weg übertragen werden muss:
$E = F \cdot s$.
Damit wisst ihr jetzt auch, wie viel Energie das Moped auf 100 km für seine Fortbewegung nutzt.

c Vergleicht die Beträge der zugeführten und der genutzten Energie. Sucht nach einer Erklärung für das Ergebnis.

d Bewertet das Ergebnis: Die Messmethode berücksichtigt nicht, dass ein Moped meist schneller fährt als bei unserer Messung. Es beschleunigt, verzögert und steht manchmal mit laufendem Motor an der Ampel. Wie wirken sich diese Tatsachen auf das Versuchsergebnis aus?

Kofferwaage als Kraftmesser (Anzeige 1 kg entspricht $F = 10$ N.)

5 *Messung der Antriebskraft*

Grundlagen — Der Wirkungsgrad

Zugeführte Energie – genutzte Energie Alle Maschinen sind Energiewandler. Damit sie arbeiten, muss ihnen laufend Energie zugeführt werden. Sie wandeln die zugeführte Energie um und geben sie wieder ab. Ein Moped- oder Automotor wandelt die chemische Energie des Treibstoffs in mechanische Energie um. Im Motor werden damit Kolben und Kurbelwelle bewegt. Die mechanische Energie ist die gewünschte Energieform. Sie wird genutzt, um das Fahrzeug anzutreiben.
Obwohl der Motor als „Antriebsmaschine" dient, ist er tatsächlich eher ein „Heizofen". Selbst der beste Verbrennungsmotor kann nur einen kleinen Teil der zugeführten chemischen Energie in mechanische Energie umwandeln. Der größte Teil der zugeführten Energie wird in thermische Energie umgewandelt und heizt die Umwelt auf. Diese Energie kann nicht zum Antrieb des Motors genutzt werden. Sie ist entwertet. Insgesamt verlässt den Motor aber genauso viel Energie, wie ihm zugeführt wird (Energieerhaltung).

Wirkungsgrad Bei Maschinen und Motoren versucht man, die „Abwärme" so gering wie möglich zu halten. Es soll möglichst viel Energie genutzt werden. ▶1 Wie gut das gelingt, verrät der *Wirkungsgrad*.

> Der Wirkungsgrad einer Maschine gibt an, welcher Anteil der zugeführten Energie genutzt wird („zur Wirkung kommt").
> $$\text{Wirkungsgrad} = \frac{\text{genutzte Energie}}{\text{zugeführte Energie}}$$

Für Verbrennungsmotoren gilt: Je größer der Unterschied zwischen der Verbrennungstemperatur und der Umgebungstemperatur ist, desto höher ist der Wirkungsgrad. Dies gilt im Prinzip für alle Maschinen, die thermische Energie einsetzen, um mechanische Energie zu gewinnen.

1

Wirkungsgrad	
Solarzelle	14%
Zweitaktmotor	20%
Ottomotor	25%
Dieselmotor	35%
Dampfturbine	40%
Windenergieanlage	40%
Elektromotor, klein	50%
Nabendynamo	60%
Elektromotor, groß	90%
Generator	95%
Wasserkraftwerk	95%

Musteraufgabe

Tim zieht Levents Moped mit einer Kofferwaage im Laufschritt über den Schulhof. Marie liest eine Kraft von 110 N ab.
a *Berechne, wie viel Energie auf 100 km genutzt würde.*
b *Das Moped verbraucht 3 l Treibstoff auf 100 km. Berechne den Wirkungsgrad des Mopeds. Tipp: In 1 l Treibstoff steckt eine chemische Energie von 31 MJ.*
Lösung:
a $E = F \cdot s$
$E = 110\,\text{N} \cdot 100\,\text{km}$
$E = 11\,000\,000\,\text{Nm}$
$E = 11\,\text{MJ}$
b *In 3 l Treibstoff steckt eine chemische Energie von 93 MJ.*
Wirkungsgrad:
$\frac{11\,\text{MJ}}{93\,\text{MJ}} = 0{,}12 = 12\,\%$

Aufgaben

1 „Das Wärmebild zeigt lauter wertlose Energie." ▶3 (Vorseite)
a Erläutere die Aussage.
b Erkläre, weshalb der Satz von der Erhaltung der Energie trotzdem gilt.

2 Ein Moped wandelt die zugeführte Energie in viele Formen um. ▶1
a Welche Anteile gehören zur genutzten Energie? Begründe deine Antwort.
b Berechne den Wirkungsgrad des Mopeds.

3 Steigt der Benzinverbrauch, wenn man im Auto
– die Heizung mit elektrischem Gebläse oder
– die Klimaanlage einschaltet?
Begründe deine Antworten.

4 Ein Auto wird mit einem Ottomotor oder mit einem gleich „starken" Dieselmotor angeboten.
a Welcher Motortyp braucht auf 100 km weniger Treibstoff? Begründe deine Antwort.
b Wie kommt es zu dem Unterschied? Stelle Vermutungen auf.

Wie viel Energie wird genutzt? — Menschen und Motoren sorgen für Bewegung

Aus Umwelt und Technik: Der „Fahrradmotor" Mensch

Der Motor deines Fahrrads bist du selbst. Die Nahrung ist der Treibstoff. Rund 25 % der Energie werden in mechanische Energie umgewandelt. Die restliche Energie erwärmt dich und deine Umgebung. Der Wirkungsgrad des Menschen als Motor liegt bei 25 %.

Ein Radrennfahrer isst viel, um Energie fürs Rennen zu haben. ▶2 Die aufgenommene Energie lässt sich nicht einfach bestimmen. Die Nahrung wird ja verdaut und wieder ausgeschieden. Sie enthält auch dann noch Energie. (Früher diente getrockneter Kuhdung als Brennstoff.) Wie viel Energie im Körper aus der Nahrung gewonnen wird, lässt sich anhand der Atmung abschätzen. Die Nahrung wird im Körper „verbrannt". Dafür ist Sauerstoff aus der Luft erforderlich. Bei der „Verbrennung" wird Energie an die Muskeln übertragen. Sie brauchen bei Anstrengung mehr Energie pro Sekunde. Du atmest schneller, weil mehr Sauerstoff für die „Verbrennung" benötigt wird. Um 1 kJ zusätzliche Energie für die Muskeln bereitzustellen, muss man etwa 1 Liter mehr Luft ein- und ausatmen.

Aufgabe

5 Nahrung – Energie
a Schreibe einen Tag lang auf, was du in welchen Mengen isst.
b Berechne die aufgenommene Energie mit Werten aus einer Nährwerttabelle. ↻ 432-1
c Vergleiche mit der Energie, die ein Radrennfahrer an einem Renntag zu sich nimmt.

Mahlzeit	Energie
Frühstück	6 700 kJ
Zwischenmahlzeit	1 300 kJ
beim Rennen	10 500 kJ
nach dem Rennen	8 800 kJ
Abendessen	8 000 kJ

2 So viel nimmt ein Radrennfahrer am Tag zu sich.

Untersuchen Experimentieren

1* **Der Wirkungsgrad deines Körpers** Als Tätigkeit kannst du z. B. Treppensteigen oder auf einem Ergometer in die Pedale treten.
a Zähle deine Atemzüge in Ruhe und unmittelbar nachdem du dich angestrengt hast. Miss das Volumen eines Atemzugs. ▶3 Atme dabei so stark wie immer aus. Berechne, wie viel Luft du pro Sekunde für die Tätigkeit zusätzlich verbrauchst. Nach der Faustformel „1 kJ zusätzliche Energie pro Liter Luft" (siehe oben) weißt du dann, wie viel Energie dein Körper insgesamt für die Tätigkeit umgesetzt hat.
b Ermittle deine genutzte Leistung: Beim Ergometer liest du sie ab, beim Treppensteigen berechnest du deine Dauerleistung.
c Teile die genutzte Leistung (Teil b) durch die Gesamtleistung (Teil a). Damit erhältst du den Wirkungsgrad deines Körpers:

$$\text{Wirkungsgrad} = \frac{\text{genutzte Leistung}}{\text{Gesamtleistung}}.$$

3 Volumen der Atemluft messen

Verbrennungsmotoren sorgen für Bewegung

▷ Mit dem Rad, zu Fuß, mit dem Mofa oder Auto – alles hat seine Vor- und Nachteile …

1

Untersuchen Experimentieren

1 Aus Treibstoff wird Bewegung (Lehrerversuch)
a *Vorversuch:* Eine kleine Menge Reinigungsbenzin (feuergefährlich!) wird in ein Glasgefäß gegeben und mit einem Streichholz entzündet. ▶2
b Pappröhre als Zylindermodell: In eine Pappröhre werden einige Tropfen Reinigungsbenzin (feuergefährlich!) geträufelt und ein paar Korkstückchen gelegt. Die Röhre wird verschlossen und geschüttelt. Durch ein seitliches Loch wird mit einer Flamme gezündet. ▶3
c Plastikdose als Zylindermodell: In eine Dose für Brausetabletten wird ein Piezozünder aus einem Feuerzeug eingebaut. ▶4 Dann wird ein Tropfen Reinigungsbenzin in die Dose gegeben. Sie wird schnell verschlossen und geschüttelt. Der Deckel wird losgelassen. Dann wird gezündet.

2

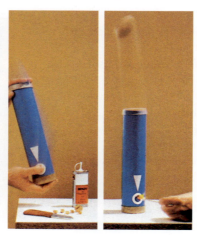

3

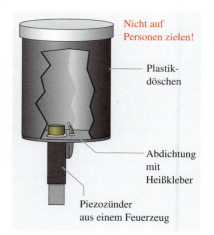

4

Grundlagen — Der Verbrennungsmotor

Wenn man in einer Pappröhre oder Plastikdose ein Gemisch aus Treibstoff und Luft zündet, verbrennt es explosionsartig. Dabei dehnen sich die heißen Verbrennungsgase stark aus. In der Röhre (Dose) entsteht ein hoher Druck und der Deckel wird hochgeschleudert. ▶3
Ähnliche Vorgänge laufen auch in allen Verbrennungsmotoren ab: ▶5
- Treibstoff und Luft werden in den Zylinder geleitet, gemischt, zusammengepresst (verdichtet) und gezündet.
- Die heißen Verbrennungsgase stehen im Zylinder unter hohem Druck. Sie enthalten viel Energie.
- Die heißen Gase dehnen sich aus und setzen den Kolben in Bewegung. Der Kolben treibt die Drehbewegung der Kurbelwelle an.

Chemische Energie wird in thermische und mechanische Energie umgewandelt. Die mechanische Energie wird auf das Antriebssystem übertragen. ▶6

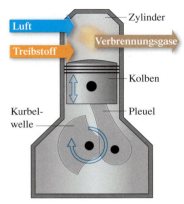

5

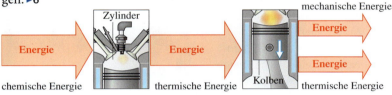

6

Erweiterung — Ein Benzinmotor mit vier Takten

Benzinmotoren haben gewöhnlich mehrere Zylinder. In jedem Zylinder laufen vier Takte nacheinander ab:
1. *Ansaugtakt:* Der Kolben bewegt sich abwärts. ▶7 Dadurch entsteht im Zylinder ein niedriger Druck. Ein Gemisch aus Benzin und Luft strömt durch das Einlassventil in den Zylinder. Bei Motoren mit Direkteinspritzung strömt nur Luft ein, das Benzin wird eingespritzt.
2. *Verdichtungstakt:* Der Kolben bewegt sich nach oben und presst das Gemisch zusammen. ▶8 Beide Ventile sind geschlossen.
3. *Arbeitstakt:* Ein Funke in der Zündkerze zündet das Gemisch. ▶9 Die entstehenden Gase dehnen sich explosionsartig aus und treiben den Kolben nach unten. Jetzt treibt er die Kurbelwelle an.
4. *Auspufftakt:* Der Kolben bewegt sich aufwärts. ▶10 Die Abgase entweichen durch das Auslassventil.

In den Zylindern laufen die Takte zeitlich versetzt ab.

Aufgaben

1*Benzinmotor
a Beschreibe die vier Takte. ▶7–10
b Begründe die Bezeichnung „Arbeitstakt".

2* Beschreibe, wie diese Motoren funktionieren:
a Ottomotor
b Zweitaktmotor
c Dieselmotor
d Stirlingmotor

↻ 437–1 Simulationen Ottomotor, Stirlingmotor

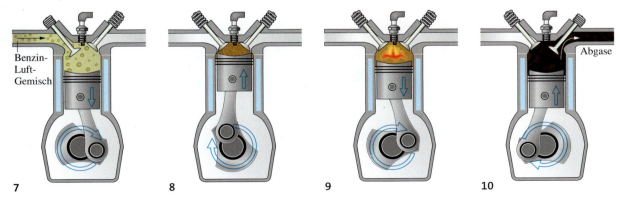

7   8   9   10

Aus Umwelt und Technik — Was geschieht mit den Abgasen?

Abgasreinigung durch Rußfilter Experten schätzen, dass durch den Schadstoffausstoß von Autos bei uns jährlich mehr als 10 000 Menschen sterben. In erster Linie liegt das an den feinen Rußteilchen der Abgase der Dieselmotoren; die größte Belastung geht von den Lastwagen aus. Erst wenn Rußfilter für alle Dieselfahrzeuge vorgeschrieben und verfügbar sind, wird diese Belastung deutlich zurückgehen.
Der Rußfilter lässt die Abgase durch, hält aber bis zu 90 % des Feinstaubs zurück. Damit er nicht verstopft, muss der Ruß immer wieder entfernt werden. Das geschieht automatisch – durch Verbrennen. Dabei wird der Ruß in Kohlenstoffdioxid (CO_2) umgewandelt. ▶1

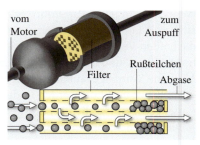

1 *Rußfilter*

Kohlenstoffdioxid Solange Autos mit Verbrennungsmotoren ausgerüstet sind, erzeugen sie riesige Mengen an Kohlenstoffdioxid; es kann nicht herausgefiltert oder umgewandelt werden. ▶2
Kohlenstoffdioxid ist eine wesentliche Ursache für Klimaveränderungen („Treibhauseffekt"). Um den Ausstoß von CO_2 zu verringern, müssen Autobauer und Autofahrer den Treibstoffverbrauch senken. Auch Elektroautos können die Umweltbelastung senken – wenn die elektrische Energie ohne Ausstoß von CO_2 gewonnen wird (Wasserkraftwerke, Windparks ...). Elektrogeräte werden nach ihrer *Energieeffizienz* eingeteilt: Eine Energiesparlampe der Klasse A verbraucht für den gleichen Zweck viel weniger Energie als eine Glühlampe der Klasse G. Autos werden seit 2011 nach ihrer *CO_2-Effizienz* eingeteilt. ▶3 Dafür wird die Masse an ausgestoßenem CO_2 in Beziehung zur Masse des Fahrzeugs gesetzt. Ein Auto der Klasse A stößt weniger CO_2 je Kilogramm aus als ein Auto der Klasse G.

2 *CO_2-Ausstoß*

Aufgabe

1 Das große „Sport Utility Vehicle" (SUV) von Frau Ehlert wiegt 2345 kg und stößt 189 g CO_2 je Kilometer aus. Das kleine Stadtauto von Frau Leest wiegt 930 kg und stößt 105 g CO_2 je Kilometer aus.
a Bestimme für beide Fahrzeuge die Klasse der CO_2-Effizienz. ▶3
b Autos sollen möglichst wenig CO_2 ausstoßen. Welches Auto erfüllt dieses Ziel besser – das SUV oder das Stadtauto? Begründe deine Antwort.

Abgasreinigung durch Katalysatoren Bei der Verbrennung von Benzin und Diesel entstehen auch gesundheitsgefährdende Stoffe: Kohlenstoffmonooxid (CO), Kohlenwasserstoffverbindungen und Stickstoffoxide (NO_x). Mit Katalysatoren können sie weitgehend in gesundheitlich unschädliche Stoffe umgewandelt werden – in Kohlenstoffdioxid, Stickstoff, Sauerstoff und Wasser. Dazu muss bei der Verbrennung das Verhältnis von Luft und Treibstoff „stimmen". Dafür sorgt die Lambdasonde des Katalysators. ▶4
Sie überwacht den Sauerstoffanteil in den Abgasen. Das Steuergerät verarbeitet die Messwerte und regelt die Treibstoff- und Luftzufuhr. Jeder Autofahrer sollte aber wissen, wann der Katalysator nicht wirkt: solange der Motor noch nicht warm ist und bei Vollgas.

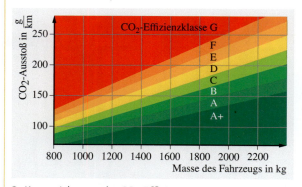

3 *Kennzeichnung der CO_2-Effizienz*

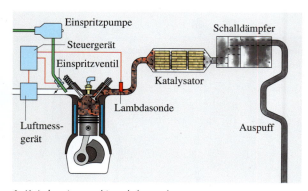

4 *Katalysator und Lambdasonde*

Grundlagen — Düsentriebwerke

Die Triebwerke von Verkehrsflugzeugen sehen von vorne aus wie ein riesiger Ventilator. ▶5 Dahinter folgt eine komplexe Maschine. Die Funktionsweise ist aber recht einfach. Das Triebwerk besteht im Prinzip aus einer Brennkammer mit einer Düse: ▶6

> In der Brennkammer wird ständig Treibstoff verbrannt und so ein hoher Druck erzeugt. Die Verbrennungsgase werden mit großer Kraft ausgestoßen. Sie üben ihrerseits eine große Kraft auf das Triebwerk aus (Wechselwirkungsprinzip). Diese Kraft treibt das Flugzeug an.

5 Düsentriebwerk eines Verkehrsflugzeugs

Die Luft für die Verbrennung tritt beim Fliegen vorne in das Triebwerk ein und staut sich. Dabei steigt ihre Temperatur. (Wenn du die Luft in der Fahrradluftpumpe bei zugehaltener Öffnung zusammenpresst, nimmt ihre Temperatur auch zu.) Dann gelangt die Luft durch Löcher in die Brennkammer. Dort wird der Brennstoff eingespritzt und entzündet sich in der heißen Luft. Das Ganze funktioniert aber nur, wenn sich das Flugzeug schnell bewegt. Sonst gelangt nicht genügend Luft in das Triebwerk.

Bei modernen Düsentriebwerken saugt ein riesiger *Fan* (engl.: Ventilator) in jeder Sekunde mehrere 100 kg Luft an. ▶7 Ein kleiner Teil der Luft strömt in den Kompressor. Seine Laufräder verdichten die Luft und pressen sie in die Brennkammer. Dort wird der Treibstoff eingespritzt und verbrennt. Die heißen Verbrennungsgase strömen durch eine Turbine und setzen sie in Bewegung. Die Turbine treibt den Fan und den Kompressor an.

Der Hauptteil der angesaugten Luft wird an der Brennkammer vorbeigeführt. Sie wird vom Fan mit großer Kraft ausgestoßen und übt ihrerseits eine große Antriebskraft auf das Flugzeug aus. Bis zu 75 % der gesamten Schubkraft werden auf diese Weise erzeugt.

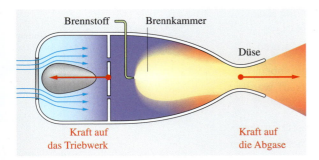

6 Prinzip eines Düsentriebwerks

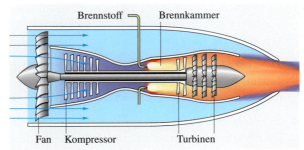

7 Modernes Düsentriebwerk

Aufgaben

2 Autos können von Verbrennungsmotoren oder von Elektromotoren angetrieben werden.
a Zeichne jeweils das Energiediagramm.
b Beschreibe mit anschaulichen Skizzen, wie die Motoren funktionieren.
c* Der Elektromotor kann Räder direkt antreiben. Beim Verbrennungsmotor braucht man dafür einige Zwischenschritte. Erkläre den Unterschied.

3 Vergleiche Düsen- und Raketentriebwerk.

4 „Beim Benzinmotor laufen vier Takte nacheinander ab, beim Düsentriebwerk geschehen sie gleichzeitig." Erkläre diese Aussage.

5* „Motoren und Triebwerke sorgen für Bewegung!" Erstellt ein abwechslungsreiches Plakat zu diesem Thema. Stellt darauf die verschiedenen Antriebsarten vor. Zeigt weitere interessante Informationen: rekordverdächtige Motoren, die ersten Autos und Düsenjets, Raketentriebwerke …

Motoren und Autos – heute und morgen

▷ In Deutschland gibt es rund 42 Millionen Pkws. Sie verursachen knapp 30 % des Energiebedarfs aller Haushalte und belasten die Umwelt mit Kohlenstoffdioxid (CO_2), Feinstaub (Ruß) …

▷ Im Jahr 2020 sollen alle in der EU neu zugelassenen Autos im Durchschnitt nicht mehr als 95 g Kohlenstoffdioxid pro Kilometer ausstoßen.

▷ Die Vorräte an Erdöl gehen zur Neige, die Treibstoffe werden immer teurer. Die Autoindustrie entwickelt daher Modelle, die weniger Treibstoff verbrauchen. Seit 10 Jahren ist der mittlere Treibstoffverbrauch deutscher Autos von 9 auf 6,4 Liter je 100 km gesunken.

1 *Fahren ohne Abgase?*

Projektaufträge

1 Lest euch den Text „Neue Antriebe für das Auto" durch. Bildet dann Arbeitsgruppen: Entscheidet euch für einen der neuartigen Fahrzeugtypen und bereitet ein Referat oder ein Plakat vor.
Stellt die Funktionsweise sowie die Vor- und Nachteile dar. Belegt die Argumente durch Fakten, Zahlenwerte oder Diagramme. Präsentiert die Ergebnisse eurer Klasse.

2 Vergleicht Otto- und Dieselmotor. Beschreibt die Vorgänge in einer Bilderreihe mit Text. Gebt Gemeinsamkeiten an, nennt Vor- und Nachteile, beschreibt die Unterschiede der Treibstoffe Benzin und Diesel …
Tipp: Vielleicht gibt es in der Physiksammlung Modelle von Motoren.

3 Mofas oder Rasenmäher werden von Zweitaktmotoren angetrieben. Stellt die Unterschiede zu einem Viertakt-Ottomotor dar. Erklärt, warum man ein Gemisch aus Benzin und Öl tankt.

4 Informiert euch über Neuentwicklungen von Otto- und Dieselmotoren.
Tipp: Informationen findet ihr auf den Webseiten der Automobilhersteller.

5* Erkundet, wie es der Industrie gelingt, Autos mit geringerem Treibstoffverbrauch zu bauen.

6 Was kostet das Autofahren?
a Besorgt euch Informationen zu den Kosten, die beim Autofahren entstehen (z. B. beim ADAC).
b Welche Kosten sind mit der Haltung eines Autos verbunden?
c Wie teuer ist die Infrastruktur: Straßenbau und -wartung, Verkehrszeichen, Beleuchtung … ?

7 Diskutiert den Vorschlag „Mehrere Familien – ein Auto". Informiert euch über *Carsharing*.

8 Autos mit Dieselmotoren ohne Rußfilter (Partikelfilter) dürfen in vielen Innenstädten nicht mehr fahren. ▶2 Informiert euch über die Hintergründe und stellt sie euren Mitschülern dar.

↻ 440–1 Übung
Otto- und Dieselmotor

2

Aus der Technik — Neue Antriebe für das Auto

Autos mit Hybridantrieb ▶3 Alle großen Autofirmen entwickeln Autos, die einen Verbrennungs- und einen Elektromotor haben. Der Elektromotor wird bei niedrigen Geschwindigkeiten eingesetzt – also inbesondere im Stadtverkehr. Bei höheren Geschwindigkeiten übernimmt der Verbrennungsmotor den Antrieb.

Vorteile von Hybridantrieben:
- Im Stadtverkehr werden rund 50 % weniger CO_2 ausgestoßen, insgesamt etwa 30 % weniger. Die Belastung durch Feinstaub und Stickoxide nimmt ebenfalls ab.
- Elektromotoren arbeiten fast geräuschlos. Dadurch sinkt die Lärmbelastung in Städten.
- Elektrische Energie kann aus erneuerbaren Energiequellen gewonnen werden, sodass die Umwelt weniger belastet wird.
- Beim Bremsen kann rund die Hälfte der mechanischen Energie wieder in die Akkus eingespeist werden.
- Der Wirkungsgrad von Elektromotoren ist fast dreimal so groß wie der von Verbrennungsmotoren.
- Reine Elektroautos kommen mit einer Akkuladung nur rund 200 km weit. Bei Hybridautos werden Überlandfahrten mit dem Verbrennungsmotor zurückgelegt. Auf diese Weise ist die Reichweite größer und es genügen kleinere Akkus als bei Elektroautos. Der Akku wird zudem wieder aufgeladen, wenn der Verbrennungsmotor den Antrieb übernimmt.
- Nachts produzieren die Windkraftanlagen oft mehr elektrische Energie, als benötigt wird. Die Akkus der Elektromotoren können diese überschüssige Energie speichern, wenn sie über Nacht zum Aufladen an die Steckdose angeschlossen werden.

Nachteile von Hybridantrieben:
- Durch den zusätzlichen Motor und die Akkus sind Hybridfahrzeuge deutlich schwerer als andere Fahrzeuge.
- Beim Vergleich der Wirkungsgrade muss man die Herkunft der elektrischen Energie berücksichtigen. Wärmekraftwerke haben einen Wirkungsgrad von 30 bis 40 %. Außerdem geht Energie im Ladegerät und im Akku selbst verloren.
- Der Staat braucht die Einnahmen aus der Mineralölsteuer. Wenn man die elektrische Energie zum Antrieb von Autos ähnlich hoch besteuern würde, wird das Fahren mit Elektromotoren sehr teuer.

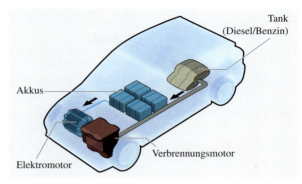

3 *Hybridauto*

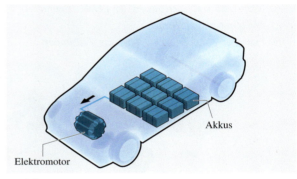

4 *Elektroauto*

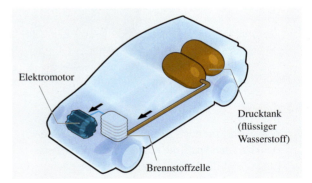

5 *Elektroauto mit Brennstoffzelle*

Elektroautos ▶4 Die Elektromotoren sind schon sehr ausgereift. Mit einer „Akkufüllung" kommt man allerdings nur 100 bis 300 km weit. Das Aufladen dauert außerdem viel länger als das Tanken bei herkömmlichen Autos. Die Akkus haben eine geringere Lebensdauer als das Auto und sind ziemlich teuer.

Elektroautos mit Brennstoffzellen ▶5 Die elektrische Energie wird nicht von Akkus bereitgestellt, sondern von Brennstoffzellen. Sie benötigen dafür Wasserstoff und Sauerstoff.

Aus dem Alltag — In den Ferien unterwegs

Drei Freunde unterhalten sich über ihren Sommerurlaub:

A: Und, wie war'n die Ferien?
B: Echt geil! Drei Wochen Mallorca mit meinen Eltern. Den ganzen Tag am Strand, Sonnenschein, soviel du willst!
A: Und was machste da die ganze Zeit?
B: Am Pool chillen, Cola trinken, mit dem Handy rumspielen ...
A: Nette Mädels?
B: In unserer Anlage waren kaum Jugendliche, du weißt schon ... Und selbst?
A: Mein Dad hat 'nen neuen 1er BMW. Einmal Mittelmeer und zurück.
B: Hammer – so mit 200 über die Autobahn!
A: Wenn's so wäre. 6 Stunden Stau auf der Hinfahrt. Und mein Dad fährt nur 120, weil er Sprit sparen will. Im ganzen eher lahm. Und du, C?
C: Fahrradtour mit meinen Kollegen vom Verein, in Holland.
B: Ha, ha – voll krass ... mit dem Fahrrad! Strampeln und schwitzen?
C: Ist echt ok. Die ganze Zeit ohne Eltern, niemand meckert rum, nur deine Freunde um dich, zelten, Lagerfeuer, selbst kochen. Das Wetter war auch ok für den Strand. Und in Heerenveen haben wir nette Mädels getroffen. Mit denen sind wir dann zusammen weitergefahren.

1

Aufgaben

1 Was gehört für euch zu einer guten Ferienreise? Denkt an den Spaß, die Kosten, die Umweltbelastung ... Löst die Aufgabenteile der Reihe nach.
a Ordne die folgenden Merkmale einer guten Ferienreise nach ihrer Wichtigkeit für dich persönlich:
Möglichst weit weg – In der Umgebung
Mit Eltern – Mit Freunden
Großstadt – Erlebniscenter – Strand
In einer Anlage – In der Natur (z. B. Zelten)
Flugzeug – Zug – Auto – Fahrrad
Geringe Umweltbelastung
Fällt dir noch etwas ein?
b Vergleiche mit der Liste deines Tischnachbarn. Versucht, euch auf eine gemeinsame Liste zu einigen. Überzeugt dabei den anderen mit Argumenten.
c Vergleicht die Ergebnisse mit der ganzen Klasse. Gibt es ähnliche Vorstellungen für eine gute Ferienreise?

2 In Städten sind die meisten Fahrten kürzer als 5 km. Dafür ist das Fahrrad das schnellste Verkehrsmittel.
a In der Stadt werden weniger als 20 % der Fahrten mit dem Fahrrad durchgeführt. Überlege dir Gründe dafür.
b Wie kannst du jemanden überzeugen, auf das Fahrrad umzusteigen? Überlege dir Argumente.

3 Viele junge Erwachsene stehen vor der Entscheidung, sich ein eigenes Auto anzuschaffen.
a Stell dir dein Leben in 10 Jahren vor. Überlege, wie du dich entscheiden würdest. Fasse die Gründe für deine Entscheidung in Stichworten zusammen.
b Vergleiche mit den Überlegungen deines Tischnachbarn. Versucht euch auf eine Position zu einigen.
c Vergleicht die Überlegungen mit der ganzen Klasse. Fasst die Gründe für oder gegen ein eigenes Auto in einer Tabelle zusammen.

Menschen und Motoren sorgen für Bewegung

Überblick

Brennwert Er gibt an, wie viel thermische Energie beim Verbrennen eines Stoffs freigesetzt wird.
Beispiele: Benzin 46,5 $\frac{MJ}{kg}$ (34 $\frac{MJ}{l}$), Bananen 4 $\frac{MJ}{kg}$

Erwärmen von Wasser Wenn die Temperatur von 1 kg Wasser um 1 °C steigt, nimmt seine thermische Energie um 4,19 kJ zu.

Verbrennungsmotor In den Zylindern eines Verbrennungsmotors laufen die gleichen Vorgänge ab wie beim Papprührenversuch: ▶2–3
– Ein Treibstoff-Luft-Gemisch wird eingeführt.
– Das Gemisch wird durch den Kolben stark zusammengepresst (verdichtet) und gezündet.
– Das Gemisch verbrennt. Die heißen Verbrennungsgase dehnen sich unter hohem Druck aus und treiben den Kolben an.
– Die Abgase gelangen durch den Auspuff in die Umgebung.
– Mithilfe des Pleuels und der Kurbelwelle wird die Auf- und Abbewegung des Kolbens in eine Drehbewegung umgewandelt.

Wirkungsgrad Energie geht niemals verloren. Aber bei der Energieumwandlung im Verbrennungsmotor entsteht viel thermische Energie, die ungenutzt an die Umgebung abgegeben wird. ▶4 Im Verbrennungsmotor kann immer nur ein Teil der chemischen Energie des Benzins in mechanische Energie umgewandelt werden.
Der Wirkungsgrad gibt an, wie groß die genutzte Energie im Verhältnis zur zugeführten Energie ist:

Wirkungsgrad = $\frac{\text{genutzte Energie}}{\text{zugeführte Energie}}$.

Der Wirkungsgrad ist eine Zahl (ohne Einheit) und wird in Prozent angegeben.
Verbrennungsmotoren erreichen im Alltag einen Wirkungsgrad zwischen 20 und 30 %.

2 *Modellversuch Verbrennungsmotor*

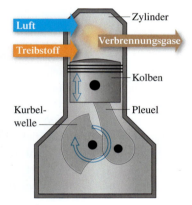

3 *Verbrennungsmotor*

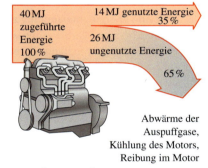

4 *Wirkungsgrad*

Alles klar?

1 Modellversuch zum Verbrennungsmotor ▶2
a Beschreibe den Ablauf des Papprührenversuchs möglichst genau.
b Erkläre, warum der Deckel hochfliegt. Gib die Energieumwandlungen an.

2 „Das Mofa hat einen Wirkungsgrad von 15 %."
a Erkläre den Satz.
b Erkläre, wo die restlichen 85 % verbleiben.
c Das Mofa tankt 5 Liter Treibstoff. Berechne, wie viel davon in mechanische Energie umgesetzt wird. Berechne auch die mechanische Energie.

3 „Der Wirkungsgrad einer Maschine kann nie mehr als 100 % betragen." Erkläre diese Aussage.

4* Paul kocht sich beim Zelten mit seinem Benzinkocher eine Tasse Tee.
a Paul hat 0,2 Liter Wasser von 8 °C aufgesetzt. Berechne, wie viel Energie dem Wasser zugeführt werden muss, damit es siedet (100 °C).
b Berechne, wie viel Benzin verbrannt werden muss.
c Dem Wasser muss tatsächlich viel mehr Energie zugeführt werden als berechnet. Erkläre den Unterschied.

Energie für die Bewegung – Sicherheit im Straßenverkehr

Energie und Kraft bei der Fortbewegung

▷ Vierzig Kilometer pro Stunde – da muss der Kurierfahrer mit aller Kraft in die Pedale treten.

▷ Viel bequemer geht es mit dem Elektrofahrrad. Aber der Akku ist bald leer – er hat die gespeicherte Energie abgegeben.

▷ Kraft und Energie – beides ist wichtig für die Fortbewegung. Wie unterscheiden sich Kraft und Energie?

1

2

Untersuchen Experimentieren

1 Kraft und Energieumwandlung am Hang
Ihr braucht: einen Güterwagen von einer großen Modelleisenbahn, ein langes Gleis (mehrere Meter) auf einem schmalen Brett.
a Neigt das Gleis etwas nach unten. Lasst den Wagen bergab fahren. Beschreibt seine Bewegung genau. Erklärt sie einmal mit dem Begriff *Kraft* und einmal mit den Begriffen *Energie* und *Energieumwandlung*.
b Befestigt eine Styroporplatte mit schweren Stützklötzen auf dem Wagen. ▶3 Neigt das Gleis so, dass der Wagen nach kurzem Anstupsen bergab fährt, ohne schneller zu werden.
Erklärt, warum der Wagen nicht schneller wird – einmal mit den Kräften auf den Wagen und einmal mit den Energieumwandlungen.
c Berechnet die Lageenergie, die bei der Fahrt des Wagens umgewandelt wird.

2 Energieumwandlung und Kraft bei verschiedenen Geschwindigkeiten
a Untersucht den Zusammenhang zwischen Antriebskraft und Geschwindigkeit. Plant dazu einen Versuch. Eine Versuchsidee zeigt die Zeichnung. ▶4
b Die Antriebskraft wirkt dauernd, doch der Wagen wird nicht schneller. Erklärt den Grund.
c Berechnet, wie viel Energie pro Meter Fahrt benötigt wird – für langsames und für schnelles Fahren.

3 Fallbewegungen Messt jeweils die Fallgeschwindigkeit. Skizziert im Diagramm, wie der Weg von der Zeit abhängt. Erklärt die Bewegungen.
a Lasst verschieden große Kegel aus Seidenpapier mit der Spitze nach unten 2 m tief fallen.
b Lasst verschieden große Tintentropfen in einen Zylinder mit Speiseöl fallen.

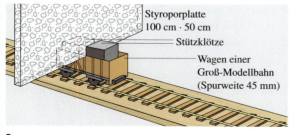
3

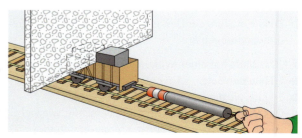
4

4 Kraft und Energie beim Fahrradfahren *Ihr braucht:*
2 Fahrräder (davon mindestens eines mit Tacho), Kraftmesser (Messbereich: 0–500 N), ein 4 m langes Seil.
Verbindet die beiden Fahrräder mit dem Seil und dem Kraftmesser. ▶5 Sucht eine ebene, glatte Strecke. Der vordere Fahrer fährt vorsichtig bei gespanntem Seil an. Der hintere Fahrer tritt nicht mit.

a Fahrt möglichst gleichmäßig einige Meter mit $5\,\frac{km}{h}$ ($10\,\frac{km}{h}$, $15\,\frac{km}{h}$). Welche Kraft zeigt der Kraftmesser dabei an?

b Wie viel Energie wird für eine Strecke von 1 km bei den verschiedenen Geschwindigkeiten benötigt? Berechnet sie.

5* Fließen im Gleichgewicht Ihr braucht ein Glasgefäß mit einem Auslauf am unteren Ende. ▶6 Stellt es unter einen Wasserhahn. Dreht den Hahn so weit auf, dass das Wasser im Gefäß zunächst langsam steigt.

a Wie verändert sich die Wasserhöhe im Gefäß? Beobachtet, beschreibt und erklärt.

b Skizziert in einem Diagramm, wie sich die Wasserhöhe mit der Zeit verändert. *Tipp:* waagerechte Achse – Zeit; senkrechte Achse – Wasserhöhe

c Mehmet fährt mit seinem Mofa aus dem Stand an und gibt auf ebener Landstraße Vollgas. Wie verändert sich seine Geschwindigkeit mit der Zeit? Skizziert den zeitlichen Verlauf in einem Diagramm. Vergleicht mit dem Diagramm von Teil b. Stellt Zusammenhänge her. Erklärt, warum die Geschwindigkeit des Mofas nicht immer weiter ansteigt.

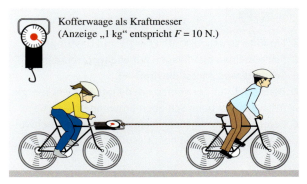

Kofferwaage als Kraftmesser (Anzeige „1 kg" entspricht $F = 10$ N.)

5

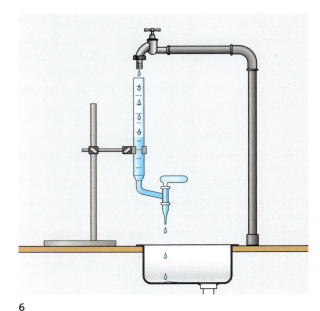

6

Grundlagen   Energie, Leistung und Kraft – eine kurze Wiederholung

Energie Um etwas in Bewegung zu bringen, zu erwärmen, zu beleuchten …, braucht man Energie. Sie ist z. B. in Treibstoffen und Nährstoffen gespeichert. Energie tritt als chemische Energie, Bewegungsenergie, elektrische Energie … auf. Sie wird in Motoren und Muskeln umgewandelt.
Energie wird mit E abgekürzt und in Joule (J) gemessen. Eine Energie von 1 J ist z. B. erforderlich, um eine 100-g-Tafel Schokolade 1 m hochzuheben.

Leistung Sie gibt an, wie viel Energie pro Sekunde umgewandelt wird. Es gilt:
$\text{Leistung} = \frac{\text{Energie}}{\text{Zeit}}$; $P = \frac{E}{t}$.
Leistung wird in Watt (W) gemessen. Beim gemütlichen Radfahren beträgt deine Leistung 100 W, ein Radrennfahrer erbringt bis zu 400 W. Die Leistung eines Mofamotors darf 500 W nicht überschreiten.

Kraft Du kennst sie als Antriebskraft, Bremskraft oder umlenkende Kraft bei Kurven. Die Kraft wird mit F abgekürzt und in Newton (N) gemessen.
Energie und Kraft hängen so zusammen:
Energie = Kraft · Weg; $E = F \cdot s$.
Durch Umformen nach der Kraft erhältst du:
$\text{Kraft} = \frac{\text{Energie}}{\text{Weg}}$; $F = \frac{E}{s}$.

Die Kraft gibt an, wie viel Energie pro Meter umgewandelt wird: $F = \frac{E}{s}$.
Die Leistung gibt an, wie viel Energie pro Sekunde umgewandelt wird: $P = \frac{E}{t}$.

Aufgabe

1* Ein Auto schieben: Kraft, Energie und Leistung
a Schiebt einen Kleinwagen auf ebener Strecke im Schritttempo. Messt die Kraft. ▶1
b Berechnet mit der gemessenen Kraft, wie viel Energie ihr auf 100 m beim Schieben umwandelt.
c Berechnet eure Antriebsleistung bei Schrittgeschwindigkeit. *Tipp:* Erst die benötigte Zeit ausrechnen.

mechanische Personenwaage

1

↻ 446-1 Simulationen
Energieumwandlung beim Autofahren
Fließgleichgewichte

Grundlagen — Warum wird man nicht immer schneller?

Kraft und Bewegung Gabor fährt mit seinem BMX-Rad los. Er tritt gleichmäßig in die Pedale, die Antriebskraft ist konstant. Zunächst wird das Fahrrad immer schneller. Aber bald ist eine Höchstgeschwindigkeit erreicht. ▶2 Warum steigt die Geschwindigkeit nicht weiter?
Beim Anfahren bewirkt die Antriebskraft, dass das Fahrrad schneller wird. Mit zunehmender Geschwindigkeit wird auch die Luftreibungskraft größer. Sie wirkt der Antriebskraft entgegen und bremst die Bewegung. Schließlich sind Antriebskraft und Luftreibungskraft gleich groß (Kräftegleichgewicht). Sie heben sich gegenseitig auf. Nach dem Trägheitsgesetz fahren Gabor und Fahrrad nun mit konstanter Geschwindigkeit weiter. ▶3
Beim Ausrollen oder Bremsen wird die Bewegung durch Reibungskräfte verzögert.

Energie und Bewegung Nina fährt mit ihrem Mofa los. Sie gibt Vollgas, in jeder Sekunde wird gleich viel Energie für den Antrieb bereitgestellt. Zunächst wird das Mofa immer schneller. Aber bald ist eine Höchstgeschwindigkeit erreicht. ▶4 Wozu wird die bereitgestellte Energie jetzt gebraucht?
Beim Anfahren wird die Energie zunächst in Bewegungsenergie umgewandelt und gespeichert. Mit steigender Geschwindigkeit schiebt das Mofa mehr Luft pro Sekunde „zur Seite". Das kostet Energie. Schließlich wird die bereitgestellte Energie nur noch zum Wegschieben der Luft eingesetzt. Es herrscht ein „Fließgleichgewicht": Die Energie fließt vom Motor über Fahrer und Mofa in die Luft, ohne die Bewegungsenergie weiter zu erhöhen. ▶5
Beim Ausrollen oder Bremsen wird die gespeicherte Bewegungsenergie in die Umgebung abgegeben.

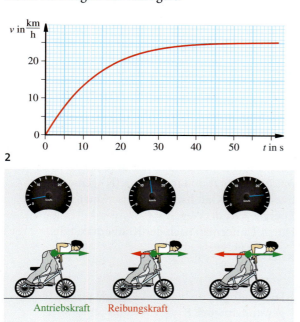

2 / 3

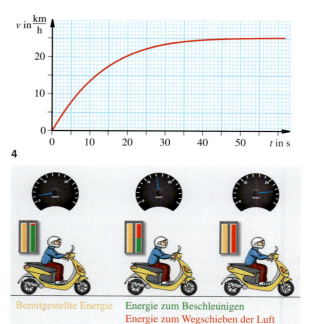

4 / 5

Energie und Kraft bei der Fortbewegung — Energie für die Bewegung – Sicherheit im Straßenverkehr

Aufgaben

2 Ein Auto wird auch bei Vollgas nicht immer schneller. Erkläre diese Beobachtung.

3 Beim Fahren finden verschiedene Energieumwandlungen statt. Übertrage die Zeichnungen in dein Heft und ergänze sie. ▶6–8

4* Viele Autos verbrauchen im Durchschnitt zwischen 5 und 10 Litern Benzin pro 100 km. Doch beim Beschleunigen aus dem Stand schnellt der Verbrauch auf 30 Liter oder mehr pro 100 km hoch. Erkläre diesen Unterschied.

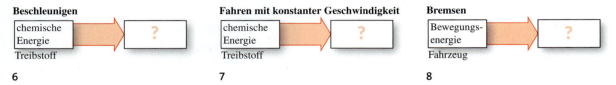

6   7   8

Grundlagen — Bewegungswiderstände und Reibungsarten

Ohne Energiezufuhr hört jede Bewegung auf der Erde bald auf. Ständig ist Energie nötig, um Bewegungswiderstände zu überwinden – sonst nimmt die Geschwindigkeit ab. Die Bewegungswiderstände werden durch Reibung verursacht.

Luftreibung Ein fahrendes Auto benötigt Energie, um die Luft beiseitezuschieben. Bei jedem Meter Fahrt wird eine bestimmte Luftmasse weggeschoben. Dadurch entsteht der *Luftwiderstand*. Wir bezeichnen ihn auch als Luftreibung. Um ihn zu überwinden, benötigt man bei schneller Fahrt mehr Energie.

> Die Energie zum Überwinden der Luftreibung wächst etwa mit dem Quadrat der Geschwindigkeit. Bei gleicher Strecke gilt ungefähr: Doppelte Geschwindigkeit → vierfacher Energieaufwand.

Die beiseitegeschobene Luft verwirbelt und erwärmt sich etwas. Letztlich verteilt sich also die Energie vom Motor als thermische Energie in der Umgebung.

Reibung an Reifen Energie ist erforderlich, um die Räder über die Straße zu rollen. Dabei verformt sich der Reifengummi und verhakt sich mit den Unebenheiten des Straßenbelags. Außerdem wird das Rad an der Auflagefläche etwas zusammengepresst und dehnt sich im nächsten Moment wieder aus. Durch die Verformungen erwärmt sich der Reifen, thermische Energie wird an die Umgebung abgegeben. Man spricht vom *Rollwiderstand*.

> Der Energieaufwand zum Überwinden des Rollwiderstands hängt nicht von der Geschwindigkeit ab. Er ist proportional zur Fahrstrecke und zur Kraft, mit der das Fahrzeug auf den Boden gepresst wird.

Reibung in Motor und Getriebe Energie ist außerdem nötig, um Metallteile im Motor und im Getriebe gegeneinander zu verschieben. Zahnräder greifen ineinander und lösen sich wieder, Achsen drehen sich in Kugellagern, Treibriemen verbiegen sich ständig.

Erweiterung — Energie zum Rollen

Die Rollreibung verursacht eine bremsende Kraft. Diese Kraft F_{roll} beträgt einen festen Anteil von der Gewichtskraft F_G. *Beispiel:* Beim Radfahren auf trockenem Asphalt gilt:
$F_{roll} = 0{,}004 \cdot F_G$.
Die Energie zum Überwinden des Rollwiderstands kannst du damit so berechnen:
$E_{roll} = F_{roll} \cdot s$
$E_{roll} = 0{,}004 \cdot F_G \cdot s$

Aufgabe

5* Tina radelt langsam ($9\,\frac{km}{h}$) am Rhein entlang.
a Wie viel Energie braucht sie zum Überwinden des Rollwiderstands auf einer Strecke von 1 km?
Hinweis: Tina und Fahrrad wiegen zusammen 80 kg.
b Vergleiche mit der Energie zum Überwinden des Luftwiderstands: $E_{luft} = 2300\,J$ (bei $9\,\frac{km}{h}$ und 1 km Weg).
c Tina fährt 1 km doppelt so schnell wie zuvor. Berechne ihren Energieaufwand infolge der Roll- und Luftreibung. Vergleiche mit den vorigen Ergebnissen.

Aus Umwelt und Technik — 245 $\frac{km}{h}$ – mit dem Fahrrad!

Radrennfahrer tragen hautenge Anzüge und windschnittige Helme, um die Luftreibung gering zu halten. In der Ebene erreichen sie so Geschwindigkeiten bis zu 70 $\frac{km}{h}$. Durch eine windschnittige Verkleidung des Fahrrads kann die Luftreibung nochmals verringert werden. ▶1

Der Amerikaner *John Howard* erreichte 1985 im Windschatten eines Autos auf einem Salzsee in Utah eine Geschwindigkeit von 245 $\frac{km}{h}$. Der Luftwiderstand war dabei praktisch ausgeschaltet. Aber Vorsicht: Das Fahren im Windschatten eines Fahrzeugs ist lebensgefährlich, weil der Sicherheitsabstand fehlt!

1 *Windschnittiges Liegerad*

Aus der Technik — Vom c_w-Wert

Die Luftreibung beim Fahren hängt von vielen verschiedenen Größen ab:
- Dichte der Luft
- Querschnittsfläche des Fahrzeugs
- Form und Oberflächenbeschaffenheit des Fahrzeugs
- Geschwindigkeit

Bei hoher Geschwindigkeit ist zum Überwinden des Luftwiderstands mehr Energie erforderlich als für die anderen Bewegungswiderstände. ▶2

Windschnittige Karosserien senken den Treibstoffverbrauch. Sie verwirbeln die Luft beim Fahren nur wenig. Wie windschlüpfig ein Fahrzeug ist, gibt der c_w-Wert an. Bei modernen Autos liegt er unter 0,3. Das bedeutet: Im Vergleich zu einem Brett mit gleich großer Querschnittsfläche beträgt der Luftwiderstand der Autos nur 30 % (oder weniger).

Am einfachsten lässt sich der Treibstoffverbrauch durch langsameres Fahren senken. Denn zum Überwinden des Luftwiderstands braucht man bei halber Geschwindigkeit nur ein Viertel der Energie für die gleiche Strecke.

3 *PAC-CAR II*

2 *Energieaufwand beim Autofahren*

Aufgaben

1 Bei verschiedenen Geschwindigkeiten verursachen die Reibungsarten einen unterschiedlich großen Energiebedarf. Erläutere anhand des Diagramms. ▶2

2 Ein Auto fährt 100 km weit – einmal mit 120 $\frac{km}{h}$ und einmal mit 60 $\frac{km}{h}$.

a Wie viel Energie muss der Motor zum Überwinden der einzelnen Bewegungswiderstände aufbringen? ▶2

b Wie viele Liter Benzin verbraucht der Motor dafür? *Hinweise:* Der Motor stellt pro Liter Benzin eine Energie von 7,8 MJ für die Bewegung zur Verfügung (und gibt 23,2 MJ als thermische Energie an die Umgebung ab). Beim Fahren mit gleichbleibender Geschwindigkeit wird diese Energie vollständig zum Überwinden der Bewegungswiderstände genutzt.

c* Der c_w-Wert des Wagens beträgt 0,4. Wie groß wäre der Energiebedarf pro Meter bei einem c_w-Wert von 0,2? Wie würde sich das auf den Benzinverbrauch auswirken?

3 Bereite ein kurzes Referat über das *PAC-Car II* vor. ▶3

Aufgaben

4 Mortens Schulweg ist 8 km lang.
a Berechne seinen täglichen Energiebedarf dafür unter folgenden Annahmen:
– Von seiner Mutter mit dem Auto gebracht und abgeholt, Benzinverbrauch im Stadtverkehr: 9 Liter pro 100 km
– Hin- und Rückweg mit dem Bus, durchschnittlich mit 43 Schülern besetzt, Dieselverbrauch: 21 Liter pro 100 km
b Vergleiche und diskutiere die Ergebnisse. Wie viel Energie kann Morten beim Schulweg täglich bzw. im Jahr sparen?

5* Lara will mit drei Freundinnen von Hamburg nach München (ca. 800 km) reisen.
a Berechne den Energiebedarf pro Person für verschiedene Verkehrsmittel:
– Auto, Benzinverbrauch: 6,5 Liter pro 100 km
– Bus, Dieselverbrauch: 17 Liter pro 100 km, voll besetzt mit 55 Personen
– Flugzeug, Kerosinverbrauch: 900 Liter pro 100 km, mit 92 Personen besetzt
– ICE, elektrischer Energiebedarf: 3000 kWh pro 100 km, mit 334 Personen besetzt
b Vergleiche und diskutiere die Ergebnisse.

Projektaufträge

6 Umweltbewusstes Fahren Informiert euch, wie man weniger Energie beim Fahren von A nach B verbrauchen und die Umwelt schonen kann. Überlegt euch Tipps und erstellt damit ein Plakat. Einige Anregungen findet ihr hier. ▶4

7 Energiebedarf für den Schulweg Wie viel Energie benötigt ihr für euren Schulweg mit den verschiedenen Transportmöglichkeiten, die euch zur Verfügung stehen? Ermittelt den Energiebedarf.

8 Energieaufwand für eure Mobilität Wie viel Energie benötigt ihr jährlich zur Fortbewegung mit Fahrzeugen?
a Besprecht in eurer Gruppe, welche Angaben ihr braucht (Länge des Schulwegs, Art der Beförderung, Anzahl der beförderten Personen, Ferienreisen ...).
b Recherchiert die benötigten Angaben. Berechnet, wie viel Energie für eure Fortbewegung nötig ist.
c Durchschnittlich benötigt jeder Deutsche im Jahr 32 000 MJ Energie zur Fortbewegung. Vergleicht euren Wert damit. Sucht Gründe für die Abweichung.

9 CO_2-Ausgleich fürs Fliegen Familie Kunz ist mit fünf Personen nach Teneriffa und zurück geflogen. Ihr Flug über insgesamt 6400 km hat die Atmosphäre belastet. Um diese Belastung wieder rückgängig zu machen, wollen sie auf ihrem Grundstück Bäume pflanzen. Solange ein Baum wächst, reduziert er chemisch 120 kg CO_2 pro Jahr, um Holz zu bilden.
a Die CO_2-Belastung soll nach 20 Jahren ausgeglichen sein. Wie viele Bäume muss die Familie pflanzen?
Hinweise: Auf einer Flugstrecke von 100 km werden ungefähr 6 Liter Kerosin pro Passagier verbraucht.

Umweltbewusst fahren – Tipps und Tricks!

- Im Stadtverkehr ist das Fahrrad bei Entfernungen bis zu 4 km das schnellste Verkehrsmittel, wenn man die Parkplatzsuche berücksichtigt.
- Wer ausgeglichen fährt und auf überflüssiges Beschleunigen verzichtet, spart bis zu 45 % Benzin.
- An verkaufsoffenen Sonntagen macht der Parkplatz- und Suchverkehr bis zu 75 % des gesamten Straßenverkehrs aus.
- 0,5 bar zu wenig Reifendruck führt zu 5 % höherem Treibstoffverbrauch.

4

Damit ist ein CO_2-Ausstoß von 16,8 kg verbunden. Die Abgase von Flugzeugen verändern die Zusammensetzung hoher Luftschichten. Sie verstärken den Treibhauseffekt dort mehr als in niedrigen Luftschichten. Um diesen Unterschied bei der Umweltbelastung zu berücksichtigen, wird der CO_2-Ausstoß von Flugzeugen mit 3 malgenommen.

b Einige Umweltschutzorganisationen bieten einen „CO_2-Ausgleich" für Flugreisen an: Für die Flugstrecke wird auf einer Webseite ein Spendenbetrag angezeigt. Mit seiner Hilfe soll die Atmosphärenbelastung ausgeglichen werden.
Informiert euch über die Beträge für einen Flug Düsseldorf–Teneriffa und Beispiele für geförderte Projekte.
c Bewertet den „CO_2-Ausgleich" im Hinblick auf die Langzeitwirkung. Geht davon aus, dass Bäume im Durchschnitt weniger als 100 Jahre leben.

Gut geplant – die Abschlussfahrt (Projekt)

▷ Die Klasse 9a plant ihre Abschlussfahrt nach Berlin. Die Schülerinnen und Schüler überlegen, was sie alles wollen und wie die Reise verlaufen soll.

▷ Der Klassenlehrer besteht darauf, dass auch das kulturelle und politische Angebot der Stadt berücksichtigt wird.

▷ Die Physiklehrerin schlägt vor, dass die Klasse eine umweltfreundliche *und* preisgünstige Reise plant.

▷ Damit auch andere Klassen profitieren können, sollen die Schülerinnen und Schüler einen Reiseprospekt als Leitfaden zusammenstellen. Schon bald fängt in der Klasse eine Diskussion an: Welches Verkehrsmittel kommt infrage und warum? Wie können Fahrtkostenzuschüsse genutzt werden? Wie sieht die Umweltbilanz einer solchen Reise aus?

1 Am Brandenburger Tor

Projektauftrag

1 Wie kommt unsere Klasse umweltfreundlich und preisgünstig nach Berlin? Erstellt selbst einen Reiseprospekt für eine Abschlussfahrt nach Berlin. Begründet eure Entscheidungen und erläutert die Kriterien für eure Auswahl.

Tipps: Diese beiden Seiten stellen euch einige Informationen zum Thema „Verkehrsmittel" zur Verfügung. Noch mehr Materialien findet ihr z. B. in der Broschüre „Daten zum Verkehr" vom Umweltbundesamt.

Welche Verkehrsmittel kommen für eure Reise infrage? Wie könnt ihr sie für eine schnelle und preisgünstige Fahrt zusammenstellen?
Das Diagramm zeigt, wie lange die Verkehrsmittel für längere Strecken ungefähr brauchen. *Tipps:* Beim Bus oder bei der Bahn solltet ihr euch 30 min vor der Abfahrt an der Haltestelle oder am Bahnhof treffen. Beim Flugzeug solltet ihr 90 min vorher am Flughafen sein.
Die Preise für Bahn- oder Flugtickets erfahrt ihr im Internet. Vergleicht sie mit den Angeboten von örtlichen Busunternehmen.
Schülergruppen und ihre Lehrer bekommen vom Bundesrat unter bestimmten Bedingungen Zuschüsse zu den Fahrtkosten – je weiter die Schule von Berlin entfernt ist, desto mehr.

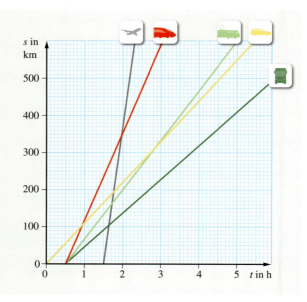

2

Gut geplant – die Abschlussfahrt (Projekt)

3

Verkehrsmittel	Energiebedarf pro Person und Kilometer	
Auto (nur eine Person)	1800 kJ	
Eisenbahn (Nahverkehr)	550 kJ	(Elektrolok)
	1200 kJ	(Diesellok)
Eisenbahn (Fernverkehr)	300 kJ	(Elektrolok)
	800 kJ	(Diesellok)
Straßenbahn, U-Bahn	800 kJ	
Linienbus	850 kJ	
Reisebus	400 kJ	
Flugzeug	1700 kJ	

Die Verkehrsmittel verbrauchen unterschiedlich viel Energie, um eine Person 1 km weit zu befördern. Die angegeben Werte gelten für den Fall, dass der Reisebus, die Bahn ... bis auf den letzten Platz besetzt ist. Beim Auto geht man dagegen nur von einer Person im Fahrzeug aus.

4

Verkehrsmittel	CO_2-Belastung pro Person und Kilometer
Auto	140 g
Eisenbahn (Nahverkehr)	78 g
Eisenbahn (Fernverkehr)	45 g
Straßenbahn, S-Bahn, U-Bahn	78 g
Linienbus	75 g
Reisebus	30 g
Flugzeug	230 g

Die Verkehrsmittel belasten die Umwelt unterschiedlich stark mit verschiedenen Treibhausgasen. Für einen einfachen Vergleich sind hier die Emissionen auf eine reine CO_2-Belastung umgerechnet. Dabei wird jeweils von einer durchschnittlichen Auslastung der Verkehrsmittel ausgegangen.

5

Verkehrsmittel	Zweck der Fahrt und Anteile der verschiedenen Verkehrsmittel						
	Freizeit	Beruf	Urlaub	Ausbildung	Einkaufen	Geschäft	Begleitung
Auto, Motorrad	75,5 %	81,4 %	52,4 %	41,6 %	82,9 %	76 %	92,8 %
Bus, Straßenbahn	6,5 %	6,0 %	8,2 %	35,6 %	6,0 %	2,3 %	1,7 %
Eisenbahn	7,6 %	9,5 %	4,6 %	12,8 %	2,8 %	8,6 %	1,3 %
Flugzeug	1,7 %	–	34,8 %	–	–	12,5 %	–
Fahrrad	4,2 %	2,4 %	–	5,4 %	3,2 %	0,2 %	1,3 %
zu Fuß	4,5 %	0,7 %	–	4,6 %	5,1 %	0,4 %	2,9 %

Im Mittel legt jeder von uns jährlich rund 15 000 km zurück! Davon fahren wir etwa 75 % mit dem Auto (oder Motorrad). Bahnen, Busse und Flugzeuge nutzen wir für 19 % der Strecken. Nur 6 % legen wir mit dem Fahrrad oder zu Fuß zurück.

Je nach Zweck werden verschiedene Verkehrsmittel bevorzugt (siehe Tabelle).

Energieaufwand beim Beschleunigen

▷ Rote Ampeln strapazieren nicht nur die Nerven, sondern leeren auch den Tank. Wie viel Energie kostet es, bei Grün wieder zu beschleunigen?

1

Untersuchen Experimentieren

1 Doppelte Geschwindigkeit – doppelte Bewegungsenergie? *Ihr braucht:* stabiles Holzlineal, 2 Münzen, runden Stift. ▶2

a Schlagt mit einem Finger auf die 0-cm-Marke des Lineals. Wie hoch fliegen die Münzen? *Tipp:* Die Höhe kann durch Schattenwurf an eine Wand oder durch eine Videoaufzeichnung erfasst werden.

b Begründet: Die Startgeschwindigkeit der rechten Münze ist doppelt so groß wie die der linken.

c Begründet: Doppelte Flughöhe – doppelte Bewegungsenergie beim Start, vierfache Flughöhe – vierfache Bewegungsenergie. *Tipp:* Überlegt euch, welche Energieumwandlungen stattfinden. Wie hängen Flughöhe und Lageenergie der Münze zusammen: Doppelte Flughöhe – ... Lageenergie?

d Beantwortet nun die Frage: Doppelte Geschwindigkeit – doppelte Bewegungsenergie?

2

2 Bewegungsenergie und Geschwindigkeit Ihr braucht ein Fahrrad mit Tachometer. Führt die Versuche z. B. auf der Laufbahn des Sportplatzes durch.

a Fahrt mit 10 (20, 30) $\frac{km}{h}$ und bremst dann das Hinterrad so fest, dass es blockiert. Messt den Bremsweg bis zum Stillstand.
Tipp: Führt die Messung für jede Geschwindigkeit mehrfach durch. Berechnet den Mittelwert der Bremswege.

b Es gilt: Doppelter Bremsweg – doppelte Bewegungsenergie am Anfang; dreifacher Bremsweg – dreifache Bewegungsenergie am Anfang. Begründet diesen Zusammenhang.
Tipp: Die Kraft beim Bremsen bleibt gleich. Sie hängt nicht von der Geschwindigkeit ab.

c Gilt der Zusammenhang „Doppelte Geschwindigkeit – doppelte Bewegungsenergie"? Auf welchen Zusammenhang zwischen Geschwindigkeit und Bewegungsenergie deuten eure Messungen hin?

Energieaufwand beim Beschleunigen   Energie für die Bewegung – Sicherheit im Straßenverkehr

Grundlagen — Die Bewegungsenergie

Ein Skateboardfahrer hat oft „ganz schön Schwung". ▶3 In der Physik spricht man von *Bewegungsenergie* oder *kinetischer Energie*. Wenn man einen Gegenstand in Bewegung setzt, führt man ihm Energie zu. Er speichert sie als Bewegungsenergie.

Ein anderes Beispiel ist das Pendel. ▶4 Im höchsten Punkt hat es nur Lageenergie. Je tiefer es sinkt, desto schneller wird es. Seine Lageenergie wird in Bewegungsenergie umgewandelt. Im tiefsten Punkt hat es nur noch Bewegungsenergie. Durch die Reibung mit der Luft und in der Aufhängung geht etwas Energie an die Umgebung verloren. Sieht man davon ab, ist die Lageenergie des Pendels am höchsten Punkt genauso groß wie die Bewegungsenergie im tiefsten.

3 *Die Bewegungsenergie nimmt zu.*

Wir tauschen die Pendelkugel gegen eine doppelt so schwere aus und heben sie genauso hoch wie zuvor. Dann gilt im höchsten Punkt:
Doppelte Masse des Pendels → doppelte Lageenergie.
Weil die Bewegungsenergie im tiefsten Punkt gleich dieser Lageenergie ist, gilt der gleiche Zusammenhang auch für die Bewegungsenergie:
Doppelte Masse des Pendels → doppelte Bewegungsenergie.
Beim Versuch mit dem „Schleuderbrett" hebt die äußere Münze mit der doppelten Geschwindigkeit ab wie die innere. ▶2 Dadurch wird sie nicht nur doppelt, sondern sogar viermal so hochgeschleudert:
Doppelte Geschwindigkeit der Münze → vierfache Lageenergie.
Die Bewegungsenergie beim Abheben ist genauso groß wie die Lageenergie im höchsten Punkt. Also gilt:
Doppelte Geschwindigkeit der Münze → vierfache Bewegungsenergie.

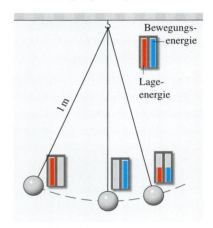

4 *Pendel und Energie*

> Die Bewegungsenergie eines Gegenstands ist proportional zur Masse und proportional zum Quadrat der Geschwindigkeit:
> $E = \frac{1}{2} \cdot m \cdot v^2$. ▶5

↻ 453-1 Simulation Bewegungsenergie

Wenn wir die Masse in kg einsetzen und die Geschwindigkeit in $\frac{m}{s}$, erhalten wir die Bewegungsenergie in Joule (J). Es gilt: $1\,J = 1\,kg \cdot \frac{m^2}{s^2}$.

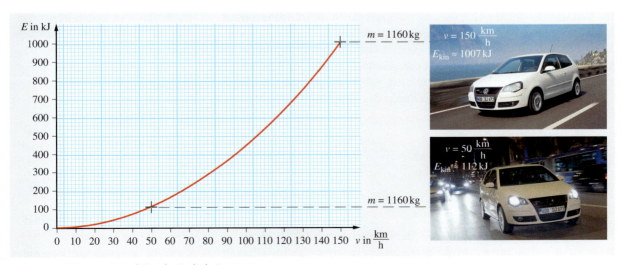

5 *Bewegungsenergie und Geschwindigkeit*

Aufgaben

1 Begründe die Sparregel für Autofahrer: „Wer ausgeglichen fährt und auf überflüssiges Beschleunigen verzichtet, spart viel Benzin."

2 Wer hat mehr Bewegungsenergie gespeichert: das Kreuzfahrtschiff Queen Mary 2 (150 000 t, 40 $\frac{km}{h}$) oder der Airbus A380 (560 t, 940 $\frac{km}{h}$)?

3 Der Ferrari Enzo wiegt mit Fahrer 1440 kg.
a Berechne seine Bewegungsenergie bei 100 $\frac{km}{h}$ (200 $\frac{km}{h}$).
b Der Wagen erreicht nach 3,8 s 100 $\frac{km}{h}$ und nach 12,6 s 200 $\frac{km}{h}$. Er braucht also von 100 bis 200 $\frac{km}{h}$ viel länger als von 0 auf 100 $\frac{km}{h}$. Erkläre den Unterschied.
c* Welcher Anteil der vom Motor gelieferten Energie wird in Bewegungsenergie umgewandelt? Berechne es. Gehe davon aus, dass der Motor immer mit der Höchstleistung von 485 kW gelaufen ist.

4 Der Airbus A380 ist das größte Passagierflugzeug der Welt für bis zu 850 Passagiere. Seine Startmasse beträgt etwa 560 t.
a In einer Reiseflughöhe von 11 km fliegt der Airbus mit 940 $\frac{km}{h}$. Hat er jetzt mehr Bewegungsenergie oder mehr Lageenergie? Berechne es.
b* Die Leistung seiner Triebwerke beträgt etwa 78 000 kW. Wie lange braucht das Flugzeug mindestens, um seine Reiseflughöhe und seine Reisegeschwindigkeit zu erreichen? Gehe beim Rechnen davon aus, dass die gesamte Motorleistung in Lage- und Bewegungsenergie umgesetzt wird. (Tatsächlich wird die Reiseflughöhe in etwa 30 min erreicht.)

Erweiterung   Mit der Energieerhaltung rechnen

45 m ungebremst fallen – erreicht man da mehr als „Tempo 100"? ▶1 Bei der Beantwortung dieser Frage helfen die Gleichungen für Lage- und Bewegungsenergie – und der Energieerhaltungssatz:
Bevor man 45 m fallen kann, muss man hochgezogen werden. Die Lageenergie nimmt dabei zu. Wenn eine Person 50 kg wiegt, gilt:
$E = F \cdot s$
$E = 500 \, N \cdot 45 \, m = 22\,500 \, J$
Im Moment des Starts ist die Geschwindigkeit gleich null. Die Person hat keine Bewegungsenergie. Die gesamte Energie liegt als Lageenergie vor. Beim Fallen wird die Lageenergie (fast) vollständig in Bewegungsenergie umgewandelt. Nach 45 m liegt die gesamte Energie als Bewegungsenergie vor. Die Menge der Energie hat sich nicht geändert (Energieerhaltung). Deshalb gilt am tiefsten Punkt des freien Falls:
$E = \frac{1}{2} \cdot m \cdot v^2$
$22\,500 \, J = \frac{1}{2} \cdot 50 \, kg \cdot v^2$

Auflösen nach v^2 ergibt: $v^2 = \frac{2 \cdot 22\,500 \, J}{50 \, kg} = \frac{45\,000 \, kg \cdot \frac{m^2}{s^2}}{50 \, kg} = 900 \, \frac{m^2}{s^2}$.

Wir ziehen die Wurzel:
$v = 30 \, \frac{m}{s} = 108 \, \frac{km}{h}$.

Bei einem freien Fall von 45 m erreicht man mehr als 100 $\frac{km}{h}$!
Wegen der Luftreibung liegt die tatsächlich erreichte Geschwindigkeit ein wenig unter der berechneten – aber nicht viel.

1 *Free-Fall-Tower*

Aufgaben

5* Mit welcher Geschwindigkeit tauchst du nach einem Sprung vom 10-m-Turm ins Wasser ein?

6* Beim Fallschirmspringen landet man mit rund 4 $\frac{m}{s}$. Ein Neuling will sich vor seinem ersten Sprung einen Eindruck verschaffen, wie sich eine Landung „anfühlt". Aus welcher Höhe muss er hierfür springen? Berechne es.

Aus Umwelt und Technik — Fallschirmspringen

455-1 Simulation Fallbewegungen

2 *Formationsspringen*

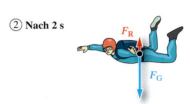
① **Absprung (0 s)**

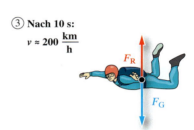
② **Nach 2 s**

Beim Formationsspringen schließen sich die Springer zu Figuren zusammen, trennen sich wieder und finden sich neu. ▶2 Erst nach erstaunlich langer Zeit öffnen sie ihre Fallschirme. Die Sportler landen an vorbestimmten Zielpunkten.

Werden die Springer beim Fallen immer schneller? Wie kann man steuern, um an einem bestimmten Punkt zu landen?

Fallschirmspringen ist nur möglich, weil die Erde von Luft umgeben ist. Die Luft sorgt dafür, dass man beim Fallen nicht immer schneller wird. Der Luftwiderstand wächst mit zunehmender Fallgeschwindigkeit. Ein immer größerer Anteil der beim Fallen umgewandelten Lageenergie wird aufgewendet, um die Luft zur Seite zu schieben. Diese Energie steht nicht mehr zum Beschleunigen zur Verfügung. Bei etwa 200 $\frac{km}{h}$ wird die umgewandelte Lageenergie vollständig als thermische Energie an die Luft übertragen, ohne die Bewegungsenergie weiter zu erhöhen („Fließgleichgewicht"). Die Fallgeschwindigkeit bleibt nun konstant.

③ **Nach 10 s:** $v \approx 200 \frac{km}{h}$

Beim Öffnen des Fallschirms wird der Luftwiderstand auf einen Schlag vervielfacht. Dadurch nimmt die Geschwindigkeit in sehr kurzer Zeit von 200 auf 15 $\frac{km}{h}$ ab. Die Bewegungsenergie wird schlagartig geringer. Dann wird ein neuer Gleichgewichtszustand erreicht, in dem Lageenergie nur noch in thermische Energie umgewandelt wird. Der Fallschirmspringer sinkt nun mit gleichbleibender Geschwindigkeit zur Erde.

④ **Öffnen des Fallschirms**

Um einen Gleitfallschirm zu steuern, hat der Springer verschiedene Leinen. Wenn er an ihnen zieht, verändert sich die Form des Fallschirms. Dadurch ändert sich die Richtung der Sinkbewegung.

Aufgabe

7 Fallschirmspringen – näher betrachtet
a Beschreibe die Bewegung eines Fallschirmspringers vom Absprung bis zur Landung. Wann ist die Bewegung beschleunigt, verzögert …?
b Stelle die Geschwindigkeit in Abhängigkeit von der Zeit in einem Diagramm dar.
c Wie verändern sich die Kräfte auf den Springer? ▶3 Beschreibe und erkläre.

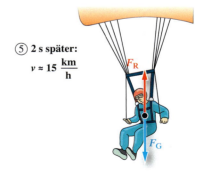
⑤ **2 s später:** $v \approx 15 \frac{km}{h}$

3 *Kräfte beim Fallschirmsprung*

Haftung und Reibung – wichtig im Straßenverkehr

▷ „Verstopfte Bundesstraßen, kilometerlange Staus auf den Autobahnen – der Wintereinbruch mit Schneeregen und Glatteis führte gestern in vielen Teilen Nordrhein-Westfalens zu einem Verkehrschaos." Solche Meldungen kennt jeder.

▷ Oft sind es gerade Lkws, die Steigungen nicht bewältigen können und daher die Staus auslösen. Ein starker Motor allein hilft also nicht. Was braucht man noch?

1

Untersuchen

1 **Wie gut haftet der Reifen auf der Fahrbahn?** Wenn ihr vorsichtig an dem Reifen zieht, bleibt er zunächst liegen. ▶2 Er haftet auf der Unterlage. Zieht ihr immer stärker, setzt er sich in Bewegung. Er gleitet. Ermittelt die *maximale Haftkraft*, bei der der Reifen gerade noch nicht wegrutscht.

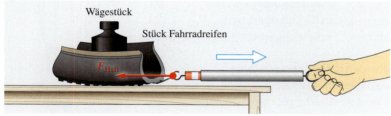

2

2 **Antriebskraft und durchdrehende Räder** ▶3
a Regelt den Transformator langsam hoch. Mit dem Kraftmesser bestimmt ihr, wie groß die Antriebskraft auf die Lok ist. Was fällt euch auf, wenn die Räder anfangen „durchzudrehen"?
b Bestimmt die Kraft, wenn die Räder „durchdrehen". Regelt den Transformator noch weiter hoch. Ändert sich auch die Antriebskraft?

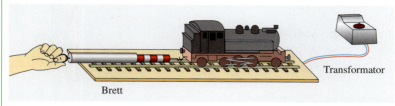

3

Grundlagen — Haften und Gleiten

Haften und Gleiten – wichtig für die Fortbewegung Wenn du einen Schrank vorsichtig schiebst, bleibt er zunächst an seinem Platz: Er haftet auf dem Boden. ▶4 Erst wenn du stärker schiebst, löst er sich vom Untergrund und kommt in Bewegung. Er gleitet. Beim Gleiten oder Rutschen wird die Bewegung durch die Reibung erschwert.
Ohne Haftung könnten wir nicht laufen. Bei Glatteis rutschen deine Füße bei jedem unvorsichtigen Schritt nach hinten weg. Auch ein Auto kann auf Glatteis nicht anfahren, weil die Räder durchdrehen. Zwischen festen Gegenständen und Flüssigkeiten gibt es ebenfalls keine Haftung. Wichtig ist die Haftung auch beim Kurvenfahren. Bei glatter Straße besteht die Gefahr, dass das Fahrzeug in Kurven die Haftung verliert. Es rutscht dann wegen der Trägheit geradeaus weiter und landet im Graben.

4

So kommen Haftung und Gleitreibung zustande Alle Oberflächen – auch glatt polierte – weisen kleinste Unebenheiten auf. ▶5 Jeder Reifen, jede Bremsscheibe, jede Schuhsohle ist daher mit dem Untergrund „verzahnt". Zieht man nur schwach am Reifen, dann verhindert diese Verzahnung, dass sich der Reifen bewegt. Er haftet auf dem Untergrund. Zieht man fester, so reißen die Verzahnungen auf. Der Reifen rutscht. Seine Bewegung wird dann dadurch gebremst, dass er sich fortwährend mit der Unterlage verhakt und wieder losreißt.

Kräfte beim Haften und Gleiten Wenn du am Reifen ziehst, verformen sich die Verzahnungen und wirken wie eine Feder. Genauso fest, wie du ziehst, hält der Boden den Reifen zurück. Die Kraft, die der Boden auf den Reifen ausübt, heißt *Haftkraft*.

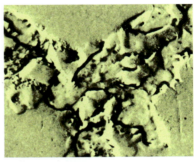

5 *Oberfläche einer Bremsscheibe (stark vergrößert)*

> Die Unterlage übt eine Haftkraft auf den Gegenstand aus. Die Haftkraft verhindert, dass er wegrutscht.
> Beim Gleiten oder Rutschen übt die Unterlage eine bremsende Kraft auf den Gegenstand aus: die Gleitreibungskraft. Sie ist der Bewegung entgegengerichtet.

Aufgaben

1. „Die Haftung ist wichtig für die Fortbewegung." Erläutere diese Aussage an drei Beispielen.

2. Stelle ein Brett so steil auf, dass ein Holzklotz gerade noch nicht rutscht (mehrfach ausprobieren!). Gib dem Klotz nun einen ganz leichten Stoß. Erkläre deine Beobachtung.

3. Erkläre, wie das *Aquaplaning* entsteht. ▶6 Begründe, warum es so gefährlich ist.

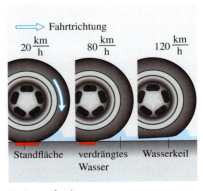

6 *Aquaplaning*

Bremsen

▷ Herr Kaufmann fährt mit $40\,\frac{km}{h}$. Die Straße ist trocken und übersichtlich. Da sieht er plötzlich 25 m vor sich ein Kind auf die Straße laufen. Er bremst – und kommt gerade noch vor dem Kind zum Stehen.

▷ Was geschieht zwischen dem Wahrnehmen des Kindes und dem Stillstand des Wagens?

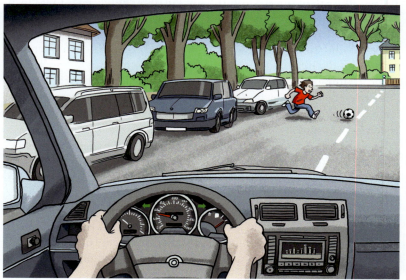

1

Untersuchen Experimentieren

1 **Bremsweg** Untersucht auf dem Sportplatz, wovon der Bremsweg abhängt.
a Ein Moped- oder Radfahrer fährt „nach Tacho" mit $30\,\frac{km}{h}$. Sobald das Vorderrad eine vorher festgelegte Marke erreicht, bremst der Fahrer möglichst stark. (Beim Fahrrad nur das Hinterrad zum Blockieren bringen!) Messt den Bremsweg.
b Wie lang ist der Bremsweg bei halber Geschwindigkeit?
c* Berechnet die Bremsdauer t mithilfe der Gleichung:
$s = \frac{1}{2} \cdot v_m \cdot t$.
Dabei ist v_m die Geschwindigkeit zu Beginn des Bremsens und s der Bremsweg.
d* Berechnet die Verzögerung: $a = \frac{v_m}{t}$.

2 **Testet eure Reaktionszeit!**
a Eine Person hält eine Leiste mit Markierungen hoch. ▶2 Wenn die Leiste fällt, muss schnell zugefasst werden. Lest an der Oberkante der Hand die Reaktionszeit ab.
b Wenn man abgelenkt ist, reagiert man langsamer. Irgendwann im Unterricht wird ohne Vorwarnung eine Lampe und gleichzeitig eine Stoppuhr eingeschaltet. Eine Versuchsperson soll einen Taster betätigen und so die Stoppuhr ausschalten, sobald die Lampe aufleuchtet.

3 **Energieumwandlung beim Bremsen** Fahrt mit dem Rad bei angezogener Felgenbremse 20 m weit. Das Rad soll nicht blockieren. Fasst gleich danach die Bremsbacken vorsichtig an. Beschreibt, was ihr fühlt.

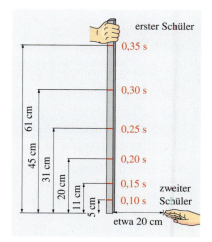

2 *Bestimmung der Reaktionszeit*

Bremsen — Energie für die Bewegung – Sicherheit im Straßenverkehr

Grundlagen: Der Anhalteweg

Der Anhalteweg setzt sich aus Reaktionsweg und Bremsweg zusammen:

↻ 459-1 Simulation Anhalteweg

| **Anhalteweg = Reaktionsweg + Bremsweg.** ▶3

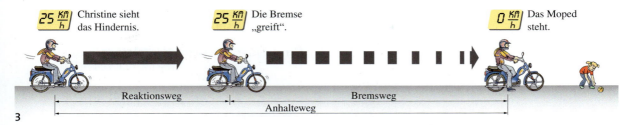

3

Reaktionsweg Zwischen dem Wahrnehmen der Gefahr und dem Ansprechen der Bremsen vergeht die *Reaktionszeit* t_R. Je nach Fahrer liegt sie zwischen 0,5 und 2 s. In dieser Zeit fährt das Fahrzeug mit unverminderter Geschwindigkeit v_m weiter. Dabei legt es den *Reaktionsweg* s_R zurück: $s_R = v_m \cdot t_R$.

Bremsweg Der Bremsweg ist die Strecke, die das Fahrzeug nach dem Ansprechen der Bremsen bis zum Stillstand zurücklegt.
Beim Bremsen wird Bewegungsenergie durch Reibung in thermische Energie umgewandelt. Erst wenn das Fahrzeug keine Bewegungsenergie mehr hat, steht es. Der Bremsweg hängt also davon ab, wie viel Bewegungsenergie umgewandelt werden muss. *Beispiel:*
Ranjid fährt mit dem Fahrrad. Bei 10 $\frac{km}{h}$ hat er eine Bewegungsenergie von 250 J, bei 20 $\frac{km}{h}$ sind es 1000 J. Dann bremst er jeweils mit einer Kraft von 150 N ab. Für die Bremswege erhalten wir:

– $E = F \cdot s_B$; 250 J = 150 N · s_B; $s_B = \frac{250\,J}{150\,N} = 1{,}7\,m$
– $E = F \cdot s_B$; 1000 J = 150 N · s_B; $s_B = \frac{1000\,J}{150\,N} = 6{,}8\,m$

Vierfache Bewegungsenergie bedeutet also vierfachen Bremsweg.

| **Bei doppelter Geschwindigkeit ist der Bremsweg viermal so lang!**

Bremskraft Die Bremskraft ist nicht die Kraft, mit der dein Fuß auf die Bremse tritt. Die Straße bremst das Fahrzeug! Bei Glatteis kann die Straße nur eine kleine Bremskraft ausüben. Dann ist der Bremsweg sehr lang. Wie groß die Bremskraft im Verhältnis zur Gewichtskraft auf das Fahrzeug ist, hängt von den Reifen und der Straße ab:

Fahrzeug und Straßenbedingung	Bremskraft
Pkw mit Sommerreifen	
– auf trockener Straße	$0{,}65 \cdot F_G$ bis $1{,}0 \cdot F_G$
– auf nasser Straße	$0{,}40 \cdot F_G$ bis $0{,}65 \cdot F_G$
– auf Neuschnee	$0{,}20 \cdot F_G$ bis $0{,}25 \cdot F_G$
– auf Glatteis	$0{,}10 \cdot F_G$ bis $0{,}15 \cdot F_G$
Moped, trockene Straße	ca. $0{,}30 \cdot F_G$
Fahrrad, trockene Straße	ca. $0{,}25 \cdot F_G$

Musteraufgabe

Berechne den Anhalteweg von Herrn Kaufmann. ▶1

Hinweise: Herr Kaufmann braucht 1,2 s, um zu reagieren. Sein Auto wiegt 1000 kg. Die Bremskraft beträgt $0{,}7 \cdot F_G$.

Lösung:
Reaktionsweg:
$s_R = v_m \cdot t_R$
$s_R = 11{,}1\,\frac{m}{s} \cdot 1{,}2\,s = 13{,}3\,m$

Bewegungsenergie:
$E = \frac{1}{2} \cdot m \cdot v^2$
$E = 500\,kg \cdot (11{,}1\,\frac{m}{s})^2 = 61\,700\,J$

Bremsweg:
$E = F \cdot s_B$
$61\,700\,J = 0{,}7 \cdot 10\,000\,N \cdot s_B$
$s_B = \frac{61\,700\,Nm}{7000\,N} = 8{,}8\,m$

Anhalteweg:
$s_A = s_R + s_B$
$s_A = 13{,}3\,m + 8{,}8\,m = 22{,}1\,m$

Aufgaben

1. Berechne die Reaktionswege für eine Reaktionszeit von 1 s (2 s) und eine Geschwindigkeit von 20 $\frac{km}{h}$ (40, 50, 60, 100, 120 $\frac{km}{h}$).

2. Wie ändern sich Reaktions- und Bremsweg mit der Geschwindigkeit?

3. Bei einer Geschwindigkeit von 50 $\frac{km}{h}$ ist der Bremsweg eines Autos 25 m lang.
   a. Wie lang ist der Bremsweg unter gleichen Straßenverhältnissen bei 100 $\frac{km}{h}$ (150 $\frac{km}{h}$)?
   b. Auf nasser Straße ist die Bremskraft nur noch halb so groß. Wie verändert sich dadurch der Bremsweg? Gib ihn für die drei Geschwindigkeiten an.

4. Lastwagen benötigen viel stärkere Bremsen als Autos. Begründe den Unterschied.

5. Berechne den Bremsweg eines Lastwagens bei einer Geschwindigkeit von 80 $\frac{km}{h}$. *Hinweise:* Der Lastwagen wiegt 12 t. Die Bremskraft beträgt $0{,}7 \cdot F_G$.

6*. Nach einem Unfall auf nasser Straße wird die Bremsspur gemessen. Sie ist 7,3 m lang. Wie schnell ist das Auto vor dem Unfall gefahren? Berechne es. *Hinweise:* Die Räder haben blockiert. Beim Gleiten auf nasser Fahrbahn beträgt die Bremskraft $0{,}6 \cdot F_G$. Das Auto wiegt 1000 kg.

7*. In der Fahrschule lernt man folgende Faustformeln:

Reaktionsweg in m = $\dfrac{\text{Geschwindigkeit in } \frac{km}{h} \cdot 3}{10}$

Bremsweg in m = $\left(\dfrac{\text{Geschwindigkeit in } \frac{km}{h}}{10}\right)^2$

   a. Berechne die Reaktions- und Bremswege für 25, 50, 100 $\frac{km}{h}$ mit den Faustformeln.
   b. Berechne die Reaktions- und Bremswege wie in der Musteraufgabe auf der vorigen Seite.
   Hinweise: Das Fahrzeug wiegt 1200 kg. Die Bremskraft beträgt $0{,}7 \cdot F_G$. Die Reaktionszeit beträgt 1 s.
   c. Vergleiche die Ergebnisse.

Aus Umwelt und Technik — Abstand halten!

Insbesondere bei schlechter Sicht kommt es immer wieder zu Auffahrunfällen. Der Grund ist ein zu geringer Sicherheitsabstand. Auf Autobahnen wird deshalb immer wieder der Abstand zwischen den Autos überprüft. Wenn er zu gering ist, sind hohe Bußgelder fällig! Wie groß sollte der Abstand sein, um Auffahrunfälle zu vermeiden?
Sieh dir die Zeichnung an. ▶1 Das Fahrzeug 1 bremst. Wenn das Fahrzeug 2 gleichzeitig bremsen würde, bliebe der Abstand zwischen ihnen etwa gleich. Der Fahrer von Fahrzeug 2 tritt aber erst auf die Bremse, nachdem er das Bremslicht von Fahrzeug 1 wahrnimmt. Es verstreicht eine Reaktionszeit. In dieser Zeit fährt Fahrzeug 2 mit unverminderter Geschwindigkeit weiter.
Bei einer Geschwindigkeit von 100 $\frac{km}{h}$ und einer Reaktionszeit von 1 s legt das Fahrzeug 2 noch einen Reaktionsweg von rund 28 m zurück, bevor der Bremsweg beginnt. Hier hätte der Sicherheitsabstand mindestens 28 m betragen müssen. Tatsächlich ist dieser Abstand aber noch zu kurz: Oft ist nämlich die Reaktionszeit länger. Bei einem Auffahrunfall kommt hinzu, dass sich der Bremsweg des Vordermanns bei einem Aufprall verkürzt. Deshalb muss der Sicherheitsabstand wesentlich größer als der Reaktionsweg sein!
In der Fahrschule lernt man Faustformeln, durch die sich Sicherheitsabstände ermitteln lassen. Sie gelten aber nur für gute Fahrbedingungen.

Faustformel für den Sicherheitsabstand

Sicherheitsabstand (in m) = halber Tacho (in $\frac{km}{h}$)

Eine Geschwindigkeit von 80 $\frac{km}{h}$ erfordert nach dieser Faustformel einen Sicherheitsabstand von 40 m. *Beachte:* Der Anhalteweg ist viel länger!

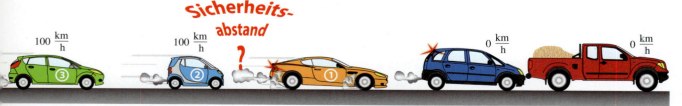

1

Bremsen — Energie für die Bewegung – Sicherheit im Straßenverkehr

Aus Umwelt und Technik — Gute Bremsen sind wichtig

Beim Bremsen wird die Bewegungsenergie des Wagens in thermische Energie umgewandelt. Dazu werden die Bremsklötze mit großer Kraft gegen die Bremsscheiben gepresst. ▶2 So wird die Reibung zwischen beiden möglichst groß. Die Bremsscheiben wiegen einige Kilogramm und werden beim Bremsen bis zu mehrere Hundert Grad Celsius heiß. ▶3
Bei Notbremsungen ist die Leistung der Bremsen oft größer als die des Motors. *Beispiel:* Ein Auto beschleunigt in 8 s von 0 auf 100 $\frac{km}{h}$. Bei einer Notbremsung steht es nach 3,7 s. Die Bewegungsenergie ändert sich also beim Bremsen etwa doppelt so schnell wie beim Beschleunigen – die Leistung der Bremsen ist doppelt so groß wie die des Motors.
Bei langen Talfahrten sollte andauerndes Bremsen vermieden werden. Es besteht die Gefahr, dass die thermische Energie nicht schnell genug von den Bremsscheiben an die Umgebung abgegeben werden kann. Die Bremsscheiben überhitzen, die Bremsflüssigkeit beginnt zu sieden und die Bremse versagt.

Haften und Gleiten – wichtig fürs Bremsen Solange ein Reifen auf der Fahrbahn haftet, ist die maximale Bremskraft größer als beim Gleiten (Rutschen) des Reifens.
Wenn das Bremspedal sehr kräftig getreten wird, können die Räder blockieren. Bremsscheiben und -beläge haften so fest aufeinander, dass sie sich nicht mehr gegeneinander bewegen. Die Räder rutschen über die Straße. Weil sie sich nicht mehr drehen, wandeln die Bremsen keine Energie mehr um. Die Bewegungsenergie des Wagens wird nur noch durch Reibung zwischen Reifen und Straße in thermische Energie umgewandelt. Weil diese Reibung geringer ist als die zwischen Bremsscheibe und Belägen, wird der Bremsweg beim Rutschen länger.
Wenn die Reifen auf der Fahrbahn gleiten, werden sie einige Hundert Grad Celsius heiß. Die Reifenoberfläche wird weich. Der Bremsweg verlängert sich dadurch noch mehr.

Antiblockiersystem Das Auto lässt sich nicht mehr lenken, wenn die Räder blockieren. Der Fahrer kann einem Hindernis nicht mehr ausweichen! Um das zu verhindern, verfügen moderne Fahrzeuge über ein *Antiblockiersystem (ABS)*. Die Drehzahlen der Räder werden ständig gemessen und an einen Bordcomputer gemeldet. Sinkt die Drehzahl eines Rads beim Bremsen zu schnell, stellt der Computer Blockiergefahr fest. Der Druck in der Bremsleitung für dieses Rad wird für kurze Zeit verringert. Das Rad dreht sich schneller – und wird erneut stärker gebremst. Dieses Wechselspiel läuft bis zu 10-mal pro Sekunde ab.

2 *Bremsanlage eines Autos*

3 *Bremse auf dem Prüfstand (nach längerem Bremsen)*

4

5

Aufgaben

8 An welchen Stellen wird die Bewegungsenergie in thermische Energie umgewandelt, wenn ... ?
a ein Auto mit blockierten Rädern bremst
b die Räder beim Bremsen auf der Straße haften

9 Diese Fahrbahnoberflächen sind besonders für Mofa- und Motorradfahrer gefährlich. ▶4–5 Begründe physikalisch.

Aus Umwelt und Technik — Nie ohne Sicherheitsgurt!

Und plötzlich erwischt es dich. Dein Auto prallt frontal mit 50 $\frac{km}{h}$ gegen eine Mauer – kannst du das überleben?

Damit ein Auto beim Unfall möglichst wenig beschädigt wird, baute man Autos vor 100 Jahren aus dickem Blech. Prallen jedoch zwei unnachgiebige Gegenstände aufeinander, so wird die Bewegungsenergie immer auf extrem kurzen Bremswegen umgewandelt. Es treten hohe Kräfte auf ($F = \frac{E}{s}$). Heutzutage sorgen „Knautschzone", Gurt und Airbag für einen längeren Bremsweg der Personen im Auto. Dadurch werden die Personen kleineren Kräften ausgesetzt.

Selbst bei einem Aufprall mit geringer Geschwindigkeit werden nicht angeschnallte Personen gegen Windschutzscheibe und Armaturenbrett geschleudert. ▶1 Ein Frontalzusammenstoß bei größerer Geschwindigkeit entspricht dem Sturz aus großer Höhe. ▶2 Wie wichtig es ist, angeschnallt zu sein, wird in dem Zeitungsartikel unten deutlich.

1 *Crashtest ohne Sicherheitsgurt*

↻ 462-1 Video Crashtest

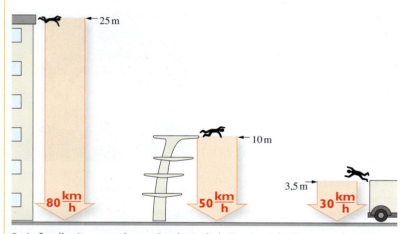

2 *Aufprall mit angegebener Geschwindigkeit entspricht Sturz aus der Höhe.*

Sie fliegen noch, wenn der Wagen schon steht!

Nehmen wir an, Sie sitzen in einem Mittelklassewagen und fahren mit 50 $\frac{km}{h}$ gegen einen Baum. Dann wird das Vorderteil des Wagens um etwa 60 cm zusammengedrückt. Auf diesem 60 cm langen „Bremsweg" kommt das Auto zum Stehen.

Sie selbst haben zum Zeitpunkt des Aufpralls die gleiche Geschwindigkeit wie das Fahrzeug. Ohne Gurt schießen Sie also mit 50 $\frac{km}{h}$ weiter nach vorn. Sie treffen erst dann auf das Armaturenbrett, wenn der Wagen schon zerknautscht und zum Stehen gekommen ist. Ihr Bremsweg ist daher nicht länger als 4 cm – so weit beult sich das Armaturenbrett ein.

Der Aufprall ist so stark, als habe eine 4 bis 5 Tonnen schwere Keule zugeschlagen. Wenn Ihr Kopf gegen den Dachrahmen aus Stahl prallt, ist der Schlag noch viel stärker und auf jeden Fall tödlich. Es ist so, als ob Sie aus dem 3. Stock eines Hauses kopfüber auf das Pflaster stürzen.

Anders mit Gurt: Hier werden Sie aufgefangen, bevor Sie das Armaturenbrett, den Dachrahmen oder die Windschutzscheibe erreichen. Der Gurt verlängert durch seine Ausdehnung den Bremsweg auf 20 bis 25 cm.

Deshalb müssen Sie Sicherheitsgurte anlegen – und zwar immer! Nicht nur auf der Autobahn oder auf der Landstraße, sondern auch in der Stadt!

Drei Viertel aller Unfälle, bei denen Pkw-Insassen getötet oder verletzt werden, ereignen sich bei Geschwindigkeiten unter 60 $\frac{km}{h}$. Schon bei einem Aufprall mit 20 $\frac{km}{h}$ kann der Kopf die Windschutzscheibe durchbrechen. Dann kommt es zu schweren Augen- und Gesichtsverletzungen.

Airbag Außer mit Sicherheitsgurten sind Autos auch mit Airbags ausgerüstet. Auf der Fahrerseite stecken sie mitten im Lenkrad. Bei einem Auffahrunfall wird der Airbag blitzschnell (0,03 s) aufgeblasen. ▶3 Er bremst Kopf und Brust ab und verringert so die Verletzungsgefahr.

Nackenstütze Bei einem Heckaufprall reicht der Schutz durch den Sicherheitsgurt nicht aus. ▶4 Die Person wird nämlich nach vorne geschleudert. Die Rückenlehne des Sitzes übt die beschleunigende Kraft aus. Der Kopf bleibt infolge der Trägheit zurück. Ohne Nackenstütze wird die Halsmuskulatur überdehnt. Die Nackenwirbel können verletzt werden. Schon bei mittleren Aufprallgeschwindigkeiten kann das Genick brechen. Die Verletzungsgefahr wird durch eine richtig angebrachte Nackenstütze erheblich verringert. Sie sorgt dafür, dass der Kopf gemeinsam mit dem Körper beschleunigt wird.

Zwei Räder – ein Helm! Das innere Schutzpolster des Helms wirkt bei einem Aufprall als „Knautschzone". ▶5 Der Kopf wird auf einer Strecke von einigen Zentimetern verzögert. Der Helm bietet auch Schutz beim Aufprall auf Kanten: Die Helmschale verteilt die Kräfte auf eine größere Fläche des Schädels. Mit Schutzhelm steigen die Chancen beträchtlich, dass Zweiradfahrer Unfälle überleben. Er ist für sie unentbehrlich!

3 Schutz durch Airbags

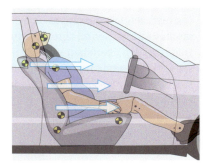

4 Heckaufprall ohne Nackenstütze

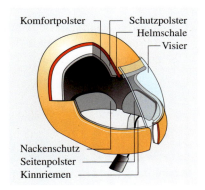

5 Aufbau eines Schutzhelms

Aufgaben

1 Beschreibe, wie ein Sicherheitsgurt schützt.

2 Erkläre die Schutzwirkung der Nackenstütze.

3 Zweiradfahrer sind beim Aufprall in der Regel stärker gefährdet als Autofahrer. Erkläre den Unterschied.

4 Kräfte beim Aufprall
Beantworte die folgenden Fragen mithilfe von Rechnungen:
a Wie viel Bewegungsenergie besitzt ein Autofahrer (75 kg) bei 50 $\frac{km}{h}$ (100, 150 $\frac{km}{h}$)?
b Mit welcher Kraft muss er sich bei Vollbremsung am Lenkrad abstützen, wenn er nicht angegurtet ist? Berechne den Bremsweg nach dieser Faustformel:
$$\text{Bremsweg in m} = \left(\frac{\text{Geschwindigkeit in } \frac{km}{h}}{10}\right)^2$$
c Welche Kraft wirkt auf den Fahrer, wenn er nicht angegurtet ist und beim Aufprall gegen einen Baum auf einer Strecke von 4 cm abgebremst wird?
d Welche Kraft erfährt er mit Sicherheitsgurt beim Aufprall gegen einen Baum?
Tipps: Nicht nur die Dehnung des Gurts spielt eine Rolle, sondern auch die Knautschzone; Bremsweg mit Sicherheitsgurt: 75 cm.

5* Ein Frontalaufprall wirkt je nach Geschwindigkeit wie ein Sturz aus verschiedenen Höhen. ▶2 Überprüfe die angegebenen Höhen durch eigene Rechnungen.

Aus der Geschichte — Vom Raketenschlitten zum Sicherheitsgurt

Bis in die 1960er Jahre hinein gab es Sicherheitsgurte nur in wenigen Autos. ▶1 Ein Frontalaufprall endete für die Insassen fast immer mit schweren Verletzungen oder dem Tod.

Mitte des 20. Jahrhunderts untersuchte Colonel *John Stapp* von der US-Luftwaffe die Belastbarkeit des Menschen beim Beschleunigungen und Abbremsen. Auf seinem Raketenschlitten erreichte er bis zu 1000 $\frac{km}{h}$. Die gewaltigen Antriebs- und Bremskräfte waren ihm „ins Gesicht geschrieben". ▶2–3

Die Tests zeigten, dass man mit Sicherheitsgurt ganz rasches Abbremsen aus großer Geschwindigkeit ohne Folgeschäden überleben kann. Zu den Hintergründen seiner Arbeit sagte John Stapp: „... Die Arbeit hat Richtwerte für die Sicherheit geliefert ... Das Programm zum Aufprallschutz hat mehr als 15 000 oder 20 000 Menschen im Jahr gerettet, die andernfalls bei Unfällen gestorben wären. Das Ziel war das Gegenteil von Krieg – es ging darum, Menschen am Leben zu halten."

1 Oldtimer – schön, aber gefährlich

2 Der Raketenschlitten wird abgebremst.

Aufgabe

1 „Erst gurten, dann starten!" Informiere dich über die Einführung der Gurtpflicht in Deutschland. Bereite einen Kurzvortrag dazu vor.

3 John Stapp wird beschleunigt und wieder abgebremst.

Aus der Technik — Der Elektromotor hilft beim Bremsen

Dieses Auto hat einen Dieselmotor und einen Elektromotor. ▶4 Der Akku hat nur eine Reichweite von wenigen Kilometern. Zum Aufladen wird er nicht ständig an die Steckdose angeschlossen. Der Akku bekommt seine Energie beim Bremsen! Wenn der Fahrer vom Gas geht, wird der Elektromotor zum Generator. Bewegungsenergie wird in elektrische Energie umgewandelt und im Akku gespeichert. Auf diese Weise braucht man in der Stadt viel seltener auf das Bremspedal zu treten.

Bei vollem Akku ist die Motorbremse abgeschaltet. Der Akku kann ja keine Energie mehr aufnehmen. Der Fahrer muss darüber informiert werden, damit er zum Bremsen wieder häufiger auf das Bremspedal tritt.

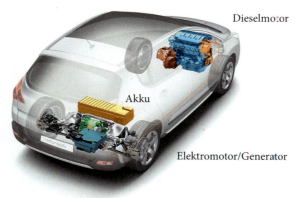

4 Beim Bremsen wird der Akku aufgeladen.

Überblick

Bewegungsenergie Zum Beschleunigen braucht man Energie. Die zugeführte Energie steckt als Bewegungsenergie im Fahrzeug; sie wächst mit dem Quadrat der Geschwindigkeit: ▶5
$E = \frac{1}{2} \cdot m \cdot v^2$.
Doppelte Geschwindigkeit – vierfache Bewegungsenergie!

Weitere Energieumwandlungen Auch zum Fahren mit konstanter Geschwindigkeit ist Energie nötig. Bei jeder Bewegung auf der Erde müssen Widerstände wie Luftreibung und Rollreibung überwunden werden. Bei gleichbleibender Geschwindigkeit wird ständig genauso viel Energie an die Umgebung abgegeben, wie der Motor zum Antrieb bereitstellt. In diesem Fall ist die Antriebskraft genauso groß wie die Reibungskräfte, die die Bewegung hemmen.
Beim Abbremsen wandeln die Bremsen des Fahrzeugs die Bewegungsenergie in thermische Energie um.

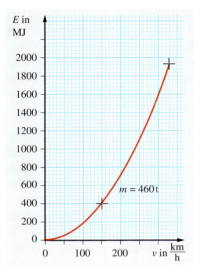

5

Anhalteweg Unter dem Anhalteweg versteht man die Summe aus dem Reaktionsweg und dem Bremsweg: ▶6
– Den Reaktionsweg legt das Fahrzeug zwischen dem Erkennen der Gefahr und dem Betätigen der Bremse zurück.
– Danach beginnt der Bremsweg. Er wächst mit dem Quadrat der Geschwindigkeit: Doppelte Geschwindigkeit – vierfacher Bremsweg!

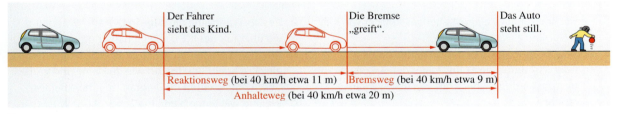

6

Alles klar?

1 Tom (70 kg) testet einen Sportwagen (1,2 t). Von 0 auf 50 $\frac{km}{h}$ beschleunigt er in nur 1,9 s.
a Berechne die Bewegungsenergie des Wagens und die Leistung des Motors.
b* Wie groß ist die Kraft, die der Sitz beim Beschleunigen auf Tom ausübt? Berechne sie.

2 Mannis Lastwagen wiegt 38 t. Wie viel Dieselöl muss verbrannt werden, damit er eine Geschwindigkeit von 80 $\frac{km}{h}$ erreicht? Berechne es. *Hinweis:* Der Motor stellt beim Verbrennen von 1 Liter Dieselöl eine Energie von 7,2 MJ zum Beschleunigen bereit.

3 Bei 40 $\frac{km}{h}$ beträgt der Bremsweg eines Autos 9 m (auf trockener Straße). Wie lang ist der Bremsweg bei doppelter Geschwindigkeit: 12 m, 18 m, 25 m oder 36 m? Begründe deine Antwort.

4 Bei einem Verkehrsunfall wird eine Bremsspur von 12 m gemessen. Ein Sachverständiger ermittelt eine Bremskraft von 6,8 kN. Rechne nach, ob der Pkw ($m = 1200$ kg) schneller als 50 $\frac{km}{h}$ fuhr.

5 Messungen haben ergeben, dass ein normales Fahrrad auf trockener Straße bei 20 $\frac{km}{h}$ einen Bremsweg von 5 m hat.
a Berechne den Bremsweg nach der Faustformel auf der vorigen Doppelseite.
b Die Faustformel ist für Fahrräder und Mofas ungeeignet. Gib Gründe dafür an.

Teste dich!

1 Beim Tauchen empfindest du einen Druck im Ohr.
a Erkläre das Druckgefühl.
b Berechne den Druck in 4 m Wassertiefe.
c Wenn du beim Tauchen eine Luftblase ins Wasser bläst, wird sie beim Aufsteigen immer größer. Erkläre die Veränderung.

2 Auftrieb im Wasser
a Zwei Ballons voll Wasser werden auf den Boden eines Beckens gedrückt und dann losgelassen. ▶1 Was wird danach geschehen? Begründe deine Antwort.
b Schiffe aus Eisen schwimmen, Nägel aus Eisen aber nicht. Erkläre den Unterschied.
c Ein Schiff taucht tiefer ein, wenn es beladen wird. Erkläre.

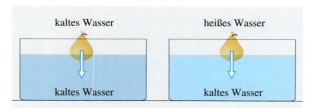

1

3 Herr Schmidt hat es eilig. Mit Vollgas fährt er von Kiel nach Hamburg.
a Wie viel Energie ist für den Antrieb des Autos erforderlich? Berechne es mit folgenden Angaben:
– Das Auto wird mit einer Kraft von 900 N vorangetrieben.
– Die Entfernung zwischen den Städten beträgt 90 km.
b Auf der Fahrt verbraucht das Auto 8,5 l Benzin. Berechne, wie viel Energie das Benzin liefert.
Tipp: 1 l Benzin liefert eine Energie von 33 MJ.
c Vergleiche die Energie zum Antrieb (Teil a) mit der zugeführten Energie (Teil b). Erkläre den Unterschied.
d Berechne den Wirkungsgrad des Autos (bei Vollgas).

4 Eine Fußballmannschaft fährt mit dem Aufzug zur Aussichtsplattform eines Fernsehturms. Der Fahrstuhl braucht 20 s für 40 m Höhenunterschied.
a Berechne die mechanische Leistung des Fahrstuhls.
Tipp: Die Mannschaft wiegt zusammen 700 kg.
b Der Aufzug wird von einem Elektromotor angetrieben. Seine elektrische Leistung beträgt 15 kW. Berechne den Wirkungsgrad des Aufzugs.

5 Welche Diagramme beschreiben ungleichförmige Bewegungen, welche gleichförmige? ▶2 Begründe.

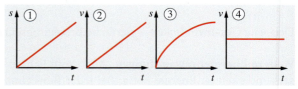

2

6 Hier sind die Fahrten von zwei Zügen dargestellt. ▶3 Die Strecke ist nur an den Bahnhöfen zweigleisig. Zwischen C-Dorf und D-Stadt ist eine Baustelle.

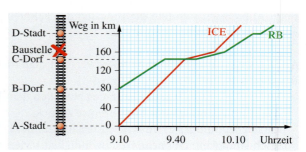

3

a Lies ab: Wann sind die Züge in D-Stadt? Wann und wo überholt der ICE die Regionalbahn?
b Wann und wo fahren die Züge schnell, langsamer, gleich schnell? Beschreibe, wie du kleine und große Geschwindigkeiten im Diagramm unterscheidest.
c Wo und wie lange bleibt ein Zug stehen? Wie erkennst du das im Diagramm?
d Bestimme jeweils die höchste Geschwindigkeit, mit der die Züge fahren.
e* Ermittle die Geschwindigkeiten der Züge auf allen Streckenabschnitten.
f Zeichne ein gemeinsames Geschwindigkeit-Zeit-Diagramm für beide Zugfahrten.
Tipp: Es kommen folgende Geschwindigkeiten vor: $0\,\frac{km}{h}$, $60\,\frac{km}{h}$, $160\,\frac{km}{h}$, $250\,\frac{km}{h}$.
g* Wenn der ICE zwischen A-Stadt und C-Dorf schneller bzw. langsamer fahren würde ... Überlege dir, was passieren würde.

▷ Die Lösungen findest du im Anhang.

7 Jäger Schütz geht (4 $\frac{km}{h}$) um 19 Uhr zu seinem 2 km entfernten Hochsitz. Sein Hund Struppi läuft doppelt so schnell voraus. Am Hochsitz kehrt er sofort um und läuft seinem Herrchen wieder entgegen. So flitzt er immer zwischen Herrchen und Hochsitz hin und her.
a Zeichne ein Diagramm mit den Wegen und Zeiten von Herrn Schütz und Struppi.
b Lies aus dem Diagramm ab: Wann ist Struppi zum ersten Mal am Hochsitz, wann zurück bei seinem Herrchen, wann zum zweiten Mal am Hochsitz?
c Welche Strecke legt Struppi insgesamt zurück?

8* In einem Roman von *Jules Verne* wird ein Raumschiff in einem 216 m langen Kanonenrohr auf 40 000 $\frac{km}{h}$ beschleunigt und in Richtung Mond geschossen.
a Wie lange wird beschleunigt? Berechne es.
b Berechne die Beschleunigung a. Vergleiche sie mit der Fallbeschleunigung g.

9 Finnja wagt die Fahrt auf einem Free-Fall-Tower. Zunächst wird sie mit der Gondel emporgeschleudert. Kurz vor dem oberen Ende wird sie stark abgebremst. Eine Sekunde hat sie Zeit zum Luftholen. Dann geht es im freien Fall wieder nach unten. Rechtzeitig vor dem Boden wird sie abgebremst.
a Welche Kräfte wirken in den verschiedenen Abschnitten der Bewegung? Nenne sie.
b Wann schießt Finnja das Blut in den Kopf, wann in die Beine? Begründe deine Antwort.
c* Wie kommt es, dass man sich im freien Fall schwerelos fühlt? Wie verhält sich eine Brille, wenn sie während des Falls von der Nase rutscht? Erkläre.

10 Der Anhalteweg
a Der Anhalteweg setzt sich aus zwei Teilwegen zusammen. Nenne sie.
b Auf welchen Teilweg haben die folgenden „Mängel" Einfluss: Alkoholgenuss, abgenutzte Bremsbeläge, zu hohe Geschwindigkeit, abgefahrene Reifen, schlechte Sicht, Regen, Müdigkeit? Begründe deine Zuordnung.
c Berechne den Anhalteweg unter folgenden Voraussetzungen: Geschwindigkeit 100 $\frac{km}{h}$; Automasse 1000 kg; Reaktionszeit 1,5 s; Bremskraft 3 kN.

11 Der Sicherheitsgurt ist lebenswichtig.
a Beschreibe seine Funktionsweise. (Verwende dazu Begriffe wie Energie, Trägheit, Kraft.)
b Was ist die „Knautschzone"? Was bewirkt sie?
c Frau Prandir (70 kg) fährt mit 100 $\frac{km}{h}$ über die Autobahn. Berechne ihre Bewegungsenergie.
d Der Bremsweg ihres Autos beträgt 50 m. Mit welcher Kraft müsste sich Frau Prandir am Lenkrad abstützen, wenn sie nicht angeschnallt wäre?
e Bei einem Auffahrunfall wird Frau Prandir durch den Sicherheitsgurt auf einer Strecke von 80 cm abgebremst. Ohne Gurt wäre die Bremsstrecke nur 4 cm lang. Welche Folgen hätte das für die Frau?

Basiskonzepte

In der Physik kehren bestimmte Begriffe, Vorstellungen und Denkweisen immer wieder. Sie lassen sich in vier Basiskonzepten zusammenfassen. So werden die Grundzüge physikalischen Denkens deutlich.

System

Ein System besteht immer aus mehreren Teilen, die aufeinander oder miteinander wirken. Man kann die Bedeutung der einzelnen Teile und ihr Zusammenspiel untersuchen. Oder man betrachtet das System als Ganzes, sozusagen von außen:
- Der Stromkreis ist ein System zur elektrischen Energieübertragung. Fehlt ein Teil, z. B. die Energiequelle, funktioniert das System nicht.
- Ein Fahrrad ist ein System zur Fortbewegung. Es ist an die Kraft- und Leistungsgrenzen des Menschen angepasst.
- Ein Handy ist selbst ein System aus vielen Teilen und zugleich Bestandteil eines viel größeren Systems. Das Mobilfunknetz ist ein System zur Informationsübertragung.

Systeme können Gleichgewichtszustände besitzen. Ein ruhendes Fadenpendel befindet sich im Gleichgewicht: Der Faden zieht an der Kugel nach oben, die Erde nach unten. Wenn man das Gleichgewicht durch Auslenken stört, kommt es zu Schwingungen.

1

Wirkung/Wechselwirkung

Ursachen für Abläufe zu finden, Vorgänge vorherzusagen und Veränderungen vorauszuberechnen, das sind Anliegen der Physik.

Wenn wir den Sonnenuntergang am Meer oder an einem See sehen, glitzert das Wasser. Ursache ist die Reflexion des Lichts an der Wasseroberfläche. Bei genauerer Betrachtung erkennt man, dass das Licht nicht nur reflektiert wird. Ein Teil des Lichts wird vom Wasser absorbiert und führt zu einer Erwärmung. Nicht nur das Wasser hat eine Wirkung auf das Licht, sondern auch das Licht auf das Wasser.

Kräfte von der Fahrbahn sind Ursache für Geschwindigkeits- oder Richtungsänderungen von Fahrzeugen. Aber nicht nur die Fahrbahn übt eine Kraft auf das Fahrzeug aus, sondern auch das Fahrzeug auf die Fahrbahn. Man sieht es, wenn Kies auf der Fahrbahn liegt. Der Kies wird weggeschleudert. Es gibt also eine Wechselwirkung zwischen Fahrzeug und Fahrbahn.

Beim Transformator bewirkt ein Wechselstrom in der Feldspule eine Wechselspannung in der Induktionsspule. Wenn man ein Elektrogerät an die Induktionsspule anschließt, wird der Strom in der Feldspule größer. Es gibt also eine Rückwirkung von der Induktionsspule auf die Feldspule – durch das Magnetfeld, das der Induktionsstrom hervorruft.

2

Basiskonzepte

Energie

Energie kann man sich als universellen „Treibstoff" vorstellen. Ohne Energie gäbe es kein Licht, keine Wärme, keine Bewegung, kein Leben.
Sie kommt in unterschiedlichen Formen vor: Strahlungsenergie, Bewegungsenergie, Lageenergie, elektrische Energie ...
Die verschiedenen Erscheinungsformen der Energie sind wandelbar. Die Energie selbst verändert sich dabei nicht.
Energie lässt sich transportieren, z. B. in Hochspannungsleitungen oder in Heizungsrohren.
Die meiste auf der Erde genutzte Energie stammt von der Sonne. Ein Teil dieser Energie wurde in Jahrmillionen durch Strahlung übertragen und ist in fossilen Brennstoffen (Kohle, Erdöl ...), im Wasser, im Erdreich und in der Atmosphäre gespeichert.
Mit Energie soll man sparsam umgehen und sie so effektiv wie möglich nutzen. Maschinen müssen einen hohen Wirkungsgrad haben: Sie sollen möglichst wenig Wärme ungenutzt an die Umgebung abgeben. Denn die in der Umgebung verteilte Energie kann umso weniger genutzt werden, je niedriger die Temperatur ist. Diese Energie ist entwertet.

Struktur der Materie

Vorstellungen vom Aufbau der Stoffe aus Teilchen sind Grundlage für das Verständnis der uns umgebenden Welt.
Die Aggregatzustände führen wir auf unterschiedliche Anordnung der Teilchen zurück, die Temperatur auf die Teilchenbewegung.
Den chemischen Elementen entsprechen unterschiedliche Atomarten. Chemische Reaktionen führen zur Neuordnung der Teilchen. Dadurch entstehen Stoffe mit anderen Eigenschaften.
Die elektrische Aufladung erklären wir durch die Vorstellung, dass die Atome selbst elektrische Teilchen enthalten: die Elektronen und die Protonen. Diese Vorstellung bewährt sich bei der Erklärung von elektrischen Leitungsvorgängen, Radioaktivität und Kernspaltung.
Heute weiß man, dass die Protonen und Neutronen ebenfalls aus Teilchen aufgebaut sind.

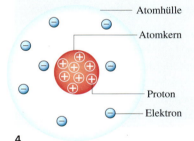

4

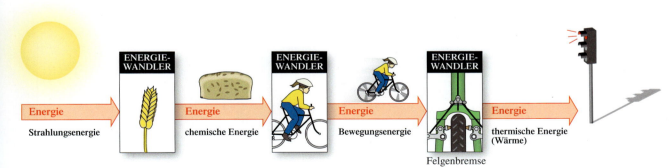

3

Methode: Diagramme mit dem Computer zeichnen

Karim ist für den Physikunterricht Fahrrad gefahren. Seine Bewegung ist mit einem Computer genau aufgezeichnet worden. ▶1 Nun soll der Computer auch das Diagramm zeichnen und die Geschwindigkeit berechnen. Karim braucht ein Tabellenkalkulationsprogramm!
Ein weitverbreitetes Tabellenkalkulationsprogramm heißt „Excel". Du lernst es in den folgenden Schritten kennen. Die grundsätzlichen Überlegungen gelten aber auch für ähnliche Programme. Die Befehle können dort allerdings anders heißen und an anderer Stelle im Menü stehen.

t in s	s in m
0,00	0,00
0,42	2,50
0,92	5,00
1,63	7,50
1,98	10,00
2,46	12,50
3,06	15,00
3,53	17,50
3,98	20,00
4,44	22,50
4,95	25,00

1

① Erste Schritte

Starte das Programm. Es öffnet sich ein Tabellenblatt. Speichere die Datei unter einem sinnvollen Namen.
Du siehst eine Tabelle mit vielen einzelnen *Zellen*. Sie sind in *Zeilen* und *Spalten* angeordnet. Spalten sind mit Buchstaben bezeichnet, Zeilen mit Zahlen. *Beispiel:* Die Zelle „B4" befindet sich in Spalte B, Zeile 4. ▶2
In jede Zelle kannst du Texte, Zahlen oder Formeln eintragen. Wähle die gewünschte Zelle dazu durch Anklicken aus.
Du kannst auch mehrere Zeilen und Spalten zugleich auswählen: Klicke in die linke obere Zelle des gewünschten Bereichs. Es erscheint ein „+"-Zeichen in der Zelle. Ziehe die Maus mit gedrückter Taste z. B. nach rechts und unten.

② Messwerte eintragen ▶3

Zuerst kommt der „Tabellenkopf": Trage die gemessenen physikalischen Größen und ihre Einheiten ein.
Trage die Messwerte in die Zellen darunter ein.

③ Das Diagramm zeichnen ▶4–5

Wähle die Messwerte in der Tabelle aus. Damit sie als Punkte in einem Diagramm erscheinen, musst du mehrere Schritte im Menü gehen. Wir wählen den Diagrammtyp „Punkt (X,Y)":
Einfügen → Diagramm → Punkt (X,Y) → Weiter. ▶4
In den nächsten Schritten kannst du dein Diagramm benennen, die Achsen beschriften und ein Gitternetz einfügen. Zuletzt entscheidest du, ob das Diagramm in der Tabelle angezeigt werden soll. ▶5

2

3

4

5

4 Messkurve zeichnen

Bei konstanter Geschwindigkeit sollten alle Punkte im Diagramm auf einer Geraden liegen. Natürlich tun sie das nicht – jede Messung ist mit Fehlern versehen. Per Hand zeichnet man in solchen Fällen eine Ausgleichsgerade, die den „wahren" Zusammenhang zwischen Weg und Zeit beschreibt. Sie soll so zwischen den Punkten liegen, dass die Abstände nach oben und unten sich insgesamt ausgleichen. Das Programm zeichnet dir eine Ausgleichsgerade auf diese Weise:

a) Klicke im Diagramm mit der rechten Maustaste auf einen der Messpunkte. Es öffnet sich ein Menü. Wähle „Trendlinie hinzufügen" aus. ▶6

b) Wähle im Fenster „Trendlinie" den Typ „Linear". Setze bei den Optionen einen Haken in das Kästchen „Gleichung im Diagramm darstellen".

c) Die Ausgleichsgerade soll im Punkt (0|0) starten. Setze bei den Optionen einen Haken in das Kästchen „Schnittpunkt" und setze in das Feld daneben den Wert 0 ein.

d) Wenn du auf „OK" drückst, erscheint die Ausgleichsgerade. ▶7 Zusätzlich wird ihre Funktionsgleichung angezeigt (hier: oben rechts). Die Steigung gibt die Geschwindigkeit des Radfahrers an. *Hinweis:* Auch im entsprechenden Programm von OpenOffice kannst du eine Ausgleichsgerade zeichnen lassen. Wähle dazu das Diagramm mit einem Doppelklick aus und führe dann folgende Schritte aus: Einfügen → Trendlinien → linear → OK.

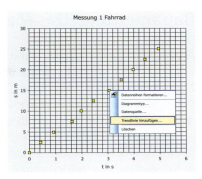

6

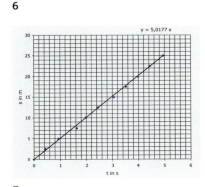

7

5 Berechnungen ausführen

Wie weit kommt das Fahrrad in 1, 2, 3 … Sekunden? Für die Berechnung nehmen wir die Gleichung $s = v \cdot t$. Als Geschwindigkeit setzen wir $v = 5{,}0177\,\frac{m}{s}$ ein. Du könntest jetzt den Weg für jede Sekunde einzeln berechnen. Mit dem Programm geht es einfacher:

a) Ergänze zunächst den Tabellenkopf (Zeile 2). ▶8

b) Trage in die Zelle E3 die Zahl 1 für die Zeit $t = 1\,s$ ein. „Greife" die rechte untere Ecke der Zelle und ziehe sie mit gedrückter Maustaste nach unten. Wähle die Option „Datenreihe ausfüllen". Das Programm füllt dann die Zellen automatisch aus und zählt dabei mit jeder weiteren Zeile um 1 hoch.

c) Schreibe in die Zelle F3 die Rechenvorschrift: =D$3*E3. ▶9
  – Das „=" sagt dem Programm, dass es um eine Berechnung geht. Das „*" zeigt an, dass es sich um eine Multiplikation handelt.
  – „D$3" zeigt dem Programm, wo es die erste Zahl zum Malnehmen findet: in Zeile D, Spalte 3. Das $-Zeichen vor der 3 sorgt dafür, dass das Programm beim Übertragen der Rechenvorschrift die Zahl 3 festhält und nicht automatisch hochzählt wie in Teil b.
  – „E3" zeigt dem Programm, wo es die zweite Zahl zum Malnehmen findet: in Zeile E, Spalte 3.

d) Nun „greifst" du die rechte untere Ecke der Zelle F3 und ziehst die Maus mit gedrückter Taste nach unten. In jeder Zelle erscheint dann der berechnete Weg. ▶10 Dabei wird in der Rechenvorschrift aus E3 automatisch E4, E5 … Zwischen E und 3 steht nämlich kein $-Zeichen.

8

9

10

Bauanleitung: Das Magic-T-Board

Ihr braucht: 1 Lampe (z. B. Fahrradrücklicht), 1 Lampenfassung mit Lötösen, 1 npn-Transistor (z. B. BC 547B oder BC 237B), 1 Leuchtdiode (5 mm Ø), 2 Schutzwiderstände (180 Ω, 1 kΩ), 7 Lüsterklemmen (zweiadrig), 12 Lötnägel, 6 Lötschuhe, 6 Leitungen mit Krokodilklemmen, 1 Batterie (4,5 V), 1 m Schaltdraht (versilbert), 1 m Anschlusslitze.

So wird's gemacht:

a Befestigt die Lüsterklemmen, Heftzwecken und Lötnägel auf einem Holzbrett (18 cm · 15 cm).

b Stellt aus blankem Schaltdraht die Verbindungen her. Verschraubt oder verlötet sie mit Klemmen, Heftzwecken oder Lötnägeln.

c Lötet die Lampenfassung, die Leuchtdiode und ihren Schutzwiderstand R_2 = 180 Ω fest. ▶3

d Biegt die drei Beinchen des Transistors. ▶4 Lötet ihn auf den Heftzwecken fest. (Sein „Gesicht" mit dem Aufdruck muss nach links zeigen.)
Achtung: Der Transistor wird zerstört, wenn er zu heiß wird. Deshalb wird jedes Beinchen beim Löten mit einer Zange festgehalten, um die Wärme abzuführen.

e Setzt den Schutzwiderstand R_1 (1 kΩ) vor den Basisanschluss B des Transistors.

f Verbindet die Lötnägel 1 und 2 mit einer flexiblen Leitung (X), die mit Steckschuhen versehen ist. Auch die Lötnägel 3 und 4 werden so verbunden (Y).

g Befestigt nun die flexiblen Anschlussleitungen. Mit den Krokodilklemmen könnt ihr die Schaltungen schnell auf- und umbauen.

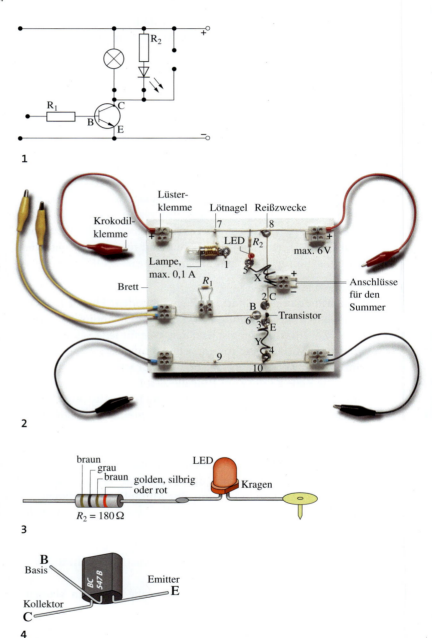

Lösungen der Teste-dich-Aufgaben

Elektrische Energieversorgung (S. 285)

1 a Man benötigt eine Spule, einen Magneten und ein Messgerät zum Nachweis. Der Magnet wird möglichst schnell in die Spule hinein- und herausbewegt. Man kann auch die Spule bewegen.

b Je schneller sich der Magnet oder die Spule hin und her bewegt, desto größer ist der Ausschlag am Messgerät. Ebenso erhöht eine Spule mit vielen Windungen und ein möglichst starker Magnet den Ausschlag.

c Kraftwerke funktionieren nach diesem Prinzip. Wasserdampf bringt große Turbinen in Bewegung, die den Rotor des Generators drehen. Es dreht sich also ein Magnet in einer Spule. Dadurch wird eine Spannung induziert.

2 a Der schwingende Magnet wird abgebremst.

b Der schwingende Magnet induziert in der Spule eine Spannung. Wenn die Spulenanschlüsse verbunden werden, fließt ein Strom durch die Spule. Die Spule wird zur elektrischen Energiequelle. Die Energie dafür stammt aus der Bewegung des Magneten. *Alternativ:* Der Induktionsstrom erzeugt ein Magnetfeld, das dem des bewegten Magneten entgegengesetzt ist (lenzsche Regel).

c Ein Aluminiumring, der auf einem Eisenkern auf einer Spule steckt, wird beim Einschalten des Stroms weggeschleudert. Das Magnetfeld der Spule induziert im Metallring eine Spannung. Der entstehende Strom erzeugt um den Ring ein Magnetfeld, das dem der Spule entgegengesetzt ist. Der Ring wird abgestoßen.

d Die lenzsche Regel wird bei Induktionsbremsen im ICE, in Achterbahnen oder in Heimtrainern (Ergometern) genutzt.

3 a Ein Transformator besteht aus der Feldspule und der Induktionsspule, die auf einem Eisenkern sitzen. Elektrisch sind die Spulen nicht verbunden.

b Um die Eingangsspannung an der Feldspule zu vervierfachen, muss die Induktionsspule viermal mehr Windungen als die Feldspule haben; Beispiel: Feldspule mit 200 und Induktionsspule mit 800 Windungen.

c Ausgangsspannung an der Induktionsspule:
$U_2 = U_1 \cdot \frac{N_2}{N_1}$; $12\,V = 230\,V \cdot \frac{N_2}{4600}$
Anzahl der Windungen der Induktionsspule:
$N_2 = \frac{12\,V}{230\,V} \cdot 4600 = 240$

4 a Beim Schweißtransformator hat die Feldspule viele und die Induktionsspule sehr wenige Windungen. Die Induktionsspule wird mit dem Werkstück und mit einem Schweißdraht verbunden. Es fließt ein hoher Strom, der Metall zum Schmelzen bringt.

b Damit die Stromstärke in der Feldspule bis zu 10 A und in der Induktionsspule bis zu 200 A beträgt, müssen die Windungszahlen der Feld- und Induktionsspule im gleichen Verhältnis gewählt werden:
$I_1 = I_2 \cdot \frac{N_2}{N_1}$; $10\,A = 200\,A \cdot \frac{N_2}{N_1}$; z. B. $N_1 = 200$, $N_2 = 10$.

c Der Induktionsschmelzofen ist ein Transformator, dessen Induktionsspule nur aus einer Windung in Form einer Rinne besteht. In dieser einen Windung fließt ein sehr großer Strom, der Metall zum Schmelzen bringt.

5 a Bei einem Energiestrom von 1 kW pro Kopf sind es für 350 000 Einwohner: $350\,000 \cdot 1\,kW = 350\,MW$. Das Kohlekraftwerk liefert davon 80 %, also 280 MW. Stromstärke in der 220-kV-Hochspannungsleitung:
$I = \frac{P}{U} = \frac{280\,MW}{220\,kV} = 1{,}3\,kA$

b Bei einer 380-kV-Leitung wäre die Stromstärke um den Faktor $\frac{22}{38}$ geringer, betrüge also 0,75 kA.

c Freie Antwort. (Da die Energieverluste mit dem Quadrat der Stromstärke steigen, sind die Verluste bei der 380-kV-Leitung deutlich geringer. Dem stehen höhere Investitionskosten für Übertragungsleitungen und Transformatoren gegenüber.)

6 a In einer Windenergieanlage wird die Bewegungsenergie von Luft mit einem Generator in elektrische Energie umgewandelt. Im Wasserkraftwerk wird Energie des gestauten Wassers mit einem Generator in elektrische Energie umgewandelt. Im Erdwärmekraftwerk wird heißer Dampf auf eine Turbine geleitet, die einen Generator antreibt. In einer Fotovoltaikanlage wird die Strahlungsenergie der Sonne direkt in elektrische Energie umgewandelt.

b Der Wirkungsgrad gibt hier an, welcher Anteil der Energie in elektrische Energie umgewandelt wird. Eine Fotovoltaikanlage wandelt nur 15 % der Strahlungsenergie in elektrische um. Die Brennstoffzelle wandelt 80 % der chemischen Energie in elektrische um.

Radioaktivität und Kernenergie (S. 331)

1 a Ein Filmstück wird in der Dunkelkammer lichtdicht in schwarzen Karton verpackt, der Stein 1 Woche aufgelegt und der Film entwickelt. Sind einige Stellen geschwärzt, ist der Stein radioaktiv.

b Als Nulleffekt bezeichnet man die Strahlung, die von der natürlichen Radioaktivität ausgeht. Ursache sind radioaktive Gesteine und Baustoffe, radioaktive Gase (Radon) und kosmische Strahlung. Sie ist aufgrund der unterschiedlichen Gesteine und Baumaterialien von Ort zu Ort verschieden.

c Alle strahlenden Präparate müssen aus dem Raum entfernt werden, dann werden die Impulse 1 min lang mit dem Geigerzähler gemessen.

d Strahlung gelangt in das Zählrohr. Die Gasfüllung wird durch Ionisation leitfähig. Es fließt kurzzeitig Strom. Der Impuls wird gezählt.

2 a α-Strahlung: Teilchenstrahlung (Heliumkerne), geringe Reichweite, gut abzuschirmen (z. B. durch Papier), sehr große Ionisationsfähigkeit
β-Strahlung: Teilchenstrahlung (Elektronen), größere Reichweite (je nach Energie), abschirmbar durch ca. 4–5 mm Aluminium, geringere Ionisationsfähigkeit
γ-Strahlung: Strahlung ähnlich wie Licht, sehr große Reichweite, kann nur durch dicke Bleiplatten vollständig abgeschirmt werden, geringe Ionisationsfähigkeit

b $^{226}_{88}Ra \rightarrow \, ^{222}_{86}Rn + \, ^{4}_{2}He + \gamma$-Strahlung

3 a Kohlenstoff-12 ($^{12}_{6}C$) hat 6 Protonen und 6 Neutronen im Kern. Kohlenstoff-14 hat 6 Protonen und 8 Neutronen. Die Isotope eines Elements haben gleich viele Protonen, aber verschieden viele Neutronen. Ihre chemischen Eigenschaften sind gleich.

b $^{14}_{6}C \rightarrow \, ^{14}_{7}N + \beta$-Strahlung

4 a Die Aktivität gibt an, wie viel Atomkerne sich pro Sekunde umwandeln. 28 Bq bedeutet: In jeder Sekunde wandeln sich 28 Atomkerne um.

b Im menschlichen Körper wandeln sich durchschnittlich ca. 2800 Kalium-40-Atomkerne pro Sekunde um.

5 Von außen: γ-Strahlung dringt tief in den Körper ein und kann so auch innere Organe schädigen.
Von innen: α-Strahlung ist sehr gefährlich, wenn sie über Nahrungsmittel oder Gase in den Körper gelangt. Sie kann wegen ihrer großen Ionisationsfähigkeit innere Organe stark schädigen und zum Tod führen.

6 a Diagnose: Ein radioaktiver Stoff wird dem Körper über das Blut zugeführt. Nach kurzer Zeit sammelt er sich vor allem in einem möglicherweise vorhandenen Tumor. Aufgrund der Strahlung kann der Tumor gefunden werden.
Therapie: Ein radioaktives Präparat wird in einen Tumor eingeschleust. Die Strahlung zerstört die Krebszellen.
Nachteile (in beiden Fällen): Durch die Strahlung können gesunde Nachbarzellen zerstört oder zu Krebszellen verändert werden.

b Die Halbwertszeit bestimmt, wie lange ein radioaktiver Stoff Strahlung aussendet. Deshalb werden zur Diagnose Präparate mit möglichst kurzer Halbwertszeit eingesetzt, um nicht unnötig gesunde Zellen zu schädigen.
Die Halbwertszeit ist die Zeit, in der die Hälfte der anfangs vorhandenen radioaktiven Atome umgewandelt und die Aktivität gerade halb so groß ist.

c Aktivität nach 2 Halbwertszeiten: 100 Bq

7 a Die Kernspaltung wird durch ein (langsames) Neutron ausgelöst, das in den Uran-235-Kern eindringt. Der Kern zerfällt dadurch in zwei Teile. Zwischen diesen Teilen wirken keine Kernkräfte mehr, sondern nur noch abstoßende elektrische Kräfte. Außerdem werden zwei bis drei (schnelle) Neutronen freigesetzt. Bei der Spaltung wird Kernenergie in Bewegungsenergie der Bruchstücke umgewandelt.

b In den Brennstäben des Kernreaktors befindet sich angereichertes Uran. Im Reaktor läuft eine kontrollierte Kettenreaktion ab: Ein Neutron löst eine Kernspaltung aus. Dabei werden Neutronen frei, die durch umgebendes Wasser abgebremst werden. Ein Teil der Neutronen wird von Uran-238 eingefangen oder verlässt den Reaktor. Im Mittel löst nur ein Neutron pro Kernspaltung eine weitere Kernspaltung aus.
Durch Zusammenstöße mit anderen Atomen werden die Bruchstücke der gespaltenen Kerne abgebremst. Die Kernenergie wird so in thermische Energie umgewandelt und an das umgebende Wasser abgegeben. Das Wasser transportiert die Energie zum Dampferzeuger. Mit dem Dampf wird eine Turbine mit angekoppeltem Generator angetrieben.
Gefährlich sind vor allem die hochradioaktiven Spaltprodukte. Durch eine Reihe von Sicherheitsmaßnahmen soll verhindert werden, dass sie in die Umwelt gelangen. Außerdem müssen sie für Jahrhunderte sicher verwahrt werden.
Eigene Antwort (mögliche Aspekte: weitreichende Folgen, Vergleich mit anderen Risiken, Problem der zukünftigen Energieversorgung)

Informationen übertragen (S. 384)

1 a Sensoren sind „Fühler", technisch nachgebaute Sinnesorgane.
b Feuchtesensoren bestehen aus Edelstahl-Kontaktflächen, die sich nicht berühren. Die Luft zwischen ihnen ist ein elektrischer Nichtleiter. Der elektrische Widerstand zwischen ihnen ist sehr groß.
c Die Wäsche berührt immer mehrere Kontaktflächen gleichzeitig. Das Wasser in ihr ist ein Leiter.
d Der elektrische Widerstand zwischen den Kontaktflächen ist umso kleiner, je feuchter die Wäsche ist.
e Solarzellen wandeln Strahlungsenergie in elektrische Energie (Gleichspannung) um. Mikrofone (als Mikrofon benutzte Hörkapseln) wandeln Schall in elektrische Energie (Wechselspannung) um.

2 a Heißleiter reagieren auf Änderungen der Temperatur, Fotowiderstände auf Änderungen der Helligkeit. Anwendung: Bratenthermometer, Feuermelder; Baustellenlampe, Lichtschranke
b Schaltzeichen:

c Je höher die Temperatur ansteigt, desto kleiner wird der Widerstand eines Heißleiters (NTC-Widerstand). Je mehr Licht auf einen Fotowiderstand fällt, desto kleiner wird dessen Widerstand.

3 a Die Kennlinien gehören zu temperaturabhängigen Widerständen. Typ A leitet Strom mit steigender Temperatur immer schlechter, Typ B immer besser (der Widerstand wird immer kleiner).
b Typ B ist ein Heißleiter (NTC-Widerstand). Typ A ist ein „Kaltleiter" (PTC-Widerstand). Mit ihm könnte man die Heizung einschalten lassen oder eine Alarmschaltung bauen, die vor Frost und Vereisung warnt.

4 a Schaltzeichen:

Für die Durchlassrichtung muss der Ring auf dem Gehäuse der Diode zum Minuspol zeigen.
b Je nach Einbaurichtung sperrt eine Diode den Gleichstrom oder lässt ihn durch (nach Überschreiten der Schwellenspannung). Vom Wechselstrom lässt eine Diode immer nur eine Hälfte durch. Sie wirkt dadurch im Wechselstromkreis als Gleichrichter.
c Alle elektronischen Geräte benötigen eine geringe Gleichspannung. Mit einem Transformator wird die Netzspannung von 230 V~ auf z. B. 6 V~ herabgesetzt. Dann wird der Wechselstrom mit Dioden gleichgerichtet (zu pulsierendem Gleichstrom).

5 a Auf der Karte können 64 Milliarden Buchstaben gespeichert werden.
b 64 Milliarden Buchstaben „ergeben" 42,7 Millionen Romanseiten.
c 42,7 Millionen Romanseiten „ergeben" 85 000 Romane.

6 a 1 Bit ist die kleinste Informationseinheit. Sie belegt im Computer einen Speicherplatz. 1 Bit kann die Zahlenwerte 1 oder 0 haben.
b Siehe Diagramme 1 und 3 auf Seite 368.
c Spannung: 89 mV; Rechnung:
$0 \cdot 2^7 + 1 \cdot 2^6 + 0 \cdot 2^5 + 1 \cdot 2^4 + 1 \cdot 2^3 + 0 \cdot 2^2 + 0 \cdot 2^1 + 0 \cdot 2^0$
$= 64 + 16 + 8 + 1 = 89$
d Höchste Dezimalzahl zu einer achtstelligen Dualzahl:
$128 + 64 + 32 + 16 + 8 + 4 + 2 + 1 = 255$
Zusammen mit der Null können 256 Dezimalzahlen gespeichert werden.
e Offene Antwort
Mit 64-stelligen Dualzahlen lassen sich viel mehr Informationen in einem Schritt speichern und verarbeiten als mit 8-stelligen Dualzahlen. Das „Gehirn" des Rechners muss allerdings in der Lage sein, so viele Informationen auf einmal zu verarbeiten. Dazu sind viel mehr Schaltkreise und eine aufwendigere „Verwaltung" erforderlich. Die modernen Rechner haben dafür nicht mehr Platz und Rechenzeit als ältere Computer. Ihre Schaltkreise müssen also kleiner und die Verwaltung viel schneller sein.

7 a Unter einer Schwingung versteht man eine vollständige Hin- und Her- oder Auf- und Abbewegung eines schwingenden Gegenstands.
Die Schwingungsdauer ist die Zeit, die für eine Schwingung benötigt wird.
Die Frequenz ist die Anzahl der Schwingungen pro Sekunde.
b $f = \frac{1}{T}$
c Eine Wellenlänge ist der Abstand zweier benachbarter Wellenberge.
d Licht breitet sich von der Sonne zur Erde durch den leeren Weltraum hindurch aus. Elektromagnetische Wellen benötigen keinen Stoff zum Ausbreiten.
e Für die Ausbreitungsgeschwindigkeit gilt: $v = \lambda \cdot f$.
f $\lambda = \frac{v}{f}$; $\lambda = \frac{340 \frac{m}{s}}{261,6 \, Hz} = 1,3 \, m$

8 a Tabelle:

Grundfarbe	Farbeindruck				
	Gelb	Magenta	Cyan	Weiß	Schwarz
Rot	✓	✓	–	✓	–
Grün	✓	–	✓	✓	–
Blau	–	✓	✓	✓	–

b Magenta ist ein Mischlicht aus Blau und Rot. Mit Grün zusammen liegen alle drei additiven Grundfarben vor. Sie ergeben zusammen weißes Licht (vorausgesetzt, die Anteile der Farben stimmen).

c Rot hat von den drei Farben die kleinste Frequenz, Blau die größte.

d Rot hat von den drei Farben die größte Wellenlänge, Blau die kleinste.
Es gilt: $\frac{v}{f} = \lambda$ (v: Lichtgeschwindigkeit). Je größer die Frequenz ist, desto kleiner ist die Wellenlänge.

Bewegungen und ihre Ursachen (S. 466)

1 a Dem Schweredruck des Wassers an der Außenseite des Trommelfells steht ein kleinerer Innendruck im Ohr gegenüber. Das Trommelfell wird nach innen verformt.

b Der Schweredruck des Wassers in 4 m Wassertiefe beträgt 0,4 bar. Hinzu kommt der Druck, der durch die auf dem Wasser lastende Luft hervorgerufen wird: 1 bar. Insgesamt beträgt der Druck 1,4 bar.

c Mit zunehmender Höhe nimmt der Druck um die Luftblase herum ab. Die Luftblase dehnt sich aus, bis der Druck in ihr genauso groß ist wie um sie herum. Außerdem nimmt die Luftblase beim Aufsteigen Gas aus der Flüssigkeit auf.

2 Auftrieb im Wasser

a Der Ballon mit dem kalten Wasser schwebt im kalten Wasser. Die Dichte ist jeweils gleich groß.
Der Ballon mit dem warmen Wasser schwimmt auf dem kalten Wasser. Die Dichte des warmen Wassers ist geringer als die des kalten Wassers.

b Das Schiff schwimmt, weil es so viel Wasser verdrängt, dass die Auftriebskraft so groß ist wie die Gewichtskraft. Der Nagel verdrängt kaum Wasser: Die Auftriebskraft auf ihn ist geringer als die Gewichtskraft. Die mittlere Dichte des Schiffs ist geringer als die von Wasser. Die Dichte des Nagels ist größer als die von Wasser.

c Wenn das Schiff beladen wird, nimmt die Gewichtskraft zu. Es taucht tiefer in das Wasser ein und verdrängt mehr Wasser. Dadurch nimmt die Auftriebskraft zu. Wenn sie so groß ist wie die Gewichtskraft, taucht das Schiff nicht noch tiefer ein.

3 a Für die Fortbewegung genutzte Energie:
$E = F \cdot s$; $E = 0{,}9 \text{ kN} \cdot 90 \text{ km} = 81 \text{ MJ}$

b Durch Verbrennen des Benzins zugeführte Energie:
$E_{zu} = 8{,}5 \cdot 33 \text{ MJ} = 280 \text{ MJ}$

c Nur ein Teil der zugeführten Energie wird in mechanische Energie umgewandelt. Der übrige Teil wird als thermische Energie über den Kühler und die Abgase an die Umgebung abgegeben.

d Wirkungsgrad: $\frac{E_{nutz}}{E_{zu}} = \frac{81}{280} = 29\%$

4 a Zum Hochfahren umgewandelte Energie:
$E = F \cdot s$; $E = 7000 \text{ N} \cdot 40 \text{ m} = 280 \text{ kJ}$
Leistung: $P = \frac{E}{t}$; $P = \frac{280 \text{ kJ}}{20 \text{ s}} = 14 \text{ kW}$

b Wirkungsgrad: $\frac{P_{nutz}}{P_{zu}} = \frac{14}{15} = 93\%$

5 Die Diagramme 1 und 4 stellen gleichförmige Bewegungen dar. Der Weg ist proportional zur Zeit, die Geschwindigkeit bleibt konstant.
Die Diagramme 2 und 3 stellen ungleichförmige Bewegungen dar. Bei Diagramm 2 nimmt die Geschwindigkeit proportional zur Zeit zu (gleichmäßig beschleunigte Bewegung). Bei Diagramm 3 nimmt der Weg immer langsamer mit der Zeit zu (verzögerte Bewegung).

6 a D-Stadt: ICE 10.10 Uhr, RB 10.20 Uhr
Überholen: 9.44 Uhr, 144 km

b ICE: (gleich) schnell von 9.10 bis 9.44 Uhr und ab 10 Uhr; langsam von 9.44 bis 10 Uhr. Schnell zwischen A-Stadt und C-Dorf und nach der Baustelle; langsam durch die Baustelle.
RB: (gleich) schnell von 9.10 bis 9.34 Uhr, 10.06 bis 10.20 Uhr, ab 10.24 Uhr (aber langsamer als ICE); langsam von 9.50 bis 10.06 Uhr; Stillstand von 9.34 bis 9.50 Uhr und von 10.20 bis 10.24 Uhr. Schnell zwischen B-Dorf und C-Dorf, nach der Baustelle bis D-Stadt und nach dem Halt dort; langsam durch die Baustelle; Halt in C-Dorf und D-Stadt.
Je steiler der Graph im Diagramm ansteigt, desto größer ist die Geschwindigkeit.

c Stillstand RB: von 9.34 bis 9.50 Uhr und von 10.20 bis 10.24 Uhr; in C-Dorf und D-Stadt.
Stillstand: Der Graph verläuft waagerecht.

d Die Geschwindigkeit lässt sich jeweils mit einem Steigungsdreieck bestimmen.
ICE: $s = 144 \text{ km}$; $t = 34 \text{ min} = 0{,}57 \text{ h}$; $v = \frac{144 \text{ km}}{0{,}57 \text{ h}} = 250 \frac{\text{km}}{\text{h}}$
RB: $s = 64 \text{ km}$; $t = 24 \text{ min} = 0{,}40 \text{ h}$; $v = \frac{64 \text{ km}}{0{,}40 \text{ h}} = 160 \frac{\text{km}}{\text{h}}$

e Bis auf die Durchfahrt der Baustelle sind schon alle Geschwindigkeiten bekannt. Geschwindigkeit beim Durchfahren der Baustelle:
$s = 16 \text{ km}$; $t = 16 \text{ min} = 0{,}27 \text{ h}$; $v = \frac{16 \text{ km}}{0{,}27 \text{ h}} = 60 \frac{\text{km}}{\text{h}}$

f Diagramm:

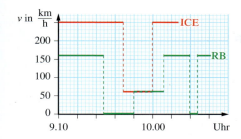

g Wenn der ICE schneller (langsamer) fahren würde, müsste der RB kürzer (länger) warten. Beide wären eher (später) in D-Stadt. Wenn der ICE sehr langsam fahren würde, könnte der RB vor ihm die Baustelle durchfahren.

7 a Diagramm:

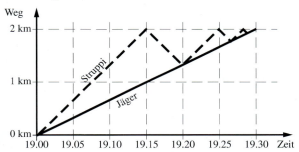

b Am Hochsitz angelangt ist Struppi um 19.15 Uhr; zurück bei seinem Herrchen um 19.20 Uhr, wieder am Hochsitz um 19.25 Uhr. Da Struppi doppelt so schnell wie Jäger Schütz läuft, legt er in 30 min die doppelte Strecke zurück wie der Jäger, also 4 km.

8 a Beschleunigungsdauer:
$s = \frac{1}{2} \cdot v_m \cdot t$
$216\,m = \frac{1}{2} \cdot \frac{40\,000}{3{,}6} \frac{m}{s} \cdot t$
$t = \frac{2 \cdot 3{,}6 \cdot 216\,m}{40\,000} \frac{s}{m} = 0{,}039\,s$

b Beschleunigung: $a = \frac{v_m}{t}$; $a \approx 286\,000 \frac{m}{s^2}$
Diese Beschleunigung ist rund 29 000-mal so groß wie die Fallbeschleunigung. Ein Mensch würde sie nicht überleben.

9 a Emporschleudern: Gewichtskraft und beschleunigende Kraft nach oben (größer als Gewichtskraft)
Abbremsen (oben): Gewichtskraft und bremsende Kraft (nach unten gerichtet)
Pause: Gewichtskraft und Kraft der Gondel (nach oben gerichtet); Kräftegleichgewicht
Freier Fall: Gewichtskraft
Abbremsen (unten): Gewichtskraft und bremsende Kraft (nach oben gerichtet, größer als Gewichtskraft)

b Das Blut fließt beim Abbremsen (oben) und beim freien Fall in den Kopf. Beim Emporschleudern und beim Abbremsen (unten) fließt es in die Beine. Durch die Trägheit fließt das Blut im Körper immer entgegengesetzt zur Beschleunigungsrichtung.

c Rutscht dir die Brille von der Nase, dann würde sie beim freien Fall genauso schnell fallen wie du selbst. Die Brille würde dabei neben deiner Nase „schweben". Ähnlich ergeht es deinen Organen, z. B. deinem Magen, was zu dem Gefühl der Schwerelosigkeit führt.

10 a Verlängerung des Reaktionswegs: Alkohol im Blut, Müdigkeit. Verlängerung des Bremswegs: abgenutzte Bremsbeläge, abgefahrene Reifen, Regen (nasse Straße)
Verlängerung von Reaktions- und Bremsweg: hohe Geschwindigkeit

b Umrechnung: $v = 100 \frac{km}{h} = 27{,}8 \frac{m}{s}$
Reaktionsweg: $s = v \cdot t$; $s = 42\,m$
Bewegungsenergie: $E = \frac{1}{2} m \cdot v^2$
$E = 500\,kg \cdot (27{,}8 \frac{m}{s})^2 = 386\,kJ$
Bremsweg: $s = \frac{E}{F}$; $s = \frac{386\,kJ}{3\,kN} = 129\,m$
Anhalteweg: 171 m

11 a Wenn ein Auto z. B. durch einen Frontalaufprall plötzlich abgebremst wird, bewegen sich nicht angeschnallte Insassen aufgrund der Trägheit mit unverminderter Geschwindigkeit weiter, bis sie aufprallen. Beim Aufprall wird die Bewegungsenergie auf sehr kurzer Strecke umgewandelt, sodass gewaltige Kräfte auf das Unfallopfer wirken. Beim Abbremsen durch den Sicherheitsgurt sind die Kräfte auf die Insassen kleiner, weil der „Bremsweg" länger ist.

b Die „Knautschzone" nimmt bei einem Aufprall Bewegungsenergie auf und verformt sich kontrolliert, ohne dass die Fahrgastzelle eingeengt wird. Angeschnallte Insassen nehmen durch den gestrafften Sicherheitsgurt an der Verzögerung des Fahrzeugs teil. Ihr „Bremsweg" verlängert sich außerdem, weil die Sicherheitsgurte überdehnt werden.

c Bewegungsenergie: $E = \frac{1}{2} m \cdot v^2$
$E = 35\,kg \cdot (27{,}8 \frac{m}{s})^2 = 27\,kJ$

d Kraft zum Abstützen: $E = F \cdot s$
$27\,kJ = F \cdot 50\,m$; $F = \frac{27\,kJ}{50\,m} = 540\,N$

e Der Bremsweg wird ohne Gurt um den Faktor 20 verringert, die Kraft um den gleichen Faktor vergrößert. Frau Prandir würde zumindest schwer verletzt werden.

Tabellen und Schaltzeichen

Dichte von Stoffen

Stoff (bei 20 °C)	Dichte in $\frac{g}{cm^3}$	Stoff (bei 20 °C)	Dichte in $\frac{g}{cm^3}$
Feste Stoffe		Glas	ca. 2,6
Styropor	0,015	Aluminium	2,7
Balsaholz	0,1	Granit	ca. 2,7
Kork	0,2–0,4	Eisen, Stahl	7,8–7,9
Holz	0,4–0,8	Kupfer	8,96
Butter	0,86	Silber	10,5
Eis (0 °C)	0,9	Blei	11,3
Bernstein	1,0–1,1	Gold	19,3
Plexiglas	1,2		
Kunststoff (PVC)	ca. 1,4	*Flüssigkeiten*	
		Benzin	ca. 0,7
Sand	ca. 1,5	Alkohol (Ethanol)	0,79
Ziegelstein	1,5–1,8		
Beton	1,5–2,4	Terpentinöl	0,86
Kohlenstoff		Wasser (4 °C)	1,00
Graphit	2,25	Salzwasser	1,03
Diamant	3,52	Glycerin	1,26
Porzellan	2,4	Quecksilber	13,55

Spezifische Wärmekapazität von Stoffen

Stoff	c in $\frac{kJ}{kg \cdot °C}$	Stoff	c in $\frac{kJ}{kg \cdot °C}$
Blei	0,13	Speiseöl	ca. 2,2
Eisen	0,45	Glykol	2,40
Sand, Stein	0,7–0,9	Ethanol	2,42
Glas	0,78	Milch	3,9
Luft	1,01	Wasser	4,19

Heizwert von Brennstoffen

Stoff	Heizwert in $\frac{MJ}{kg}$	in $\frac{MJ}{l}$	in $\frac{MJ}{m^3}$
Braunkohlenbrikett	20		
Holz, trocken	15		
Steinkohle	30		
Erdöl	42–48	36–41	
Heizöl	43	36	
Dieselkraftstoff	43	36	
Benzin	41	31	
Erdgas			19–54

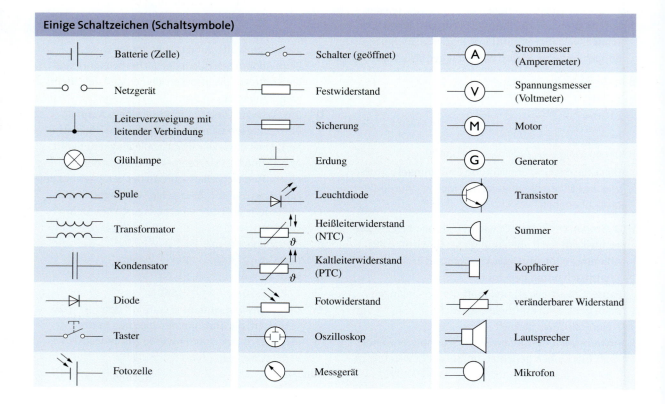

Einige Schaltzeichen (Schaltsymbole): Batterie (Zelle), Netzgerät, Leiterverzweigung mit leitender Verbindung, Glühlampe, Spule, Transformator, Kondensator, Diode, Taster, Fotozelle, Schalter (geöffnet), Festwiderstand, Sicherung, Erdung, Leuchtdiode, Heißleiterwiderstand (NTC), Kaltleiterwiderstand (PTC), Fotowiderstand, Oszilloskop, Messgerät, Strommesser (Amperemeter), Spannungsmesser (Voltmeter), Motor, Generator, Transistor, Summer, Kopfhörer, veränderbarer Widerstand, Lautsprecher, Mikrofon

Physikalische Größen und ihre Einheiten

Größe	Formelzeichen	Einheit		Weitere Einheiten		Beziehung
Temperatur	T	Kelvin	K	Grad Celsius	°C	$0\,K \;\widehat{=}\; -273{,}15\,°C$ $0\,°C \;\widehat{=}\; 273{,}15\,K$
Länge	l	Meter	m	Seemeile Zoll	sm	$1\,sm = 1852\,m$ $1\,Zoll = 2{,}54\,cm$
Flächeninhalt	A	Quadratmeter	m²	Hektar	ha	$1\,ha = 100\,a = 10\,000\,m^2$
Volumen	V	Kubikmeter	m³	Liter	l, L	$1\,l = 1\,dm^3 = 0{,}001\,m^3$ $1\,m^3 = 1000\,l$
Masse	m	Kilogramm	kg	Tonne	t	$1\,t = 10^3\,kg = 1000\,kg$
Dichte	ϱ	Kilogramm durch (pro) Kubikmeter	$\frac{kg}{m^3}$	Gramm durch Kubikzentimeter	$\frac{g}{cm^3}$	$1\,\frac{g}{cm^3} = 1000\,\frac{kg}{m^3}$
Kraft	F	Newton	N			$1\,N = 1\,\frac{kg \cdot m}{s^2} = 1\,\frac{J}{m}$
Druck	p	Pascal	Pa	Bar	bar	$1\,Pa = 1\,\frac{N}{m^2}$ $1\,bar = 10\,000\,Pa$
Energie	E	Joule	J			$1\,J = 1\,Nm = 1\,Ws = 1\,\frac{kg \cdot m^2}{s^2}$
Leistung, Energiestrom	P	Watt	W			$1\,W = 1\,\frac{Nm}{s} = 1\,\frac{J}{s}$
Zeit	t	Sekunde	s	Minute	min	$1\,min = 60\,s$
Frequenz	f	Hertz	Hz			$1\,Hz = \frac{1}{s}$
Geschwindigkeit	v	Meter durch (pro) Sekunde	$\frac{m}{s}$	Kilometer durch (pro) Stunde	$\frac{km}{h}$	$1\,\frac{km}{h} = \frac{1}{3{,}6}\,\frac{m}{s}$
Beschleunigung	a	Meter durch (pro) Sekunde zum Quadrat	$\frac{m}{s^2}$			
Stromstärke	I	Ampere	A			
Spannung	U	Volt	V			$1\,V = 1\,\frac{Ws}{As} = 1\,\frac{W}{A}$
Widerstand	R	Ohm	Ω			$1\,\Omega = 1\,\frac{V}{A}$
Kapazität	C	Farad	F			$1\,F = 1\,\frac{As}{V}$
Aktivität	A	Becquerel	Bq			$1\,Bq = \frac{1}{s}$
Äquivalentdosis	D	Sievert	Sv			

Vielfache von Einheiten				Teile von Einheiten		
Vorsilbe	Abkürzung	Faktor		Vorsilbe	Abkürzung	Faktor
Deka-	D	10	10^1	Dezi-	d	$\frac{1}{10} = 0{,}1$ — 10^{-1}
Hekto-	h	100	10^2	Zenti-	c	$\frac{1}{100} = 0{,}01$ — 10^{-2}
Kilo-	k	1000	10^3	Milli-	m	$\frac{1}{1000} = 0{,}001$ — 10^{-3}
Mega-	M	1 000 000	10^6	Mikro-	μ	$\frac{1}{1\,000\,000}$ — 10^{-6}
Giga-	G	1 000 000 000	10^9	Nano-	n	$\frac{1}{1\,000\,000\,000}$ — 10^{-9}

Periodensystem der Elemente

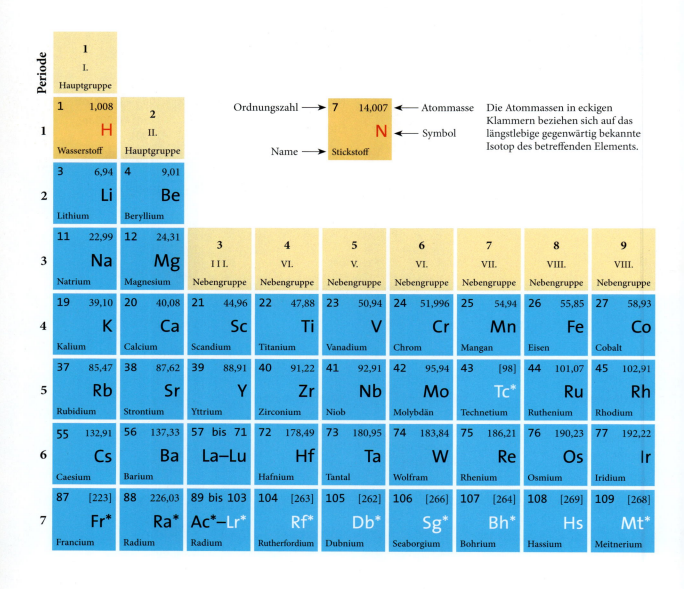

Elemente der Lanthanreihe

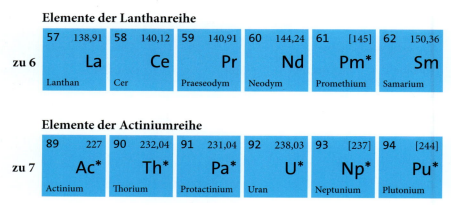

Elemente der Actiniumreihe

Periodensystem der Elemente

Metall	Halbmetall
Nichtmetall	Edelgas

schwarz: Feststoff
hellblau: Flüssigkeit
rot: Gas
weiß: künstliches Element
*: radioaktives Element

10 VIII. Nebengruppe	11 I. Nebengruppe	12 II. Nebengruppe	13 III. Hauptgruppe	14 IV. Hauptgruppe	15 V. Hauptgruppe	16 VI. Hauptgruppe	17 VII. Hauptgruppe	18 VIII. Hauptgruppe
								2 4,003 He Helium
			5 10,81 B Bor	6 12,01 C Kohlenstoff	7 14,007 N Stickstoff	8 15,999 O Sauerstoff	9 18,998 F Fluor	10 20,18 Ne Neon
			13 26,98 Al Aluminium	14 28,09 Si Silicium	15 30,97 P Phosphor	16 32,07 S Schwefel	17 35,45 Cl Chlor	18 39,95 Ar Argon
28 58,69 Ni Nickel	29 63,55 Cu Kupfer	30 65,39 Zn Zink	31 69,72 Ga Gallium	32 72,61 Ge Germanium	33 74,92 As Arsen	34 78,96 Se Selen	35 79,90 Br Brom	36 83,80 Kr Krypton
46 106,42 Pd Palladium	47 107,87 Ag Silber	48 112,41 Cd Cadmium	49 114,82 In Indium	50 118,71 Sn Zinn	51 121,76 Sb Antimon	52 127,60 Te Tellur	53 126,90 I Iod	54 131,29 Xe Xenon
78 195,08 Pt Platin	79 196,97 Au Gold	80 200,59 Hg Quecksilber	81 204,38 Tl Thallium	82 207,2 Pb Blei	83 208,98 Bi Bismut	84 [209] Po Polonium	85 [210] At* Astat	86 [222] Rn* Radon
110 [272] Ds* Darmstadtium	111 [272] Rg* Roentgenium	112 [277] Cn* Copernicium	113 [284] Uut* Ununtrium	114 [289] Fl* Flerovium	115 [288] Uup* Ununpentium	116 [292] Lv* Livermorium	117 [292] Uus* Ununseptium	118 [294] Uuo* Ununoctium

63 151,97 Eu Europium	64 157,25 Gd Gadolinium	65 158,93 Tb Terbium	66 162,50 Dy Dysprosium	67 164,93 Ho Holmium	68 167,26 Er Erbium	69 168,93 Tm Thulium	70 173,04 Yb Ytterbium	71 174,97 Lu Lutetium
95 [243] Am* Americium	96 [247] Cm* Curium	97 [247] Bk* Berkelium	98 [251] Cf* Californium	99 [252] Es* Einsteinium	100 [257] Fm* Fermium	101 [258] Md* Mendelevium	102 [259] No* Nobelium	103 [262] Lr* Lawrencium

Quellenverzeichnis

ADAC: 386/3 | Arco Images/R. Frank: 276/3 | Astrofoto: Beck/Hoernes/MPIfR: 369/7, MPI für Aeronomie: 369/6, Numazawa: 266/1 | Bayerischer Rundfunk: 262/2 | Belkin: 369/4 | Bildagentur Geduldig: 263/5 | Bosch: 248/1 Bohrmaschine, 337/8 | Bundesamt für Strahlenschutz: 307/8 | Burzin, S., Meldorf: 396/2, 398/1, 398/2, 398/3, 399/4, 399/5, 399/6, 399/7 | Busse, Christoph: 433/3, 433/4 | Caro/Teschner: 430/1 | cityel CITY-COM AG: 432/2 | Conrad Electronik: 344/2, 354/5 | Corbis: NASA: 405/10, Onne van der Wal: 333/8, Robert Landau: 230/5 | Corel: 267/9, 351/6a, 351/6d | Cornelsen Schulverlage GmbH: 237/4, 240/3, 241/5, 267/8, 267/11, 286/3, 289/5, 290/3, 332/5a, 334/4, 335/5, 336/2, 336/3, 342/6, 345/11, 346/1, 346/2, 346/3, 347/5, 351/6c, 353/5 | 353/6, 353/7, 354/1, 354/2, 354/6, 354/7, 360/2, 360/3, 372/4, 372/5, 376/Farbpunkte, 383/10, 391/7, 405/6, 419/8, 427/4, 435/3 | Daimler AG: 280/2, 386/2 | ddp: 240/1 | Demag: 232/1 | Deutsche Telekom AG: 281/6 | Deutsches Museum, München: 240/4, 289/6, 289/7, 305/4, 326/1, 326/2, 359/3, 428/1 | dieKLEINERT.de/Kaethe deKoe: 373/10 | DLR: 271/7, 420/1 | doc-stock/Mark Hindley: 292/2 | Döring, V., Hohen Neuendorf: 233/5, 235/8, 236/1, 270/3, 280/1, 290/1, 302/3, 308/4, 336/6, 361/4, 436/2, 436/3, 443/2, 379/3 | E.ON: 286/1, 312/1, 322/1 | Edwards Air Force Base: 464/2 | Einhell, Landau: 251/5 | elta: 362/1 Radio | EnBW Energie Baden-Württemberg AG 2010: 281/5 | Engine Alliance: 439/5 | ESA: 424/4 | ESA-CNES-ARIANESPACE/Optique Vidéo du CSG: 387/6 | ETH Zürich: 448/3 | Focus: DAVID SCHARF/SPL: 353/8, eye of science: 380/2, NASA/SCIENCE PHOTO LIBRARY: 464/3, RADIATION PROTECTION DIVISION/HEALTH PROTECTION AGENCY/SPL: 297/5, 297/5a, SPL: 287/7, 357/6, SPL/CNE: 298/5, SPL/Fraser: 298/3, SPL/Steger: 349/8, Ted Kinsman/Photo Researchers, Inc.: 339/8 | Fotolia: adimas: 333/9 links, DeVIce: 452/1, Dron: 430/2, Franz Pfluegl 2006/Sebastian Kopp: 376/1, Han Schuler: 444/1, hans12: 342/1, Igor Korionov: 371/7, Kaarsten: 248/1 Netzteil, mirpic: 404/4, Mr. Nico: 461/5, ras-slava: 370/1 Smartphone, Sven Hoppe: 378/1, visdia: 230/3, wildworx: 404/3 | Friedrich Stark: 444/2 | froggit.de: 334/1 | Gattermann, Thomas: 374/2 | Getty Images: Geir Pettersen: 270/1, Paolo Curto: 400/1 | GNS, Essen: 288/2 | GNU/Fritz Gelter-Grimm: 400/2 | Göbel, Spielberg: 419/7 | Greenpeace/Bente Stachowske: 308/6 | Hama GmbH & Co KG: 383/9 | Hommel-Film, Herford: 262/4, 365/4 | IMST, Dr. Achim Bahr: 332/2 | Interfoto, München: 390/1 | iStockphoto: 4&6/Cornelsen Schulverlage GmbH: 374/1, Andy Gehrig: 338/1, Brad Killer: 369/5, Guenther Hollaender: 464/1, Hector Mandel: 256/3, 454/2, Ina Peters: 256/1, Janis Litavnieks: 406/1, john bell: 339/5, Jose Gil: 413/3, karam miri: 338/3, malerapaso: 389/8, Matjaz Boncina: 332/3, MichaelSvoboda: 453/3, ollo: 242/2, ooyoo: 461/4, Paul Brennan: 243/4, Rade Lukovic: 286/4, Sergejs Kostjucenko: 230/4, Simon Podgorsek: 395/7, Talaj: 373/8 | Keystone: 323/3 | Kingston Technology Corporation: 332/6, 384/2 | Kirstein, Jürgen: 292/3, 292/4 | Koenig & Bauer, Würzburg: 282/1 | KWU, Erlangen: 239/4, 290/1, 316/3 | Lantelme, Jörg: 456/1 | Lippisches Landesmuseum Detmold: 288/1 | Mahler, Fotograf, Berlin: 231/6, 234/1, 247/9, 249/8, 251/6, 256/2, 262/1, 262/3, 286/5, 336/4, 340/1, 350/1c, 350/1e, 356/1, 364/1, 377/3, 381/3, 381/6, 388/1, 388/2, 388/3, 420/4 | Marconi plc: 359/4 | Maria Golovnina, Almaty: 308/1 | MARUNDE: 395/8 | Matthias Luedecke: 300/1 | mauritius images: 393/4 | Meyer, L., Potsdam: 336/5 | MVA Bielefeld-Herford: 274/2 | NASA: 266/2, 328/1, 418/1, 422/1a, 425/5, 425/6, 426/1, 428/2, 428/3, 428/4, 428/5, JPL-Caltech: 426/2, 426/3, JSC: 427/5, Lockheed Martin Corp: 422/1, PAT Rawlings, SAIC: 387/7 | Neuls, J.: 405/8 | Newsline Scotland Press Agency: 276/4 | Nordex AG, Norderstedt: 275/3 | Okapia/Nigel Cattlin: 338/4 | Opel, Rüsselsheim: 462/1 | OSRAM: 345/12 | Panther-Media: Mac Miller: 357/4, Michal Rerych: 386/4, Walter Fischer: 342/2 | Pardall, Carl-Julian: 419/6 | Peugeot: 464/4 | Phywe Systeme GmbH & Co. KG, Göttingen: 375/6 | picture alliance: Abaca: 318/1, dpa: 254/2, 282/2, 286/2, 288/4, 292/1, 302/1, 304/1, 308/3, 310/1, 312/2, 318/2, 322/2, 324/1, 375/7, 410/1, 415/4, 440/1, 450/1, 454/1, dpaweb: 279/3, 386/1, dpa/Schachtanlage Asse: 316/2, J.W.Alker: 405/9, PHOTOPQR/L'ALSACE: 320/2, 321/3, Photoshot: 318/4, Sueddeutsche Zeitung Photo: 367/3, 373/9, ZB: 282/4 | Picture Press/Nill, Dietmar: 338/2 | Pitopia: Katharina Wittfeld, 2007: 370/1 Ziffern, Peter Eggermann, 2009: 332/1 | plainpicture/Pictorium: 267/7 | pressedienst-fahrrad GmbH: 240/2 | project photo: 267/10, 271/4, 298/1, 350/1a, 350/1b, 350/1d, 351/6b, 362/1Sonnenschein, 404/1 | REpower Systems AG: 231/7 | RWE: 245/6, 252/1, 260/2, 271/5, 274/1, 275/4, 308/2, 308/5, 316/1 | Samsung: 332/4 | Schmitz, Gregor Dr.: 258/1 | Schott Solar AG: 271/8, 272/1, 275/5, 375/5 | shutterstock/si_arts: 406/2 | Siemens AG: 230/1, 239/5, 239/6, 282/3, 287/6, 288/3, 298/4, 333/9 rechts, 362/1 Röntgen, 362/1 Telefon, 368/1, 368/2 | Superbild: 404/2 | Teves, Frankfurt/Main: 461/3 | TOUR Magazin/Simon, D.: 435/2 | ullstein bild: 390/2 | US Department of Energy: 297/4 | vario images/Ulrich Baumgarten: 271/6 | Vattenfall Europe AG: 230/2, 254/3, 260/1 | VEBA: 261/3, 261/4 | VISUM/Wolfgang Steche: 276/2 | Volkswagen AG: 453/5 | 463/3 | Wacker Siltronic AG, Burghausen: 344/5 | Wacom: 373/7 | WaterFrame/Masa Ushioda: 339/6 | Wikimedia public domain: 448/1 | Wikipedia: 349/6 | www.blaupunkt.de: 386/5 | www.bumm.de: 332/7 | www.conrad.de: 332/5b | Zeiss, Oberkochen: 457/5

Titelbild: Focus/SPL/PASIEKA

Sach- und Namenverzeichnis

Abfall, radioaktiver 315 ff.
Abgasreinigung 438
ABS 461
Abschlussfahrt 450
Absorptionsrate, spezifische 365
Abwärme 259
Achterbahn 243
additive Grundfarben 377, 383
Airbag 463
Aktivität 301
Alphastrahlung 292 f., 301, 306
analoges Signal 372, 382
Anhalteweg 459, 465
Antiblockiersystem 461
Apollo-Programm 428
Aquaplaning 457
Äquivalentdosis 295
Archimedes 396
archimedisches Prinzip 395, 401
Armstrong, Neil 427 f.
Asse II 316 f.
Atmosphäre 269
Atom 291
Atombombe 323
Atomhülle 300, 306
Atomkern 300, 306
–, Spaltung 310, 329
–, Umwandlung 301, 306
Atommodell 300
Auftrieb 395, 397, 401
Auge 380

Bar (bar) 392
Bardeen, John 349
Barium 303
Basis 346, 354
Basiskonzepte 468 f.
Basisstation 364 f.
Baumgartner, Felix 415
Becquerel (Bq) 301
Becquerel, Henri 289, 305
bemannte Raumfahrt 427
Benzinmotor 437
beschleunigen 410, 416
beschleunigte Bewegung 410, 414, 416
Beschleunigung 412, 414, 416
Bestrahlung 299
Betastrahlung 292 f., 301, 306

Bewegung, beschleunigte 410, 414, 416
–, gleichförmige 407, 416
–, ungleichförmige 407, 416
–, verzögerte 410, 416
Bewegungsänderung 421, 429
Bewegungsenergie 453, 465
Bewegungswiderstand 447, 465
Bildschirm 376 f.
Biogasanlage 271
Bit 370, 382
Blau 377, 383
Blitzer 405
Blockheizkraftwerk 264
Bluetooth 369
Brattain, Walter 349
Braun 381
Braun, Ferdinand 344, 359
bremsen 410
Bremsen 461
Bremskraft 459
Bremsschwert 243
Bremsweg 459, 465
Brennelement 314
Brennstab 309, 314, 329
Brennstoffzelle 280, 437
Brennwert 431, 440
Browser 366
Byte 370

Caesium 303, 319
Cassini, Giovanni 426
Castorbehälter 316 f.
chemisches Element 300, 306
Client 366
Cloud 373
CO_2 265, 269, 327, 431, 438
CO_2-Effizienz 438
CO_2-Konzentration 269
Computertomografie (CT) 298
Crashtest 462
Curie, Marie 289, 305
Curie, Pierre 289, 305
Curiosity 426
c_W-Wert 448
Cyan 377, 379, 383

Dampferzeuger 259 f., 283
Daten komprimieren 374

Daten, digitale 373
Dauermagnet 233
Dezimalzahl 370
Diagramme zeichnen 470 f.
Dichte 389, 478
digitale Daten 373
digitales Signal 372, 382
Digitalkamera 380
Diode 344, 354
Drosselspule 246
Druck 392, 401
Druckausgleich 393
Druckbehälter 309, 314 f., 329
Druckwasserreaktor 309, 329
Dualzahl 370, 382
Durchlassrichtung 344, 354
Durchschnittsgeschwindigkeit 403, 416
Durchschnittstemperatur an der Erdoberfläche 269
Düsentriebwerk 439

Effektivwert 238, 247
elektrisches Feld 256
Elektroauto 437
Elektrolyse 277
Elektromagnet 233
elektromagnetisches Spektrum 362 f., 382
Elektromotor 244 f.
Elektron 300, 306
Elektroschweißgerät 251
Element, chemisches 300, 306
EMF-Tester 365
Emitter 346, 354
Endlager 317
Energie 445 f., 469
–, kinetische 453
–, thermische 431
Energiebörse 254
Energieeffizienzklasse 281, 438
Energieerhaltung 454
Energiequellen, erneuerbare 271, 273
Energiesparen 281
Energieverbund, europäischer 254
Energieverlust in Leitern 253
Energiewandler Mensch 432, 435
Energiewende 277

Erdwärmekraftwerk 271
erneuerbare Energiequellen 271, 273

Fall, freier 414 ff.
Fallröhre 414
Fallschirmspringen 455
Fan 439
Farad (F) 353, 355
Faraday, Michael 236, 353
Farbaddition 377, 383
Farbdrucker 378 f.
Farbensechseck 377
Farbfilter 379, 383
farbige Gegenstände 381
farbige Lichter 377
Farbsubtraktion 379
Feld, elektrisches 256
Feldlinien, magnetische 233
Feldspule 249, 257
Fortbewegung 424
Fotochip 380
Fotovoltaikanlage 271 ff., 275 f., 283
Fotowiderstand (LDR) 334, 336, 354
freier Fall 414 ff.
Frequenz 357, 360, 382
–, Wechselstrom 238
Fukushima 318 f., 321
Funkchip 368
Funken 358
Funkensender 359
Funketikett 368
Funkwellen 363
Funkzelle 364

Gagarin, *Juri* 428
GAIA 424
Galilei, Galileo 414 f.
Gammastrahlung 292 f., 301, 306
Gegenstände, farbige 381
Geigerzähler 291, 306
Gelb 377, 379, 383
Generator 238 ff., 244, 247, 259, 261, 283
Geschwindigkeit 403 f., 407, 416
Glasfaser 375
gleichförmige Bewegung 407, 416
Gleichspannung 236, 247
Gleiten 457, 461
Gleitreibungskraft 457
Globalstrahlung 278

Grafiken auswerten 278
Gravitationsfeld 256
Größen, physikalische 479
Grubenorgan 339
Grün 377, 383
Grundfarben, additive 377, 383

Haften 457, 461
Haftkraft 457
Hahn, Otto 325 f.
Halbleiter 344, 354
Halbwertszeit 302, 306
Halleyscher Komet 420 f.
Handy 364 f.
Heimtrainer 243
Heißleiter 334, 336, 354
Heizkraftwerk 264, 274
Heizwert 431, 478
Heliumkern 301, 328
Helm 463
Hiroshima 323 f.
Hochspannungs-Gleichstrom-Übertragung 255
Hochspannungsleitung 253, 257
Hochstromtransformator 251
Höchstspannungsnetz 254 f.
Hören 338
Hörschwelle 374
Howard, John 448
Hüllrohr 314
Hybridauto 437, 464

ICE 242
Idealvorstellung 409
Induktion 235, 237, 242, 247
Induktionsbremse 242 f., 464
Induktionsofen 251
Induktionsspule 249, 257
Infrarotstrahlung 268 ff.
Infrarotthermometer 369
intelligenter Stromzähler 281
intelligentes Netz 255
Internationale Raumstation 425
Internet 366 f.
Iod 298 f., 303
Ion 291
ionisierende Strahlung 291, 294
– in der Medizin 295, 298 f.
–, natürliche 294 f.
– in der Technik 297
–, Wirkung auf den Menschen 296

IP-Adresse 366
Isotop 300, 306
ISS 425

JPG 374

Kalium 294, 303
Kalorimeter 431
Kapazität 353, 355
Katalysator 438
Kennlinie, eines Sensors 335
– eines Solarmoduls 273
Kernenergie 311, 313
–, Ausstieg 322
– aus der Sonne 328
–, Verantwortung 325
Kernfusion 328
Kernkraft 311
Kernkraftwerk 276 f., 308 f., 313, 329
–, pro und kontra 327
–, Rückbau 322
–, Sicherheit 315
Kernschmelze 319
Kernspaltung 310, 329
–, Entdeckung 326
Kettenreaktion 312, 314, 329
Kilokalorie (kcal) 432
kinetische Energie 453
Klimamodell 265
Knautschzone 462
Kohlekraftwerk 274
Kohlenstoff-14 303 f., 306
Kohlenstoffdioxid 265, 269, 327, 431, 438
Kolben 437, 440
Kollektor 346, 354
Kondensator 259, 261, 283
–, elektrischer 353, 355
Kraft 421, 429, 445 f.
Kraftwerk 239, 258 ff., 283
–, virtuelles 255
Krebsbehandlung 299
kritische Masse 323
Kühlturm 259, 261, 283
Kurbelwelle 437, 440

Lambdasonde 438
Lasersäule 405
Laststromkreis 348, 354
Lautsprecher 341, 354

Sach- und Namenverzeichnis

Leistung 445
Lenz, Friedrich Emil 244
lenzsche Regel 244
Leuchtdiode 342, 345, 354
Licht 363
Lichter, farbige 377
Lichtgeschwindigkeit 358, 382
Lichtleiter 375
Liegerad 448
Luftreibung 447f., 465
Luftwiderstand 447f.

Magenta 377, 379
Magic-T-Board 347, 472
Magnetfeld 233, 256
Marconi, Guglielmo 358f.
Mars 426
Marsrover 426
Maskieren 374
Masse 419
–, kritische 323
Massenzahl 300, 306
Maximum-Power-Point 273
Mechatroniker 282
Meitner, Lise 326
Membran 341
Mikrofon 341, 354
Mischlicht 377, 383
Mischregeln 377
Mobilfunk 364f.
Momentangeschwindigkeit 403, 410, 416
Motorbremse 464
MP3 374
MPEG-4 374
MPP-Tracker 273
Mumie 288, 304

Nackenstütze 463
Navi 409
Nebelkammer 290, 292
Netz, intelligentes 255
Netzhaut 380
Neutron 300, 306
New Horizons 297
NTC-Widerstand 334, 336
Nulleffekt 291

Oersted, Hans Christian 237
Ohr 393
Ordnungszahl 300, 306

Orion 422
Ötzi 304

PAC-CAR II 448
Pascal (Pa) 392
Periodensystem der Elemente 480f.
physikalische Größen 479
Piccard, Jacques 390
Pixel 377
Pleuel 437, 440
Plutonium 297, 303
PNG 374
Polonium 294, 305
Pottwal 400
Primärspule 249
Prinzip, archimedisches 395, 401
Proton 300, 306
Provider 366
Purpur 377

Quasar 369

Radioaktiver Abfall 315ff.
Radioaktivität 300f., 306
–, Entdeckung 289
–, Warnschild 289
Radioastronomie 369
Radiokarbonmethode 288, 304
Radium 303, 305
Radon 288, 294, 301, 303f.
Raketenschlitten 464
Raumfahrt, bemannte 427
Raumstation, Internationale 425
Reaktionsweg 459, 465
Reaktionszeit 459
Reaktor, Sicherheitsschranken 315
Reaktorruine 321
Reedschalter 336
Reibung 447
Reibungskraft 419
Riechen 338
Rollwiderstand 447, 465
Röntgen, Wilhelm Conrad 289
Röntgenstrahlung 289, 295, 363
Röntgenuntersuchung 298
Rot 377, 383
Router 366
Rußfilter 438
Rutherford, Ernest 293, 300

SAR-Wert 365
Schallgeschwindigkeit 404
Schaltzeichen 478
Scheitelwert 238
Schiaparelli, Giovanni 426
Schmecken 338
Schnorcheln 393
Schwarz 379, 383
Schweben 389
Schwellenspannung 344, 348, 354
Schweredruck 392, 401
Schwerefeld 256
Schwerelosigkeit 425
Schwerkraft 425
Schwimmblase 397
Schwimmen 389
Schwingkreis 358
Schwingungsdauer 357, 382
Sehen 338
Sekundärspule 249
Sensor 336, 354
– im Auto 337
Shockley, William 349
Sicherheitsabstand 460
Sicherheitsgurt 462, 464
Sievert (Sv) 295
Signal 339
–, analoges 372, 382
–, digitales 372, 382
Silicium 344, 354
SIM-Karte 373
Sinken 389
Sinnesorgane 339f.
Smart Grid 255
Solarkraftwerk 271
Solarmodul 273
Spektrum, elektromagnetisches 362f., 382
Spektrum der Sonnenstrahlung 268
Sperrrichtung 344, 354
spezifische Absorptionsrate 365
spezifische Wärmekapazität 431, 478
Sputnik 428
Stäbchen 380
Standlicht 353
Stapp, John 464
Steigungsdreieck 407
Steuerstab 309, 314, 329
Steuerstromkreis 348, 354

Stirling, Robert 263
Stirlingmotor 262 f.
Strahlenbelastung 295 f., 306
Strahlenschutz 297, 306
Strahlung 267 ff.
–, ionisierende 291, 294
Strahlungsarten 292 f., 306
Strahlungsgleichgewicht 268 f.
Straßmann, Fritz 325 f.
Strombörse 254
Stromrichtung, technische 344
Stromzähler, intelligenter 281
Struktur der Materie 469
System 468

Tabellenkalkulation 470 f.
Tauchanzug 397
Tauchen 393, 397
Taucher 397
technische Stromrichtung 344
thermische Energie 431
Thermogenerator 262
Thermosensor 339
TIFF 374
Trägheit 419, 429
Trägheitsgesetz 419
Transformator 249, 251, 256 f.
Transistor 346, 348 f., 354

Treibhauseffekt 265, 269
Trieste 390
Tschernobyl 319 ff.
Tumor 299
Turbine 259 f., 283

Überlandleitung 253, 257
U-Boot 397
Ultra-Micro-Glühlampe 360
Umwandlungskette 304
ungleichförmige Bewegung 407, 416
Uran 294, 300 f., 303, 306, 308 ff., 329
–, angereichertes 312
Urantablette 308, 314

Verbrennungsmotor 437, 440
Verkehrsmittel 451
Vermittlungsstelle 364
Verne, Jules 427
Verschmelzung von Atomkernen 328
Verstärker 341
verzögerte Bewegung 410, 416
Vielfachmessgerät 237
Voyager 418 f.

Walsh, Don 390
Warensicherung 368
Wärmekapazität 431, 478
Wasserkraftwerk 271, 275
Wasserrakete 422
Wasserstoff 277, 280, 300 f., 328
Wechselfeld 361, 382
Wechselrichter 273
Wechselspannung 236 ff., 247, 249
Wechselstrom 236 f.
Wechselwirkung 423 f., 429, 468
Wechselwirkungsprinzip 423
Weiß 377, 383
Wellen 357, 382
–, elektromagnetische 358, 361, 382
Wellenlänge 357, 360, 382
Windenergieanlage 271, 275 f., 279
Windgeschwindigkeit 279
Windpark 276 f.
Wirkung 468
Wirkungsgrad 259, 262, 434, 440

Zapfen 380
Zwischenlager 316 f.
Zylinder 437, 440

Zusammenspiel von Onlineangebot und Buch

www.cornelsen.de/interaktiv

Unter dieser Adresse befindet sich das multimediale Zusatzangebot zum Schülerbuch.

So kommt man zur gewünschten Seite:
1. Webseite www.cornelsen.de/interaktiv aufrufen.
2. Buchkennung PHNT010285 eingeben und bestätigen.

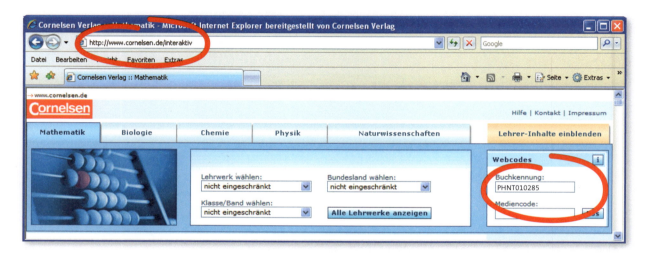

3. Zugangscode regenbogen eingeben und bestätigen.

Bei technischen Problemen hilft unser Support gern weiter.
Schreiben Sie bitte eine E-Mail an cornelsen-online@cornelsen.de und beschreiben Sie Ihr Problem möglichst genau.